共立女子第二高

〈収録内容〉

2024 年度 …………………… 一般 1 回（数・英・国）
一般 2 回（数・英・国）

2023 年度 …………………… 一般 1 回（数・英・国）
一般 2 回（数・英・国）

2022 年度 …………………… 一般 1 回（数・英・国）
一般 2 回（数・英・国）

2021 年度 …………………… 一般 1 回（数・英・国）
一般 2 回（数・英・国）

※2 回の国語の大問二は、問題に使用された作品の著作権者が二次使用の許可を出していないため、問題を掲載しておりません。

2020 年度 …………………… 一般 1 回（数・英・国）
一般 2 回（数・英・国）

便利な DL コンテンツは右の QR コードから

解答用紙

リスニング 2024 年度～ ⇒

※データのダウンロードは 2025 年 3 月末日まで。
※データへのアクセスには、右記のパスワードの入力が必要となります。 ⇒ 567711

〈合格最低点〉

	1 回	2 回		1 回	2 回
2024年度	195/130/―	195/143/―	2021年度	197/153/―	183/170/―
2023年度	209/151/75	200/176/75	2020年度	150点	155点
2022年度	195/156/75	195/150/75			

※点数は特別進学／総合進学／英語

本書の特長

実戦力がつく入試過去問題集

- ▶ 問題 …………… 実際の入試問題を見やすく再編集。
- ▶ 解答用紙 …… 実戦対応仕様で収録。
- ▶ 解答解説 …… 詳しくわかりやすい解説には、難易度の目安がわかる「基本・重要・やや難」の分類マークつき（下記参照）。各科末尾には合格へと導く「ワンポイントアドバイス」を配置。採点に便利な配点つき。

入試に役立つ分類マーク

基本 確実な得点源！
受験生の90%以上が正解できるような基礎的、かつ平易な問題。
何度もくり返して学習し、ケアレスミスも防げるようにしておこう。

重要 受験生なら何としても正解したい！
入試では典型的な問題で、長年にわたり、多くの学校でよく出題される問題。
各単元の内容理解を深めるのにも役立てよう。

やや難 これが解ければ合格に近づく！
受験生にとっては、かなり手ごたえのある問題。
合格者の正解率が低い場合もあるので、あきらめずにじっくりと取り組んでみよう。

合格への対策、実力錬成のための内容が充実

- ▶ 各科目の出題傾向の分析、合否を分けた問題の確認で、入試対策を強化！
- ▶ その他、学校紹介、過去問の効果的な使い方など、学習意欲を高める要素が満載！

解答用紙ダウンロード 解答用紙はプリントアウトしてご利用いただけます。弊社ＨＰの商品詳細ページよりダウンロードしてください。トビラのＱＲコードからアクセス可。

リスニング音声ダウンロード 英語のリスニング問題については、弊社ＨＰの商品詳細ページで配信対応しております。トビラのＱＲコードからアクセス可。

UD FONT 見やすく読みまちがえにくいユニバーサルデザインフォントを採用しています。

共立女子第二高等学校

■普通科
生徒数　506名
〒193-8666
東京都八王子市元八王子町1-710
☎042-661-9952
（中央線・横浜線・八高線八王子駅　スクールバス20分）（中央線・京王線高尾駅スクールバス10分）（みなみ野・七国循環ルートあり）スクールバス無料・定期券代不要

目指すのは、セルフリーダーシップを発揮し主体的に社会に貢献できる自立した女性

URL	https://www.kyoritsu-wu.ac.jp/nichukou/

プロフィール

建学の精神は「自立した女性の育成」

八王子の丘陵に広大なキャンパスを有する。母体となる共立女子学園は1886年に創立され、今年で138周年を迎える。建学の精神である「女性の社会的自立」と校訓の「誠実・勤勉・友愛」は脈々と今に受け継がれている。本校では、教育目標の柱に校訓から導き出された３つに女性像「真の美しさを身につけた女性」「自ら考え、発信できる女性」「他者を理解し、共生できる女性」を掲げて全人的な女子教育を行い、セルフリーダーシップを発揮し、自分らしく主体的に社会に貢献できる自立した女性の育成を目指す。

環境

抜群の生活環境を備えたキャンパス

八王子の丘陵に自然豊かで広大なキャンパスを有する。校舎には最新のITC環境が整い、６万冊を超える蔵書数を誇る図書館や、少人数授業に対応可能な小教室も多数設置され、食育活動の場となる食堂も設けられている。また、各階に設けられたオープンスペースは、生徒の憩いの場・学びの場にもなっている。校舎の外には400mトラックを持つ総合グラウンド、人工芝９面のテニスコート、ゴルフ練習場などの他、1500名超を収容する講堂などの施設も整う。

八王子の丘陵に広がる自然豊かなキャンパス

制服は、デザイナーズブランド「ELLE」とのコラボレーションによって生まれ、清楚でお洒落だと定評だ。

カリキュラム

2024年「新コース制カリキュラム」がいよいよ完成

多様化する生徒のニーズに対応すべく、各々の進路希望を実現できるバランスの取れたコース制カリキュラムとなっている。１年次は難関大学への進学をめざす特別進学コース、多様な進路に対応した総合進学コース、高い英語力とグローバルマインドを身につける英語コース（新設）の３コースに分かれる。２年次には、内部進学をめざす生徒を対象に、総合進学コースから併設大学進学コース（新設）を分離させ、３年次より大学の単位が履修できるなど、ハイレベルな高大連携を進める。

学校生活

恵まれた自然環境の中で育まれる多彩な学校生活

クラブ活動は自由参加で、恵まれたキャンパス施設を利用し、多くのクラブが活動している。吹奏楽、コーラス、野外研究などの文化部と、テニス、バスケットボール、ゴルフ、陸上競技などの運動部が合わせて24クラブあり、それぞれ優秀な成績を収めている。クラブ入部率は85％程度。このほか、同好会３が活動している。

学校行事では、全校で盛大に行われる文化祭や体育大会、茶道、華道、装道を全員で学ぶ和䂖の日は本校ならではのもの。他にもニュージーランドへのターム留学やホームステイプログラム、山と自然散策教室、九州修学旅行などがある。

［運動系］　ゴルフ、サッカー、少林寺拳法、ソフトボール、体操競技、卓球、テニス、バスケットボール、

大会で優秀な成績を上げているクラブも多い

バドミントン、バトントワリング、バレーボール、フェンシング、陸上競技

［文化系］　和䂖（なごみ）、演劇、華道、吹奏楽、コーラス、サウンドソサエティ、茶道、ハンドメイド、美術、放送、漫画研究、野外研究

［同好会］　プログラミング、ESS、文芸

進路

生徒の希望に応じた進路指導

共立女子大学の推薦を保持したまま他大学にも挑戦できる、大学の併設校ならではの優遇制度に加え、多様な進路を実現できる新カリキュラムが整ったことで、毎年、卒業生は95％を超える現役進学率を維持している。卒業生は、難関大・GMARCHをはじめ、女子校らしく、共立女子大（看護・家政・文芸・国際・ビジネス・建築学部）や他の有名女子大、医療系大学、音大・美大・体育大など、多様な進路に進んでいる。最近では理系への進学も伸びている。進学制度は多様なので、ぜひ一度、学校説明会等で確かめたい。

2024年度入試要項

試験日　1/22（推薦）　2/10（一般１回）
2/12（一般２回）

試験科目　作文＋面接（推薦）
国・数・英＋面接（一般）

2024年度	募集定員	受験者数	合格者数
推薦	80	65	65
一般１回	50	46	45
一般２回	30	19	18

※一般１回は海外帰国生枠を含む

過去問の効果的な使い方

① **はじめに**　入学試験対策に的を絞った学習をする場合に効果的に活用したいのが「過去問」です。なぜならば，志望校別の出題傾向や出題構成，出題数などを知ることによって学習計画が立てやすくなるからです。入学試験に合格するという目的を達成するためには，各教科ともに「何を」「いつまでに」やるかを決めて計画的に学習することが必要です。目標を定めて効率よく学習を進めるために過去問を大いに活用してください。また，塾に通われていたり，家庭教師のもとで学習されていたりする場合は，それぞれのカリキュラムによって，どの段階で，どのように過去問を活用するのかが異なるので，その先生方の指示にしたがって「過去問」を活用してください。

② **目的**　過去問学習の目的は，言うまでもなく，志望校に合格することです。どのような分野の問題が出題されているか，どのレベルか，出題の数は多めか，といった概要をまず把握し，それを基に学習計画を立ててください。また，近年の出題傾向を把握することによって，入学試験に対する自分なりの感触をつかむこともできます。

過去問に取り組むことで，実際の試験をイメージすることもできます。制限時間内にどの程度までできるか，今の段階でどのくらいの得点を得られるかということも確かめられます。それによって必要な学習量も見えてきますし，過去問に取り組む体験は試験当日の緊張を和らげることにも役立つでしょう。

③ **開始時期**　過去問への取り組みは，全分野の学習に目安のつく時期，つまり，9月以降に始めるのが一般的です。しかし，全体的な傾向をつかみたい場合や，学習進度が早くて，夏前におおよその学習を終えている場合には，7月，8月頃から始めてもかまいません。もちろん，受験間際に模擬テストのつもりでやってみるのもよいでしょう。ただ，どの時期に行うにせよ，取り組むときには，集中的に徹底して取り組むようにしましょう。

④ **活用法**　各年度の入試問題を全問マスターしようと思う必要はありません。できる限り多くの問題にあたって自信をつけることは必要ですが，重要なのは，志望校に合格するためには，どの問題が解けなければいけないのかを知ることです。問題を制限時間内にやってみる。解答で答え合わせをしてみる。間違えたりできなかったりしたところについては，解説をじっくり読んでみる。そうすることによって，本校の入試問題に取り組むことが今の自分にとって適当かどうかが，はっきりします。出題傾向を研究し，合否のポイントとなる重要な部分を見極めて，入学試験に必要な力を効率よく身につけてください。

数学

各都道府県の公立高校の入学試験問題は，中学数学のすべての分野から幅広く出題されます。内容的にも，基本的・典型的なものから思考力・応用力を必要とするものまでバランスよく構成されています。私立・国立高校では，中学数学のすべての分野から出題されることには変わりはありませんが，出題形式，難易度などに差があり，また，年度によっての出題分野の偏りもあります。公立高校を含め，ほとんどの学校で，前半は広い範囲からの基本的な小問群，後半はあるテーマに沿っての数問の小問を集めた大問という形での出題となっています。

まずは，単年度の問題を制限時間内にやってみてください。その後で，解答の答え合わせ，解説での研究に時間をかけて取り組んでください。前半の小問群，後半の大問の一部を合わせて50%以上の正解が得られそうなら多年度のものにも順次挑戦してみるとよいでしょう。

英語

英語の志望校対策としては，まず志望校の出題形式をしっかり把握しておくことが重要です。英語の問題は，大きく分けて，リスニング，発音・アクセント，文法，読解，英作文の5種類に分けられます。リスニング問題の有無(出題されるならば，どのような形式で出題されるか)，発音・アクセント問題の形式，文法問題の形式(語句補充，語句整序，正誤問題など)，英作文の有無(出題されるならば，和文英訳か，条件作文か，自由作文か）など，細かく具体的につかみましょう。読解問題では，物語文，エッセイ，論理的な文章，会話文などのジャンルのほかに，文章の長さも知っておきましょう。また，読解問題でも，文法を問う問題が多いか，内容を問う問題が多く出題されるか，といった傾向をおさえておくことも重要です。志望校で出題される問題の形式に慣れておけば，本番ですんなり問題に対応することができますし，読解問題で出題される文章の内容や量をつかんでおけば，読解問題対策の勉強として，どのような読解問題を多くこなせばよいかの指針になります。

最後に，英語の入試問題では，なんと言っても読解問題でどれだけ得点できるかが最大のポイントとなります。初めて見る長い文章をすらすらと読み解くのはたいへんなことですが，そのような力を身につけるには，リスニングも含めて，総合的に英語に慣れていくことが必要です。「急がば回れ」ということわざの通り，志望校対策を進める一方で，英語という言語の基本的な学習を地道に続けることも忘れないでください。

国語

国語は，出題文の種類，解答形式をまず確認しましょう。論理的な文章と文学的な文章のどちらが中心となっているか，あるいは，どちらも同じ比重で出題されているか，韻文(和歌・短歌・俳句・詩・漢詩)は出題されているか，独立問題として古文の出題はあるか，といった，文章の種類を確認し，学習の方向性を決めましょう。また，解答形式は，記号選択のみか，記述解答はどの程度あるか，記述は書き抜き程度か，要約や説明はあるか，といった点を確認し，記述力重視の傾向にある場合は，文章力に磨きをかけることを意識するとよいでしょう。さらに，知識問題はどの程度出題されているか，語句(ことわざ・慣用句など)，文法，文学史など，特に出題頻度の高い分野はないか，といったことを確認しましょう。出題頻度の高い分野については，集中的に学習することが必要です。読解問題の出題傾向については，脱語補充問題が多い，書き抜きで解答する言い換えの問題が多い，自分の言葉で説明する問題が多い，選択肢がよく練られている，といった傾向を把握したうえで，これらを意識して取り組むと解答力を高めることができます。「漢字」「語句・文法」「文学史」「現代文の読解問題」「古文」「韻文」と，出題ジャンルを分類して取り組むとよいでしょう。毎年出題されているジャンルがあるとわかった場合は，必ず正解できる力をつけられるよう意識して取り組み，得点力を高めましょう。

数学

出題傾向の分析と 合格への対策

●出題傾向と内容

本年度の出題数は，1回，2回共に大問5題，小問20題で，例年通り，安定している。

出題内容は，Ⅰが文字式の計算，式の値，連立方程式，2次方程式，平方根，関数の変域，確率などの小問群，Ⅱが2乗に比例する関数と1次関数の登場する図形と関数・グラフの融合問題，Ⅲが円の性質を利用して角度を求める問題，Ⅳが相似を利用して線分比や面積比を求める問題，Ⅴが空間図形で三平方の定理を利用する問題。1回と2回では出題単元をそろえていることも例年通り。昨年ともほぼ同じ単元の出題だったので，過去問研究をしておくことは重要であるといえる。

学習のポイント

教科書の例題，章末問題を復習した後で，標準問題集で応用力をつけ，最後に，過去問で実践力を身につけよう！

●2025年度の予想と対策

過去の出題傾向から判断すると，来年度も同じような傾向が続くと思われる。

数と式，方程式では，やや複雑な計算問題も出てくるので，しっかり計算力をつけておこう。

関数分野では，図形と関数・グラフの融合問題として出題されるので，グラフ上の図形の面積など求められるようにしておこう。平面図形では，平行線と線分の比の定理を利用して解く問題がよく出題されている。空間図形では，切断したときの切り口は，どのような形になるのか，理解しておこう。確率は，教科書レベルの問題は解けるようにしておこう。

▼年度別出題内容分類表 ……

※1回をA，2回をBとする。

出題内容			2020年	2021年	2022年	2023年	2024年
数と式		数の性質	B		AB		AB
		数・式の計算	AB	AB	AB	AB	AB
		因数分解	AB			AB	
		平方根	AB	AB	AB	AB	AB
方程式・不等式		一次方程式	AB	AB	AB	AB	
		二次方程式	AB	AB	AB	AB	AB
		不等式					
		方程式・不等式の応用					
関数		一次関数	AB	AB	AB	AB	AB
		二乗に比例する関数	AB	AB	AB	AB	AB
		比例関数					
		関数とグラフ	AB	AB	AB	AB	AB
		グラフの作成					
図形	平面図形	角度	AB	AB	AB	AB	AB
		合同・相似	AB	AB	AB	AB	AB
		三平方の定理					
		円の性質	AB	AB	AB	AB	AB
	空間図形	合同・相似		B			AB
		三平方の定理	AB		AB	AB	AB
		切断		AB			
	計量	長さ	AB		AB	AB	AB
		面積	AB	AB	AB	AB	
		体積		AB			B
		証明					
		作図					
		動点					
統計		場合の数					B
		確率	AB	AB	AB	AB	A
		統計・標本調査					
融合問題		図形と関数・グラフ	AB	AB		AB	AB
		図形と確率					
		関数・グラフと確率					
		その他					
その他							

共立女子第二高等学校

英語

出題傾向の分析と 合格への対策

●出題傾向と内容

本年度は1回，2回ともにリスニング問題，長文読解問題，対話文，語句整序問題，和文英訳問題の計5題が出題された。

長文読解問題，対話文共に内容理解に関する設問が中心だが，それには英問英答や要約問題も含まれている。難しい語句には注釈がつけられている。文の長さ，難易度も標準レベルであるため比較的読みやすい文章となっている。言い換え問題，語句整序問題では中学で学習する文法事項が幅広く出題されている。

全体的に標準レベルの問題だが，記述問題が多く，正確な英語の総合力が問われる問題となっている。

✔学習のポイント

記述式問題に対応するために，文法事項の正確な理解だけでなく，英単語を正しいつづりで書く練習もしておこう。

●2025年度の予想と対策

読解問題は長さ・設問形式とも大きな変化はないものと思われる。設問は記述式のものがほぼ毎年出題されており，正確な読解力と解答力をつけておく必要がある。

文法問題は年によって語彙・言い換え・語句整序など様々であるが，難易度が教科書の範囲を超えることはないと考えられるので，まずは教科書を充分に学習することが必要である。その後で基本レベルの文法問題集を解くことで実力は完成するだろう。

語彙問題は，日頃から多くの英文を書くことで語彙数を自然に増やすことができる。また，これが一番有効な対策となろう。

▼年度別出題内容分類表 ……

※1回をA，2回をBとする。

出題内容		2020年	2021年	2022年	2023年	2024年
話し方・聞き方	単語の発音					
	アクセント					
	くぎり・強勢・抑揚					
	聞き取り・書き取り	AB	AB	A	AB	AB
語い	単語・熟語・慣用句			A	A	AB
	同意語・反意語					
	同音異義語					
読解	英文和訳(記述・選択)					
	内容吟味	AB	AB	AB	AB	AB
	要旨把握	AB	AB	AB	AB	AB
	語句解釈	AB	AB			B
	語句補充・選択	AB	AB	AB	AB	AB
	段落・文整序		A			
	指示語			AB	A	AB
	会話文	AB	AB	AB	AB	AB
文法・作文	和文英訳	AB	AB	AB	AB	AB
	語句補充・選択					
	語句整序	AB	AB	AB	AB	AB
	正誤問題					
	言い換え・書き換え					
	英問英答					
	自由・条件英作文					
文法事項	間接疑問文	B	B	A		B
	進行形					
	助動詞				B	
	付加疑問文					
	感嘆文					
	不定詞	A	AB	AB		AB
	分詞・動名詞	AB	AB	AB	AB	AB
	比較					
	受動態				A	
	現在完了	AB	AB	B	A	A
	前置詞					
	接続詞	A			B	
	関係代名詞	B		B	B	

国語　出題傾向の分析と合格への対策

●出題傾向と内容

本年度も昨年同様，論説文と小説，古文の3題の大問構成となっている。

論説文は標準的な長さ，小説は長文である。現代文は論説文・小説ともに，内容や情景・心情の的確な読解を中心に出題されている。知識分野は漢字の読み書きと文学史が，大問に含まれる形で問われている。

記述問題では本文の書き抜きや適語の補充のほか，長文ではないが自分で考えて記述するものも例年通り出題されている。記述問題の数自体も比較的多めである。

古文は短文で，内容もやや易～標準程度だが，内容に関する読解に加えて口語訳も問われるので，古文単語など基本的な事項に加えて，文法や古文常識についての知識もある程度あるとよい。

学習のポイント

文章を読み，短くまとめる練習をしよう！
和歌や俳句を含め，古文作品を日常的に目にしておこう！

●2025年度の予想と対策

論説文，小説，古文という大問構成はしばらく続くと思われる。古文の模擬問題は学校説明会等で配布されるので対策を練っておこう。

小説や随筆文，新聞の社説などさまざまな文章を読み，各段落・場面における要旨や心情を的確につかめるようにし，広く深い読解力をつけておくのは必須。また，本文内容を自分にあてはめて考え，自由に記述するという力が要求される可能性もある。単に文章を読むだけでなく，自分ごととして捉え，それを短い文章にまとめる癖をつけておこう。

漢字，文学史については今後も出題されるだろう。ただ難度は高くないと予想されるので，教科書程度の内容は確実に答えられるようにしたい。古文は単語，文法はある程度知っておくことを求めているものと思われる。表現技法についても問われる可能性があるので，単純知識範囲はかためておきたい。有名な古典作品を全訳つきで読む習慣をつけ，古文独特の思想や表現に慣れておくことをおすすめする。

▼年度別出題内容分類表 ……

※1回をA，2回をBとする。

出題内容			2020年	2021年	2022年	2023年	2024年
内容の分類	読解	主題・表題				A	
		大意・要旨	AB				
		情景・心情	AB	AB	AB	AB	AB
		内容吟味	AB			AB	
		文脈把握	AB	AB	AB	AB	AB
		段落・文章構成					
		指示語の問題	AB	A	AB		
		接続語の問題	AB	AB	AB	AB	B
		脱文・脱語補充	AB	AB	AB	AB	AB
	漢字・語句	漢字の読み書き	AB		AB	AB	AB
		筆順・画数・部首					
		語句の意味			B	A	
		同義語・対義語					
		熟語	B				
		ことわざ・慣用句	A	AB	A		
	表現	短文作成				B	
		作文(自由・課題)					
		その他					
	文法	文と文節					
		品詞・用法	B	A	A	AB	
		仮名遣い	AB	AB	AB	AB	AB
		敬語・その他					
	古文の口語訳		AB				A
	表現技法		A		B		
	文学史		AB	AB	AB	AB	AB
問題文の種類	散文	論説文・説明文	AB	AB	AB	AB	AB
		記録文・報告文					
		小説・物語・伝記	AB	AB	AB	AB	AB
		随筆・紀行・日記					
	韻文	詩					
		和歌(短歌)	B				A
		俳句・川柳					B
	古文		A	AB	AB	AB	AB
	漢文・漢詩						

2024年度　合否の鍵はこの問題だ!!

(1回)

数　学　Ⅲ～Ⅴ

Ⅰ　基本計算を主とする小問群である。難問は無い。素早く処理したい。全体の配点の50％を占めるため確実に得点したい。

Ⅱ　基本的な問題であり，絶対に落とせない。

Ⅲ　標準的な問題であるが，意外と時間がかかるかもしれない。

Ⅳ　三角形の重心の性質は暗記しておきたい。また，面積比に関する問題を解き慣れておこう。

Ⅴ　体積を2通りで表して立式することは頻出なので，素早く計算できるようにしよう。また，断面図を考察する解法にも慣れておこう。

英　語　Ⅱ

読解問題で確実に得点できるようにすることが，合格への近道である。その中でも，Ⅱの長文読解問題は配点が高いので，確実に得点したい問題である。また，物語文で読みやすいが，慣れていないと時間がかかってしまうので，長文読解の方法をきちんと身につけておきたい。以下の点に注意をしながら長文読解に取り組もう。

① 設問に目を通し，下線部や空欄に関する問い以外の問題には事前に目を通しておく。この問題においては，問4，問7～問9が該当する。

② 英問英答は毎年出題されている。事前に疑問文を和訳しておく。

③ [注]に目を通し，どのような内容か把握する。

④ 段落ごとに読み進める。読み進める際には，きちんと日本語訳をしながら内容を理解する。

⑤ その段落に問題となる部分があれば，その場で読んで解く。

以上のように読み進めれば，すばやく問題を処理できるだろう。また，英文を読むときには，頭の中で英文を音読するのではなく，きちんと日本語に訳しながら読むことが大切である。英文そのものは比較的読みやすいものであるため，教科書に載っている英文は暗唱できるまで反復したい。

国語　二 問八

小説作品内での，事実と登場人物の想像の区別がついているかどうかを問う設問。少々珍しい出題の仕方ではあるが，意外とここでつまづく受験生もいたことと思われる。

「命令したこととして適切でないもの」を選べという設問指示だが，選択肢を見てみるといずれも母がそのように言ったり，思ったりしたことであるように見える。言い換えれば，本文内に登場していないものや，本文内容と矛盾するものが選択肢に含まれているということはない。ここが混乱のポイントである。何に注目すべきかというと，〈実際に母が命令したかどうか〉である。ア・イ・ウは実際に母が言っただろうということ考えられることだが，エだけは「そう，一笑に付されるにちがいない」と，あくまで千穂の想像・思い込みであるということがしっかりと記述されている。ここを取りこぼして，実際の母の発言だと思ってしまってはいけない。

小説では，事実とは別に登場人物の想像や思い込みも描かれるという点に注意しなければならない。普段から小説を読むときは，読み飛ばしたりせず一文一文を丁寧に読み，できれば映像的イメージを持ちながら読むとよいだろう。

2024年度

★★★★★★★★★★★★★★★★★★★★★★★★★★★

入　試　問　題

2024年度

共立女子第二高等学校入試問題(1回)

【数　学】（50分）　＜満点：100点＞

Ⅰ．次の各問いに答えなさい。

① $(x+3)(x-2)-(x-1)(x+1)$ を計算しなさい。

② $\frac{1}{2}(6x+4y)-\frac{2}{5}(10x-15y)$ を計算しなさい。

③ $x=-\frac{1}{2}$のとき，$\frac{1}{2}x^3 \div \left(-\frac{1}{6}x\right)^2$ の値を求めなさい。

④ $\frac{\sqrt{6}}{3}-\sqrt{27}-\frac{2\sqrt{54}}{3}$ を計算しなさい。

⑤ 連立方程式 $\begin{cases} 0.5x-0.2y=2 \\ 2y=3x-10 \end{cases}$ を解きなさい。

⑥ 2次方程式 $x^2-2x-7=0$ を解きなさい。

⑦ $x=\sqrt{3}+4$ のとき，$x^2-7x+12$ の値を求めなさい。

⑧ 関数 $y=ax^2$（$a \neq 0$）において，x の値が1から3まで増加するときの変化の割合が20であるとき，a の値を求めなさい。

⑨ 1，2，3，4，5の数字が書かれたカードがそれぞれ1枚ずつあります。この中から続けて2枚のカードを取り出し，1枚目のカードの数を十の位，2枚目のカードの数を一の位とするとき，奇数になる確率を求めなさい。

⑩ $\sqrt{171}+5$ の整数部分を求めなさい。

Ⅱ．下の図は，放物線 $y=2x^2$（$x>0$）に，直線 ℓ が交わっているグラフです。四角形ABCDが正方形であるとき，次の各問いに答えなさい。ただし，点Aは放物線上に，点Dは直線 ℓ 上にあるものとします。

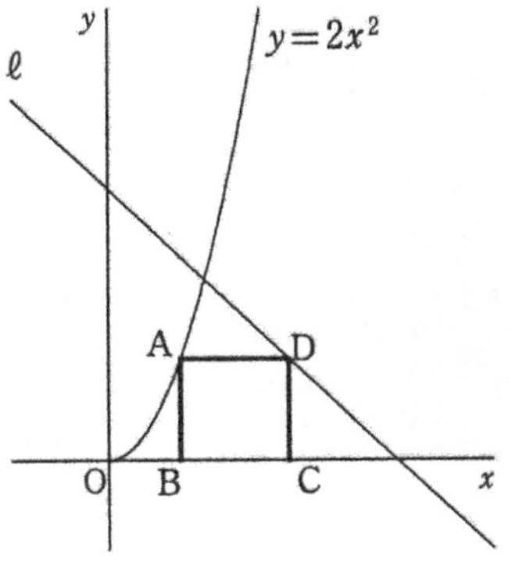

① 点Bの x 座標を a とするとき，点Aの座標を a で表しなさい。

② ①のとき，点Cの座標をaで表しなさい。

③ 直線ℓの式が$y=-x+3$であるとき，aの値を求めなさい。

Ⅲ．下の図の$\angle x$，$\angle y$の大きさを求めなさい。ただし，点Oは円の中心とします。

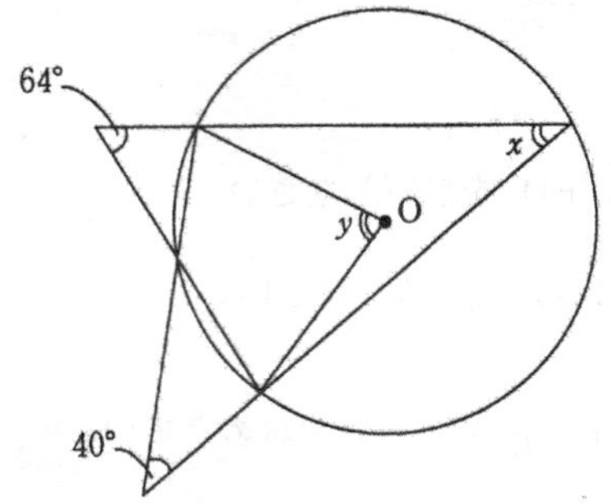

Ⅳ．△ABCの重心をGとし，辺AB，ACの中点をそれぞれM，Nとし，線分MNと直線AGの交点をPとします。このとき，次の各問いに答えなさい。

① AP：PGを求めなさい。

② △MGPの面積が６のとき，△ABCの面積を求めなさい。

③ 四角形PGCNの面積は△ABCの面積の何倍か答えなさい。

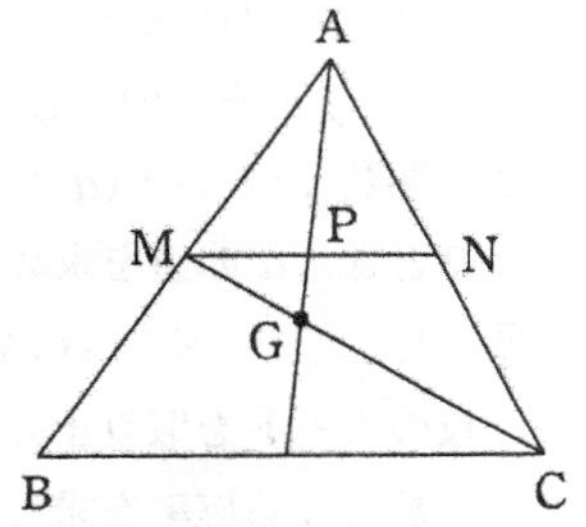

Ⅴ．下の図は，AB＝３㎝，BC＝５㎝，BF＝４㎝の直方体ABCD－EFGHです。対角線AG上に点Pがあり，四角すいP－EFGHはこの直方体の体積の$\frac{1}{12}$です。このとき，次の各問いに答えなさい。

① AP：PGを求めなさい。

② PGの長さを求めなさい。

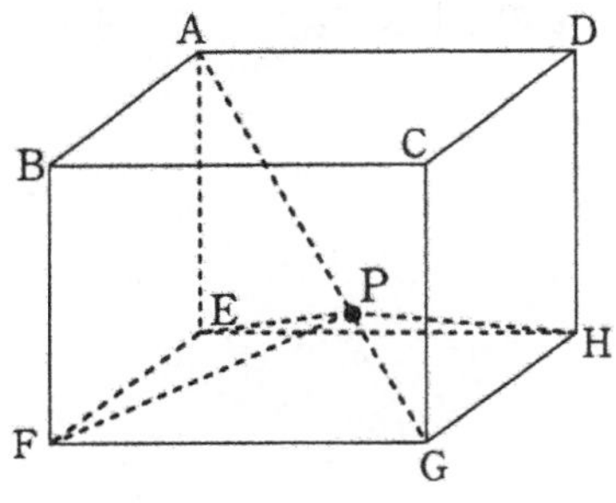

【英　語】（50分）　＜満点：100点＞　※リスニングテストの音声は弊社HPにアクセスの上，音声データをダウンロードしてご利用ください。

Ⅰ．［リスニング問題］放送を聞いて設問に答えなさい。

［A］ 次に対話と質問が流れます。その質問に対する答えとして適切なものを１つずつ選び，番号で答えなさい。英文と質問は２回読まれます。

(1) 1．By bus.　2．By bike.　3．By car.　4．On foot.

(2) 1．Buy a white shirt.　2．Buy a black shirt.
3．Exchange his shirt.　4．Get his money back.

(3) 1．Help her cook dinner.　2．Call his grandparents.
3．Clean the dining room.　4．Move chairs to the dining room.

(4) 1．She doesn't like shrimp burgers.
2．The waiter forgot to bring ketchup.
3．The chicken burger is not good.
4．The waiter brought the wrong order.

［B］ 次にまとまった英文と質問が流れます。その質問に対する答えとして適切なものを１つずつ選び，番号で答えなさい。英文と質問は２回読まれます。

(1) 1．Three months ago.　2．Four months ago.
3．Half a year ago.　4．Four years ago.

(2) 1．At the station.　2．On the train.
3．At his house.　4．By the baseball stadium.

(3) 1．Many of his friends work part-time.
2．He needs more money for a watch.
3．His grandparents advised him to do so.
4．He wants to buy a gift for his grandparents.

Ⅱ．英文を読み，各設問に答えなさい。(*の語には注釈がある。)

There have been many women who have fought for human rights in different countries. In the USA, a lot of black women have fought for freedom. One of the early fighters was Harriet Tubman (1820-1913). ①Harriet was born a *slave in *Maryland — this means that she and her family were not free. [A] she was twelve years old, she was working in the fields. She could not read or write, but she was very intelligent.

From a young age, Harriet knew that she wanted to be free. She also knew that she had to help other slaves to find freedom.

At this time, there were slaves in the south of the USA, but not in the north. In 1849, Harriet ran away to find freedom in the north. ②But she did not stay there. She went back to the south and helped to free other slaves. First she helped her family, and then she helped others. She was very brave. She often spoke about the freedom of the slaves and women's rights. She started schools for free slaves because she knew that *education was important. Later, she also fought for the *vote for women. [ア]

Harriet Tubman led the way for another famous fighter for human rights, Rosa Parks. Rosa Parks was born in *Alabama, USA in 1913. She is famous because she did not stand up! [A] Rosa was a young woman, in many places in the USA, black people — who were called "coloreds" at that time and white people could not sit together. [イ]

From a young age, Rosa knew that "there was a black world and a white world," as she said later. One of the places where black people and white people did not mix was on buses. Rosa Parks worked at a shop in the city of Montgomery, Alabama. On 1st December 1955, after a long day's work at the shop, Rosa Parks got on a bus to go home. She sat in a seat for ③ "colored" people. In those days, there was a line on the floor of a bus. White people sat in the [B] of the line, and black people had to sit behind it. This meant that, when black people caught a bus, they had to get on at the [B] of the bus to pay. Then they had to get off and get on the bus again at the back door. [ウ]

On this day in December, the bus began to fill with white people. After a short time, the bus was full, and the driver noticed that some white people were standing up. The driver stopped the bus and asked four black people to stand up. This meant that the white people could sit down. Three of the black people on Rosa's bus stood up, but Rosa did not. She continued sitting. The driver asked, "Why don't you stand up?" Rosa replied, "I don't think I should have to stand up." The driver called the police, and Rosa was *arrested. [エ]

Women Who Changed the World（Penguin Readers 一部改）

（注） slave 奴隷　Maryland メリーランド州　education 教育　vote 参政権
Alabama アラバマ州　arrested「逮捕する」の過去分詞形

問1　下線部①とほぼ同じ意味で使われている箇所を，本文中から7語で抜き出しなさい。

問2　[A] に共通して入る語として適切なものを1つ選び，記号で答えなさい。

ア．But　イ．After　ウ．Before　エ．When

問3　下線部②の理由を以下の（　）に合うようにそれぞれ日本語で答えなさい。

「Harrietは（　1　）に戻って，ほかの奴隷たちを（　2　）する手助けをしたため。」

問4　Harriet Tubman に関する内容として合っているものを1つ選び，記号で答えなさい。

ア．In the USA, she fought for human rights.
イ．She started schools for only girls.
ウ．She was born in Alabama in 1913.
エ．She did not stand up on the bus.

問5　下線部③とほぼ同じ意味で使われている語句を，本文中から2語で抜き出しなさい。

問6 B に共通する語を英単語1語で答えなさい。

問7 以下の英文が入る最も適切な場所を，本文の［ア］～［エ］から選び，記号で答えなさい。

What Rosa did on that bus was very important in the fight for black people's rights in the USA.

問8 次のア～エの英文のうち，本文に合っているものにはTを，合っていないものにはFを記入しなさい。

ア. Harriet Tubman could read and write because she was intelligent.

イ. Harriet Tubman ran away to the north but she went back to the south to save her family.

ウ. In 1955, there was a line on the floor of a bus to separate white people from black people.

エ. Rosa Parks was arrested because she drove the bus and crashed it.

問9 次の質問に2語以上の英語で答えなさい。

ア. Did black people and white people sit together in the 1950s?

イ. How many black people stood up when the bus driver asked them to stand up?

Ⅲ. 中学3年生の *Yuki* は夏休みにアメリカでホームステイを体験しました。対話文を読み，各設問に答えなさい。

On the first day in Danbury, America:

Ms. Smith: Good morning, everyone! How did you sleep, Yuki?

Yuki: Good morning. I slept well, thank you. This house is very big and quiet.

Mr. Smith: We're glad you like it. It is different from Tokyo, isn't it?

Yuki: Yes, very different. Tokyo is very busy and noisy. But A .

Ms. Smith: That's true. We have more nature here. Have you seen the backyard yet, Yuki?

Yuki: No, not yet.

Mr. Smith: You should see it! We have a big garden and many trees. It's very beautiful.

Yuki: I'll see it after breakfast. In Tokyo, most houses don't have big gardens.

Mr. Smith: Yuki, this is my son, Mike, and my daughter, Lucy. She is two years older than you. Mike is two years younger than you. They have wanted to meet you.

Mike: What do you usually eat for breakfast in Japan, Yuki?

Yuki: Japanese people often eat rice, fish, and miso soup, but I eat bread, salad, and fruit every morning.

Lucy: That's interesting. Here, we usually eat cereal, toast, and sometimes eggs and bacon.

Mike: We have many kinds of cereal. Which one would you like to try, Yuki?
Yuki: Oh, there are so many. Which one do you like the best?
Mike: I love chocolate. How about you?
Yuki: My favorite is strawberry. My brother loves blueberry.
Mike: Oh, I see. Strawberry is my sister's favorite, too.

After the breakfast:
Ms. Smith: Yuki, do you drink coffee or tea in the morning?
Yuki: I usually drink green tea. But I can drink coffee if you have it.
Mr. Smith: We have both. I'll make you some green tea.
Yuki: Thank you very much. Where did you get it?
Mike: My grandpa and grandma have been to Kyoto before. They bought it for us. Kyoto is famous for green tea, right? They tried the tea ceremony there. They enjoyed it.
Yuki: Wow, your grandparents had a good experience in Kyoto. Kyoto is famous for green tea, especially strong green tea. We call it *matcha*. We use *matcha* when we do tea ceremony.
Lucy: By the way, Yuki, what do you usually do in your free time?
Yuki: I like to read books and listen to music. I also enjoy playing the piano. I'm in the band at school.
Mike: That's cool! We have a piano in the living room. You can play it anytime you want.
Yuki: Really? Thank you! I'm excited to play it. I play the keyboard when I play in the band.
Ms. Smith: After breakfast, we can also show you around Danbury. There are many parks and interesting places to visit.
Yuki: I would like that. I want to learn more about American life.
Mr. Smith: We can go to a baseball game next week. It's popular sport here.
Yuki: That sounds fun! Baseball is really popular in Japan, too, but I've never been to a game.
Lucy: We can also go shopping together. There are some nice shops in town.
Yuki: I like shopping. I want to buy gifts for my family in Japan.
Mike: And we can teach you how to play some popular American sports, like hockey and football.
Yuki: I'm not very good at sports, but I want to try. It sounds fun.
Ms. Smith: We'll make sure you have a great time here, Yuki.
Yuki: Thank you. I'm very happy to be here with all of you.
Mr. Smith: We're happy to have you, Yuki. Welcome to our family!

問１　(1)~(5)までの英文が本文の内容と一致するように，適切なものを１つずつ選び，記号で答えなさい。

(1) Yuki usually has ________________.

ア．cereal and fruits for breakfast　　イ．rice and miso soup for breakfast

ウ．bread and fruit for breakfast　　エ．eggs and salad for breakfast

(2) Lucy's favorite cereal is ________________.

ア．banana　　イ．chocolate　　ウ．blueberry　　エ．strawberry

(3) Yuki can have green tea with her host family because ________________.

ア．Yuki bought it for her host family

イ．Lucy's grandparents bought it in Japan

ウ．Mr. and Ms. Smith bought it in Japan

エ．Yuki's parents sent it to America

(4) Yuki plays ________________.

ア．the keyboard at school　　イ．the piano at school

ウ．the keyboard at home　　エ．the guitar in the band

(5) Yuki is excited to ________________.

ア．teach hockey and football

イ．watch a baseball game on TV

ウ．go to a football game at the stadium

エ．watch a baseball game at the stadium

問２　文中の空所 [A] に入れるのに最も適切なものを下から１つ選び，記号で答えなさい。

ア．Danbury is very dangerous　　イ．Danbury is very dirty

ウ．Danbury is very peaceful　　エ．Danbury is very crowded

問３　以下は２人の会話の内容をまとめたものです。（１）～（６）にあてはまる語を１～２語で書きなさい。

Yuki is now in the US. There are four people in her host family. Yuki is two years (1) than her host brother. She talks with her host family about the differences between (2) and America. In the US, some (3) have big gardens and many trees. People in the US often have many kinds of (4) for breakfast. Her host father serves (5) to Yuki for breakfast. She is not good at sports, but Yuki wants to try hockey and (6).

Ⅳ．次の日本文に合う英文になるように，（　）内の語句を並べかえなさい。ただし，文頭にくる単語も小文字になっています。

(1) 彼の父は毎朝この公園で散歩します。

(this / his / every / walk / in / takes / park / father / a) morning.

(2) 私はこのような美しい山は今まで見たことがない。

(mountain / have / beautiful / a / seen / I / never) like this.

(3) あの青い帽子を着けた若い女性が私の姉です。
(sister / woman / is / my / blue / wearing / a / hat / that / young).

(4) 彼は今日すべきことがたくさんある。
(lot / to / has / a / things / do / of / he) today.

Ⅴ. 次は *Emi* が昨年の夏に沖縄に家族旅行をしたことについて英語のレポートを書くために作ったメモです。メモの内容に合うように，４つの英文を書いてレポートを完成させなさい。

> １．思い出①：海で泳いでたくさんの綺麗な魚を見た。
> ２．思い出②：弟と一緒にアイスクリームを食べた。
> ３．感想①：沖縄は暑かったけど、とても楽しかった。
> ４．感想②：今、私は沖縄の歴史に興味を持っている。

Last summer, I went to Okinawa with my family.

(1) I ______________________________.
(2) I ______________________________.
(3) ________________________________.
(4) Now ____________________________.
I want to visit Okinawa again some day.

ウ　とてもかわいがっていらっしゃった

エ　たいそう元気にしていらっしゃった

③「とみのこと」

ア　いつものこと

イ　いそぎのこと

ウ　ゆたかなこと

エ　めでたいこと

問四　傍線部④「世の中にさらぬ別れのかくもがな千代もといのる人の子のため」の和歌に込められた心情として最も適切なものを次より選び、記号で答えなさい。

ア　親の死の知らせを聞いて、もっと孝行をしておけばよかったと後悔している。

イ　年をとってしまったので、生きている間にあなたと会いたいと切望している。

ウ　死別を避けることはできないので、できるなら一緒に死にたいと思っている。

エ　親との死別は避けられないものの、少しでも長く生きてほしいと願っている。

問五　本文は『伊勢《いせ》物語』の一節であるが、この作品が成立したのはいつの時代とされているか。その時代を漢字二字で答えなさい。

問六　傍線部④・⑤「ドキドキ」とあるが、この二つはそれぞれどういう心情を表しているか。その組み合わせとして最も適切なものを次より選び、記号で答えなさい。

ア　④期待　⑤焦り　　イ　④緊張　⑤高揚
ウ　④動揺　⑤驚き　　エ　④恐怖　⑤感動

問七　傍線部⑥「あたしの気持ち」とはどういう心情か。本文中の言葉を用いて四十字以内で説明しなさい。

問八　傍線部⑦「命令ばかりするの」とあるが、お母さんが千穂に命令したこととして適切でないものを次より一つ選び、記号で答えなさい。

ア　医系コースのある学校を受験すること。
イ　パンをごちそうになるのをやめること。
ウ　開業医の父のように医者を目指すこと。
エ　絵を描くのを趣味程度にしておくこと。

問九　空欄 ⑧ ・ ⑨ に入る言葉の組み合わせとして最も適切なものを次より選び、記号で答えなさい。

ア　⑧理屈　⑨仕事　　イ　⑧意志　⑨仕事
ウ　⑧意志　⑨未来　　エ　⑧理屈　⑨未来

問十　傍線部⑩「思い出させてくれてありがとう」とあるが、大樹が思い出させてくれたこととして最も適切なものを次より選び、記号で答えなさい。

ア　母が自分のことをちゃんと大切に考えてくれているということ。
イ　小学生の時に大樹の枝から足を踏み外して落ちてしまったこと。
ウ　これまでは母のせいにしてぶつかることから逃げていたこと。
エ　自分は何よりも絵描きになりたいという夢を持っていたこと。

三、次の古文を読んで、後の各問いに答えなさい。

むかし、①男ありけり。[*1]身はいやしながら、[*2]母なむ宮なりける。その母、長岡といふところに ⓐすみたまひけり。子は京に宮仕《みやづか》へしければ、[*3]まうづとしけれど、ⓑしばしばえまうでず。ひとつ子にさへありければ、②いとかなしうしたまひけり。さるに、十二月《しはす》ばかりに、③とみのこととて文《ふみ》あり。おどろきて見れば歌あり。

老いぬればさらぬ別れのありといへばいよいよ[*4]見まくほしき君かな

かの子、いたううち泣きてよめる。

④世の中にさらぬ別れのなく[*5]もがな[*6]千代もといのる人の子のため

（注）＊1　身はいやしながら＝官位はまだ低いままであったが
＊2　母なむ宮なりける＝母は天皇の娘であった
＊3　まうづとしけれど＝参上しようとしたけれど
＊4　見まくほしき＝会いたく思う
＊5　もがな＝願望の意味を表す終助詞
＊6　千代＝千年

問一　二重傍線部ⓐ「すみたまひけり」・ⓑ「しばしばえまうでず」を全て平仮名・現代仮名遣いに改めなさい。

問二　傍線部①「男」のことを表している語を本文中より二つ、ともに漢字一字で抜き出しなさい。

問三　傍線部②「いとかなしうしたまひけり」・③「とみのこと」の解釈として最も適切なものをそれぞれより選び、記号で答えなさい。

②「いとかなしうしたまひけり」
ア　体調のすぐれぬ日々を過ごしていた
イ　いつもたいへんうれしく思っていた

そうかな。

かすかな声が聞こえた。聞こえたような気がした。耳を澄ます。

そうかな、そうかな、本当にそうかな。

そうよ。お母さんは、あたしのことなんかこれっぽっちも考えてくれなくて、⑦命令ばかりするの。

そうかな、そうかな、よく思い出してごらん。

緑の香りが強くなる。頭の中に記憶がきらめく。

千穂が枝から落ちたと聞いて美千恵は、血相をかえてとんできた。そして、泣きながら千穂を抱きしめたのだ。

「千穂、千穂、無事だったのね。よかった、よかった。生きていてよかった」

美千恵はぼろぼろと涙をこぼし、「よかったよかった」と何度も繰り返した。

「だいじな、だいじな私の千穂」そうも言った。母の胸に抱かれ、その温かさを感じながら、千穂も「ごめんなさい」を繰り返した。ごめんなさい、お母さん。ありがとう、お母さん。

思い出したかい？

うん、思い出した。

そうだった。この樹の下で、おかしはお母さんに抱きしめられたんだ。しっかりと抱きしめられた。

緑の香りを吸い込む。

これから家に帰り、ちゃんと話そう。あたしはどう生きたいのか、お母さんに伝えよう。ちゃんと伝えられる自信がなくて、ぶつかるのが怖くて、お母さんのせいにして逃げていた。そんなこと、もうやめよう。

お母さんに、あたしの夢を聞いてもらうんだ。あたしの［⑧］であたしの［⑨］を決めるんだ。

大樹の幹をそっとなでる。

ありがとう。⑩思い出させてくれてありがとう。

樹はもう何も言わなかった。

風が吹き、緑の香りがひときわ、濃くなった。千穂はもう一度、深くその香りを吸い込んでみた。

（あさのあつこ「みどり色の記憶」による）

問一　二重傍線部ⓐ「傍（ら）」・ⓑ「芳（しい）」・ⓒ「傾斜」・ⓓ「眼下」を平仮名に改めなさい。

問二　次の一文が本文中より抜けている。【A】～【D】のどこに戻せばよいか。記号で答えなさい。

その一言を千穂が心の中で反芻《はんすう》していた時、「パン職人」という言葉が耳に届いたのだった。

問三　傍線部①「心底から感心してしまう」とあるが、その理由として適切でないものを次より一つ選び、記号で答えなさい。

ア　自分とはちがい、家業を継ぐという宿命と向き合っているから。

イ　将来のことをしっかり自分の意志で選択しようとしているから。

ウ　まだ中学生だというのに高校卒業後のことまで考えているから。

エ　照れくさい内容の話なのに、ちゃんと言葉にできているから。

問四　傍線部②「今、よみがえる」とあるが、そのきっかけとなったものは何か。本文中より四字で抜き出しなさい。

問五　傍線部③「どうしても、あの樹が見たくなったのだ」とあるが、それはなぜか。本文中の言葉を用いて三十字以内で説明しなさい。

で、競って登ったものだ。

あれは、今と同じ夏の初めだった。幹のまん中あたりまで登っていた千穂は足を踏み外し、枝から落ちたことがある。かなりの高さだったけれど奇跡的に無傷ですんだ。しかし、その後、大樹の周りには高い柵《さく》が作られ簡単に近づくことができなくなった。木登りができなくなると、公園はにわかに退屈なつまらない場所となり、しだいに足が遠のいてしまった。中学生になってからは公園のことも、大樹のことも思い出すことなどほとんどなかった。

それなのに、②今、よみがえる。

大きな樹。卵形の葉は、風が吹くとサワサワと優しい音を奏《かな》でる。息を吸い込むと、緑の香りが胸いっぱいに満ちてくる。

千穂は足の向きを変え、細い道を上る。③どうしても、あの樹が見たくなったのだ。塾の時間が迫《せま》っていたけれど、我慢《がまん》できなかった。ふいに鼻腔《びこう》をくすぐった緑の香りが自分を誘っているように感じる。大樹が呼んでいるような気がする。

だけど、まだ、あるだろうか。とっくに切られちゃったかもしれない。切られてしまって、何もないかもしれない。

心が揺れる。④ドキドキする。

「あっ！」

叫んでいた。大樹はあった。四方に枝を伸ばし、緑の葉を茂らせて立っていた。昔と同じだった。何も変わっていない。周りに設けられた囲いはぼろぼろになって、地面に倒れている。だけど、大樹はそのままだ。

千穂はカバンを放り出し、スニーカーを脱ぐと、太い幹に手をかけた。あちこちに小さな洞《ほら》やコブがある。登るのは簡単だった。

まん中あたり、千穂の腕ぐらいの太さの枝がにゅっと伸びている。足を滑らせた枝だろうか。よくわからない。枝に腰かけると、ⓓ眼下に街が見渡せた。金色の風景だ。光で織った薄い布を街全部にふわりとかぶせたような金色の風景。そして、緑の香り。

そうだ、そうだ、こんな風景を眺めるたびに、胸が⑤ドキドキした。この香りを嗅《か》ぐたびに幸せな気持ちになった。そして思ったのだ。

あたし、絵を描《か》く人になりたい。

理屈じゃなかった。描きたいという気持ちが突き上げてきて、千穂の胸を強く叩《たた》いたのだ。そして今も思った。

描きたいなあ。

今、見ている美しい風景をカンバスに写し取りたい。

画家なんて大仰《おおぎょう》なものでなくていい。絵を描くことに関わる仕事がしたかった。芸術科のある高校に行きたい。けれど母の美千恵には言い出せなかった。母からは、開業医の父の跡を継ぐために、医系コースのある進学校を受験するように言われていた。祖父も曽《そう》祖父も医者だったから、一人娘の千穂が医者を目ざすのは当然だと考えられているのだ。芸術科なんてとんでもない話だろう。

絵描きになりたい？　千穂、あなた、何を考えてるの。絵を描くのなら趣味程度にしときなさい。夢みたいなこと言わないの。

そう、一笑《いっしょう》に付されるにちがいない。大きく、深く、ため息をつく。

⑥お母さんはあたしの気持ちなんかわからない。わかろうとしない。なんでもかんでも押しつけて……あたし、ロボットじゃないのに。

ざわざわと葉が揺れた。

が必要なんだ。自分の将来を自分自身で選択するという意志を持ってもらいたい」

　いつもはのんびりした口調の担任が、生徒一人一人の顔を見やりながら、きっぱりと言いきった。

　意志をもってもらいたい。

【C】

「なんかさ、うちのお父さん、普通のおじさんなんだけど、パンを作ってる時だけは、どうしてだかかっこよく見えるんだよね。作ったパンもおいしいしさ。お客さん、すごく嬉《うれ》しそうな顔して買いに来てくれるんだよね。なんか、そういうの見てるといいかなって、すごくいいなって。もちろん、大変なのもわかってる。朝なんてめちゃくちゃ早いしさ、うちみたいに全部手作りだと、ほんと忙しいもの。嫌だなあって思ってた時もあったんだけど……実はね、千穂」

「うん」

「この前、お父さんと一緒にパン、作ってみたの」

【D】

「へぇ、真奈が？」

「うん。もちろん、売り物じゃなくて自分のおやつ用なんだけど、すごく楽しくて……あたし、パン作るの好きなんだって、本気で思った。だからね、高校卒業したらパンの専門学校に行きたいなって……思ってんだ」

　少し照れているのか、頬を赤くして真奈がしゃべる。そこには確かな自分の意志があった。

　真奈って、すごい。

①心底から感心してしまう。すごいよ、真奈。

　真奈が顔を覗《のぞ》き込んでくる。

「千穂は画家志望だよね。だったら、やっぱり芸術系の高校に行くの？」

「え……あ、それはわかんない」

「だって、千穂、昔から言ってたじゃない。絵《え》描《き》きさんになりたいって。あれ、本気だったでしょ？」

「……まあ。でも、それは……」

　夢だから。口の中で呟《つぶや》き、目を伏せる。うつむいて、そっと唇を噛《か》んだ。

　山野のおばさんに頭を下げて、また、歩きだす。さっきより少し足早になっていた。

　花屋、喫茶店、スーパーマーケット、ファストフードの店、写真館……見慣れた街の風景が千穂のⓐ傍らを過ぎていく。

　足が止まった。

　香りがした。とてもいい香りだ。焼きたてのパンとはまた違ったⓑ芳しい匂い。

　立ち止まったまま視線を辺りに巡らせた。写真館と小さなレストランの間に細い道がのびている。アスファルトで固められていない土の道は緩《ゆる》やかなⓒ傾斜の上り坂になっていた。この坂の上には小さな公園がある。そして、そこには……。

　大きな樹。

　枝を四方に伸ばし、緑の葉を茂らせた大きな樹がある。小学校の三、四年生まで真奈たちとよく遊びに行った。みんな、大樹がお気に入りコンビニエンスストアの前を過ぎまっすぐに歩く。

　ふっといい匂いがした。焼きたてのパンの匂いだ。

「あら、千穂《ちほ》ちゃん、お久しぶり」

『ベーカリーYAMANO』のドアが開いて、白いエプロン姿の女の人が出てきた。丸い顔がにこにこ笑っている。優しげな笑顔だ。同級生の山野真奈《やまのまな》の母親だった。笑った目もとが真奈とよく似ている。小学生の時から真奈とは仲よしで、この店でよく焼きたてのパンやクッキーをごちそうになった。千穂は特に食パンが好きだった。窯から出されたばかりのほかほかの食パンは、バターもジャムも必要ないぐらいおいしいのだ。しかし、

「他人《ひと》さまのおうちで、たびたびごちそうになるなんて、はしたないわよ。もう、やめなさい。欲しいなら買ってあげるから」

　母の美千恵《みちえ》にそう言われてから、『ベーカリーYAMANO』に寄るのをやめた。

　美千恵はときどき、食パンやケーキを買ってきてくれる。有名な店の高価なケーキをおやつに出してくれたりもする。けれど、そんなにおいしいとは思えない。どんな有名店のケーキより、真奈たちとくすくす笑ったり、おしゃべりしたりしながら、口いっぱいに頬張《ほおば》ったパンのほうがずっとおいしい。

　もう一度、ほかほかの食パンにかじりつきたい。

　そんなことを考えたせいだろうか、キュルキュルとおなかが音をたてる。頬がほてった。

　やだ、恥ずかしい。

　しかし、山野のおばさんは気がつかなかったようだ。千穂の提《さ》げている布製のバッグをちらりと見やり、尋ねてきた。

「これから、塾？」

「はい」と答えた。バッグの中には塾で使う問題集とノートが入っている。

「千穂ちゃん、偉いわねえ。真面目《まじめ》に勉強して。それに比べて、うちの真奈ったら、受験なんてまだまだ先のことだって涼しい顔してるのよ。塾にも通ってないし。ほんと、千穂ちゃんをちょっとでも見習って、しっかりしてほしいわ」

　そんなこと、ありません。

【A】

　千穂は胸の内で、かぶりを振った。

　真奈は偉いと思います。しっかり、自分の将来を考えてます。あたしなんかより、ずっと……。

「千穂、これ、まだ誰にも言ってないんだけど……あたし、お父さんみたいになりたいなって思ってるんだ。パン職人」

【B】

　今日のお昼、一緒にお弁当を食べていた時、真奈がぼそりとつぶやいた。昼食の前、四時限めに、来年にひかえた受験に向けて志望校をどう決定していくか、どう絞《しぼ》っていくか、担任の教師から説明を受けたばかりだった。

「……高校受験というのは、ただの試験じゃない。きみたちの将来につながる選択をするということなんだ。具体的な職業までは無理としても、自分は将来、何がしたいのか、あるいはどんな人間になりたいのか、そういうことをじっくり考えて進路を選択してもらいたい。自分の意志

済ませようとするのだ。

産業構造のサービス化によって友情空間が貨幣空間にアウトソースされ、それによって愛情空間が肥大化すれば、友情はいずれ ⑨ なものになってしまうだろう。

（橘玲『無理ゲー社会』による）

（注）＊茫漠＝果てしなく広々としているさま。
＊権謀術数＝たくみに人をあざむく策略。
＊魑魅魍魎＝いろいろな化け物。さまざまな怪物。転じて私欲のために悪だくみをする者のたとえ。
＊義兄弟＝兄弟同様の関係を持つと約束した間柄。
＊中上健次＝日本の小説家。『岬』で芥川賞《あくたがわしょう》を受賞。

問一　二重傍線部ⓐ「ノ（びる）」・ⓑ「ボクチク」・ⓒ「キカン」・ⓓ「ダイタイ」を漢字に改めなさい。（楷書ではっきりと大きく書くこと）

問二　傍線部①「わたしたちの『つながり』は、大きく『愛情空間』『友情空間』『貨幣空間』の三層に分かれている」とあるが、この三層の空間の現代社会における関係性を図式化するとどうなるか。本文全体をふまえて、最も適切なものを次より選び、記号で答えなさい。

ア　「愛情空間」の肥大化・「友情空間」の縮小 → 「貨幣空間」の拡大
イ　「愛情空間」の肥大化 → 「友情空間」の縮小 → 「貨幣空間」の拡大
ウ　「友情空間」の縮小 → 「愛情空間」の肥大化・「貨幣空間」の拡大
エ　「友情空間」の縮小 → 「貨幣空間」の拡大 → 「愛情空間」の肥大化

問三　傍線部②「友情空間は『親友』を核として」とあるが、なぜ「『親友』を核と」する必要があるのか。その理由を述べた一文を本文中より抜き出し、最初の五字を答えなさい。（句読点や記号も一字とする）

問四　傍線部③「脳が人間関係を把握する能力」を具体的に述べた一文を本文中より抜き出し、最初の五字を答えなさい。

問五　空欄 ④ に入る数字として最も適切なものを次より選び、記号で答えなさい。

ア　5　イ　30　ウ　100　エ　500

問六　次の一文が本文中より抜けている。【A】～【D】のどこに戻せばよいか。記号で答えなさい。

これが政治（友情）空間が縮小するもうひとつの理由だろう。

問七　傍線部⑤「アドホックな（その場かぎりの）人間関係が広がっていく」のはなぜか。本文中の言葉を用いて六十字以内で説明しなさい。

問八　空欄 ⑥・⑦ に入る言葉を次より選び、それぞれ記号で答えなさい。

ア　希薄　イ　単純　ウ　濃密　エ　複雑

問九　傍線部⑧「コスト」（二箇所）を本文中の漢字二字の言葉で言い換えなさい。

問十　空欄 ⑨ に入る言葉を自分で考えて答えなさい。

二、次の文章を読んで、後の各問いに答えなさい。（本文には一部改めたところがある）

街は夕暮れの光の中で、淡い金色に輝いていた。その光を浴びながらカナダの社会学者バリー・ウエルマンは、その理由をテクノロジーによってひとびとの世界が大きく広がったからだと考えた。徒歩や馬に比べて、電車やバスなどの公共交通ⓒキカンが整備されればひとびとの物理的な移動範囲は拡大する。明治時代はもちろん戦前までは海外旅行はごく一部の特権層しかできなかったが、旅客機の登場でいまでは（感染症がなければ）誰でも気軽に海外に行けるようになった。

それに加えて、電話やインターネットで世界じゅうのひとと会話やメッセージをやり取りできる。新型コロナの新常態では、Zoomのようなウェブ会議サービスを使って世界各国のスタッフとミーティングしたり、海外の大学の授業を受けたりすることが当たり前になった。

その結果、身近なひとたちで構成されるせいぜい１５０人程度の世界は、理論的には78億人まで５０００万倍以上に拡張した。これは大げさだとしても、Facebookの「友達」の上限は５０００人で、認知の上限の［④］倍以上だ。そのうえネットワークを介した「友達」は世界じゅうに散らばっているのだから、伝統的な人間関係は環境に合わせて変容せざるを得ない。

ウエルマンは、これを「ネットワーク個人主義」と名づけた。そこでは、「村」「学校」「会社」のような共同体に全人格的に所属する必要がなくなり、ひとびとは多様で分散したコミュニティに部分的に所属することが可能になった。その結果、重層的で密着した「濃い」人間関係が減少する一方で、⑤アドホックな（その場かぎりの）人間関係が広がっていく。【A】

テクノロジーの進歩によってわたしたちは社会的に孤立するようになったといわれるが、これは現実に起きていることを取り違えている。実際には、わたしたちはより多くのひとたちとつながるようになり、人間関係は過剰になっている。それがなぜ「孤独」と感じられるかというと、広大なネットワークのなかに溶け込み、［⑥］化しているからだ。【B】

人種、国籍、性別、性的指向などを問わず、多様なひとたちが「自分らしく」生きる社会では、当然のことながら、それぞれの主張や利害が対立し、人間関係は［⑦］化する。江戸時代は身分制社会で、相手が武士なのか百姓・商人なのかの身分さえわかれば、どのように振る舞えばいいかが自動的に決まった。【C】

近代になってこうしたルールが撤廃され、すべてのひとが平等になると、一人ひとりの「個性」に合わせて最適な振る舞いをしなければならなくなった。これは大きな認知的負荷をともなうので、人間関係を「面倒くさい」と思うひとが増えてくる。【D】

人生において政治＝他者との関係が占める割合が小さくなれば、そのぶんだけ愛情空間が拡大し、家族や恋人との関係、すなわち性愛が重要なものとして意識されるようになる。最近の小説やマンガ・アニメは半径10メートル（あるいは5メートル）以内の世界をひたすら描くものばかりだが、これはひとびとの「つながり」の範囲が小さくなっていることに対応しているのではないか。

それと同時に、政治（友情）空間が縮小すれば、その外側にある貨幣空間が拡大するはずだ。子どもの面倒をみてもらうことからペットの世話まで、これまで共同体の濃密なつながりに依存していたことを、わたしたちはどんどん貨幣経済でⓓダイタイするようになってきた。「濃いつき合い」は大きな心理的⑧コストをともなうので、それを金銭的⑧コストで

【国　語】（五〇分）〈満点：一〇〇点〉

一、次の文章を読んで、後の各問いに答えなさい。（本文には一部改めたところがある）

①わたしたちの「つながり」は、大きく「愛情空間」「友情空間」「貨幣空間」の三層に分かれている。愛情空間は親子や配偶者、パートナー（恋人）との親密な関係、②友情空間は「親友」を核として最大で１５０人くらいの「知り合い」の世界、貨幣空間はその外側に広がる、金銭のやり取りだけを介してつながる＊茫漠《ぼうばく》とした世界だ。

愛情空間は愛憎入り混じる関係で、友情空間は＊権謀術数《けんぼうじゅつすう》の「政治空間」でもある。会社の派閥抗争からママ友のマウンティングまで、そこではさまざまな権力闘争が繰り広げられる。「親友」が重要なのは、＊魑魅魍魎《ちみもうりょう》の政治空間を生きⓐノびるには「ぜったいに裏切らない仲間」がどうしても必要だからだ。それに対して貨幣空間はネットで商品を購入するような関係で、愛憎もなければ連帯や裏切りもなく、ルールどおりにすれば決められた結果が返ってくる。

この図式で考えるなら、現代社会で起きているのは、愛情空間の肥大化と友情空間の縮小、それにともなう貨幣空間の拡大だ。

なぜこのようなことになるのか。それは、ネットワークのひろがりに人間の認知能力が適応できないからだろう。

人類が進化の歴史の大半を過ごしてきた旧石器時代では、独自の共通言語（または方言）と葬儀などの文化的慣習を共有する１０００人ほどが「社会」を構成していたとされる。だが食料確保の制約のため、全員が同じ場所で暮らすことはできず、日常的には30～50人の「バンド（野営集団）」と呼ばれる小集団で活動し、１５０人程度で構成される結束の強い共同体（メガバンド）が生活の中心になった。

これが脳のスペックを決める要因で、一人ひとりの個性を見分けることができるのは50人（バンドのサイズ）が上限で、顔と名前が一致するのはせいぜい１５０人だ。学校の1クラスの上限が50人で、アイドルグループが48人なのも、年賀状をやり取りする人数や企業の一部門の上限がおおよそ１５０人なのもこれが理由だろう。

この法則がよくわかるのが軍の編成で、最大１５００人の大隊（トライブ／民族集団）を60～２５０人の中隊（メガバンド／共同体）、30～60人の小隊（バンド／野営集団）、8～12人の分隊（ファミリー／家族）に分け、生死を共にする分隊のメンバーは＊「義兄弟」にも似た強いつながりをつくる。世界じゅうの軍隊がこのような階層構造になっているのは、西洋式軍制の影響ではなく、脳の認知構造に合わせているからだ。

このように、③脳が人間関係を把握する能力には強い制約がある。それにもかかわらず、短期間に世界がいきなり拡張してしまったらどうなるだろうか。

生まれてからずっと小さな世界で暮らしていたら、人間関係はものすごく濃密なものになるだろう。狩猟採集生活から近代以前の農耕・ⓑボクチク社会まで、人類はずっと「濃い関係」のなかで生きてきた。そんな世界を描いたのが＊中上健次の小説で、あらゆる出来事が「路地」と呼ばれる小さな部落のなかで起きるが、それが神話や伝説と絡みあって巨大な宇宙（コスモス）を形成する。

だがいまでは、こうした小説世界は成立しなくなってしまった。もはや濃密な人間関係がなくなってしまったからだ。

MEMO

大切なことはメモしておこうネ！

2024年度

共立女子第二高等学校入試問題（２回）

【数　学】（50分）　＜満点：100点＞

Ⅰ．次の各問いに答えなさい。

① $2(x-2)(x+2)-(x-1)^2$ を計算しなさい。

② $\dfrac{2(3x+6)}{3}-\dfrac{2x+8}{2}$ を計算しなさい。

③ $x=-3$，$y=5$ のとき，$\dfrac{2}{3}x^4y^4\div\left(-\dfrac{2}{5}xy^3\right)^2$ の値を求めなさい。

④ $10\sqrt{5}-\dfrac{14}{\sqrt{7}}-\dfrac{3\sqrt{10}}{\sqrt{2}}$ を計算しなさい。

⑤ 連立方程式 $\begin{cases}\dfrac{x}{3}-\dfrac{y}{5}=-\dfrac{4}{5}\\ 3x-8y=-1\end{cases}$ を解きなさい。

⑥ ２次方程式 $2x^2+3x-5=0$ を解きなさい。

⑦ $x=\sqrt{3}+1$ のとき，x^2-7x+6 の値を求めなさい。

⑧ 関数 $y=-ax^2$ $(a\neq 0)$ において，x の値が -2 から４まで増加するときの変化の割合が -24 であるとき，a の値を求めなさい。

⑨ ３人が１回じゃんけんをするとき，２人だけが勝つ勝ち方は全部で何通りありますか。

⑩ $\sqrt{233}+4$ の整数部分を求めなさい。

Ⅱ．下の図は，放物線 $y=2x^2$ と $y=-x^2$ のグラフを表しており，グラフ上に４点A，B，C，Dがあります。また，四角形ABCDは正方形です。このとき，次の各問いに答えなさい。ただし，点Aの x 座標を $-a$ $(a>0)$ とします。

① 点Bの座標を a で表しなさい。

② 正方形ABCDの辺DCの長さを a で表しなさい。

③ a の値を求めなさい。

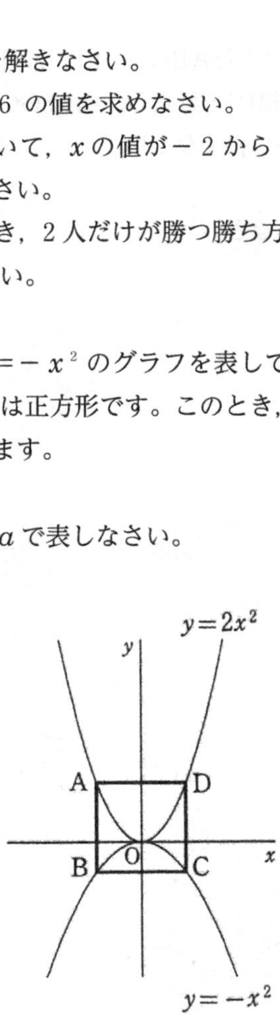

Ⅲ． 右の図の５点Ａ～Ｅは円周上の点で，点Ｏは円の中心です。また，AB // CEであり，$\overset{\frown}{CD}=\overset{\frown}{DE}$です。このとき，図の$\angle x$，$\angle y$の大きさを求めなさい。

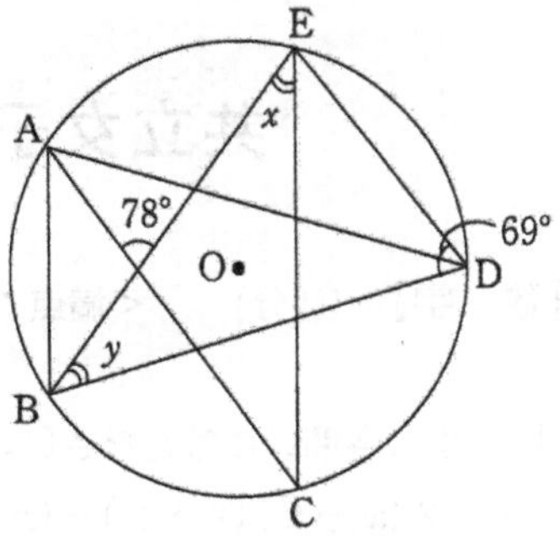

Ⅳ． 右の図の四角形ABCDは平行四辺形です。辺AB，BC，CDの中点をそれぞれM，N，Lとします。このとき，次の各問いに答えなさい。

① AG：GHを求めなさい。

② EF：FNを求めなさい。

③ △BFEの面積は四角形ABCDの面積の何倍か答えなさい。

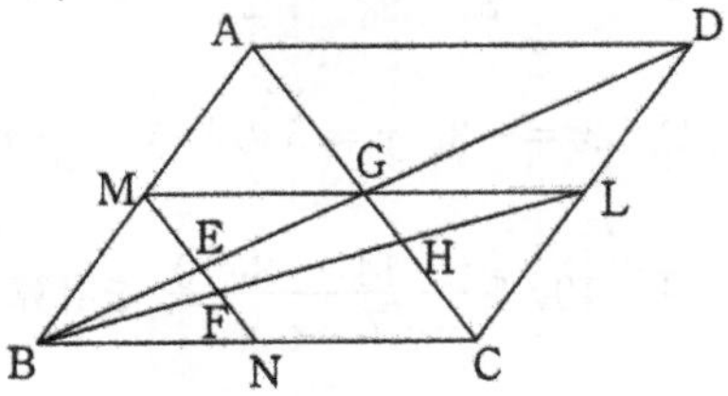

Ⅴ． 右の図は，１辺の長さが６㎝の立方体ABCD－EFGHです。ＩはAGを２：１に分ける点で，直線HIを延長し，面BFGCと交わる点をＪとするとき，次の各問いに答えなさい。

① IGの長さを求めなさい。

② 三角すいＩ－JFGの体積を求めなさい。

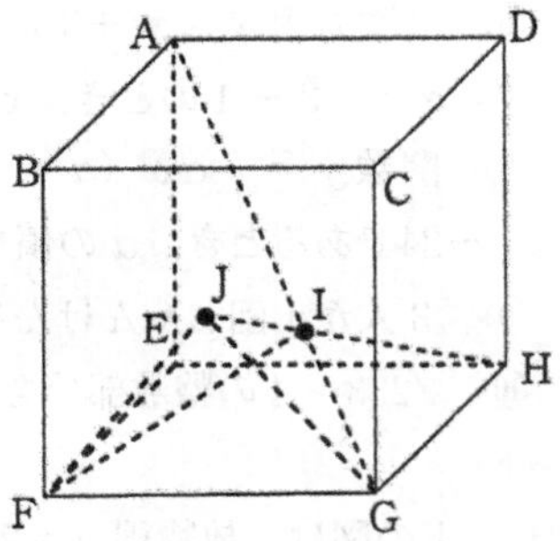

【英　語】（50分）　＜満点：100点＞　※リスニングテストの音声は弊社HPにアクセスの上，音声データをダウンロードしてご利用ください。

Ⅰ．〔リスニング問題〕放送を聞いて設問に答えなさい。

〔A〕 次に対話と質問が流れます。その質問に対する答えとして適切なものを１つずつ選び，番号で答えなさい。英文と質問は２回読まれます。

(1) 1．This morning.　2．This afternoon.
3．Tomorrow morning.　4．Tomorrow afternoon.

(2) 1．By train.　2．By car.　3．By plane.　4．By plane and car.

(3) 1．They don't want to go to class.
2．They are looking forward to next summer.
3．They did not enjoy their summer vacation.
4．They wish summer vacation were longer.

(4) 1．He usually sits there.
2．His friends will sit there.
3．He heard the seats are better there.
4．There are no other seats available.

〔B〕 次にまとまった英文と質問が流れます。その質問に対する答えとして適切なものを１つずつ選び，番号で答えなさい。英文と質問は２回読まれます。

(1) 1．His friend.　2．Julia's parents.
3．His parents.　4．His grandfather.

(2) 1．They cooked Japanese food for dinner.
2．They wrote a good review about the restaurant.
3．They told their friends about the restaurant.
4．They planned to a diner party for their friends.

(3) 1．They can touch every animal.
2．They must not take pictures of animals.
3．They are not allowed to leave the bus.
4．They can give food to animals.

Ⅱ．英文を読み，各設問に答えなさい。(* の語には注釈がある。)

Before Europeans came to Brazil 500 years ago, more than five million people lived there. These people were called ① the indigenous people — They were born in Brazil, and their *ancestors lived there. But everything changed when Pedro Alveres Cabral arrived from Portugal with his men in April 1500.

Brazil became a Portuguese *colony — its *ruler was now the king of Portugal. Soon, ② people from Portugal began to come to the new colony, and in 1600, there were about 30,000 Europeans in Brazil. They came because they wanted to find gold and take it back to Europe.

They did not find any gold at first, but they found brazilwood — a tree with red wood. People in Europe wanted brazilwood because they could *dye their clothes — color them red — with it. ③(A) the Portuguese took the trees to Europe and got a lot of money for them. ③(B), they called their new colony 'Brazil'.

Some of Brazil's indigenous people found Portuguese husbands and wives, and had children. But many of the indigenous people [C] in fights with the Europeans, and many more [C] because the Portuguese brought new *diseases to Brazil.

From the 1550s, the Europeans began to grow sugar on big farms in the north-east of Brazil. Sugar grew well there, so the Europeans needed workers, and they brought *slaves from Africa to Brazil in ships. The slaves worked on sugar farms at first, but in about 1695, people found gold in Minas Gerais in south-eastern Brazil, so many slaves went to work there. In the 1800s, people began to need slaves on coffee farms, too. ④ Between 1500 and 1850, more than three million African slaves came to Brazil — so more than half of all Brazilians today have some African ancestors.

In the 1780s, some Brazilians began to want *independence from Portugal — they wanted Brazilian rulers for their country, not Portuguese ones. The most important person was a man called Tiradentes. He wanted Brazilians to appear into the streets and fight for their independence. When the Portuguese heard about ⑤ this, they found Tiradentes and then killed him on 21 April 1792. But people did not forget him, and 21 April is an important day in Brazil.

In 1808, the Portuguese *royal family came and lived in Rio de Janeiro. Rio was the capital city of Brazil at that time, and because their royal family was now living in the city, more than 10,000 Portuguese people moved ⑥ there. Most of the royal family left Rio in 1821, but one prince stayed, and in 1822, he gave Brazil independence.

After 1888, no one in Brazil could have slaves, so Brazil's coffee farmers needed new workers. Between 1820 and 1930, about 4.5 million people moved to Brazil from Europe and found work on farms there. Germans worked on farms in the south of Brazil, and in the late 1800s, many more people came from Portugal, Spain, and Italy.

BRAZIL（Oxford University Press 一部改）

（注） ancestor 先祖　colony 植民地　ruler 支配者　dye 染める　disease 病気
slave 奴隷　independence 独立　royal family 王室

問１　下線部①の意味として適切なものを１つ選び，記号で答えなさい．

ア．先住民　イ．移民　ウ．王族　エ．英雄

問２　下線部②に関する内容として適切なものを１つ選び，記号で答えなさい。

ア．1600年に30000人のブラジル人がヨーロッパに移った。

イ．ブラジルに金を採るために行き，すぐに多くの金をヨーロッパに持ち帰った。

ウ．探索の結果，ブラジルでは有益なものを1つも見つけることができず，ヨーロッパに戻った。

エ．すぐに金を見つけることはできなかったが，価値のある木材を見つけることができた。

問3　下線部③（A），（B）に入る語の組み合わせとして適切なものを1つ選び，記号で答えなさい。

ア．（A）So　（B）But　　イ．（A）So　（B）Because of this

ウ．（A）But　（B）So　　エ．（A）But　（B）Because of this

問4　C に共通して入る語として最も適切なものを1つ選び，記号で答えなさい。

ア．died　イ．cried　ウ．lived　エ．killed

問5　下線部④の理由として適切でないものを1つ選び，記号で答えなさい。

ア．コーヒー畑の栽培にも人が必要になったから。

イ．砂糖の生産を開始して，砂糖の生産に向いている土地があったから。

ウ．金が発見された地域があったから。

エ．ブラジルの独立に向けて支持者がより多く必要だったから。

問6　下線部⑤の内容を以下の（　）に合うようにそれぞれ5文字以内の日本語で答えなさい。

「Tiradentes は，（　1　）の人々に，独立のために（　2　）もらいたいと考えていたこと。」

問7　下線部⑥が指し示す場所を本文から3語以内で抜き出しなさい。

問8　次のア～エの英文のうち，本文に合っているものにはTを，合っていないものにはFを記入しなさい。

ア．More than 50% of Brazilians have African ancestors.

イ．Europeans needed workers because there were big farms for growing sugar in Brazil.

ウ．All Brazilians wanted a Portuguese ruler for their country.

エ．There are still some slaves in Brazil working at coffee farms.

問9　次の質問にそれぞれ2語以上の英語で答えなさい。なお，数字は算用数字でかまいません。

ア．When did the prince give Brazil independence?

イ．Between 1820 and 1930, people came to Brazil from Europe.　How many countries?

Ⅲ．アメリカ・ニューヨーク州のBuffaloでホームステイをしている *Naoko* が *George* と話をしています。対話文を読み，各設問に答えなさい。(* の語には注釈がある。)

Naok:　Hi, George!　It's so hot today, isn't it?

George:　Yeah, it's a *typical summer day in Buffalo.　Look!　The sky is so clear today.　It's *comfortable to be here on the waterfront.　Well, how is the weather in Tokyo during the summer?

Naoko:　It's hot and humid too, like today.

George:　Are you enjoying your first time in the US so far?　How's your homestay going?

Naoko: Fantastic! Everything is so new to me. I've never experienced a feeling like this.

George: Sounds nice! Anyway, welcome to the July 4th Festival, Naoko!

Naoko: Thank you, George. July 4th is the Independence Day of the United States, right?

George: Yeah, we are very happy to celebrate the day every year.

Naoko: Really? I have never been to an American festival before. The festival is very fun.

George: That's great to hear! It seems that you like this town.

Naoko: Of course I do. It's a very good place to live in. But I think the buildings in Tokyo are taller, and they have more people.

George: Yeah, Tokyo is a very big city. Buffalo is smaller and has fewer people. Have you tried any American food at the festival yet?

Naoko: Yes! I tried a hot dog and cotton candy. They are both delicious. Do you like them?

George: I do! Hot dogs and cotton candy are classic American festival foods. What kind of food do you have at festivals in Tokyo?

Naoko: We eat *takoyaki*, *yakisoba*, and shaved ice. They are all very tasty.

George: I'd love to try them someday. I've heard that Tokyo has a lot of nice places to visit. What do you *recommend?

Naoko: Oh, there are many places! You should visit Asakusa, Shinjuku, and Akihabara. They are all famous and interesting. George, I can tell you many things about Japan. It will be a big help when you visit my country in the near future. It's very exciting!

George: Thanks. I'll remember those. By the way, do you have a favorite thing about Buffalo so far?

Naoko: Hmm, I think the people are very kind and friendly. I also like the nature here. There are many parks and lakes.

George: That's true. We're lucky to have the waterfront right here in Buffalo. Are you excited for the fireworks tonight?

Naoko: Yes! I love fireworks. In Japan, we also have fireworks in summer. Do you have a favorite kind of fireworks?

George: I like the ones that make a big colorful *explosion in the sky. How about you?

Naoko: I like those too! I also like the ones that make a shape, like a heart or a smiley face.

George: Cool. I think they'll have some of those tonight. So, what do you miss the most about Tokyo?

Naoko: I miss my family and friends, of course. But I also miss the convenience stores in Tokyo. They are everywhere and sell many things.

George: I've heard about those! We have some convenience stores here in Buffalo, but [A].

Naoko: Yes, they are a little different. But I like trying new things, so it's fun to visit American stores too.

George: I'm glad you are enjoying your time here. I hope we can keep hanging out and learning more about each other's cultures.

Naoko: Yes, me too! Thank you, George.

George: You're welcome, Naoko. We have to hurry. Let's find a good spot to watch the fireworks tonight!

Naoko: Yes, let's go!

（注） typical 典型的な　comfortable 心地よい　recommend 薦める　explosion 爆発

問１　(1)～(5)までの英文が本文の内容と一致するように，適切なものを１つずつ選び，記号で答えなさい。

(1) Naoko ________________ .

ア. has visited America several times

イ. has never been to America before

ウ. has eaten classic American festival foods in Japan

エ. has celebrated July 4th in Japan

(2) The weather in Buffalo today is ________________ .

ア. cool　イ. really cold　ウ. hot and humid　エ. bad

(3) There are ________________ in Tokyo than Buffalo.

ア. fewer buildings　イ. more buildings

ウ. fewer people　エ. more people

(4) Naoko ________________ .

ア. tried *takoyaki* at the July 4th Festival

イ. found that the convenience stores in Tokyo and Buffalo were quite similar

ウ. advised George to go to Asakusa, Shinjuku and Akihabara

エ. liked the convenience stores in Buffalo very much

(5) George likes ________________ .

ア. fireworks which make a big colorful explosion in the sky

イ. fireworks which make a shape, like a heart or a smiley face

ウ. the spot to watch the fireworks

エ. the convenience stores in Tokyo

問２　文中の空所 [A] に入れるのに最も適切なものを下から１つ選び，記号で答えなさい。

ア. they are everywhere and sell many things

イ. they may not be as good as the ones in Tokyo

ウ. we don't have any convenience stores in Buffalo

エ. I miss the convenience stores in Buffalo

問３　以下は２人の会話の内容をまとめたものです。（１）～（６）にあてはまる単語を書きなさい。

Naoko and George start the conversation by talking about the （　１　）. Naoko comes from Japan through homestay program.　She is excited about her experience in Buffalo.　They are at the place of the July 4th Festival. American people（　２　）the day because July 4th is the Independence Day. Naoko eats some（　３　）American festival foods, such as hot dogs and cotton candy. When George asks Naoko where he should visit in Japan, she recommends Asakusa, Shinjuku and Akihabara because they are（　４　）.　Naoko and George are looking forward to the（　５　）tonight.　In this way, both of them enjoy learning about their（　６　）.

Ⅳ． 次の日本文に合う英文になるように，（　）内の語句を並べかえなさい。ただし，文頭にくる単語も小文字になっています。

⑴　その先生は生徒に何をすべきか伝えた。
（ what / told / do / the / to / teacher / the students ）.

⑵　私の親は何度もその行事に参加したことがあります。
（ the event / taken / my / part / parents / have / many / in ）times.

⑶　日本語を上手に話すことは英語を話す人にとって簡単ではない。
（ for / not / speaking / easy / well / is / Japanese / English speakers ）.

⑷　あなたは彼が明日，何を買うつもりか知っていますか。
（ you / get / do / he / what / know / will ）tomorrow?

Ⅴ． 次は *Emi* が昨年の夏にテニス部の合宿に参加したことについて英語のレポートを書くために作ったメモです。メモの内容に合うように，４つの英文を書いてレポートを完成させなさい。数字は英単語で書いてください。

１．滞在場所・期間と交通手段：長野にバスで行き、４日間滞在した。
２．思い出①：毎朝３０分走った。
３．思い出②：テニスが上手になるように一生懸命練習した。
４．感想：大変だったがとても良い経験だった。

Last summer, I joined the tennis club camp.
⑴　We ______________________________.
⑵　We ______________________________.
⑶　We ______________________________.
⑷　________________________________.
I hope we can win the next tournament!

＊４　あやしう侍れば＝心配ですから

＊５　やさしかり＝上品・優雅

問一　二重傍線部ⓐ「ふみたがへむ」・ⓑ「ちひさきものふたり」を全て平仮名・現代仮名遣いに改めなさい。

問二　傍線部①「なげきよれば」とあるが、どういうことを嘆いたと考えられるか。最も適切なものを次より選び、記号で答えなさい。

ア　天気が変わりやすい土地で過ごす難しさ。

イ　全く知らない野道を旅することの苦しさ。

ウ　知り合いなどだれもいない旅のさびしさ。

エ　馬も同行させられないほどの旅の貧しさ。

問三　傍線部②「かさねとは八重撫子の名なるべし」の俳句に込められた心情として、最も適切なものを次より選び、記号で答えなさい。

ア　あまり聞きなれないが、たいへん風流な名前が子どもにつけられていたという感動。

イ　馬を心配して追いかけてくる子どものやさしさが手にとるようにわかるという共感。

ウ　見知らぬ土地での心細さの中、無邪気な子どもと触れあうことができたという喜び。

エ　かさねというあまり聞きたことのない名前を子どもにつける、地方の文化への驚き。

問四　傍線部③「あたひを鞍つぼに結びつけて、馬を返しぬ」の行為に込められた心情を漢字二字で答えなさい。

問五　本文は『奥の細道』の一節であるが、この作品が成立したのはいつの時代とされているか。その時代を漢字二字で答えなさい。

ア　好きな子ができたことで夢中だった気象が急に幼稚に思えてきたから。
イ　好きな子への思いを持て余し悶々として気象どころではなかったから。
ウ　好きな子を含んだ仲のよい四人でいつもつるんでいて忙しかったから。
エ　偶然が織りなす気象の掛け値なしの美しさをすっかり忘れていたから。

問六　傍線部④「エゴが姿を変えた薄汚いもの」とあるが、ここでいう「エゴ」の具体的な内容について、本文中の言葉を用いて二十字以内で説明しなさい。

問七　傍線部⑤「十七歳の彼を抱きしめてやりたい衝動に駆られた」のはなぜか。その理由として最も適切なものを次より選び、記号で答えなさい。
ア　十七歳の彼は心の美しさという点では相手の彼女に全く引けを取らないことを認めてあげたくなったから。
イ　十七歳の彼が美しさを忌み嫌うことで相手に彼女がいる苦しさから逃れようとしたことが切なかったから。
ウ　十七歳の時からすでに彼は素敵な人だったということが分かり彼を思う気持ちがより一層強くなったから。
エ　十七歳の彼に無理をせずもっと自分の気持ちに対して素直に生きるべきだと勇気づけてみたくなったから。

問八　傍線部⑥「いろいろリセットする意味でね」とあるが、「いろいろ」の内容として適切でないものを次より一つ選び、記号で答えなさい。
ア　男性が性愛の対象であったこと。
イ　彼への思いで苦しんできたこと。
ウ　美しいものを否定してきたこと。
エ　気象への興味を失っていたこと。

問九　傍線部⑦「気づいたというか、思い出した」とあるが、何を「思い出した」と言うのか。本文中の言葉を用いて四十字以内で説明しなさい。

三、次の古文を読んで、後の各問いに答えなさい。

那須の黒羽《くろばね》といふ所に、知人《しるひと》あれば、是《これ》より野越《のごえ》にかかりて、*1直道《すぐみち》を行かむとす。はるかに一村を見かけて行くに、雨降り、日暮るる。農夫の家に一夜をかりて、明《あく》ればまた野中を行く。そこに野飼《のがひ》の馬あり。草《くさ》刈《かる》をのこに①なげきよれば、野夫《やふ》といへどもさすがに情しらぬにはあらず。*2「いかがすべきや。されどもこの野は東西縦横にわかれて、*3うひうひしき旅人の道ⓐふみたがへむ、*4あやしう侍《はべ》れば、この馬のとどまる所にて馬を返し給へ」と、かし侍りぬ。ⓑちひさきものふたり、馬の跡したひてはしる。ひとりは小娘にて、名を「かさね」といふ。聞きなれぬ名の*5やさしかりければ、

②かさねとは八《や》重《へ》撫子《なでしこ》の名なるべし　曾良《そら》

やがて人里に至れば、③あたひを鞍《くら》つぼに結びつけて、馬を返しぬ。

（注）*1　直道を行かむとす＝まっすぐに近道を行こうとした
*2　いかがすべきや＝どうしたらよいだろうか
*3　うひうひしき旅人＝土地に不慣れな旅人

「知ってたってことをです。雪の結晶は、雲の中で、完全に物理プロセスのみによって生まれます。何の意図も意味もなく、ただの偶然によって、あの完璧《かんぺき》な立体や幾何学模様が形成されている。性とも欲望とも遺伝子とも、関係ありません。なのに雪結晶は、誰が見たって、掛け値なしに、ただ美しい。そんなこと、僕は子どものときから知ってたはずなんです」

［C］。唾《つば》を飲みこみ、やっとのことで「――本当に」とだけ発した。

そうだ、確かに。この世界で、美を誇っているのは、花や鳥や人だけではない。雪の結晶、雲や空が垣間見《かいまみ》せる、無機質の美。見つけられることを望んですらいない、ただそこにある美。ⓓ潔く、はかない美。わたしだって、それはよく知っている。知っているのに――。

「それを思い出したおかげで、僕は気象少年に戻れたんです。いや、もう少年じゃないですね。立派な気象オタクだ」

目を細める奥平さんと顔を見合わせていると、［D］。

この人は、欲望をたやすくコントロールできる人などではなかった。誰よりも欲望に苦しんできた人だった。美しいものを憎みながら、それでもまた、美しいものを見つけられる人だった。やっぱり素敵な人だと、あらためて思う。

奥平さんが「あ」と声を上げ、さらに二、三歩進み出た。空を見上げ、両手を広げる。

「降ってきた」

「ほんとですか」わたしも慌てて立ち上がり、芝生に出る。

確かに白いものがはらはらと舞い落ちてきている。みぞれではなく、雪らしい雪だ。空を仰ぐと、頬の上で冷たいものが溶けた。

（伊与原新「星六花」による）

（注）＊埒外＝一定の範囲の外。

＊ミレニアム＝西暦で言う一〇〇〇年単位。俗に西暦二〇〇〇年のことを意味する。一九九九年が二〇〇〇年に切り替わる際、様々なイベントが催された。

問一　二重傍線部ⓐ「彩（る）」・ⓑ「雰囲気」・ⓒ「絶世」・ⓓ「潔（く）」を平仮名に改めなさい。

問二　空欄［A］～［D］に入る言葉として最も適切なものを次より選び、それぞれ記号で答えなさい。

ア　今度は鼻がつんとしてきた
イ　小さく言うしかできなかった
ウ　胸がつまって、言葉が出てこなかった
エ　笑ってうなずき、先をうながした

問三　傍線部①「こうはいかなかったかもしれない」とはどういうことか。最も適切なものを次より選び、記号で答えなさい。

ア　猛烈アタックを続けたかもしれない。
イ　拒まれたことを恨んだかもしれない。
ウ　激しい嫉妬にかられたかもしれない。
エ　あきらめきれなかったかもしれない。

問四　空欄［②］に入る言葉を本文中より三字で抜き出しなさい。

問五　傍線部③「一時期、気象から離れていた期間がある」のはなぜか。その理由として適切でないものを次より一つ選び、記号で答えなさい。

たとしても、それは僕が子孫を残すことに何の意味もなさないでしょ。つまり僕という人間は、生殖の原理の*埒外《らちがい》にいる。だから僕には、美しいものを美しいと認めない権利があるんだ——ってね。高二にもなって、中二病丸出し。ほんと、バカですよね」

「バカだなんて思いませんよ」それどころか、⑤十七歳の彼を抱きしめてやりたい衝動に駆られたほどだ。

「そんな風に自分をなぐさめたところで、苦しさから逃れられるわけじゃありません。僕も彼も東京の大学に進んだので、友だち付き合いは続きました。で、忘れもしません、一九九九年の大晦日《おおみそか》。日本中が盛り上がってたじゃないですか」

「そうでしたね。懐《なつ》かしい」

「高校のときつるんでた四人で横浜港のカウントダウンイベントに行こうってことになりましてね。待ち合わせ場所に行ったら、彼が新しい彼女を連れてきたんですよ。バイト先で知り合ったとかいう一つ年上の、これまた目が覚めるような美人。肩寄せあって歩く二人を後ろから眺めながら、決めたんです。彼と会うのはこれで最後にしようって」奥平さんはこちらに顔を向け、冗談めかして付け足す。「なんたって、いい区切りだし」

「*ミレニアムだし」とわたしも返した。

「人ごみに紛れて、そっとその場を離れました。はぐれてしまったことにしてね。その日以降、彼とは連絡を絶ちました。悪いと思いましたが、一方的に」

「もしかして、東京で一人暮らしを始めたのも——」

「まあ、⑥いろいろリセットする意味でね。彼が今どこで何をしているのかはわかりませんが、結婚したということだけは人づてに聞きました」

「——そういうことでしたか」

「で、ちょっと話は戻りますが」

奥平さんは立ち上がり、一歩屋根の外に出た。

「そのミレニアム前夜、みんなの前から黙って消えたあとのことです。僕は家に帰る気分にもなれなくて、一人で横浜の街をさまよってました。でも、赤レンガ倉庫も山下公園も、当たり前ですが人がいっぱいでね。山手のほうまで歩いていって、小さな児童公園に入ったんです。ゾウの形をした置き物というかベンチがあって、そこにぼんやり座ってました。たぶん泣いてはなかったと思うんですが」

「泣いたっていいじゃないですか」

奥平さんは「今なら泣けたと思います」と目尻にしわを寄せ、続ける。

「で、しばらくするとね、雪がちらつき始めたんです。あとで調べたところによると、その日の気圧配置は強い冬型だったんですが、北西の風と、北東から回り込む風とが東京湾あたりでぶつかって、収束帯に雪雲が——って、そんなことどうでもいいか」

わたしは［　B　］。

「その日、僕は今日みたいに紺色のコートを着ていて、袖《そで》にどんどん雪結晶がくっついていく。きれいな、ほんとにきれいな樹枝状六花がたくさんあってね。見事な形の結晶が溶けていくのを見ているうちに、気づいたんです。⑦気づいたというか、思い出した」

「思い出した?」

を散歩したりするの、好きでした」

「へえ、きれいなんでしょうねえ」景色を想像しつつ、訊《たず》ねる。「横浜には、いつまでいたんですか」

「大学三年のときにこっちで一人暮らしを始めたんで――二十歳までかな」

　奥平さんは、すっかり冷えた缶コーヒーを両手で包み、視線を遠くにやった。

「僕、気象少年だったって言ったじゃないですか」

「ええ、ベランダを気象台にして、天気図を描く少年」

③「一時期、気象から離れていた期間があるんですよ。高校に入ってから、二十歳のときまで」

「何かあったんですか？　あ、運動部に入ったとか？」

「いえ。高校で、彼と出会ったんです」

「ああ……」

「経験ありません？」奥平さんは屈託のない声で訊いてくる。「色気づいて好きな子ができたりなんかすると、それまで夢中だったことが、どうでもよくなる。それが急に幼稚に思えたりして」

「わかります」わかしも微笑《ほほえ》んだ。

「まさにそれですよ。でも」奥平さんはわずかに目を伏せた。「僕は、すごく苦しみました。自分の……欲望に。どこにぶつけたらいいか、本当にわからなかった」

「――はい」［　A　］。

　それを気にしたのか、奥平さんはことさら明るく続ける。

「まさに悶々《もんもん》とするってやつですよ。もう気象どころじゃありません」

「その彼とは、親しかったんですか」

「ええ。彼と僕とあと二人、四人でいつもつるんでて。でも、高二の夏にね、彼に彼女ができたんです。近くの女子高に通う、本当にきれいな子でね。まさに、誰もがうらやむ美男美女のカップル」

「――そうですか」

「ちょうど同じ頃に、生物の授業で教師がこんな話をしたんです。『昆虫が花粉を媒介する被子植物では、他のどの器官よりも、花においてその遺伝的多様性が顕著になっている』」

「えっと……」

「ちょっと言葉が硬すぎますよね。要するに、植物は、花粉を運んでくれる昆虫に対して自分を目立たせるために、色とりどりの美しい花を進化させてきたということです」

「ああ、なるほど」

「それを聞いて、十七歳の僕は考えました。結局のところ、美しさなんてものは、まやかしじゃないかって。美しい花も、美しい鳥も、美しい人も、生殖のためにそうなっているにすぎない。よく言うじゃないですか。美人というのは、遺伝的に生存率の高い平均的な顔のことだって。つまり僕たちは、自分の遺伝子を効率よく残すのに有利な対象を、美しいと感じているにすぎない。美という感覚は、錯覚のようなもの。ただの方便――」

　そこで奥平さんは首をのばし、空を見上げた。雪もみぞれもまだ落ちてきていないことを確かめてから、続ける。

④「それから僕は、美しいものを美しいと思わないことにしました。むしろ、エゴが姿を変えた薄汚いものだって。もし僕が©絶世の美男子だっ

るというのはおかしな話だから。

問十　傍線部⑧「半平和愛好的産業段階」とあるが、なぜ「半」とされているのか。本文中の言葉を用いて四十字以内で説明しなさい。

二、次の文章を読んで、後の各問いに答えなさい。（本文には一部改めたところがある）

夜八時半の北の丸公園は、街をⓐ彩るクリスマスイブの華やぎとは無縁だった。

たまに通りかかるのは犬の散歩に来た人ぐらいで、カップルなどの姿は見当たらない。ここと敷地がひと続きの日本武道館ではロックバンドのコンサートがおこなわれているようだが、終演後も観客たちがこちらまで流れてくることはないだろう。

奥平さんとわたしは、芝生に面した東屋《あずまや》のベンチに並んで座り、体を縮こまらせていた。ニット帽、手袋、ムートンブーツと、防寒はしっかりしてきたつもりでも、湿り気を帯びた冷たい風が肌まで染《し》み込んでくる。

「お、ついに都内でも雪の報告が出始めましたよ」

スマホでツイッターを確認していた奥平さんが言った。わたしは使い捨てカイロを頰《ほお》に当てながら、画面をのぞき込む。

「いよいよですか。それにしても、みなさん熱心ですね。こんな夜に」

「僕たちだって人のこと言えませんよ」奥平さんが笑う。「チキンもケーキもないこんなところで、震えながら雪を待ってる」

予測されていたとおり、南岸低気圧が発生した。積もるかどうかは別として、関東地方の太平洋側では、今夜、ある程度の雪が見込まれている。朝の情報番組では、キャスターと気象予報士がついに東京でもホワイトクリスマスだと大げさに騒いでいた。

あれから一週間、わたしと奥平さんはメッセージのやり取りを続けた。短い文面だし、深い話をしたわけではない。他愛《たあい》ない話題の中に、少しずつ互いの思いを吐き出した。気持ちが落ち着くのは思ったより早かった。奥平さんの性愛が女性に向いていれば、①こうはいかなかったかもしれない。おかしな言い方だが、わたしの中にもちゃんと女の性があるのだなと、今さらながら思った。

一緒に［　②　］の撮影をしませんかと誘ってくれたのは、奥平さんだ。この場所も、彼が指定してきた。気象庁からほど近いここ北の丸公園は、東京の気象観測点になっているそうだ。「露場《ろじょう》」といって、温度計や雨量計などの観測機器が設置されているらしい。快適な場所やⓑ雰囲気のいい場所ではなく、純粋に科学的な理由でここを選ぶあたりが、奥平さんらしいと思った。

仕事終わりの六時半に九段下のファミレスで待ち合わせ、しばらくそこで待機していた。神奈川でみぞれが降り始めたという情報が三十分ほど前に入ったので、この東屋まで移動してきたというわけだ。

「普段はどんな風にクリスマスを過ごすんですか」わたしは訊《き》いた。

「何もしませんよ。とくに最近はね。富田さんは？」

「わたしも、母が買ってきたケーキを食べるぐらいですかね」苦笑いを浮かべて言う。「もう、それがさびしいとすら思いません。外に出ませんし」

「僕、地元が横浜なんですよ。あっちに住んでた頃は、クリスマスに一人で港のほうまで出かけたりしましたね。ライトアップされた運河沿いこの段階に至ると、使用人集団が減ってくる。富の再配分が見なおされ、階級差はすこしずつ縮まっていった。その結果として、暇の見せびらかしも有効性を失う。

その代わりに現れたのがステータスシンボルとしての消費である。ある人物がどれほどの使用人を抱えているかは、その人の家にでも招かれてみなければ分からない。だが、何を着ていて、どんな家に住んでいて、どんな車に乗っているかは、一目見れば分かる。社会の規模が大きくなるにつれて、一目見てすぐに分かるようなステータスシンボルの方が重宝されるようになったわけだ。（國分功一郎『暇と退屈の倫理学』による）

問一　二重傍線部ⓐ「オチイ（った）」・ⓑ「カクトク」・ⓒ「テツガク」・ⓓ「イジ」を漢字に改めなさい。（楷書ではっきりと大きく書くこと）

問二　空欄［a］～［d］のうち、接続詞「しかし」が入らないのはどれか。記号で答えなさい。

問三　空欄［①］・［②］に入る言葉の組み合わせとして最も適切なものを次より選び、それぞれ記号で答えなさい。

ア　①経済　②政治　　イ　①必然　②偶然

ウ　①客観　②主観　　エ　①論理　②感情

問四　傍線部③「逆のこと」とは具体的にどういうことか。本文中の言葉を用いて四十字以内で説明しなさい。

問五　次の一文が本文中より抜けている。【A】～【D】のどこに戻せばよいか。記号で答えなさい。

> 「ひまじん」という言葉に否定的な価値が与えられるのもそのためだ。

問六　傍線部④「暇であることを許された」とはどういうことか。最も適切なものを次より選び、記号で答えなさい。

ア　下層階級に労働を全て任せるなど、贅沢《ぜいたく》な生活をすることができること。

イ　裕福な経済的条件を手に入れているため、労働を強いられていないこと。

ウ　労働ができない状況下にあるので、暇であることが認められていること。

エ　暇であることは悪いことではなく、価値ある素晴らしいものであること。

問七　傍線部⑤「暇であることこそが、尊敬されるべき高い地位の象徴である」とあるが、その後「暇」に代わって有閑階級の高い地位の象徴となるものは何か。本文中より十五字で抜き出しなさい。

問八　傍線部⑥「顕示的閑暇」の言い換えにあたる言葉を本文中より八字で抜き出しなさい。

問九　傍線部⑦「奇妙な感じ」とあるが、筆者が「奇妙」と表現する理由として最も適切なものを次より選び、記号で答えなさい。

ア　することがない状態を暇と呼ぶはずなのに、それを遂行するというのはどこか矛盾を感じるから。

イ　有閑階級は暇が力の象徴であるはずなのに、それを他の者に遂行させてしまっては意味がないから。

ウ　使用人集団は忙しくて暇がないはずなのに、重要でもない仕事を熱心に行うというのは変だから。

エ　暇というのは目には見えないはずなのに、目に見える形で代行す逆に、暇のない人たちとはどういう人たちであろうか？　暇のない人とは、自由にできる時間がない人、つまり、自らの時間の大半を労働に費やさねば生きていけない人のことだ。暇のない人とは、経済的な余裕のない人である。【C】経済的に余裕がないのだから、社会的には下層階級に属する。いわゆる「貧乏暇なし」のことである。【D】

有閑階級とは、社会の上層部に位置し、あくせく働いたりせずとも生きていける経済的条件をⓑカクトクしている階級である。彼らは労働を免除されている。労働は下層階級が彼らの代わりに、彼らのために行うのである。それ故《ゆえ》、ヴェブレンはこのように述べたのだ。ギリシャⓒテツガク者の時代から現代にいたるまで、労働を免除されていること、そこから解放されていることこそが価値あるすばらしいことだったのだ、と。

こう考えてもよいだろう。有閑階級とは、いわば、④暇であることを許された階級である、と。

（中略）

彼ら富をもつ者は、自分たちで生産的活動を行う必要がない。やるべき仕事がない、そのことこそが彼の力の象徴である。⑤暇であることこそが、尊敬されるべき高い地位の象徴である。したがって暇は明確なステータスシンボルとなる。

暇はステータスシンボルなのだから、有閑階級は自らの暇を見せびらかそうとする。これをヴェブレンは⑥「顕示的閑暇《けんじてきかんか》」と呼ぶ。これは『有閑階級の理論』という本のカギとなる概念であり、有閑階級の根幹を支えるものである。

［c］有閑階級は暇を見せびらかしたい。では、どうすればよいのだろうか？　単に暇であることを人に見せつけることは難しい。そこで、彼の暇を目に見える形で分かりやすく代行してくれる人間集団が登場する。使用人集団である。彼らは暇を代行してくれる存在である。

彼らはきれいな身なりをして、自分たちに多大な費用がかかっていることを示す。調度品のⓓイジなど、生活するには大して重要でもない仕事を熱心に行い、主人に仕える。これが「閑暇の遂行」である。「暇を遂行する」とは⑦奇妙な感じがするが、まさしく彼らはそれを仕事にしているのである。

暇の見せびらかしが進んだ段階を、ヴェブレンは⑧「半平和愛好的産業段階」と呼ぶ。奴隷《どれい》の使用など、略奪や暴力をむき出しにした暇の見せびらかしは避けられているからである。

［d］、「半平和愛好的産業段階」で実現されているのは、その名の示す通り、完全な平和ではない。平和は形式的なものに留《とど》まっている。それは当然だろう。他人の暇を「遂行」するために人が雇われるような社会が不平等に満ちていることは言うまでもないからだ。

歴史もまたこのような判断を下し、社会は徐々に変化していった。賃金労働者と現金支払制を中心にした「平和愛好的産業社会」の到来である。これは、ヴェブレンが『有閑階級の理論』を出版した頃に現れ始めていた二〇世紀の大衆社会を指していると考えられよう。

一九世紀末から二〇世紀頭にかけて、いわゆる有閑階級（その大半は利子生活者）の凋落《ちょうらく》が見られた。両世紀の境目を生きたヴェブレンの頭にもおそらく、凋落していく有閑階級の姿が思い描かれていただろうと思われる。

【国　語】（五〇分）〈満点：一〇〇点〉

一、次の文章を読んで、後の各問いに答えなさい。（本文には一部改めたところがある）

「暇」と「退屈」という二つの語は、しばしば混同して使われる。「暇だな」とだれかが口にしたとき、その言葉は「退屈だな」と言い換えられる場合が多い。［ａ］、当然ながら暇と退屈は同じものではない。

暇とは、何もすることのない、する必要のない時間を指している。暇は、暇のなかにいる人のあり方とか感じ方とは無関係に存在する。つまり暇は［①］的な条件に関わっている。

それに対し、退屈とは、何かをしたいのにできないという感情や気分を指している。それは人のあり方や感じ方に関わっている。つまり退屈は［②］的な状態のことだ。

（中略）

こうして二つの語を正確に位置づけると、新しい問題が見えてくる。両者の関係の問題である。暇と退屈の関係はどうなっているのだろうか？　両者は必然的に結びつくのだろうか？　暇にⓐオチイった人間は必ず退屈するのだろうか？　それとも、暇におちいった人間は必ずしも退屈するわけではないのか？

あるいはまた、退屈の側から暇を眺めれば次のような問いが出てくる。退屈は必ず暇と結びついているだろうか？　つまり、退屈しているとき、その人は必ず暇のなかにいるのだろうか？　それとも退屈しているからといって、必ずしも暇のなかにいるわけではないのだろうか？

上の問題を、暇の価値という観点から考察してみよう。

私たちは「ひまじん」という言葉をいい意味では使わない。それはたいてい人をバカにするために用いられる。また、「暇だ」という一言が自慢げに語られるとは思えない。要するに暇というのは評判が悪い。

ところが③これと逆のことを述べた本がある。経済学者ソースティン・ヴェブレン［1857-1929］の『有閑階級の理論』（一八九九年）である。

有閑階級《レジャー・クラス》とは、相当な財産をもっているためにあくせくと働く必要がなく、暇を人づき合いや遊びに費やしている階級のことを言う。ヴェブレンはこの階級に注目しながら、人類史の全体を描き出そうとした。

この本を読み始めると読者は最初とても驚く。いま述べた通り、そこでは、暇であることにはかつて高い価値が認められていたと書かれているからである。つまり、有閑階級は周囲から尊敬される高い地位にある階級だったと書かれているのである。

［ｂ］有閑階級とは、いわば〝ひまじん〟の階級である。なぜこのようなことになるのだろうか？

このような疑問が出てくる原因は、暇と退屈の混同にある。既に述べたように、私たちはしばしば両者を混同する。「暇だ」という言葉はほとんどの場合、「退屈だ」という意味である。だから暇であることが悪いことに思えるのである。【Ａ】

しかし、よく考えてみよう。暇があるとはどういうことだろうか？　言うまでもなく、暇があるとは余裕があるということだ。余裕があるとは裕福であるということだ。すなわち、あくせく働いたりしなくても生きていける、そのような経済的条件を手に入れているということだ。

【Ｂ】

MEMO

大切なことはメモしておこうネ！

1回

2024年度

解 答 と 解 説

《2024年度の配点は解答欄に掲載してあります。》

＜数学解答＞

Ⅰ ① $x-5$ ② $-x+8y$ ③ -9 ④ $-3\sqrt{3}-\frac{5\sqrt{6}}{3}$ ⑤ $x=5,\ y=\frac{5}{2}$

⑥ $x=1\pm2\sqrt{2}$ ⑦ $3+\sqrt{3}$ ⑧ $a=5$ ⑨ $\frac{3}{5}$ ⑩ 18

Ⅱ ① $(a,\ 2a^2)$ ② $(2a^2+a,\ 0)$ ③ $a=\frac{3}{4}$

Ⅲ $\angle x=38°$ $\angle y=76°$ Ⅳ ① 3：1 ② 144 ③ $\frac{5}{24}$倍

Ⅴ ① 3：1 ② $\frac{5}{4}\sqrt{2}$ cm

○配点○

各5点×20 計100点

＜数学解説＞

基本 Ⅰ (数・式の計算，式の値，平方根の計算，方程式の計算，$y=ax^2$の変化の割合，確率，数の性質)

① $(x+3)(x-2)-(x-1)(x+1)=(x^2+x-6)-(x^2-1)=x-5$

② $\frac{1}{2}(6x+4y)-\frac{2}{5}(10x-15y)=\frac{1}{10}\{5(6x+4y)-4(10x-15y)\}=\frac{1}{10}(-10x+80y)=-x+8y$

③ 与式を簡単にすると，$\frac{1}{2}x^3\div\left(-\frac{1}{6}x\right)^2=\frac{x^3}{2}\times\frac{36}{x^2}=18x$ これに，$x=-\frac{1}{2}$を代入して，$18\times\left(-\frac{1}{2}\right)=-9$

④ $\frac{\sqrt{6}}{3}-\sqrt{27}-\frac{2\sqrt{54}}{3}=\frac{\sqrt{6}}{3}-3\sqrt{3}-2\sqrt{6}=-3\sqrt{3}+\frac{\sqrt{6}}{3}-\frac{6\sqrt{6}}{3}=-3\sqrt{3}-\frac{5\sqrt{6}}{3}$

⑤ $0.5x-0.2y=2\cdots(1)$ $2y=3x-10\cdots(2)$ (1)の両辺を10倍して，(2)を代入すると，$5x-(3x-10)=20$ $2x=10$ $x=5$ これを(2)に代入して，$2y=3\times5-10$ $y=\frac{5}{2}$

⑥ $x^2-2x-7=0$ 二次方程式の解の公式より，$x=\frac{-(-2)\pm\sqrt{(-2)^2-4\times1\times(-7)}}{2\times1}=\frac{2\pm4\sqrt{2}}{2}=1\pm2\sqrt{2}$

⑦ 与式を因数分解して，xの値を代入すると，$x^2-7x+12=(x-3)(x-4)=\{(\sqrt{3}+4)-3\}\{(\sqrt{3}+4)-4\}=(\sqrt{3}+1)\times\sqrt{3}=3+\sqrt{3}$

⑧ $y=ax^2(a\neq0)$において，xの値がpからqまで増加するときの変化の割合は，$a(p+q)$である。この値が20であるから，$a(1+3)=20$ $4a=20$ $a=5$

⑨ 異なる5枚のカードの中から，2枚のカードを取り出して並べる順列の総数は，5×4＝20(通り)ある。この中で，奇数になるのは，(1回目，2回目)＝(2，1)，(3，1)，(4，1)，(5，1)，(1，3)，(2，3)，(4，3)，(5，3)，(1，5)，(2，5)，(3，5)，(4，5)の12通りある。よって，求める確率は，$\frac{12}{20}=\frac{3}{5}$

【別解】 2枚目に取り出すカードは，1，2，3，4，5の5通りある。この中で，奇数は1，3，5の3通りある。よって，求める確率は，$\frac{3}{5}$

重要 ⑩ $13<\sqrt{171}<14$　各辺に5を足して，$13+5<\sqrt{171}+5<14+5$　$18<\sqrt{171}+5<19$
よって，$\sqrt{171}+5$の整数部分は18である。

Ⅱ　(図形と関数・グラフの融合問題)

① Aのx座標はaである。Aは$y=2x^2$上の点だから，$y=2\times a^2=2a^2$　よって，$A(a,\ 2a^2)$

重要 ② 四角形ABCDは正方形であり，①から，1辺の長さは$2a^2$と表せる。よって，点Cの座標は$(2a^2+a,\ 0)$

重要 ③ 点Dの座標は$(2a^2+a,\ 2a^2)$であり，この点が直線ℓ上にあるから，$2a^2=-(2a^2+a)+3$
$4a^2+a-3=0$　$(4a-3)(a+1)=0$　$a>0$より，$a=\frac{3}{4}$

基本 Ⅲ　(円の性質)

右図のように，点A～Fを定める。三角形の外角の性質より，$\angle BAE=\angle ADF+\angle AFD=(x+40)^\circ$と表せる。円に内接する四角形の性質から，$\angle ABC=(180-x)^\circ$と表せる。$\angle ABC=\angle AEB+\angle BAE$が成り立つから，$64+(x+40)=(180-x)$
$2x=76$　$x=38^\circ$　また，円周角の定理より，$\angle y=2\angle x=2\times38^\circ=76^\circ$

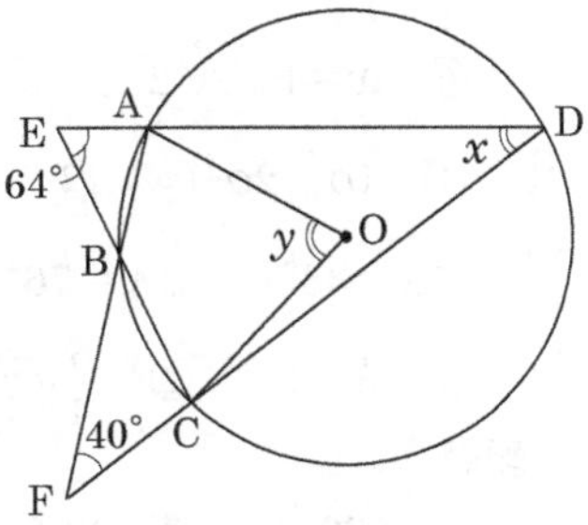

Ⅳ　(平面図形の計量)

重要 ① 直線AGと辺BCとの交点をDとおく。Gは重心だから，AG：GD＝2：1…(1)が成り立つ。M，Nは辺AB，ACの中点だから，中点連結定理より，MN//BCとなる。よって，AP：PD＝1：1…(2)が成り立つ。(1)×2より，AG：GD＝4：2　(2)×3より，AP：PD＝3：3　以上より，AP：PG＝3：(4－3)＝3：1

重要 ② $\triangle ABC=\triangle ABD\times\frac{BC}{BD}=\triangle AMD\times\frac{AB}{AM}\times\frac{BC}{BD}=\triangle MGP\times\frac{AD}{PG}\times\frac{AB}{AM}\times\frac{BC}{BD}=\triangle MGP\times\frac{6}{1}\times\frac{2}{1}\times\frac{2}{1}=\triangle MGP\times24$と表せる。△MGPの面積が6のとき，$\triangle ABC=6\times24=144$

やや難 ③ △APNの面積をSとおいて，四角形PGCNと△ABCの面積をSを用いて表す。まず，$\triangle AGC=\triangle APN\times\frac{AG}{AP}\times\frac{AC}{AN}=\triangle APN\times\frac{4}{3}\times\frac{2}{1}=\frac{8}{3}S$と表せるから，四角形$PGCN=\triangle AGC-\triangle APN=\frac{8}{3}S-S=\frac{5}{3}S$と表せる。…(3)　次に，$\triangle ABC=\triangle ACD\times\frac{CB}{CD}=\triangle APN\times\frac{AD}{AP}\times\frac{AC}{AN}\times\frac{CB}{CD}=\triangle APN\times\frac{2}{1}\times\frac{2}{1}\times\frac{2}{1}=8S$と表せる。…(4)　求める面積比は，$(3)\div(4)=\frac{5}{3}S\div8S=\frac{5}{24}$

重要 Ⅴ　(立体図形の計量)

① 四角すいP－EFGHの体積を2通りで表す。まず，四角すいP－EFGHの体積は，直方体ABCD－EFGHの体積の$\frac{1}{12}$だから，$(P-EFGH)=\frac{1}{12}\times(ABCD-EFGH)=\frac{1}{12}\times(3\times4\times5)=5$…(1)となる。次に，Pから面EFGHに垂線PIを引く。$\frac{1}{3}\times$(四角形EFGH)$\times PI=\frac{1}{3}\times(3\times5)\times PI=5\times PI$…(2)と表せる。(1)＝(2)より，$5=5\times PI$　$PI=1$　EとGを結ぶ。PI//AEより，$\triangle GAE\backsim\triangle GPI$であるから，GA：GP＝AE：PI＝4：1が成り立つ。ゆえに，AP：PG＝(4－1)：1＝3：1

② $AG=\sqrt{AB^2+BF^2+FG^2}=\sqrt{3^2+4^2+5^2}=5\sqrt{2}$　$PG=\frac{1}{4}\times AG=\frac{1}{4}\times5\sqrt{2}=\frac{5}{4}\sqrt{2}$ (cm)

★ワンポイントアドバイス★

Ⅰ，Ⅱ，Ⅴは比較的解きやすく，素早く処理したい。Ⅲ，Ⅳを解くためには，図形に関する知識を整理し，それらを用いて問題を解く練習を重ねていこう。

＜英語解答＞

Ⅰ 〔A〕 (1) 3 (2) 2 (3) 4 (4) 4 〔B〕 (1) 3 (2) 1 (3) 2

Ⅱ 問1 she and her family were not free 問2 エ 問3 1 南部 2 解放 問4 ア 問5 black people 問6 front 問7 エ 問8 ア F イ T ウ T エ F 問9 ア No, they didn't. イ Three people did.

Ⅲ 問1 (1) ウ (2) エ (3) イ (4) ア (5) エ 問2 ウ 問3 1 older 2 Japan 3 houses [people] 4 cereal 5 green tea 6 football

Ⅳ (1) His father takes a walk in this park every (morning.) (2) I have never seen a beautiful mountain (like this.) (3) That young woman wearing a blue hat is my sister(.) (4) He has a lot of things to do (today.)

Ⅴ (1) (I) swam in the sea and saw a lot of beautiful fish(.) (2) (I) ate ice cream with my brother(.) (3) It was hot in Okinawa but I had a good time(.) (4) (Now) I'm interested in the history of Okinawa(.)

○配点○

Ⅰ 各2点×7 Ⅱ 問2～問5, 問8 各2点×9 他 各3点×5

Ⅲ 問1 各3点×5 他 各2点×7 Ⅳ, Ⅴ 各3点×8 計100点

＜英語解説＞

Ⅰ (リスニング問題)

〔A〕 Dialogue

(1) G: Will you take the bus to the shopping mall?

B: No. I was planning to walk. How about you?

G: My dad will drive me there. Would you like to join us?

B: Really? Thank you so much!

Q: How will they get to the shopping mall?

1. By bus. 2. By bike. 3. By car. 4. On foot.

(2) M: Excuse me. I bought this white shirt here last month, and I'd like to buy another one.

W: Sure. Would you like the same color?

M: No. This time. I'd like a black one.

W: OK.

Q: What does the man want to do?

1. Buy a white shirt. 2. Buy a black shirt.

3. Exchange his shirt. 4. Get his money back.

(3) B: Mom, I'm hungry. When will dinner be ready?

M: In about 20 minutes. Oh, Grandma and Grandpa are coming here for dinner tonight. Can you bring two chairs into the dining room for them?

B: OK. From where?

M: Get them from the living room.

Q: What does the boy's mother ask him to do?

1. Help her cook dinner. 2. Call his grandparents.
3. Clean the dining room. 4. Move chairs to the dining room.

(4) M: Here's your shrimp burger and French fries. Would you like some ketchup with that?
W: I didn't order a shrimp burger. I wanted a chicken burger.
M: Oh, I'm sorry about that. I'll bring your order in a few minutes.
W: Please hurry. I have to leave in 15 minutes.
Q: What is the woman's problem?
1. She doesn't like shrimp burgers. 2. The waiter forgot to bring ketchup.
3. The chicken burger is not good. 4. The waiter brought the wrong order.

[B] Monologue

(1) Maki began working as a teacher four years ago. She was teaching in Tokyo, but six months ago she moved to Osaka because her husband got a job there. She now teaches at a school in Osaka.
Q: When did Maki move to Osaka?
1. Three months ago. 2. Four months ago.
3. Half a year ago. 4. Four years ago.

(2) Ken is going to play baseball this weekend. He'll meet his teammates at the station early on Sunday morning. They're going to take the train together to the baseball stadium.
Q: Where is Ken going to meet his teammates?
1. At the station. 2. On the train.
3. At his house. 4. By the baseball stadium.

(3) For Ben's 17th birthday last week, he got $200 from his grandparents. They gave him money because he said he wanted to buy a smart watch. Yesterday, Ben went to an electronics store to buy one, but the watch he wanted actually cost $400. Ben decided to get a part-time job to save money to buy it.
Q: Why has Ben decided to get a part-time job?
1. He wants to buy a gift for his grandparents.
2. He needs more money for a watch.
3. His grandparents advised him to do so.
4. Many of his friends work part-time.

(全訳) ［A］ (1) G：ショッピングモールにはバスで行くの？
B：いや，歩いて行くつもりだったんだ。君は？
G：私の父が車で連れてってくれるの。一緒にどう？
B：本当？ありがとう！
Q「彼らはどのようにしてショッピングモールに行くのか？」
1 バス 2 自転車 3 車 4 徒歩

(2) M：すみません，先月こちらでこの白いシャツを買ったんですが，もう一枚買いたいんです。
W：かしこまりました。同じ色がよろしいですか？
M：いいえ，今回は黒が欲しいんです。

W：わかりました。

Q「男性は何をしたいか？」

1　白いシャツを買う　2　黒いシャツを買う　3　シャツを交換する　4　返金してもらう

(3)　B：お母さん，お腹空いたよ。夕飯はいつできるの？

M：あと20分くらいよ。あ，今夜はおばあちゃんとおじいちゃんが夕飯に来るの。彼らのためにダイニングルームに椅子を二つ持ってきてくれる？

B：わかった。どこから持ってくればいいの？

M：リビングルームから持ってきて。

Q「男の子の母親は彼に何を頼んでいますか？」

1　彼女が夕食を作るのを手伝う　2　祖父母に電話をする

3　ダイニングルームを掃除する　4　ダイニングルームに椅子を移動させる

(4)　M：こちらがエビバーガーとフライドポテトです。ケチャップはいりますか？

W：私が注文したのはエビバーガーじゃなくて，チキンバーガーです。

M：あ，それは申し訳ありません。すぐにご注文をお持ちします。

W：急いでください。15分以内に出なければなりません。

Q「女性の問題は何ですか？」

1　彼女はエビバーガーが好きではない

2　ウェイターはケチャップを持ってくるのを忘れた

3　チキンバーガーはおいしくない

4　ウェイターが間違った注文を持ってきた

〔B〕(1)　マキは4年前に教師として働き始めた。彼女は東京で教えていたが，6ヶ月前に夫が仕事のため大阪に移ることになり，今は大阪の学校で教えている。

Q「マキはいつ大阪に引っ越したか？」

1　3ヶ月前　2　4ヶ月前　3　半年前　4　4年前

(2)　ケンは今週末に野球をしに行く予定だ。日曜日の早朝に駅でチームメイトと会い，一緒に電車で野球スタジアムに向かう。

Q「ケンはチームメイトとどこで会うか？」

1　駅　2　電車　3　彼の家　4　野球場

(3)　ベンは先週の17歳の誕生日に，祖父母から200ドルもらった。彼がスマートウォッチを買いたいと言っていたので，彼らはお金をあげた。昨日，ベンは電気店に行ってその時計を買おうとしたが，欲しい時計は実際には400ドルもした。ベンはアルバイトをして，それを買うためのお金を貯めることにした。

Q「ベンはなぜアルバイトをすることに決めたか？」

1　祖父母への贈り物を買いたい　2　時計を買うためにもっとお金が必要だ

3　祖父母が彼にそうするように忠告した　4　友達の多くがアルバイトをしている

重要　**Ⅱ　(長文読解・物語文：指示語，英問英答，語句補充，要旨把握，内容吟味)**

(全訳)　様々な国の女性たちが人権のために戦ってきた。アメリカでは多くの黒人女性が自由のために戦った。初期の戦士の一人がハリエット・タブマン(1820-1913)だった。①ハリエットはメリーランド州で奴隷として生まれた一これは彼女と彼女の家族が自由ではなかったことを意味する。12歳のA時，彼女は畑で働いていた。読み書きはできなかったが，とても賢かった。

若い頃から，ハリエットは自由でありたいと考えていた。また，他の奴隷を自由へと導く手助けをしなければならないとも知っていた。

この時期，アメリカの南部には奴隷がいたが，北部にはいなかった。1849年，ハリエットは北部で自由を見つけるために逃亡した。②しかし，彼女はそこに留まらなかった。彼女は南部に戻り，他の奴隷を解放する手助けをした。最初は家族を，そして他の人々を助けた。彼女はとても勇敢だった。彼女はしばしば奴隷の自由と女性の権利について話した。彼女は自由な奴隷のための学校を始めた。なぜなら教育が重要だと彼女は知っていたからだ。後に，彼女は女性の参政権のためにも戦った。

ハリエット・タブマンは，人権のために戦ったもう一人の有名な戦士，ローザ・パークスの道を切り開いた。ローザ・パークスは1913年に，アメリカのアラバマ州で生まれた。彼女が有名なのは立ち上がらなかったからだ！　ローザが若い女性だったA時，アメリカの多くの場所で，当時「色付き」と呼ばれていた黒人と白人は一緒に座ることができなかった。

若い頃から，ローザは「黒人の世界と白人の世界がある」とわかっていたと後に述べている。黒人と白人が混ざり合わない場所の一つがバスだった。ローザ・パークスはアラバマ州モンゴメリー市の店で働いていた。1955年12月1日，店での長い一日の仕事の後，ローザ・パークスは家に帰るためにバスに乗った。彼女は③「色付き」人々のための席に座った。当時，バスの床には線があった。白人は線のB前方に座り，黒人はそれより後ろに座らなければならなかった。これは，黒人がバスに乗るとき，B前方から乗って料金を支払い，その後で降りて後ろのドアから再び乗る必要があったことを意味する。

12月のこの日，バスは白人でいっぱいになり始めた。しばらくすると，バスは満員になり，運転手は何人かの白人が立っているのに気づいた。運転手はバスを停止させ，4人の黒人に立ち上がるように求めた。これは白人が座ることができるようにするためだった。ローザのバスにいた黒人のうち3人は立ち上がったが，ローザはそうしなかった。彼女は座ったままだった。運転手は「なぜ立ち上がらないのか」と尋ねた。ローザは「立ち上がるべきだとは思わない」と答えた。運転手は警察を呼び，ローザは逮捕された。エローザがそのバスでしたことはアメリカでの黒人の権利のための戦いにおいてとても重要だった。

問1　この後に this means that とあることから，that 以下が下線部の意味であるとわかる。

問2　「彼女が12歳の時」「ローザが若い女性だった時」となるので，when が適切である。

問3　この後で「彼女は南部に戻り，他の奴隷を解放する手助けをした」とある。

問4　ハリエット・タブマンが奴隷制度の廃止や女性の権利向上のために活動したと述べられている。

問5　前の段落の最終文に「当時『色付き』と呼ばれていた黒人」と述べられている。

問6　黒人はその後ろ(behind it)に座らなければならなかったことから，白人は前方(front)に座ると判断できる。

問7　ローザがバスでしたことについては最終段落に書かれているため，エに入れるのが適切である。

問8　ア 「ハリエット・タブマンは賢かったので読み書きができた」 第1段落最終文参照。読み書きはできなかったが賢かったため不適切。　イ 「ハリエット・タブマンは北部に逃亡したが，家族を救うために南部に戻った」 第3段落第4，5文参照。家族や他の人を救うために南部に戻ったので適切。　ウ 「1955年に黒人から白人を離すためにバスの床に線があった」 第5段落第6文参照。当時は白人と黒人を分ける線があったので適切。　エ 「ローザ・パークスはバスを運転し衝突させたため逮捕された」 第6段落第8，9文参照。ローザは立ち上がらなかったため逮捕されたので不適切。

問9　ア 「1950年代は黒人と白人は一緒に座ったか」 第4段落最終文参照。黒人と白人は一緒に座れなかったと述べられている。　イ 「バスの運転手が立ち上がるように要求したとき，何人の黒人が立ち上がったか」 最終段落第第5文参照。黒人の3人が立ち上がった。

Ⅲ (会話文：内容把握，語句補充)

(全訳) アメリカのダンベリーの最初の日に：

スミス夫人：おはよう，皆さん！ ユキ，よく眠れた？

ユキ　　　：おはようございます。はい，ありがとうございます。この家はとても大きくて静かです。

スミス氏　：気に入ってもらえて嬉しいよ。東京とは違うだろう？

ユキ　　　：はい，全然違います。東京はとても忙しくて騒がしいです。でも，$_{A}$ダンベリーはとても静かです。

スミス夫人：確かにそうね。こちらは自然がもっと多いわ。裏庭はもう見た？

ユキ　　　：いいえ，まだです。

スミス氏　：見るべきだよ！大きな庭とたくさんの木があるんだ。とても美しいよ。

ユキ　　　：朝食後に見ます。東京では，ほとんどの家には大きな庭がありません。

スミス氏　：ユキ，これが私の息子のマイクと娘のルーシーだ。彼女は君より2歳年上だ。マイクは君より2歳年下だ。彼らは君に会いたがっていたんだ。

マイク　　：ユキ，日本では朝食に普段何を食べるの？

ユキ　　　：日本人はよくご飯と魚，そして味噌汁を食べますが，私は毎朝パンとサラダ，果物を食べます。

ルーシー　：それは面白いわ。ここでは普通，シリアルやトースト，時々卵とベーコンを食べるの。

マイク　　：シリアルはたくさん種類があるよ。どれを試してみたい？

ユキ　　　：ああ，たくさんありすぎて。どれが一番好き？

マイク　　：僕はチョコレートが大好きだよ。君は？

ユキ　　　：私のお気に入りはイチゴです。兄はブルーベリーが大好きです。

マイク　　：なるほど。イチゴは僕の姉もお気に入りだよ。

朝食後：

スミス夫人：ユキ，朝はコーヒーとお茶，どちらがいい？

ユキ　　　：普段は緑茶を飲みます。でも，コーヒーがあれば飲むことができます。

スミス氏　：どちらもあるよ。緑茶を用意しよう。

ユキ　　　：ありがとうございます。どこで手に入れたんですか？

マイク　　：おじいちゃんとおばあちゃんが以前京都に行ったんだ。それで僕たちのために買ってきたんだよ。京都は緑茶で有名だよね？ 彼らはそこで茶道を体験したんだ。楽しんだみたい。

ユキ　　　：わあ，おじいちゃんとおばあちゃんは京都で良い経験をされたんですね。京都は特に濃い緑茶で有名です。私たちはそれを抹茶と呼びます。私たちは茶道をするときに抹茶を使います。

ルーシー　：ところで，ユキ，普段の空き時間に何をするの？

ユキ　　　：本を読んだり，音楽を聴いたりするのが好きです。ピアノを弾くのも楽しんでいます。学校のバンドに入っています。

マイク　　：それはかっこいい！ リビングにピアノがあるよ。いつでも弾いていいよ。

ユキ　　　：本当ですか？ ありがとうございます！ 弾くとワクワクします。バンドで演奏するときはキーボードを弾きます。

スミス夫人：朝食後，ダンベリーを案内することもできるわ。訪れるべき多くの公園や興味深い場所があるの。
ユキ　　　：それは嬉しいです。アメリカの生活についてもっと知りたいです。
スミス氏　：来週，野球の試合に行こう。ここでは人気のスポーツだ。
ユキ　　　：それは楽しそうです！　日本でも野球は本当に人気がありますが，試合には行ったことがありません。
ルーシー　：一緒にショッピングにも行けるわ。町にはいくつか素敵な店があるの。
ユキ　　　：ショッピングが好きです。日本の家族のために贈り物を買いたいです。
マイク　　：そして，人気のアメリカンスポーツ，例えばホッケーやフットボールのやり方を教えることができるよ。
ユキ　　　：スポーツはあまり得意ではありませんが，試してみたいです。楽しそうです。
スミス夫人：ユキがここで素晴らしい時間を過ごせるようにするわ。
ユキ　　　：ありがとうございます。皆さんと一緒にいられてとても嬉しいです。
スミス氏　：ユキを家族の一員として迎えられて嬉しいよ。ようこそ，我が家へ。

基本　問1　(1)　ユキは「日本人はよくご飯，魚，味噌汁を食べますが，私はパン，サラダ，果物を毎朝食べます」と述べている。　(2)　マイクが「ストロベリーは僕の姉もお気に入りだよ」と言っていることより，ルーシーの好きなシリアルがストロベリーであることがわかる。　(3)　マイクが「僕たちの祖父母が京都に行って，僕たちのためにそれを買ってきました」と述べている。　(4)　ユキが「学校のバンドでキーボードを弾く」と述べている。　(5)　ユキは「それは楽しそうです！　野球は日本でも本当に人気がありますが，試合を見に行ったことはありません」と述べており，これはスタジアムで野球の試合を見ることに興奮していることを示している。

問2　ユキは東京との違いについて話していて，東京が非常に忙しく騒がしいことに触れている。一方で，ダンベリーが静かであるという内容が適切である。

問3　(1)　ユキはホストファミリーのマイクよりも2歳年上である。このため，空欄には「年上」という意味の older が適切。　(2)　ユキは日本とアメリカの違いについて話している。したがって，彼女が比較している場所「日本」という言葉が入る。　(3)　アメリカには庭が大きく，木々が多い家があることについて述べている。よって「家」を意味する houses が適切。また，アメリカの人々の中には大きい庭や木々が多い家を持っている人がいると考えることもできるので people も適切である。　(4)　アメリカでは，朝食に様々な種類のシリアルを食べることが一般的であると述べている。　(5)　ホストファザーが，ユキは通常朝に緑茶を飲むと述べていることから，緑茶を提供する場面がある。　(6)　ユキはスポーツが得意ではないが，ホッケーやフットボールを試してみたいと述べている。

基本　Ⅳ　**(語句整序問題：熟語，現在完了，分詞，不定詞)**

(1)「散歩します」は take a walk となる。

(2)「このような」は like this となり，「今まで見たことがない」は have never seen と表現する。

(3)　wearing a blue hat は前の名詞を修飾する現在分詞の形容詞的用法である。

(4)「今日すべき」は不定詞の形容詞的用法を用いて to do today となり，修飾する名詞の後に置く。

重要　Ⅴ　**(和文英訳)**

(1)「海で泳いだ」は I swam in the sea と表現され，「たくさんの綺麗な魚を見た」は saw a lot of beautiful fish で，二つの活動をつなげるために and を用いる。

(2)　「弟と一緒に」は with my brother で,「アイスクリームを食べた」は ate ice cream と表現する。

(3)　「沖縄は暑かったけど」は天候や寒暖を表す it を用いて It was hot in Okinawa but となる。「とても楽しかった」は have a good time を用いて, I had a good time. と表現する。

(4)「～に興味を持っている」は be interested in ～ を用いて表現する。

★ワンポイントアドバイス★

問題構成は例年通りとなっている。形式に慣れることですばやく問題を解くことができる。過去問を何度も解いて出題形式をつかむようにしよう。

＜国語解答＞

一　問一　a　延　b　牧畜　c　機関　d　代替　問二　ウ　問三　「親友」が　問四　これが脳の　問五　イ　問六　D　問七　テクノロジーの進歩によって,ひとびとが多様で分散したコミュニティに部分的に所属することが可能になったから。　問八　⑥　ア　⑦　エ　問九　負荷　問十　不要

二　問一　a　かたわ　b　かんば　c　けいしゃ　d　がんか　問二　C　問三　ア　問四　緑の香り　問五　進路のことで悩んでいる今の自分には大樹が必要だと感じたから。　問六　イ　問七　芸術科のある高校に進学して,絵を描くことに関わる仕事がしたいという気持ち。　問八　エ　問九　ウ　問十　ア

三　問一　a　すみたまいけり　b　しばしばえもうでず　問二　子・君　問三　②　ウ　③　イ　問四　エ　問五　平安

○配点○

一　問一　各1点×4　問八　各2点×2　他　各4点×8　二　問一　各1点×4　他　各4点×9　三　問四・問五　各4点×2　他　各2点×6　計100点

＜国語解説＞

一　(論説文—漢字の書き取り,文脈把握,脱文・脱語補充)

問一　a「延」は「延長する」イメージ,「伸」は「物理的な長さが変わる」イメージなので注意。　b「畜」は「蓄」と混同しないように注意。　c「ある働きをするための仕組みや組織」。　d「だいがえ」と誤読しないように注意。

重要　問二　第三段落「現代社会で起きているのは,……拡大だ」にまず注目する。「それにともなう」としているのだから,「愛情空間の肥大化」「友情空間の縮小」は「貨幣空間の拡大」よりも先にあるはずである。この時点でエは除外できる。さらに第十八・第十九段落に注目する。「政治＝他者との関係が占める割合が小さくな」ることは,「友情空間の縮小」と言い換えられる。友情空間が縮小すると「そのぶんだけ愛情空間が拡大し」,「それと同時に,……貨幣空間が拡大する」とある。つまり,「友情空間の縮小」が何よりも先で,「愛情空間の肥大化」と「貨幣空間の

拡大」はその後同時に起こると言える。よってウが適当。

問三 「核とする」とは「中心とする」,「最も重要なものとする」という意味。第二段落で「『親友』が重要なのは,……必要だからだ」と,親友の重要性が直接説明されているので,ここが適当。

問四 傍線部直前の「このように」が指しているのは前段落の内容であるから,傍線部とは要するに人間関係と数の問題を示している。すると,第六段落で「これが脳の……150人だ」というところに,脳のスペックとして「顔と名前が一致する」のは150人,と数の問題が具体的に記述されているので,ここが適当。「スペック」が「性能,仕様」という意味であることは知っておきたい。

問五 「認知の上限」は,問四でも確認したように150人である。5000を150で割ると約33なので,イが適当。

問六 「もうひとつ」という記述に注目する。つまり,この一文の前にすでに一つは説明されているということである。すると,第四段落の「なぜこのようなことになるのか」の「このようなこと」は,第三段落「現代社会で……拡大だ」を指している。つまり,友情空間の縮小の一つの理由がネットワークのひろがり,ということである。ネットワークのひろがりについては第十五段落までで説明されている。よって,A・Bは除外できる。CとDで比較していくことになるが,Cの前では多様性によって人間関係が複雑化するということが述べられているのに対し,Dの前では「人間関係を『面倒くさい』と思うひとが増えてくる」と直接的に友情関係の縮小原因になりそうなことを述べているので,Dが適当。

重要 問七 同段落傍線部前の「その結果」に注目する。その前に記述されている「ひとびとは多様で……可能になった」ということが解答の核心になるが,それがどうして起こるかと言うと,ウェルマーが「ネットワーク個人主義」と名づけた状況があるからであり,なぜそのような状況になるかというと第十一段落にある通り「テクノロジーによってひとびとの世界が大きく広がったから」である。よって,「テクノロジーの進歩によって」などと加えて記述できるとよい。

問八 ⑥ 第十五段落の内容をおさえると,テクノロジーの進歩で人間関係は過剰になっているが人々は孤独を感じる,という一見矛盾めいた内容である。その矛盾を説明することとして,「広大なネットワークの中に溶け込み」と記述されている。50gの赤色絵の具でも25mプールの中に入れたらその赤色は薄まって見えなくなるように,人間関係もまた広大なところに溶け込むと濃さを失い,薄まってしまう。このようなイメージを持てるかどうかが重要である。よってアが適当。 ⑦ 同段落「多様な人たちが……生きる社会では」「それぞれの主張や利害が対立し」から,多様な人がいる以上,主張や利害関係も多様になるということをおさえておく。また,「江戸時代は……自動的に決まった」は現代との対比であり,江戸時代は多様性を無視していたので,振る舞い方は単純に決められていたということ,加えて次段落「一人ひとりの……負荷をともなう」からも,個性が多すぎて最適解が分かりにくいということが読み取れる。この状況を一言で言い表すのはエ。

問九 「コスト」とはもともと「費用」であるが,金銭的な意味にかかわらず広く「負担」を指す言葉として使われているということは知っておきたい。この「負担」とほぼ同義なのが,第十七段落に登場する「負荷」である。

問十 同段落「貨幣空間にアウトソースされ」るとは,前段落の内容をふまえている。要するに,お金を払って済ませようということである。「友情空間」がお金を払って済まされるようになると,結局残るのは愛情空間と貨幣空間のみになり,友情によって行われる・可能になるものはもはやなくなってしまうということから,「不要」「無用」など,〈いらない〉という意味を表す言葉があてはまる。

二 (小説—漢字の読み，脱文・脱語補充，情景・心情，文脈把握)

問一 a 「そば」。 b 「香りがいい，立派だ，よい」。「香りがいい」は「かぐわしい」という言葉もある。 c 「傾き」。書き問題でも出題されることがある。「傾」は「頃」と混同しないように注意。 d 「目の下の方」。

重要 問二 「その一言」「反芻」に注目する。「反芻」とは，一般的には「くりかえし考え，味わうこと」。つまり，この一文よりも前の時点での「一言」を考えていたということである。すると，Cであれば「その一言」は，真奈と進路について会話した昼食の時間よりも前の「四時限め」に担任が言った「意志をもってもらいたい」だと考えると自然である。

問三 アは「家業を継ぐという宿命」が誤り。真奈は「なりたい」「すごくいいな」「専門学校に行きたいな」と，自分の意志でパン職人になりたいのであり，「家業を継ぐという宿命」を持っているという根拠はない。何より，問二解説通り「意志を持ってもらいたい」という言葉について考えていた際に，真奈の「パン職人になりたい」という希望を聞いて，千穂は「心底から感心」したのだから，真奈が自分の意志を持っているということに感心したものと考えられる。

問四 「足が止まった。香りがした。……芳しい匂い」が，「大きな樹」のことを思い出し始めた瞬間を描写している。「思い出すことなどほとんどなかった」のに，「香りがした」から足が止まり，大樹のことを思い出したのである。つまり，香りというのは大樹の香りであり，それを表す四字は「緑の香り」である。

問五 まず，千穂は進路のことについて，自分では「絵描きになりたい」と思っているが，母は医者を目指すのが当然だと考えているだろう——という悩みを抱えているということをおさえておく。千穂が絵描きになりたいと思ったきっかけは，「こんな風景を眺めるたびに」つまり，大樹に登って見下ろす街の風景に心を動かされて，「今，見ている美しい風景をカンバスに写し取りたい」と考えていたということなのだから，進路に悩んでいる千穂にとって，絵描きになりたいという初期衝動を与えてくれた大樹と触れ合うことは必要だったのだと考えられる。

問六 傍線部④の「ドキドキ」は，直前の「切られてしまって，何もないかもしれない」と，大樹がもうないかもしれないという不安が含まれたものである。この時点でイ・エに絞られる。「期待」は好意的な意味になるし，「動揺」は予想外のことが起きてうろたえるさまを表すのでここでは不適当。次に傍線部⑤であるが，風景を眺めるたびにドキドキして幸せな気持ちになり，「あたし，絵を描く人になりたい」「描きたいという気持ちが突き上げてきて，千穂の胸を強くたたいた」のだから，イが適当。感情がこみあげてくるということなので，「感動」というしみじみと味わうものよりも「高揚」という気分の高まりを表す語が適当。

重要 問七 「お母さんには……わからない」「なんでもかんでも押しつけて」から，その前の，千穂が絵描きになりたいと言った場合の想定される母の反応である「絵描きになりたい？……夢みたいなこと言わないの」がヒントになる。千穂の「絵描きになりたい」という思いは軽んじられるだろう，ということである。しかしここで注意したいのは，具体的には「画家なんて大仰なものでなくていい。……芸術科のある高校に行きたい」という思いを今千穂は抱いているということなので，「絵描き」に限定せず〈芸術科のある高校に進学し，絵を描くことに関わる仕事がしたい〉などとまとめるとよい。そもそも，千穂は進路のことで芸術科のある高校に行きたいと母には言えない……という悩みを抱えているのだから，高校の選択に絡めて答えるのがベストである。

重要 問八 「命令」とは，ああしろ，こうしろと行動を指図することである。すると，ア・イ・ウは実際に母が千穂に指図したことと言えるが，エは「そう，一笑に付されるにちがいない」と，千穂が勝手に想像していることに過ぎないので，「お母さんが千穂に命令した」とは言えない。

問九　空欄前の「あたしはどう生きたいのか，……夢を聞いてもらうんだ」に注目する。「あたしはどう生きたいのか」「夢を聞いてもらう」は「理屈」とは言えず，こうしたいという「意志」なので，この時点でイ・ウに絞られる。また，千穂はいま進学先の高校を決めるという局面において，「夢を聞いてもらう」ことが必要だと感じているので，「仕事」に限定せずもっと広く「未来」とすべきである。高校受験を一年後に控えた千穂にとって，どの高校に進学するかということも「未来」のことである。

問十　「うん，思い出した。……お母さんに抱きしめられたんだ」とあることから，思い出した内容は母と関わることである。「抱きしめられた」ことについては，母の発言である「だいじな，だいじな私の千穂」から，千穂を大切に思うからこそのことだと考えられる。よってアが適当。ウと迷うが，これは「思い出したこと」ではない。「ぶつかるのが怖くて，お母さんのせいにして逃げていた」というのは，アを思い出した結果気付いたことであり，過去に起きたことではない。これまでの自分を振り返り，自己分析した内容がウである。

三 (古文―仮名遣い，文脈把握，口語訳，和歌，文学史)

〈口語訳〉 昔，男がいた。官位はまだ低いままであったが，母は天皇の娘であった。その母は，長岡というところにお住まいになっていた。子(＝男)は京で宮仕えをしていたので，(母のもとに)参上しようとしたけれど，頻繁には参上することができない。一人っ子だったので，(母は男を)たいへんかわいがりなさっていた。すると，十二月頃に，急ぎのことといって手紙があった。(男が)驚いて見ると和歌がある。「老いると避けられない別れ(＝死)があるというので，より一層会いたくなる我が子であることよ」。その子(＝男)は，ひどく泣いて(返歌を)詠んだ。「世の中に避けられない別れ(＝死)がなければいいのに。(親が)千年も生きてほしいと祈る子供たちのために。」

基本　問一　a　古典的仮名遣いでは，語頭を除く「はひふへほ」は「わいうえお」と読む。　b　古典的仮名遣いでは，「au」の表記は「o－」と読む。

問二　男について，「母なむ宮なりける」と母がいることがわかっているので，その母に対する「子」という表記がまず一つ。次に，母からの和歌である「老いぬれば～」の中で会いたいとされている「君」が男のことと考えられる。「老いぬれば～」の直後に「かの子，いたううち泣きてよめる」と「世の中に～」が「子」つまり男による和歌であることが示されているので，「老いぬれば～」は母が詠んだ和歌とわかる。

問三　②　「いと」は「とても」という意味なので，それが全く含まれないアは除外できる。また「たまひ」は尊敬語だというこも知っていれば，イも除外できる。「かなしう」は形容詞「かなし」の連用形ウ音便。「かなし」は「愛し」と「悲し」の二つの表記があり，ここでは「ひとつ子にさえありければ」つまり「一人っ子だった」ということから「愛し」の方で解釈したい。「愛し」は「いとしい，かわいい」という意味。よってウが適当。　③　「とみの」はナリ活用形容動詞「とみなり」の語幹用法。「とみなり」は「急だ」という意味の必修語。ただ，語義を知らなくても文脈から判断したい。アはいつも手紙を送り合っていた根拠がないので，ウ・エは母が「さらぬ別れ」に言及していることに加え，男が「いたううち泣きて」いることからポジティブな意味にとらえることは難しいので不適当。

重要　問四　「なくもがな」の「なく」は形容詞「無し」の連用形。つまり，「なくもがな」は「無いといいなあ」という意味である。何が無いといいのかというと「さらぬ別れ」だが，これは母が「老いぬればさらぬ別れのありといえば」としていることから，老いると訪れる別れであるということがまずわかる。それに対して男は「泣きて」いること，「千代もといのる」ということから，要するに「さらぬ別れ」＝死別ということが考えられる。男の，母と死別しないといいなあという心情を反映しているのはエのみ。　ア　母は「老いぬれば～」という和歌で男に会いたいと言っているのだから，既に死んだとするのは無理がある。　イ 「年をとってしまった」のは「老いぬれば」の通り母である。　ウ 「一緒に死にたい」根拠が本文中にない。「千代も」は「千年も(生きてほしい)」と解釈できる。

問五 『伊勢物語』は平安時代の成立。作者は不詳で，作中の「男」の多くは六歌仙の一人である在原業平をモデルにしているという説が有力。

★ワンポイントアドバイス★

論説文は，筆者が論をどのような順番でどう展開しているのかを整理しながら読み進めよう。小説は，事実と登場人物の想像を混同しないように注意しよう。古文は，和歌ではすべてが詳細に語られないということを前提に，和歌の真意がどこにあるかを考えながら鑑賞しよう。

2回

2024年度

解答と解説

《2024年度の配点は解答欄に掲載してあります。》

<数学解答>

Ⅰ ① x^2+2x-9　② x　③ $\frac{3}{2}$　④ $7\sqrt{5}-2\sqrt{7}$　⑤ $x=-3$，$y=-1$

⑥ $x=1$，$-\frac{5}{2}$　⑦ $3-5\sqrt{3}$　⑧ $a=12$　⑨ 9通り　⑩ 19

Ⅱ ① $(-a,\ -a^2)$　② $3a^2$　③ $a=\frac{2}{3}$　Ⅲ $\angle x=39°$　$\angle y=36°$

Ⅳ ① 3：1　② 1：2　③ $\frac{1}{48}$　Ⅴ ① $2\sqrt{3}$ cm　② 6cm³

○配点○

各5点×20　計100点

<数学解説>

基本 Ⅰ （数・式の計算，式の値，平方根の計算，方程式の計算，$y=ax^2$の変化の割合，場合の数，数の性質）

① $2(x-2)(x+2)-(x-1)^2=2(x^2-4)-(x^2-2x+1)=2x^2-8-x^2+2x-1=x^2+2x-9$

② $\frac{2(3x+6)}{3}-\frac{(2x+8)}{2}=\frac{1}{6}\{4(3x+6)-3(2x+8)\}=\frac{1}{6}\times6x=x$

③ 与式を簡単にすると，$\frac{2}{3}x^4y^4\div\left(-\frac{2}{5}xy^3\right)^2=\frac{2x^4y^4}{3}\times\frac{5^2}{2^2x^2y^6}=\frac{25x^2}{6y^2}$　これに，$x=-3$，$y=5$をそれぞれ代入して，$\frac{25\times(-3)^2}{6\times5^2}=\frac{3}{2}$

④ $10\sqrt{5}-\frac{14}{\sqrt{7}}-\frac{3\sqrt{10}}{\sqrt{2}}=10\sqrt{5}-2\sqrt{7}-3\sqrt{5}=7\sqrt{5}-2\sqrt{7}$

⑤ $\frac{x}{3}-\frac{y}{5}=-\frac{4}{5}\cdots(1)$　$3x-8y=-1\cdots(2)$　$(1)\times15$より，$5x-3y=-12\cdots(1)'$　$(1)'\times3-(2)\times5$より，$31y=-31$　$y=-1$　これを(2)に代入して，$3x-8\times(-1)=-1$　$x=-3$

⑥ $2x^2+3x-5=0$　$(2x+5)(x-1)=0$　$x=1,\ -\frac{5}{2}$

⑦ 与式を因数分解して，xの値を代入すると，$x^2-7x+6=(x-1)(x-6)=\{(\sqrt{3}+1)-1\}\{(\sqrt{3}+1)-6\}=\sqrt{3}\times(\sqrt{3}-5)=3-5\sqrt{3}$

⑧ $y=ax^2(a\neq0)$において，xの値がpからqまで増加するときの変化の割合は，$a(p+q)$である。この値が-24であるから，$-a(-2+4)=-24$　$-2a=-24$　$a=12$

重要 ⑨ 3人をA，B，Cとする。AとBが勝つとき，勝つ手の出し方は3通りある。同様にして，BとC，CとAが勝つときも，勝つ手の出し方は3通りずつある。よって，$3\times3=9$(通り)

重要 ⑩ $15<\sqrt{233}<16$　各辺に4を足して，$15+4<\sqrt{233}+4<16+4$　$19<\sqrt{223}+4<20$　よって，$\sqrt{233}+4$の整数部分は19である。

Ⅱ （図形と関数・グラフの融合問題）

基本 ① Bのx座標は$-a$である。Bは$y=-x^2$上の点だから，$y=-(-a)^2=-a^2$　よって，$B(-a,\ -a^2)$

② $A(-a,\ 2a^2)$より，$AB=2a^2-(-a^2)=3a^2$と表せる。四角形ABCDは正方形であるから，DC

$=AB=3a^2$となる。

③ AとDはy軸に関して対称な点だから，$AD=2a$と表せる。$DC=AD$より，$3a^2=2a$　$3a^2-2a=0$　左辺を因数分解して，$a(3a-2)=0$　$a>0$より，$a=\frac{2}{3}$

重要 Ⅲ (円の性質)

ACとBEの交点をFとする。AB//CEより，$\overset{\frown}{AE}=\overset{\frown}{BC}$となる。よって，$\angle ACE=\angle BEC=x°$と表せる。三角形の外角の性質より，$\angle ACE+\angle BEC=\angle AFE$が成り立つ。$2x=78$　$x=39°$　次に，$\overset{\frown}{AE}$の円周角より，$\angle ACE=\angle ADE=39°$であり，$\angle ADB=\angle BDE-\angle ADE=69°-39°=30°$となる。また，$\overset{\frown}{CD}=\overset{\frown}{DE}$より，$\angle DBE=\angle CAD=y°$と表せる。ここで，星型ABCDEの5つの内角の和は180°だから，$\angle A+\angle B+\angle C+\angle D+\angle E=y°+y°+39°+30°+39°=(2y+108)°$となり，この値が180だから，$2y+108=180$　$2y=72$　$y=36°$

Ⅳ (平面図形の計量)

重要 ① Gは対角線ACとBDの交点だから，AG：GC=1：1…(1)が成り立つ。△AHB∽△CHL(二組の角がそれぞれ等しい)より，AH：HC=AB：LC=2：1…(2)が成り立つ。(1)×3より，AG：GC=3：3　(2)×2より，AH：HC=4：2　以上より，AG：GH=3：(4−3)=3：1

重要 ② MG//BN，MG=BNより，四角形MBNGは平行四辺形となる。①と同様にして，ME：EF：FN=AG：GH：HC=3：1：2となる。よって，EF：FN=1：2

やや難 ③ 2点M，Nは，辺BA，BCの中点だから，中点連結定理より，MN//ACとなる。よって，△BEF∽△BGHとなり，相似比は1：2であるから，面積比は1：4となる。よって，$\triangle BEF=\triangle BGH\times\frac{1}{4}=\triangle ABC\times\frac{GH}{AC}\times\frac{1}{4}=$四角形ABCD$\times\frac{1}{2}\times\frac{GH}{AC}\times\frac{1}{4}=$四角形ABCD$\times\frac{1}{2}\times\frac{1}{6}\times\frac{1}{4}=$四角形ABCD$\times\frac{1}{48}$　よって，求める面積比は，$\frac{\triangle BFE}{\text{四角形ABCD}}=\frac{1}{48}$

Ⅴ (立体図形の計量)

重要 ① $AG=\sqrt{AB^2+BF^2+FG^2}=\sqrt{6^2+6^2+6^2}=6\sqrt{3}$　$IG=\frac{1}{3}\times AG=\frac{1}{3}\times6\sqrt{3}=2\sqrt{3}$ (cm)

やや難 ② 2直線AGとHJは，平面ABGH上にある。Iを通り，ABに平行な直線と面BFGCとの交点をI'とする。△GII'∽△GABであり，GI：GA=1：3であることより，$II'=\frac{1}{3}\times AB=\frac{1}{3}\times6=2$　次に，△AIH∽△GIJであり，相似比は2：1だから，Jは四角形BFGCの対角線の交点と一致することがわかる。よって，$\triangle JFG=\frac{1}{4}\times$(四角形BFGC)$=\frac{1}{4}\times(6\times6)=9$　以上より，三角すいI−$JFG=\frac{1}{3}\times\triangle JFG\times II'=\frac{1}{3}\times9\times2=6$ (cm^3)

★ワンポイントアドバイス★

Ⅰ，Ⅱは比較的解きやすく，素早く処理したい。Ⅲ，Ⅳ，Ⅴを解くためには，図形に関する知識を整理し，それらを用いて問題を解く練習を重ねていこう。

<英語解答>

Ⅰ 〔A〕 (1) 3　(2) 1　(3) 4　(4) 3　〔B〕 (1) 4　(2) 2　(3) 3

Ⅱ 問1 ア　問2 エ　問3 イ　問4 ア　問5 エ　問6 1 ブラジル
2 戦って　問7 Rio (de Janeiro)　問8 ア T　イ T　ウ F　エ F

問9 ア In 1822 イ 4 countries

Ⅲ 問1 (1) イ (2) ウ (3) エ (4) ウ (5) ア 問2 イ

問3 1 weather 2 celebrate 3 classic 4 famous [interesting] 5 fireworks 6 cultures

Ⅳ (1) The teacher told the students what to do(.) (2) My parents have taken part in the event many (times.) (3) Speaking Japanese well is not easy for English speakers(.) (4) Do you know what he will get (tomorrow ?)

Ⅴ (1) (We) went to Nagano by bus and stayed there for four days(.) (2) (We) ran for thirty minutes every morning(.) (3) (We) practiced very hard to be a good tennis player(.) (4) It was hard but was a very good experience (for me.)

○配点○

Ⅱ問6, 問7, 問9, Ⅲ問1, Ⅳ, Ⅴ 各3点×18 他 各2点×23 計100点

<英語解説>

Ⅰ (リスニング問題)

[A] Dialogue

(1) W: Good Morning. Dr. Miller's office.

M: Hi, I'd like to see the doctor this afternoon.

W: I'm sorry, but he is busy today. He can see you at 10 a.m. tomorrow.

M: That'll be fine.

Q: When will the doctor see the man?

1. This morning. 2. This afternoon.
3. Tomorrow morning. 4. Tomorrow afternoon.

(2) W: Steve, what's the best way to get to Greenhill? I'm going there on Sunday.

M: Well, going by car will take a long time. I suggest you take the train.

W: Well, that's good, because I don't like driving. But what about by plane?

M: There's no airport. Even if you flew to the nearest airport, you'd still have to rent a car and drive to Greenhill.

Q: How will the woman probably go to Greenhill?

1. By train 2. By car. 3. By plane. 4. By plane and car.

(3) B: Good morning, Naomi. Long time no see. I can't believe summer vacation is over.

G: Yeah, I agree. It feels like it only just started. It's not long enough.

B: I know. And now we have four more months to wait before winter vacation.

G: Oh, no... Well, we'd better get going. We're going to be late for class.

Q: What do the boy and girl say?

1. They don't want to go to class.
2. They are looking forward to next summer.

3. They did not enjoy their summer vacation.
4. They wish summer vacation were longer.

(4) M: Hello. I'd like two tickets for next Saturday's showing of the play "Space Travel".
W: Will that be for the early or the late show?
M: The late show please. And could I get seats in the back row? I've heard that the seats are more comfortable and have a better view.
W: Certainly, sir, That's what a lot of our customers say.
Q: Why does the man want to sit in the back row?
1. He usually sits there.
2. His friends will sit there.
3. He heard the seats are better there.
4. There are no other seats available.

〔B〕 Monologue

(1) James went to a concert with his grandfather last weekend. James saw his school friend Julia and her parents at the concert hall. James said hello to them.
Q: Who did James go to the concert with last weekend?
1. His friend. 2. Julia's parents. 3. His parents. 4. His grandfather.

(2) Yesterday, Anthony and his wife decided to eat dinner at a new Japanese restaurant in their town. Anthony had sushi, and his wife ate soba. The food was good, and the staff were very nice, so Anthony and his wife wanted to tell other people about it. After they got home last night, they wrote a good review of the restaurant online.
Q: What did Anthony and his wife do after they got home?
1. They cooked Japanese food for dinner.
2. They wrote a good review about the restaurant.
3. They told their friends about the restaurant.
4. They planned to a dinner party for their friends.

(3) Good afternoon, everyone. Thank you for coming to Wild Safari Park. You can see many animals here, like giraffes, zebras, tigers, lions, and so on. Please remember that the animals are wild, and they can be very dangerous. You must stay inside the safari bus during your visit. Thank you, and have a great time.
Q: What does the speaker tell the visitors?
1. They can touch every animal.
2. They must not take pictures of animals.
3. They are not allowed to leave the bus.
4. They can give food to animals.

(全訳) 〔A〕 (1) W：おはようございます。ミラー医院です。
M：こんにちは，今日の午後に医者に診てもらいたいんですが。
W：申し訳ありませんが，今日は彼は忙しいです。明日の午前10時なら診てもらえます。

M：それで大丈夫です。

Q 「医者は男性をいつ診るか？」

1 今朝　2 今日の午後　3 明日の朝　4 明日の午後

(2) W：スティーブ，グリーンヒルへの最もよい行き方は何ですか？日曜日にそこへ行くんです。

M：車で行くと時間がかかりますよ。電車で行くことをお勧めします。

W：それはいいですね，私は運転するのが苦手なので。でも，飛行機はどうですか？

M：空港はありません。たとえ最寄りの空港まで飛行機で行ったとしても，グリーンヒルまではレンタカーを借りて運転しなければなりません。

Q 「女性はおそらくどのようにしてグリーンヒルに行くか？」

1 電車　2 車　3 飛行機　4 飛行機と車

(3) B：おはよう，ナオミ。久しぶりだね。夏休みが終わったなんて信じられない。

G：ええ，そうだね。始まったばかりのようよ。長くないね。

B：本当だよ。そして今，冬休みまであと4ヶ月待たなければならない。

G：ああ、嫌だね…。さて，授業に遅れるから行こう。

Q 「男の子と女の子は何と言っているか？」

1 授業に行きたくない　2 次の夏休みを楽しみにしている

3 夏休みを楽しめなかった　4 夏休みがもっと長ければよかったと思っている

(4) M：こんにちは。来週の土曜日の「スペーストラベル」という劇のチケットを2枚ください。

W：初回上演か遅い上演かどちらになさいますか？

M：遅い上演でお願いします。そして後ろの列の席をいただけますか？そちらの席がもっと快適で視界も良いと聞きました。

W：もちろんです。それは多くのお客様が言うことです。

Q 「男性が後ろの列に座りたい理由は何か？」

1 普通そこに座る　2 友達がそこに座る予定だ

3 そこにある席が良いと聞いた　4 利用できる座席が他にない

〔B〕 (1) ジェームスは先週の週末，祖父と一緒にコンサートに行った。コンサートホールで，ジェームスは学校の友達ジュリアと彼女の両親を見かけ，彼らに挨拶した。

Q 「先週の週末，ジェームスは誰とコンサートに行ったか？」

1 友達　2 ジュリアの両親　3 彼の両親　4 彼の祖父

(2) 昨日，アンソニーと彼の妻は，町の新しい日本食レストランで夕食を食べることにした。アンソニーは寿司を食べ，彼の妻はそばを食べた。食事は美味しく，スタッフもとても親切だったので，アンソニーと彼の妻は他の人にそれについて話したいと思った。昨晩家に帰ってから，彼らはオンラインでそのレストランの良いレビューを書いた。

Q 「アンソニーと彼の妻は家に帰ってから何をしたか？」

1 夕食に和食を作った　2 レストランについての良いレビューを書いた

3 レストランについて友達に話した　4 友達のためにディナーパーティーを計画した

(3) こんにちは，皆さん。ワイルドサファリパークへようこそ。ここでは，キリン，シマウマ，トラ，ライオンなど，多くの動物を見ることができます。動物は野生であり，非常に危険であることを忘れないでください。訪問中はサファリバスの内部に留まる必要があります。ありがとうございます，そして素晴らしい時間をお過ごしください。

Q 「話している人は訪問者に何を伝えているか？」

1 全ての動物に触れることができる　2 動物の写真を撮ってはいけない

3　バスから出ることは許されていない　　4　動物に餌をあげることができる

重要 Ⅱ　(長文読解・説明文：語句補充，語句解釈，指示語，要旨把握，内容吟味，英問英答)

(全訳)　500年前にヨーロッパ人がブラジルに来る前，500万人以上の人々がそこに住んでいた。これらの人々は①先住民と呼ばれていた。彼らはブラジルで生まれ，彼らの祖先はそこに住んでいた。しかし，ペドロ・アルヴェレス・カブラルが1500年の4月にポルトガルから彼の仲間と一緒に到着したとき，すべてが変わった。

ブラジルはポルトガルの植民地となり，その支配者は今やポルトガルの王だった。間もなく，②ポルトガルからの人々が新しい植民地に来はじめ，1600年には約30000人のヨーロッパ人がブラジルにいた。彼らは金を見つけてヨーロッパに持ち帰りたいと思ったのでやって来た。

彼らは最初は金を見つけることができなかったが，赤い木を持つブラジルウッドという木を見つけた。ヨーロッパの人々はブラジルウッドを欲しがった。なぜなら彼らはそれで自分たちの服を染める―赤く色づける―ことができたからだ。③(A)だからポルトガル人は木をヨーロッパに持ち帰り，それでたくさんのお金を得た。③(B)これによって，彼らは新しい植民地を「ブラジル」と呼んだ。

ブラジルの一部の先住民はポルトガル人と結婚し，子供を持った。しかし，多くの先住民がヨーロッパ人との戦いでC死に，ポルトガル人はブラジルに新しい病気を持ち込んだのでさらに多くがC亡くなった。

1550年代から，ヨーロッパ人はブラジルの北東部の大農場で砂糖を栽培し始めた。砂糖はそこでよく育ったので，ヨーロッパ人は労働者を必要とし，船で奴隷をアフリカからブラジルに連れてきた。奴隷たちは最初は砂糖農場で働いたが，1695年頃には，ブラジルの南東部のミナスジェライスで金が見つかり，多くの奴隷がそこで働くようになった。1800年代には，コーヒー農場でも奴隷が必要になり始めた。④1500年から1850年の間に，300万人以上のアフリカの奴隷がブラジルに来た―その結果，今日のブラジル人の半分以上が何らかのアフリカの祖先を持っている。

1780年代には，一部のブラジル人がポルトガルからの独立を望み始めた―彼らは自分たちの国のためにポルトガルの支配者ではなく，ブラジル人の支配者を望んでいた、最も重要な人物はティラデンテスと呼ばれる男だった。彼はブラジル人が街に出て，独立のために戦うことを望んでいた。⑤これについてポルトガル人が聞いたとき，ティラデンテスを見つけて，1792年4月21日に彼を殺した。しかし，人々は彼を忘れず，4月21日はブラジルで重要な日だ。

1808年，ポルトガルの王室がリオデジャネイロに移り住んだ。当時，リオはブラジルの首都だった。王室がその都市に住むようになったので，1万人以上のポルトガル人が⑥そこに移住した。王室の大部分は1821年にリオを離れたが，一人の王子が残り，1822年にブラジルに独立を与えた。

1888年以降，ブラジルでは誰も奴隷を持つことができなくなった。そのため，ブラジルのコーヒー農園の農民は新しい労働者を必要とした。1820年から1930年の間に，ヨーロッパから約450万人がブラジルに移住し，そこの農場で働いた。ドイツ人はブラジル南部の農場で働き，1800年代後半にはポルトガル，スペイン，イタリアからも多くの人々が来た。

問1　この後の文から，ブラジルに生まれ，その祖先がブラジルに住んでいた人々を指していることから，「先住民」であると判断できる。

問2　第3段落に「ポルトガル人が金を求めてブラジルに来て，すぐには金を見つけることができなかったが，価値あるブラジルウッドを見つけた」とある。

問3　A　ポルトガル人がブラジルウッドをヨーロッパに持ち帰った結果，多くのお金を得たので，So が適切である。　B　ブラジルウッドを持ち帰り多くのお金を得たことが理由となり，新しい植民地を「ブラジル」と呼んだことから，Because of this が適切である。

問4　多くの先住民がヨーロッパ人との戦いで亡くなったり，ポルトガル人が持ち込んだ新しい病気で亡くなったりしたことから，died があてはまる。

問5　労働者を必要とし，船で奴隷をアフリカからブラジルに連れてきたため，「エ　ブラジルの独立に向けて支持者がより多く必要だったから」は不適切である。

問6　下線部は直前の「ブラジル人が街に出て，独立のために戦うことを望んでいた」を指している。

問7　ポルトガルの王室がリオデジャネイロに移り住み，10000人以上のポルトガル人も移動したので，there はリオデジャネイロを指している。

問8　ア「50%以上のブラジル人がアフリカの祖先を持っている」第5段落最終文参照。「今日のブラジル人の半分以上が何らかのアフリカの祖先を持っている」ので適切。　イ「ヨーロッパ人はブラジルで砂糖を栽培するための大規模な農場を設立したので，労働者が必要だった」第5段落第2文参照。「ヨーロッパ人は労働者を必要とし，船で奴隷をアフリカからブラジルに連れてきた」と述べているので適切。　ウ「全てのブラジル人がポルトガル人の支配者を望んだ」第6段落第1文参照。一部のブラジル人はブラジル人の支配者を望んだので不適切。　エ「ブラジルにはコーヒー農場で働く奴隷がまだいる」最終段落第1文参照。ブラジルには現在奴隷がいないため不適切。

問9　ア「王子はブラジルにいつ独立を与えたか」第7段落最終文参照。1822年に独立を与えたと述べられている。　イ「1820年と1930年の間に，人々はヨーロッパからブラジルに来た。何ヶ国か」最終段落最終文参照。ドイツ，ポルトガル，スペイン，イタリアから来たので4ヶ国である。

Ⅲ　**(会話文：内容吟味，要旨把握，語句補充)**

(全訳)　ナオコ　：こんにちは，ジョージ！　今日は本当に暑いね？

ジョージ：ああ，今日はバッファローの典型的な夏の日だね。見て！　空がとても澄んでいる。ここウォーターフロントでのんびりするのは心地いいよ。ところで，夏の東京の天気はどう？

ナオコ　：今日みたいに暑くて湿気があるよ。

ジョージ：アメリカでの初めての滞在は楽しんでる？　ホームステイはどう？

ナオコ　：最高！　すべてが新鮮で，こんな感覚は初めてだよ。

ジョージ：いいね！　とにかく，7月4日のフェスティバルへようこそ，ナオコ！

ナオコ　：ありがとう，ジョージ。7月4日はアメリカ合衆国の独立記念日だよね？

ジョージ：そうだよ，毎年この日を祝うのは本当に嬉しいんだ。

ナオコ　：本当に？　アメリカの祭りは初めてだけど，すごく楽しいよ。

ジョージ：それは良かった！　この町が気に入ったみたいだね。

ナオコ　：もちろん。住むにはとてもいい場所だね。でも，東京のビルはもっと高く，人ももっと多いと思うよ。

ジョージ：うん，東京はとても大きな都市だ。バッファローはもっと小さくて人も少ない。フェスティバルでアメリカの食べ物は食べてみた？

ナオコ　：うん！　ホットドッグと綿あめを食べたんだ。どちらも美味しかったよ。好き？

ジョージ：うん，ホットドッグと綿あめは典型的なアメリカの祭りの食べ物だよ。東京の祭りではどんな食べ物を食べるの？

ナオコ　：たこ焼きや焼きそば，かき氷を食べるんだ。全部美味しいよ。

ジョージ：いつか試してみたいな。東京には訪れるべき素敵な場所がたくさんあるって聞いたよ。何をお勧めする？

ナオコ　：ああ，たくさんあるよ！　浅草，新宿，秋葉原に行くべきね。全部有名で面白いよ。ジョージ，日本のことならいろいろ教えられるよ。近い将来，私の国を訪れる時に大いに役立つよ。とてもワクワクするんだ！

ジョージ：ありがとう。覚えておくよ。ところで，バッファローについて今のところ一番のお気に入りは何？

ナオコ　：うーん，人々がとても親切で親しみやすいと思うな。自然も好きだね。公園や湖がたくさんあるよ。

ジョージ：その通りだね。ここバッファローにウォーターフロントがあるのはラッキーだよ。今夜の花火にワクワクしてる？

ナオコ　：うん！　花火が大好きなんだ。日本でも夏には花火をするよ。好きな花火はある？

ジョージ：空に大きなカラフルな爆発をするものが好きだよ。君は？

ナオコ　：私もそれが好きだな！　心やスマイリーフェイスの形をするものも好きです。

ジョージ：かっこいいね。今夜はそういうのもあると思うよ。ところで，東京で一番恋しいのは何？

ナオコ　：もちろん家族や友達だよ。でも，東京のコンビニも恋しいな。どこにでもあって，いろんなものを売っているよ。

ジョージ：それについて聞いたことがあるよ！　バッファローにもコンビニはあるけど，[A]東京のコンビニほどよくないかもしれない。

ナオコ　：ええ，少し違うね。でも新しいことを試すのが楽しいので，アメリカの店に行くのも楽しいよ。

ジョージ：ここでの時間を楽しんでるみたいで嬉しいよ。これからも付き合いを続けて，お互いの文化についてもっと学べたらいいね。

ナオコ　：うん，私も！　ありがとう，ジョージ。

ジョージ：どういたしまして，ナオコ。急ごう。今夜の花火を見るいい場所を見つけよう！

ナオコ　：うん，行こう！

基本　問1　(1)　ジョージがナオコに対して「アメリカでの初めての滞在は楽しんでる？」と尋ねており，ナオコはアメリカが初めてであることがわかる。　(2)「今日はバッファローの典型的な夏の日だね」とのジョージの発言から，今日のバッファローが典型的な夏の日であることがわかる。　(3)　バッファローは東京よりも人が少ないとジョージが述べているので，東京の人の数の方が多いことがわかる。　(4)　ナオコはジョージに対して「浅草，新宿，秋葉原に行くべき」と述べていることから，これらの都市に行くべきだとアドバイスしている。　(5)　ジョージは「空に大きなカラフルな爆発をするのが好き」と述べていることから，カラフルな花火が好きだとわかる。

問2　ナオコが東京のコンビニの存在と利便性について言及し，その後，ジョージがバッファローのコンビニについて応答している。ジョージは We have some convenience stores here in Buffalo, but... と発言していることから，東京のコンビニと比べてバッファローのコンビニは東京ほどよくない言っていると判断できる。

問3　(1)　会話の初めに，ナオコとジョージは天気について話している。「今日は本当に暑いね？」とナオコが言い，ジョージがそれに応えることから，天気が話のきっかけになっている。
(2)　アメリカの人々が7月4日を祝う理由は，それがアメリカ合衆国の独立記念日であるからである。　(3)　ナオコはホットドッグと綿あめを食べ「どちらも美味しかった」と言い，ジョージはこれらが「伝統的なアメリカの祭りの食べ物」であると説明している。　(4)　ジョージが日本で訪れるべき場所について尋ねたとき，ナオコは浅草，新宿，秋葉原をすすめ，これらの場所が famous and interesting であると述べている。 (5) ナオコとジョージはその夜の花火について話し，楽しみにしていると述べている。 (6) 会話を通してナオコとジョージはお互いの文化について学び，楽しんでいる。

重要 Ⅳ **(語句整序問題：不定詞，熟語，動名詞，間接疑問文)**

(1) 「何をすべきか」は不定詞を用いて what to do と表現する。

(2) 「参加する」take part in

(3) 「日本語を上手に話すこと(speaking Japanese well)」が主語の文にすればよい。

(4) 間接疑問文は<know ＋疑問詞＋主語＋動詞>の語順になる。

基本 Ⅴ **(和文英訳)**

(1) 「～にバスで行く」go to～by bus となり，「4日間」は for four days を用いる。

(2) 「毎朝30分」は時間の長さを表しているので for を用いて for thirty minutes every morning となる。

(3) 「テニスが上手になるように」は，不定詞の副詞的用法を用いて to be a good tennis player や to play tennis wellとする。

(4) 「大変だったが」は It was hard but となり，「とても良い経験だった」は a very good experience を用いる。

★ワンポイントアドバイス★

文法問題は比較的取り組みやすい問題となっている。これらの問題は確実に得点できるように過去問や問題集を用いて同じ形式の問題に数多く触れるようにしよう。

<国語解答>

一　問一　a　陥　b　獲得　c　哲学　d　維持　問二　c　問三　ウ
問四　暇であることは悪いことではなく，かつてはむしろ高い価値が認められていたこと。
問五　A　問六　イ　問七　ステータスシンボルとしての消費　問八　暇の見せびらかし　問九　ア　問十　略奪や暴力をむき出しにしてはいないが，不平等であることには変わりないから。

二　問一　a　いろど　b　ふんいき　c　ぜっせい　d　いさぎよ　問二　A　イ　B　エ　C　ウ　D　ア　問三　エ　問四　雪結晶　問五　ウ　問六　自分の遺伝子を残したいという本能。　問七　イ　問八　ア　問九　完全に物理プロセスによってのみ偶然に生まれる美しさの存在を知っていたということ。

三　問一　a　ふみたがえん　b　ちいさきものふたり　問二　イ　問三　ア
問四　感謝　問五　江戸

○配点○

一　問一　各1点×4　他　各4点×9　二　問一　各1点×4　問二　各2点×4　他　各4点×7　三　問一　各2点×2　他　各4点×4　計100点

＜国語解説＞

一 (論説文—漢字の書き取り，接続語の問題，脱文・脱語補充，文脈把握)

問一 a 一般的には「よくない状態にはいりこむ」こと。こざとへんの脇の縦棒を忘れないように注意。 b 手へんではなくけものへんであることに注意。 c 字としては難しいものではないが上の「折」の部分に注意。 d 「唯」や「示」を使うという誤記が多いので注意。

問二 「しかし」は逆接の語であり，「しかし」の前に対して，「しかし」の後では逆または異なる内容が提示されるはずである。cは，直前に「有閑階級は自らの暇を見せびらかそうとする」「これは……有閑階級の根幹を支えるものである」とあり，直後に「有閑階級は暇を見せびらかしたい」とあるので，逆接が成り立たない。空欄前後で同じことを述べている。

基本 問三 両空欄直前の「つまり」とその前の内容に注目する。空欄①では「人のあり方とか感じ方とは無関係」，②では「人のあり方や感じ方に関わっている」という記述がある。相反する関係なので，相反していないアは不適当。また，「人のあり方や感じ方に関わっている」とはつまり「主観的」と言え，その反対なのだから①は「客観」があてはまる。

問四 「これ」の内容は，前段落「要するに，暇というのは評判が悪い」ということである。したがってまずは，「これ」の逆として〈暇は悪いことではない〉という内容は必要。また，「逆のことを述べた本がある」が傍線部③を含む一文なので，「本」つまり『有閑階級の理論』の内容として，第十段落に「そこでは，暇であることは……書かれている」とあるので，〈暇であることはかつて高い価値が認められていた〉という内容も併せて記述しておきたい。

問五 「そのため」に注目する。つまり，「ひまじん」という言葉に否定的な価値が与えられる理由が，この一文の前では述べられているはずである。すると，Aでは「だから暇であることが悪いことに思えるのである」とあり，「ひまじん」という言葉に否定的な価値が与えられるということに結びつく。Bは有閑階級について，C・Dは暇のない人についての記述が直前にあり，「ひまじん」と結びつかないため不適当。

問六 ア 「労働を全て任せる」が誤り。そもそも有閑階級とは，第9段落にあるように「相当な財産をもっているためにあくせくと働く必要がなく，第24段落にあるように「いわゆる有閑階級(その大半は利子生活者)」なので，労働の必要自体がないのである。労働の必要自体がないのだから，労働を誰かに任せるということもない。 ウ 「労働ができない」が誤り。アの解説通り，〈必要がない〉のである。 エ 暇は素晴らしいから暇であることを許されたわけではない。その理屈でいうと，『有閑階級の理論』出版当時あるいはそれより前は，暇は素晴らしいという価値観があったのだから，全員が暇になるはずである。そうではなくて，有閑階級という労働の必要がない特別な者だから暇を許され，労働の必要がない特別な者に許されたものだから暇というのは価値ある素晴らしいものだったのである。

問七 「その後『暇』に代わって」ということなので，「暇」を見せびらかすための使用人というのは不適当。使用人を雇うことは，第22段落にある通り「他人の暇を……不平等に満ちている」という論の拡がりとともに一般的ではなくなり，第25段落にあるように「使用人集団が減って」きて，第26段落にあるように「その代わりに現れたのがステータスシンボルとしての消費」と変化する。よって，「ステータスシンボルとしての消費」が「その後『暇』に代わって」」高い地位の象徴となったと考えられる。

問八 「これをウェブレンは『顕示的閑暇』と呼ぶ」のだから，「これ」にあたる「有閑階級は自分の暇を見せびらかそうとする」が「顕示的閑暇」の言い換えとして成立するはずであるが，「顕示的閑暇」は名詞なので，言い換えの言葉も名詞で揃えたい。すると，第21段落に「暇の見せびらかし」と名詞化されて登場するので，ここが適当。「顕示」とは「わかるように，はっきりと示すこと」。

重要 問九 「奇妙」とは「おかしい，変」ということなので，要は〈すぐには納得できない〉ことを表す。何が奇妙かというと「暇を遂行する」という言葉であるが，暇とは第2段落にあるように「何もすることのない，する必要のない時間」であるから，わざわざ〈暇をやる〉というのは矛盾しているのである。何もしなくていいから暇なのに，その暇を遂行するというのは，暇の定義上納得しづらいということである。この内容に合致するアが適当。イと迷うかもしれないが，「他の者に遂行させてしまっては意味がない」が誤り。前述の通り，暇とは何もする必要がない状態なので，有閑階級自身が何かをしなければならない状況というのは避けるべきである。暇を遂行するのも，有閑階級自身ではなくその使用人にやらせる必要がある。

重要 問十 まず，第22段落の「その名の示す通り，完全な平和ではない」ということをおさえておく。その理由として，「他人の暇を……不平等に満ちている」ということが挙げられるが，だとしても「半平和」とされるのは，「平和は形式的なもの」だとしても存在することを示している。その理由として，第21段落に「奴隷の使用など，略奪や暴力をむき出しにした暇の見せびらかしは避けられている」ということにも言及したい。これらをふまえて，〈略奪や暴力をむき出しにしてはいないが，不平等ではある〉という方向でまとめられるとよい。

二 **(小説一漢字の読み，脱文・脱語補充，文脈把握，情景・心情)**

問一 a 「色をつける」。 b 「ふいんき」と誤読しないように注意。 c 「世に並ぶものがないほどすぐれているこ」。 d 「思い切りがよく，未練がましくなく」。

重要 問二 空欄はいずれも，奥平の発言の中に差し込まれた「わたし」の心情や，それに伴う体の感覚の描写であるということにまず気付けるとよい。アの「今度は」という表現に注目。「今度は」と言うからには，その前にも何か同種の感情を抱き，別の体の感覚があったと推測される。すると，ウは同種の感情と言える。「鼻がつんと」するというのは，涙がこみあげてきたときの体の感覚である。「胸がつま」るとうのは，感情のたかぶりで胸が苦しくなるという体の感覚である。感情がたかぶった結果涙がこみあげてきたと考えられるので，ウより先にアが登場することは考えにくい。 A 「それを気にしたのか，奥平さんはことさら明るく続ける」と直後にあるので，おそらく「わたし」があまりポジティブでない様子を見せたものと思われる。よってイが適当。ウと迷うが，「はい」と言っている時点で言葉は出ているので不適当。 B 「って，そんなことどうでもいいか」という，自分で自分に突っ込みを入れるような発言が直前にあることから，一瞬雰囲気が和み，エのように次の発言を待ったと考えられる。 C・Dは先述の通り，ウ→アの順があてはまる。Cはその後に「やっとのことで……発した」とあることから，Cの時点では言葉が出なかったものと考えられる。

やや難 問三 本文中に「わたし」が奥平に対して「素敵な人」以外にどのような感情を抱き，どのような会話がなされたのかは記述がないため，本文全体から察するしかない。「わたし」は奥平を「やっぱり素敵な人だと，あらためて思」っているという点から，少なくとも奥平に対して好意的である。今「わたし」と奥平はクリスマスを男女二人で過ごしているが，それはともすれば恋人同士の過ごし方のように捉えられなくもない。それをふまえて，「奥平さんの性愛が女性に向いていれば，……女の性があるのだ」を考えると，奥平の性愛が女性に向いていた場合，このような過ごし方はできなかっただろうということである。そう考えると，選択肢の中ではエを選んだ場合，〈「わたし」は奥平に恋をしていたが，奥平の性愛が女性に向いていないという理由でその恋が破れた。性愛の向き方という変えられようのないものゆえ，「わたし」は諦めがついた。その後何かのやり取りがあって，今は落ち着いて二人で雪を待っている〉と考えるとつじつまが合う。ちなみに，「そうだ，確かに。……知っているのに――」は，女性に見つけられることを望んでいない奥平の美に，「わたし」が気がついて，奥平が望んでいないのに恋をしてしまった，と解釈できる余地があるが，そこまで受験生に求めるのは酷だろうと思われる。

問四　一瞬「雪」かと思うが，本文終盤で奥平が雪の結晶の「何の意図も意味も」ない美しさについて語っているので，その発言の中の「雪結晶」が適当。

問五　奥平の「経験ありません？」以降「もう気象どころじゃありません」までが，傍線部③の理由である。要は，恋の熱にうかされて，それまで好きだった気象のことがどうでもよくなったということである。これにあてはまらないのはウ。忙しさによってのことではなく，気象よりも夢中になるものができたということである。

問六　「エゴ」とは俗には「自分本位の考え方や態度」。心理学等学術的には「自我」という意味である。ここでは美しさ，特に美人について十七歳の奥平が考えたことという話題であるが，花の話題で言及される，「生殖のためにそうなっている」美しさが〈自分本位の考え方が姿を変えた薄汚いもの〉だとすると，それは〈遺伝子を残したいという本能〉だとか〈生殖競争に勝ちたいという本能〉だとか，そうしたものだと説明できる。美しさとは生殖の都合を良くするためのものにすぎない，という発想を読み取ることが重要である。

重要 問七　「抱きしめてやりたい」とは，一般的には〈労りたい，大切に扱いたい，安心させたい〉などの気持ちをはらんだものである。ここでは「バカだなんて思いませんよ」という「わたし」の発言に続いているので，奥平が問六解説のように花の美しさを軽蔑するような考えを持っていたことに傍線部⑤は起因する。奥平は自身の言う通り，性愛の対象が女性ではないことから「生殖の原理の埒外にいる」のであり，そんな彼が美人，つまり男女で行う生殖のために有用なものを軽蔑することは，そうすることで自分の心を守る行為であったと推測できる。奥平が想いを寄せていた「彼」の「彼女」が美人であったという点もふまえられるとよい。そんな十七歳の奥平に，「わたし」は切なさを感じ，大切に扱って安心させたいという気持ちが芽生えたと考えられる。よってイが適当。

問八　ア　男性つまり同性が性愛の対象であるというのは，異性が性愛の対象である人がそうであるように，リセットつまり解消したりなくしたり断ち切ったりできるものでは通常ない。また，この後奥平が男性に性愛の感情を抱かなかったという根拠もない。

問九　奥平の「知ってたってことをです。……知ってたはずなんです」を根拠にする。十七歳の奥平は花や美人の美しさについて傍線部④のように軽蔑していたが，雪結晶を見て，雪結晶は「性とも欲望とも遺伝子とも，関係」ない，「掛け値なしに，ただ美しい」ものであると「知ってた」ことを思い出したのである。これらをまとめると，〈性と無関係な〉あるいは〈物理プロセスによってのみ偶然に生まれる〉美しさがあると〈知っていた〉ということになる。注意したいのは，〈雪結晶は〉と限定しないこと。「わたし」の「そうだ，確かに。」から続く心内記述では，「雪の結晶，雲や空が垣間見せる，無機質の美」に言及されているので，奥平自身も雪結晶だけが性と無関係に美しいという意図で発言したのではなく，性と無関係に美しいものが〈この世にはある〉というニュアンスだと考えられる。

三　(古文―仮名遣い，文脈把握，俳句，情景・心情，文学史)

〈口語訳〉　那須の黒羽という所に，知人がいるので，ここから那須野を越えて，まっすぐに近道を行こうとする。遠くにある一つの村を目指して行くと，雨が降り，日が暮れた。農夫の家に一晩泊まらせてもらって，夜が明けるとまた野中を行く。そこに放し飼いの馬がいる。草を刈っている男性に(知らない野道を旅する辛さを)嘆いて(馬を貸してくれるよう)頼んでみると，(男性は)農夫といってもやはり情けを知らないわけではない。「どうしたらよいだろうか。しかしこの野は東西縦横にわかれて，土地に不慣れな旅人が道を誤ることも，心配ですから，(乗って行って)この馬が止まったところで馬をお返しください」と，貸してくださった。小さい子供が二人，馬のあとを追いかけて走っている。一人は女の子で，名を「かさね」という。聞きなれない名前で上品だったので，「かさねとは，(花でいうと)八重撫子の(ような美しいものの)名なのだろう」と曾良が詠んだ。まもなく人里に着いたので，(馬を借りた礼の)金を鞍つぼに結びつけて，馬を返した。

問一　古典的仮名遣いでは，語頭を除く「はひふへほ」は「わいうえお」と読む。　a　「ふみ」は「ふむ(踏む)」という動詞の連用形であり，この「ふ」は語頭なのでそのまま「ふ」と読むが,「たがへ」は「たがふ(違ふ)」という動詞の未然形であり，この「へ」は語頭ではないので「え」と読む。また,「む」は「ん」と読む。　b　「ちひさき」は「ちひさし(小さし)」の連体形で，この「ひ」は語頭ではないので「い」と読む。「ふたり」は「二人」という体言(＝名詞)であり，この「ふ」は語頭なのでそのまま「ふ」と読む。

問二　傍線部①の結果として馬を借りられたということなので，何か馬を借りると改善・解決しそうなことを選ばなければならない。ア・イは馬を借りてもどうにもならないことゆえ不適当。傍線部①までの本文を確認すると，「はるかに一村を見かけて行くに，……野中を行く」なので，野道を旅していることはわかるが，貧しいかどうかは根拠がないためエは不適当。そもそも『奥の細道』とは，今の東京の人である松尾芭蕉が，今の東北を旅する紀行文学なので，那須の黒羽も芭蕉にとっては知らない，不慣れな場所であることは想定される。

問三　「かさねとは八重撫子の名なるべし」とあるので,「かさね」という「名」に言及のないイ・ウは不適当。エは「地方の文化への驚き」が不適当。「聞きなれぬ名のやさしかりければ」，傍線部②のように詠んだということなので,「やさしかり」つまり上品・優雅な名に対する感動を詠んだものが傍線部②と言える。「ば」は「～ならば／～ので／～ところ」という三つの意味があり,「ば」の直前が未然形ならば「～ならば」，已然形ならば「～ので／～ところ」と訳す。「けれ」は已然形なので，ここでは文脈上「～ので」と訳す。

重要　問四　「あたひ」が何なのかということを考えると解きやすい。読み方は「あたい」であるが，漢字を考えると「値」。ここから連想されるのはお金である。お金を鞍つぼに結びつけて，つまり馬と一緒に貸主に送ったということであるから，馬を貸してくれたお礼としてのお金と考えるのが妥当。したがって心情としては「感謝」が適当。

基本　問五　『奥の細道』は松尾芭蕉によるもので，江戸時代の成立。ここまでは常識として覚えておきたい。「かさねとは～」を詠んだ「曾良」は，芭蕉に同行していた弟子。

★ワンポイントアドバイス★

論説文は，比喩的な表現が実際・具体的には何を言おうとしているのかを都度確認しよう。小説は，自分が想像しにくい設定のものも出題される。それでも，描写から人物の心情を把握し，行間を埋めて読んでいくことを意識しよう。古文は，和歌や俳句の鑑賞も注力して行おう。

2023年度

★★★★★★★★★★★★★★★★★★★★★★★

入　試　問　題

2023年度

共立女子第二高等学校入試問題（１回）

【数　学】（50分）　＜満点：100点＞

Ⅰ． 次の各問いに答えなさい。

① $(x+1)^2-(x+4)(x-4)$ を計算しなさい。

② $\dfrac{5x+y}{3}-\dfrac{2x-3y}{5}$ を計算しなさい。

③ $x=3$，$y=-2$ のとき，$\left(-\dfrac{3}{8}xy^2\right)\div\left(\dfrac{3}{4}y^2\right)^2$ の値を求めなさい。

④ $\sqrt{75}+\quad\quad-\sqrt{12}+\dfrac{3}{\sqrt{2}}$ を計算しなさい。

⑤ 連立方程式 $\begin{cases}0.6x+0.4y=1\\ \dfrac{2x-3y}{6}=2\end{cases}$ を解きなさい。

⑥ ２次方程式 $3x^2+3x-2=0$ を解きなさい。

⑦ $x=\sqrt{3}-5$ のとき，$x^2+3x-10$ の値を求めなさい。

⑧ 関数 $y=ax^2$（$a\neq0$）において，x の値が -4 から -2 まで増加するときの変化の割合が32であるとき，a の値を求めなさい。

⑨ 赤玉３個と白玉２個を入れた袋があります。この中から２個の玉を同時に取り出すとき，同じ色の玉が出る確率を求めなさい。

⑩ $\sqrt{2n+3}$ が整数となるような２桁の自然数 n は何個ありますか。

Ⅱ． 関数 $y=x^2$ のグラフと直線 $y=x+6$ が，右の図のように２点A，Bで交わっています。点Aの x 座標は -2 であるとき，次の各問いに答えなさい。

① 点Bの座標を求めなさい。

② △OABの面積を求めなさい。

③ $y=x^2$ のグラフ上の点で点Oと点Bの間にある点Pをとると，△PABの面積は△OABの面積に等しくなりました。点Pの座標を求めなさい。

Ⅲ．図の$\angle x$，$\angle y$の大きさを求めなさい。ただし，点Oは円の中心，BDは円の直径，直線PAとPBはともに円の接線とする。

Ⅳ．△ABCにおいて，∠BACの二等分線と辺BCとの交点をD，∠ABCの二等分線と辺ACとの交点をＥとし，ADとBEの交点をＦとする。また，頂点Ｂを通りADに平行な直線と辺ACの延長との交点をGとする。BD＝12㎝，DC＝８㎝，AC＝10㎝のとき，次の各問いに答えなさい。

① ABの長さを求めなさい。

② GB：AFを求めなさい。

③ △BDF：△AFEを求めなさい。

Ⅴ．右の図のように，側面積が$24\pi\text{cm}^2$で，高さが６㎝の円柱があります。半径の等しい２個の球がそれぞれ円柱の側面と底面に接しており，互いの球にも接しています。このとき，次の各問いに答えなさい。

① 円柱の底面の半径を求めなさい。

② 球の半径を求めなさい。

【英　語】（50分）＜満点：100点＞

Ⅰ．〔リスニング問題〕放送を聞いて設問に答えなさい。

〔A〕 次に対話と質問が流れます。その質問に対する答えとして適切なものを1つずつ選び，番号で答えなさい。英文と質問は2回読まれます。

(1)　1．$30.　2．$40.　3．$50.　4．$60.

(2)　1．Luke.　2．Luke's mother.
　3．Luke's father.　4．Luke's sister.

(3)　1．Sell some posters.　2．Have dinner with his friend.
　3．Go to a school festival.　4．Call his mother.

(4)　1．Cook Japanese food.　2．Work in the cafeteria.
　3．Give directions to the guests.　4．Sell tickets at the entrance.

〔B〕 次にまとまった英文と質問が流れます。その質問に対する答えとして適切なものを1つずつ選び，番号で答えなさい。英文と質問は2回読まれます。

(1)　1．By bus.　2．By car.　3．By train.　4．By bicycle.

(2)　1．At a station.　2．On a bus.
　3．At a cafeteria.　4．At a school.

(3)　1．Learn how to sing well.　2．Join her cousin's band.
　3．Understand English songs.　4．Travel in the United States.

Ⅱ．英文を読み，各設問に答えなさい。(＊の語には注釈がある。)

In the past, almost all women worked at home. They did cooking and cleaning, and they looked after children. [　ア　]

When women started to do paid work in the 19th and early 20th centuries, almost half of it was cleaning and cooking in other people's homes. It was hard, dirty work, and there was not much free time. Women often lived in very small rooms. New jobs that appeared in factories, shops and offices were better. [A] women made half the money that was paid to men for the same jobs. They also worked long hours and got very low pay - and it was very hard work. During this time, women also became teachers or nurses. [A] people thought that this work was not important, and women had to leave their jobs when they married. [　イ　]

War is usually a bad thing, but ① it has sometimes been good for women and work. In ＊World War One (1914-1918), men ② left home to fight, and women were needed to work both in the army and in their home country.

＊World War Two (1939-1945) gave millions of jobs to women in the USA and in the United Kingdom. Thousands of American and British women joined the army. Although almost none of them carried a gun, they did "men's" jobs and got the same pay. At the same time, millions of men went to the war in Europe and other places. This meant that ③ women had to go out to work because they needed to feed their children.

After the war ended and the men came home, more than 2 million women lost their jobs. In the USA and the United Kingdom, women had to return home. Newspapers and magazines told the women to keep a nice, clean home while their husbands were at work. ④ They showed the home as a woman's place. There were still jobs for women, but they were usually in shops or for *secretaries. However, ⑤ the number of women working outside the home was still higher than before. This was because a lot of men did not come home from the war, so women had to work to look after their families.

In the 1950s, many countries in the West became quite rich. [　ウ　] Factories were making lots of new things, and this meant there were new jobs for women. In the 1950s and 1960s, the number of women who worked outside the home went up again.

In the 1970s, women began to go to colleges and universities to study. More women were going to college and wanted to go out to work. [　エ　] In the West, doctors could help women to choose how many children they had. Families became smaller. Today, the number of women at work continues to go up. In 2014 in Canada, for example, over 47% of workers were women. Today, in many countries, women need to go out to work to help their families. They are also going into "men's" jobs － these days there are women pilots, judges and astronauts!

Women Who Changed the World (Penguin Readers 一部改)

(注)　World War One　第一次世界大戦　World War Two　第二次世界大戦
secretaries「秘書」の複数形

問1　A に共通して入る語として適切なものを1つ選び，記号で答えなさい。
ア．After　イ．But　ウ．If　エ．Although

問2　下線部①が指すものを本文中から英語で1語で抜き出しなさい。

問3　下線部②とほぼ同じ意味として使われている語句を，本文中から4語で抜き出しなさい。

問4　下線部③の理由を以下の（　）に合うようにそれぞれ日本語で答えなさい。
「(　　1　　) は，自分たちの子どもを（　　2　　）必要があるから。」

問5　下線部④の指示語が指すものを1つ選び，記号で答えなさい。
ア．Thousands of American and British women
イ．In the USA and the United Kingdom
ウ．Newspapers and magazines
エ．In the 1950s and 1960s

問6　下線部⑤の説明として適切なものを1つ選び，記号で答えなさい。
ア．A lot of men didn't want to go out to work.
イ．A lot of men died in the war.

ウ．A lot of women had to look for jobs to feed their husbands.

エ．The war still continued.

問７　以下の英文が入る最も適切な場所を，本文の［ア］～［エ］から選び，記号で答えなさい。

This was a change from women in the past, who only worked a little because they got married and had children.

問８　次のア～エの英文のうち，本文の内容に合っているものにはＴを，合っていないものにはＦを記入しなさい。

ア．Almost half of men were cleaning in other people's homes in the 19th and early 20th centuries.

イ．World War Two gave a lot of jobs to women in the USA and in the UK.

ウ．After World War Two ended, all women in the world lost their jobs.

エ．Today, the number of women at work is growing.

問９　次の質問に２語以上の英語で答えなさい。

In the 1950s, did women start to go to colleges and universities to study?

Ⅲ．*John* と *Yoko* が話をしています。対話文を読み，各設問に答えなさい。（* の語には注釈がある。）

John: Are you hungry? Should we get dinner?

Yoko: Yes!

John: OK. What would you like to eat?

Yoko: I want to try some traditional American food.

John: Interesting! Do you know what you want to try?

Yoko: Well, no, actually. What do you *recommend?

John: Hmm...good question! The US has people from all over the world, so for each family it's different.

Yoko: Oh, I didn't know that. So, America doesn't have its own traditional food, right?

John: Well, not the same way that Japan does. Most of the original *settlers in the US were from Spain, France, the UK, and the Netherlands. Later on, many people from Italy and Germany also came. Therefore, much of the traditional food comes from those countries.

Yoko: Interesting!

John: However, in many places around the country, traditional home-cooked food usually means simple dishes using different kinds of meat and fish, vegetables and potatoes.

Yoko: I see.

John: Also, when the first Europeans came, the Native Americans introduced some of the local foods, like rice and corn.

Yoko: Really? I know that Americans eat a lot of corn, but [　　A　　].

John: Well, it *depends on where their families are originally from. Americans whose families originally came from Asia, the Middle East, and South America eat rice almost every day — similar to Japan.
Nowadays, though, I think *regardless of where your *ancestors came from, most Americans like to eat a variety. A lot of people like cereal and oatmeal for breakfast. For lunch and dinner, people usually *rotate between potatoes, pasta, bread, and rice.

Yoko: How interesting! I didn't know that!

John: I understand. I think that most people around the world think Americans only eat pizza, hamburgers and hot dogs.

Yoko: And sandwiches!

John: Yes, and sandwiches. By the way, what kind of sandwiches do you like?

Yoko: Well, we have so many kinds, so I cannot choose one.

John: Do you make sandwiches at home?

Yoko: Not so often. We can buy a variety of sandwiches at convenience stores, which really means "convenient"!

John: That sounds nice. We usually make a lot of sandwiches in the morning, and bring them to school. I love sandwiches with Bologna sausages.

Yoko: Oh, you make me feel really hungry. I can't wait. Well, can we have meat, vegetables and potatoes for dinner?

John: Of course. Would you like to come to my house and learn how to cook, too?

Yoko: That sounds fun! Thank you!

John: Excellent. But first, we had better go shopping. You'll be surprised to see the grocery store — it's HUGE!

Yoko: What does huge mean?

John: It means very, very big!

Yoko: How big?

John: You have COSTCO in Japan, right?

Yoko: Yes...

John: The supermarkets here are sometimes as big as COSTCO, or bigger!

Yoko: Wow!!

（注） recommend　薦める　settler　入植者　depend on　～次第だ
regardless of　～にかかわらず　ancestor　先祖　rotate　交替で食べる

問１　(1)～(5)までの英文が本文の内容と一致するように，適切なものを１つずつ選び，記号で答えなさい。

(1) John ____________.

ア．is asking Yoko about Japanese food

イ．says that they should eat hamburgers for dinner

ウ．is explaining to Yoko about food in the US

エ．knows nothing about American traditional food

(2) In America, ＿＿＿＿＿＿.

ア．they have one traditional food

イ．people only eat meat, fish, vegetables and potatoes

ウ．few people eat pizza or hamburgers

エ．they don't have its traditional food like Japan has

(3) One of the people who came to America first were ＿＿＿＿＿＿.

ア．British　　イ．Italians　　ウ．Japanese　　エ．Germans

(4) American people ＿＿＿＿＿＿ have their origin in such areas as Asia, the Middle East or South America.

ア．who eat rice almost every day

イ．who eat cereal or oatmeal for breakfast

ウ．who eat pizza, hamburgers and sandwiches

エ．who usually rotate between potatoes, pasta, bread, and rice

(5) John and Yoko will ＿＿＿＿＿＿.

ア．go to a nice restaurant

イ．go shopping and cook dinner

ウ．keep on talking without eating

エ．decide what American traditional food is

問２　文中の空所 A に入れるのに最も適切なものを下から１つ選び，記号で答えなさい。

ア．we Japanese didn't eat corn so much

イ．I know Americans eat rice

ウ．I think Americans should eat rice

エ．I didn't think Americans ate rice

問３　以下は２人の会話の内容をまとめたものです。（1）～（6）にあてはまる単語を書きなさい。ただし，同じ語を２度使ってはいけません。

Yoko and John are talking about food. John tells Yoko that American people have so many kinds of food because they are originally from many (1) in Europe. They brought their (2) food to America, and then much of them became American (3) food. In many places, the food usually uses some kinds of meat, fish, vegetables and potatoes. Also the Native Americans taught them how to eat (4) or (5). Nowadays, most American people are thought to eat only pizza, hamburgers, hot dogs and sandwiches. Yoko often buys sandwiches at convenience stores, while John makes sandwiches at (6).

Ⅳ．次の日本文に合う英文になるように，（　）内の語句を並べかえなさい。ただし，文頭にくる単語も小文字になっています。

(1) 図書館の前に立っているあの女の子は誰ですか。
Who (the library / girl / of / is / front / that / in / standing)?

(2) 彼らは知り合って５年以上になる。
They (other / years / known / five / than / for / have / each / more).

(3) 姉が私に英語を教えられたらいいのになあ。
I (English / sister / me / my / wish / teach / could).

(4) 何人の人がその式典に招待されましたか。
(the ceremony / invited / many / to / were / how / people)?

Ⅴ．次は *Emi* が昨夏にニュージーランドからの留学生 *Lisa* を自宅にホームステイさせたことについて，英語のレポートを書くために作ったメモです。メモの内容に合うように，４つの英文を書いてレポートを完成しなさい。

Last summer, a student from New Zealand, Lisa, came and stayed with my family.

(1) She ______________________________.
(2) She ______________________________.
(3) We ______________________________.
(4) She ______________________________.

She told us a lot about her country.
I want to visit New Zealand someday.

<リスニング問題放送台本>

［A］ Dialogue

(1) M: Excuse me. Are those brown gloves on sale?
W: No. Those are $50.
M: Do you have anything less than $40?
W: These black gloves are $30.
Q: How much are the brown gloves?

(2) M: Luke, who's going to clean the bathroom today?
B: Annie will, Mom.
M: She's at her friend's house. Could you do it?

B: OK... but she has to do it next time.

Q: Who will clean the bathroom today?

(3) M: Hello?

B: Hi, Mom. Sorry I didn't call earlier.

M: Are you going to be home for dinner?

B: No. I'm still at Tom's house making posters for the school festival, so I'll eat here with Tom's family. I'll be home around eight o'clock.

M: OK. Hang in there.

Q: What will the boy do tonight?

(4) G: What are you doing for the school festival, Peter?

B: I'm going to be working at the entrance, giving directions. How about you, Eri?

G: I'm going to be helping in the cafeteria. I'll be making Japanese food there.

B: That sounds like fun! I'll go there to eat!

Q: What is the boy going to do at the school festival?

［B］Monologue

(1) Last year, Joe took the bus to work. In March, he bought a car, so now he usually drives to work. Today his wife needed the car, so Joe rode his bike and then took the train.

Q: How does Joe usually go to work now?

(2) Attention, students. Because of the typhoon, classes will finish at one o'clock. Buses will leave at 1:30. Lunch will not be served today, and the library and gym will be closed this afternoon.

Q: Where is the woman speaking?

(3) Miku's cousin, Takashi, is the lead singer in a famous rock band. Takashi's band sings all of their songs in English, and they have even toured in the United States. Miku doesn't always understand her cousin's songs, so she has decided to study English harder. She will start taking private English lessons next month.

Q: What does Miku want to do?

現代仮名づかいに直し、すべてひらがなで答えなさい。

問二　傍線部①「あはれなるありさま」とはどのようなようすか。最も適当なものを次から選び、記号で答えなさい。

ア　気の毒なようす　イ　頑張っているようす

ウ　楽しげなようす　エ　危険なようす

問三　傍線部②「ただ今の恩」とはどういうことか。二十字以内で考えて答えなさい。

問四　本文の主題として最も適当なものを次から選び、記号で答えなさい。

ア　他者から何か助けてもらいたいならば、まずは自分から助けようとしなくてはならない。

イ　どのような状況であっても決して見返りを期待して他者の力になろうとしてはいけない。

ウ　仮に他者のために力になったとしても、それを恩を受けたと感じてくれるとは限らない。

エ　他者から恩を受けたからには、何としても返そうという気持ちを持たなければならない。

問五　本文の出典である『伊曽保物語』は、室町時代後期に成立したとされる仮名草子（仮名で書かれた読みもの）である。これより後に成立した作品を次から選び、記号で答えなさい。

ア　源氏物語　　イ　雨月物語　　ウ　平家物語　　エ　竹取物語

イ　作家になるきっかけをくれた、まさに自分にとって「世界への扉」になったミツザワ書店に感謝する気持ち。

ウ　近々ミツザワ書店が開放された時、誰かの目にとまって買ってもらえる日が来ることを心待ちにする気持ち。

エ　おばあさんが選んだミツザワ書店の本のラインナップに自分の本も仲間入りすることを誇らしく思う気持ち。

問八　空欄 ⑥ にあてはまる言葉を本文中から一語で抜き出して答えなさい。

問九　傍線部⑦「書き初めに向かう子どものような気分」とはどういう心情か。最も適当なものを次から選び、記号で答えなさい。

ア　再び賞を受賞して人々の称賛を受けたいという心情。

イ　今までよりも上手な小説を書きたいと切に願う心情。

ウ　やらなければならないことに仕方なく取り組む心情。

エ　今後も作家として生きていく決意を新たにした心情。

問十　本文の表現や内容について述べたものとして適当でないものを次から選び、記号で答えなさい。

ア　「頬をはられたような」など直喩が用いられることで、その時々の登場人物の心情がわかりやすく表現されている。

イ　「ぼく」と「女の人」それぞれの回想が適宜挿入されることで、物語が重層化し作品世界に奥行きが生まれている。

ウ　過去形の文脈の中にあえて現在形が挿入されることで、その場に立ち会っているような臨場感が生み出されている。

エ　話したことが全て台詞《せりふ》の形ではなく時に要点だけが体言止めでたたみかけられることで、物語に緩急がついている。

三、次の古文を読んで、後の問いに答えなさい。

ある河のほとりに、蟻《あり》あそぶことありけり。(a)にはかに水かさまさりきて、かの蟻をさそひ流る。浮きぬ沈みぬする所に、鳩木《こ》末《ずゑ》[*1]よりこれを見て、「①あはれなるありさまかな。」と、木末をちと食ひ切つて河の中におとしければ、蟻これに乗つて渚《なぎさ》にあがりぬ。かかりける所に、ある人、竿《さを》のさきにとりもち[*2]を付けて、かの鳩をささんとす。蟻心に(b)思ふやう、「②ただ今の恩を送らふものを。」と思ひ、かの人の足にしつかと食ひつきければ、おびへあがつて、竿をかしこに投げ捨てけり。その人、[*3]そのものの色や知る。しかるに、鳩これをさとりて、いづくともなく飛び去りぬ。そのごとく、人の恩を受けたらん者は、いかさまにもその報ひをせばやと思ふ心ざしを持つべし。

＊1　木末＝こずえ。木の枝の先の細い部分。

＊2　とりもち＝モチノキの樹皮などから取る、ねばりけのあるもの。小鳥や虫を捕まえるのに使う。

＊3　そのものの色や知る＝このいきさつを知るだろうか、いや知るはずもない。

問一　二重傍線部(a)「にはかに」、(b)「思ふやう」の本文中での読みをとを言っているのだと、わかるのに数秒かかった。すみませんと頭を下げて、ぼくも笑った。

　シャッターの閉まったミツザワ書店の前を過ぎる。高く晴れた空の下、ひっそりとした商店街を歩く。数十メートル歩いてふりむくと、記憶のなかのミツザワ書店が色(d)鮮やかに思い浮かんだ。店の前に並べられた週刊誌や漫画、埃で曇った窓ガラス。それはそのまま、未来の光景でもあるんだろう。世界に通じるちいさな扉は、近々きっと開くのだろうから。

　不釣り合いでも、煮詰まってても、自分の言葉に絶望しても、それでもぼくは小説を書こう、ミツザワ書店の棚の一部を占めるくらいの小説を書こうと、⑦書き初めに向かう子どものような気分で思う。

　顔を上げると、青い空に凧《たこ》がひとつ浮かんでいた。

（角田光代『さがしもの』による）

問一　二重傍線部(a)「漂（って）」、(b)「高揚」、(c)「風情」、(d)「鮮（やか）」の漢字の読みをひらがなで答えなさい。

問二　波線部ア「ちりちり」、イ「もごもご」、ウ「ぎゅうぎゅう」、エ「ばらばら」のうち、他と性質の異なるものを一つ選び、記号で答えなさい。

問三　傍線部①「ミツザワ書店が近づくに連れどきどきしてくる」のはなぜか。最も適当なものを次から選び、記号で答えなさい。

ア　ミツザワ書店が正月の三が日で閉まっていることを予想していたから。

イ　ミツザワ書店のおばあさんが亡くなっていることを予感していたから。

ウ　ミツザワ書店がすでになくなっているのではないかと不安だったから。

エ　ミツザワ書店から十一年前本を盗んだ日のことをふと思い出したから。

問四　空欄［②］にあてはまる言葉を自分で考えて書きなさい。

問五　傍線部③「何か、とてつもない失敗をしでかしたような気になった」とあるが、ここでいう「とてつもない失敗」とは具体的にどういうことか。説明しなさい。

問六　傍線部④「女の人は腰をおりまげて笑っていた」のはなぜか。最も適当なものを次から選び、記号で答えよ。

ア　ぼくの表情がまるで凶悪事件の加害者が自首した時のようにやつれていたから。

イ　ぼくが他にもよくいるミツザワ書店から本を盗んだ人の一人だと分かったから。

ウ　盗んだ本の代金を数年経ってわざわざ持ってこられるなんて初めてだったから。

エ　作家ともあろう人が町の小さな本屋から本を盗んでいたことが意外だったから。

問七　傍線部⑤「棚を見るふりをして通路を歩き、茶封筒から自分の単行本をすばやく抜き取り、塔になった本の一番上にそっと置いた」とあるが、この時のぼくの心情として適当でないものを次から選び、記号で答えなさい。

ア　おばあさんにとって本が「世界への扉」だとすれば自分の本も「世界への扉」であってほしいと願う気持ち。

分するのも面倒だというのが本音ですけど。ほとんど倉庫ですね」

　女の人とともに、店内に足を踏み入れた。床から積み上げられた本、平台に無造作に積まれた本、レジ台で壁を作る本、棚にウぎゅうぎゅうに押しこまれた本――。記憶と異なるのは光だけだった。ガラス戸から黄色っぽい光がさしこんでいた薄暗いミツザワ書店は、今、蛍光灯ののっぺりした明かりに照らし出されている。

「祖母は本当に本を読むのが好きな人でね。お正月なんかに集まっても、ひとりで本を読んでましたよ、子どもみたいに。読む本のジャンルもエばらばら。ミステリーのこともあれば、時代小説のこともあったし、あるとき私がのぞきこんだら、UFOは本当に存在するか、なんて本を読んでいたこともあった。祖母が祖父と結婚した理由っていうのも、祖父が本屋の跡取り息子だったからなんですって。祖父が亡くなってからは、自分の読みたい本ばかり注文して、片っ端から読んで。売り物なのにね」

　女の人は積み上げられた本の表紙を、そっと撫《な》でさすりながら言葉をつなぐ。

「私、子どものころおばあちゃんに訊《き》いたことがあるの。本のどこがそんなにおもしろいの、って。おばあちゃん、何を訊いてるんだって顔で私を見て、『だってあんた、開くだけでどこへでも連れてってくれるものなんか、本しかないだろう』って言うんです。この町で生まれて、東京へも外国へもいったことがない、そんな祖母にとって、本っていうのは、世界への扉だったのかもしれないですよね」

　それを言うなら子どものころのぼくにとって、ミツザワ書店こそ世界への扉だったとぼくは思ったけれど、口には出さなかった。そのかわり、⑤棚を見るふりをして通路を歩き、茶封筒から自分の単行本をすばやく抜き取り、塔になった本の一番上にそっと置いた。

「おばあちゃんは本屋じゃなくて図書館で働くべきだったわね」

「でも、それじゃ、すぐクビになっちゃいますよ。仕事を放り出して本を読《よ》み耽《ふけ》っちゃうんだから」思わず言うと、女の人はまた楽しそうに笑った。

　本で満たされた店内をぼくはもう一度眺めまわす。埃をかぶった本は、すべて呼吸をしているように思えた。ひっそりと、時間を吸い込み、吐き出し、だれかに読まれるのをじっと待っているかのように。そのなかに混じったぼくの本は、いかにも新参者という(c)風情で、居心地悪そうだった。しかし幸福そうでもあった。作家という不釣り合いな仕事をはじめたばかりのぼくのように。

　礼を言って玄関を出た。門まで見送りにきた女の人は、恥ずかしそうにうつむいて、

「いつかあそこを開放したいと思っているんです」とちいさな声で言った。「　⑥　なんておこがましいけれど、この町の人が読みたい本を好き勝手に持っていって、気が向いたら返してくれるような、そういう場所を作れたらいいなって思っているんですよ」

「そうなってほしいと、じつはさっき思っていたんです。楽しみにしています」ぼくは言った。

「今日はどうもありがとうございました」女の人は頭を下げる。

「いえ、こちらこそありがとうございました」

「そうじゃなくて。本、お買いあげいただいて」

　女の人はおかしそうに笑った。ついさっきぼくが出した本の代金のこ

かったことを今さらながら思い出す。
「家の者は友人の家にいっていて、ちょうど今日は留守で、私もひまだったんです」
「それであの、ミツザワ書店は」
「祖母が伏せってから、ずっと閉めています。あとを継ぎたいという者がだれもいなくて。もともと儲《もう》かるような店じゃなかったし、祖母の道楽みたいなものでしたしね。今は駅の向こうに大型書店もできて、うちが店じまいしてもみなさん困ることもないでしょう」
③何か、とてつもない失敗をしでかしたような気になった。自分は凶悪事件の加害者で、警察にいかず被害者の家に自首しにきたような。柱時計の秒針が、やけに大きく耳に響いた。
「じつはお詫《わ》びしなきゃならないことがあって今日はここまできたんです」
　ぼくはうつむいたまま一気にしゃべった。十六歳の夏の日。秋のはじめの決行。はじめて本読みで夜を明かしたこと。拙い感想。三年前書きはじめた原稿。幾度も書きなおした言葉。とんでもないことになったと思った授賞式。夜襲いかかってくる不安。単行本と、それを手にして思い出したおばあさんのこと。
「本当にすみませんでした」
　ぼくは財布から本の代金を取り出してソファテーブルに置き、深く頭を下げた。呆《あき》れられるのか、ののしられるか、帰れと言われるか、じっと待っていると、子どものような笑い声が聞こえてきた。驚いて顔を上げると、④女の人は腰をおりまげて笑っていた。ひとしきり笑ったあとで、話し出した。
「じつはね、あなただけじゃないの。この町に住んでいた子どもの何人かは、うちから本を持ってってると思うわよ。祖母の具合が悪くなって、それで私たち、同居するために引っ越してきたんだけど、はじめてあの店を見て、私だって驚いちゃった。持ってけ泥棒って言っているような本屋じゃない。しかも祖母はずうっと本を読んでるし。私も幾度か店番をしたことがあって、何人か、つかまえたのよ、本泥棒」女の人はまた笑い出した。「それだけじゃないの。返しにくる人も見つけたことあるの。持っていったものの、読み終えて気がとがめて、返しにきたんでしょうね。まったく、図書館じゃあるまいし。こうしてお金を持って訪ねてきてくれた人も、あなただけじゃないの。祖母が生きているあいだも、何人かいたわ。じつは数年前、これこれこういう本を盗んでしまった、って。もちろん、そんな人ばかりじゃないだろうけどね、そんな人がいたのもたしかよ。あなたみたいにね」それから女の人はふとぼくを見て、
「作家になった人というのははじめてだけれど」と思いついたようにつけ足した。
「本当にすみません」もう一度頭を下げると、
「見ますか、ミツザワ書店」女の人は立ち上がって手招きをした。
　玄関から続く廊下の突き当りが、店と続いているらしかった。女の人は塗装の剥げた木製のドアを開け、明かりをつける。
　本の持つ独特のにおい、紙とインクの埃っぽいような、甘い菓子のようなにおいがぼくを包みこみ、目の前に、あのなつかしいミツザワ書店がそのまま立ちあらわれる。
「店は閉めているけれど、そのままにしているんです。片づけるのも処

わらず閉まっているまごころ洋裁店を過ぎ、ハートクリーニングを過ぎ、店先にがちゃがちゃを並べた駄菓子屋を過ぎ、やがてミツザワ書店の看板が見えてくる。すすけて色あせた、黄色地に赤い文字。ああ、あった。なくなっていなかった。自分でも驚くほど安堵《あんど》していた。

　以前とまったく同じ場所にあるミツザワ書店は、シャッターが閉まっていた。そういえば、シャッターの閉ざされたミツザワ書店をぼくは見たことがなかった。ほとんど眠ったような商店街だったが、ミツザワ書店はいつだって開いていたのだ。

　三が日だからか。明日には開店するのか。黒ずんだシャッターの前に立ち、ぼくは考えを巡らせる。着物姿の女の子たちがぼくの背後を通りすぎていく。彼女たちの手にした破魔矢《はまや》の鈴が、アちりちりと鳴る。

　東京に帰るのは明日の午後だから、明日の朝にまたきてみようか、そう思う一方で、今帰ったら［　②　］ような気もした。

　ずいぶん長いあいだぼくはそこに立ち尽くしていたが、思いきって店の裏側にまわった。店の裏側が住居になっていることは前々から知っていた。店の裏手の門についたインターホンを鳴らしてみる。十歳かそこらのころ、住宅街をピンポンダッシュして走りまわったような(b)高揚と緊張を覚える。

　返答はない。もう一度押す。門の内側の申し訳程度の庭を、かつてミツザワ書店の店内を眺めたように見渡した。実際庭はちいさな書店内と同じく、雑然としていた。雑草が生い茂り、白いちいさな花が咲き、細いぐみの木や、背の高い柿の木が好き勝手にのびていた。

　ドアがゆっくりと開き、ぼくはあわてて視線を戻す。てっきりあのおばあさんがあらわれると思っていたのだが、ドアから顔をのぞかせているのはずいぶん若い女の人だった。怪訝《けげん》そうな目でぼくを見ている。

「あ、あの、以前こちらでよく買いものをしていた者なんですが」ぼくは急いで自己紹介をした。「ひさしぶりに帰ってきたので寄ってみたんですが、閉まっていたので」

　それを聞くと女の人は、口元にゆったりした笑みを浮かべ、ドアから出てきて門を開いた。どうぞ、と手招きをする。

「いえ、あの、すみません、新年にご迷惑かと思ったんですけど、明日帰ってしまうもので」

「どうぞ、おあがりになって」

　女の人はぼくに笑いかけた。背を丸めて本を読んでいたおばあさんが笑ったところは見たことがないけれど、笑いかけられ、この人がおばあさんの娘か孫だということがすぐにわかった。どこかなつかしいその笑顔に誘われるように、ぼくは玄関へ続く庭へと足を踏み出していた。

　こぢんまりとした居間に通され、ぼくはソファに腰掛けた。ミツザワ書店とは違い、こざっぱりした部屋だった。陽《ひ》のさしこむ窓に目をやると、埃《ほこり》がゆっくり舞うのがやけにはっきり見えた。女の人は盆に紅茶をのせて、ぼくの向かいに腰掛ける。

「突然すみません」

イもごもごとぼくは言った。女の人はぼくの前に紅茶を置く。香ばしいにおいがたちのぼる。

「あの、えーと、おばあさんはお元気ですか」

　女の人は口元に笑みを浮かべたままぼくを見て、

「他界しました。去年の春です」静かな口調で言った。頬《ほお》をはられたような気持ちでぼくは女の人を見た。そういえば、玄関になんの飾りもな

問三　傍線部②「『話題作についていきたい』だけでは、動機としてはやや不足に思える」とあるが、筆者が述べている「映像作品にコスパを求める動機」を説明しなさい。

問四　空欄［ア］～［エ］のいずれかには接続詞の「しかし」が入る。最も適当な場所はどこか。記号で答えなさい。

問五　空欄［A］・［B］にあてはまる語の組み合わせとして最も適当なものを次から選び、記号で答えなさい。

ア　A　裏道　B　抜け道　イ　A　寄り道　B　坂道
ウ　A　一本道　B　分かれ道　エ　A　回り道　B　近道

問六　空欄［③］にあてはまる言葉として最も適当なものを次から選び、記号で答えなさい。

ア　独立　イ　実利　ウ　内面　エ　感覚

問七　傍線部④「即物的な費用対効果」とはどういうことか。最も適当なものを次から選び、記号で答えなさい。

ア　何年も経ってから、急にインスピレーションが働くこと。
イ　短い時間でより多くの量を消費し、その快感を得ること。
ウ　有用性を求める意志が、高い優先度で組み込まれたもの。
エ　「鑑賞者の人生に対する影響度」という良し悪しの基準。

問八　空欄［⑤］にあてはまる言葉を本文中から三字で抜き出して答えなさい。

問九　傍線部⑥「『消費』なのか『鑑賞』なのか」とあるが、次の中から、本文における「鑑賞」にあたるものを二つ選び、記号で答えなさい。

ア　歌詞の意味を考えながら、音楽を聴く。
イ　入試対策として、たくさん新聞を読む。
ウ　スターバックスで好きなコーヒーを味わう。
エ　SNSに投稿したいので、新作アニメを観る。
オ　ニュースのまとめサイトを毎朝チェックする。

問十　傍線部⑦「もはや食事ですらない」とあるが、なぜそう言えるのか、四十字以内で説明しなさい。

二、次の文章を読んで、後の問いに答えなさい。（本文には一部改めたところがある）

新しい年になって三日目、朝から続々と親戚が詰めかける実家を抜け出して、ぼくはミツザワ書店に向かった。財布には盗んだ本の代金を入れ、手にした茶封筒には自分の本を入れて。

十六歳のあの日以来避け続けていたから、ミツザワ書店のある商店街を歩くのは十一年ぶりだった。実家の近辺もそうだが、あのころと比べて商店街もずいぶん様変わりした。新築マンションが増え、商店街も少しは盛り返したのか、まだ三が日だというのに閉まっているシャッターは少ない。貸しビデオ屋もコンビニエンスストアもファミリーレストランもある。チェーンの居酒屋も、ゲームショップもあった。かといって、にぎわっているかと言えばそうでもなく、なぜかがらんとした雰囲気は変わらず(a)漂っている。

正月の空は高く、澄んでいる。子どもたちが薄い影を引きずりながら、ゲームショップに駆けこんでいく。煎餅屋《せんべいや》は携帯ショップに変わっていた。肉屋は以前と同じ位置にあったが閉まっていた。

①ミツザワ書店が近づくに連れどきどきしてくる。シャッターがあいか

りに言葉として(c)シントウした経緯からして、「コンテンツ」という呼び方には、数値化できる量（データサイズや視聴に必要な時間）に換算して実体を把握しようという意志が、最初から織り込まれている。それゆえ、「短時間」で「大量」に消費できることで得られる快感が、視聴満足度に組み込まれうるのだ。

しかし「作品」は〝量〟を超越する。〝量〟の物差しを拒否する。鑑賞に要する時間と得られる体験を、④即物的な費用対効果で考えたりはしない。鑑賞後何年も経《た》ってから、まるで時限爆弾のようにインスピレーションや啓示が爆発することもある。「実利的」「有用性」を求める意志が、高い優先度では組み込まれていない。「作品」の良《よ》し悪《あ》しの基準をあえて設定するなら、「鑑賞者の人生に対する影響度」とでも言うべきものになるだろう。それは［⑤］できず、他の鑑賞者にまったく同じ影響を及ぼすことはない、という意味において、再現性も(d)カイムだ。

ゆえに当然ながら、ある映像作品が視聴者にとってどういう存在かによって、「コンテンツ」と呼ばれたり、「作品」と呼ばれたりする。どういう視聴態度を取るかによって⑥「消費」なのか「鑑賞」なのかが異なってくる。新聞の価値を、食器の包み紙や廃品回収でのキロ単位引き取り額で測る人もいれば、世の中を知るための情報源と捉える人もいる、ということだ。

たしかに「消費」なら、10秒飛ばしでも倍速でも構わないだろう。それは、ファストフードの機械的な早食いや、咀嚼《そしゃく》を省略した食物の流し込みと変わらない。目的はカロリー摂取だ。⑦もはや食事ですらない。コンテンツを「摂取する」とはよく言ったものだ。

（稲田豊史『映画を早送りで観る人たち　ファスト映画・ネタバレ――コンテンツ消費の現在形』による）

問一　二重傍線部(a)「クシ」、(b)「キャッコウ」、(c)「シントウ」、(d)「カイム」のカタカナを漢字にしなさい。

問二　傍線部①「参考までに～なくなった。」とあるが、引用元の文章にはこの一文に次のような注釈が付いている。注釈の内容も含め、この部分の説明として最も適当なものを後から選び、記号で答えなさい。

【注釈】
以下、Google Trendsにおける説明の抜粋：「数値は、特定の地域と期間について、グラフ上の最高値を基準として検索インタレストを相対的に表したものです。１００の場合はそのキーワードの人気度が最も高いことを示し、50の場合は人気度が半分であることを示します」。なお２０２０年1月から２０２２年1月までの期間で「コスパ」が数値「１００」を記録したのは２０２０年1月と２０２１年5月。

ア　２０１９年に「９０」を超えた検索人気度は、２０２１年5月まで、９０台の数値を維持し続けた。

イ　２０１３年以降、検索人気度は上昇していき、２０２０年1月から2年間をかけて最高値に達した。

ウ　２０１０年から２０１３年の検索人気度は、最高値の約１０パーセントから２０パーセントである。

エ　２０２１年5月の半分の検索人気度であった場合、その年月の検索人気度の数値は「４５」となる。

［エ］森永氏によれば、大学生の彼らは趣味や娯楽について、てっとり早く、短時間で、「何かをモノにしたい」「何かのエキスパートになりたい」と思っている。彼らはオタクに〝憧れている〟のだそうだ。

　ところが、彼らは［Ａ］を嫌う。膨大な時間を費やして何百本、何千本もの作品を観て、読んで、たくさんのハズレを掴《つか》まされて、そのなかで鑑賞力が磨かれ、博識になり、やがて生涯の傑作に出会い、かつその分野のエキスパートになる――というプロセスを、決して踏みたがらない。

　彼らは、「観ておくべき重要作品を、リストにして教えてくれ」と言う。彼らは［Ｂ］を探す。なぜなら、駄作を観ている時間は彼らにとって無駄だから。無駄な時間をすごすこと、つまり時間コスパが悪いことを、とても恐れているから。

　彼らはこれを「タイパが悪い」と形容する。

　無駄は、悪。コスパこそ、正義。

　「何者かになりたい」人たちが門を叩《たた》くある種のオンラインサロンには、そういう考えの人たちが集っている。このサロンに入り、影響力のある人とつながって、インスタントに何か一発当てたい。(b)キャッコウを浴びたい。バズりたい。そんな一発逆転を狙う人たちであふれている。「これさえ実行しておけば成功する、魔法の裏技」「この人とつながったら、成り上がれる」、そんな秘密のバックドア、ゲームで言うところの〝チート〟（cheat／ゲームのデータやプログラムを不正に改変してキャラクターの能力をアップさせたり、アイテムやお金を増やしたりする）を彼らは日々探している。いわばライフハックの一形態だが、cheatの元々の意味は「いかさま」「不正行為」「詐欺」だ。

　今の世情が、「コツコツやっていても必ずしも報われない社会だから、仕方がない」という理屈は、わかる。ただ、それを映像作品にまで求めるのか。

　否、彼らは映像作品と呼ばない。「コンテンツ」と呼ぶ。

　映画やドラマといった映像作品を含むさまざまなメディアの娯楽を「コンテンツ」と総称するようになったのは、いつ頃からだったか。こうなると、「作品を鑑賞する」よりも「コンテンツを消費する」と言ったほうが、据《す》わりはよくなる。

　ここで、言葉の定義を明確にしておこう。

「鑑賞」は、その行為自体を目的とする。描かれているモチーフやテーマが崇高か否か、芸術性が高いか低いかは問題ではない。ただ作品に触れること、味わうこと、没頭すること。それそのものが［③］的に喜び・悦《よろこ》びの大半を構成している場合、これを鑑賞と呼ぶことにする。

　対する「消費」という行為には、別の実利的な目的が設定されている。映像作品で言うなら、「観たことで世の中の話題についていける」「他者とのコミュニケーションが捗《はかど》る」の類いだ。

　食事にたとえるなら、「鑑賞」は食事自体を楽しむこと。「消費」は栄養を計画的に摂《と》るため、あるいは、想定した筋肉美を手に入れるという実利的な目的を達成するために食事をすることだ。

「鑑賞」に紐《ひも》づく「作品」という呼称と、「消費」に紐づく「コンテンツ」という呼称の違いは〝量〟の物差しを当てるか、当てないかだ。

　content（コンテンツ）が「内容物」や「容量」の意味であること、新聞などがいまだに「コンテンツ（情報の中身）」などと説明するように、また「コンテンツ」が電子媒体上の情報や制作物を指し示すことを皮切

【国　語】（五〇分）〈満点：一〇〇点〉

一、次の文章を読んで、後の問いに答えなさい。（本文には一部改めたところがある）

　気がつくと、Ｎｅｔｆｌｉｘ（ネットフリックス）をパソコンで観《み》る際に１・５倍速で観られるようになっていた。セリフは早口になるが、ちゃんと聞き取れる。字幕も出る。

　かつてＮｅｔｆｌｉｘにこの機能はなかった。

　調べると、米Ｎｅｔｆｌｉｘ社は２０１９年８月に、Ａｎｄｒｏｉｄのスマホやタブレットで視聴する際に再生速度を選択できる機能を搭載。その後ｉＯＳ端末やウェブにも導入が進み、順次各国が対応していった。２０２２年２月現在の日本では、再生速度を０・５倍、０・75倍、１倍（標準）、１・25倍、１・５倍で選べる。

　再生画面には他に「10秒送り」「10秒戻し」ボタンもある。クリックもしくはタップすれば、一瞬で10秒後・10秒前に飛ぶ（スキップする）。ＴＶモニタでの視聴時に倍速視聴はできないが、対応するリモコンのキー操作で10秒送り、10秒戻しが可能。なお、Ｎｅｔｆｌｉｘと双璧《そうへき》をなす動画配信サービス、Ａｍａｚｏｎプライム・ビデオにも、10秒送り・10秒戻し機能がある。

　視聴デバイスやＯＳによって多少異なるが、倍速視聴機能や10秒スキップ機能が標準搭載されている動画配信サービスは数多い。ＹｏｕＴｕｂｅの場合、再生速度の幅を０・25倍から２倍まで０・25刻みで細かく設定でき、10秒（５秒）送り・10秒（５秒）戻しも可能。スマホならタップ動作で、ＰＣならショートカットキーを(a)クシすれば自在に操作できる。

　聞き取れなかったセリフをもう一度聞くために10秒戻しをするのは、わかる。しかし初見の映像作品を10秒飛ばしで観るとは、あるいは倍速視聴するとは、一体どういうことなのか。

（中略）

　倍速視聴・10秒飛ばしする人が追及しているのは、時間コスパだ。これは昨今、若者たちの間で「タイパ」あるいは「タムパ」と呼ばれている。「タイムパフォーマンス」の略である。

　①参考までに、Google Trendsで「コスパ」という単語の日本国内における検索人気度を調べると、２０１０年から２０１３年頃までは10〜20あたりを推移していたところ、その後右肩上がりとなり、２０１９年以降はほぼ90を下ることがなくなった。

　フォロワー数十万人を誇る、あるビジネス系インフルエンサーが、Ｔｗｉｔｔｅｒで映画の倍速視聴を公言したときも、そこについたリプには「コスパが良くなっていい」といった好意的な意見が多かった。

　［ア］彼らは映画やドラマの視聴を、速読のようなものと捉えている。速読と同じく、訓練によって映像作品を速く、効率的に体験できると考えている。

　［イ］ビジネス書ならともかく、なぜ映像作品にまでコスパを求めるのか。なぜそこまでして効率を求めるのか。②「話題作についていきたい」だけでは、動機としてはやや不足に思える。

　［ウ］若年層リサーチや大学の講義、就活イベントなどで現役大学生と触れ合う機会が多いという、博報堂ＤＹメディアパートナーズ　メディア環境研究所・森永真弓氏の言葉にそのヒントがあった。

MEMO

大切なことはメモしておこうネ！

2023年度

共立女子第二高等学校入試問題（２回）

【数　学】（50分）　＜満点：100点＞

Ⅰ． 次の各問いに答えなさい。

① $(x+1)(x-3)+(x+2)^2$ を計算しなさい。

② $\dfrac{3x+y}{10}+\dfrac{4x-3y}{6}$ を計算しなさい。

③ $x=6$，$y=-3$ のとき，$(-18xy^3)\div\left(-\dfrac{3}{5}x^2y\right)\times\dfrac{y}{15}$ の値を求めなさい。

④ $\sqrt{32}-\sqrt{\dfrac{1}{5}}-\sqrt{8}+\dfrac{6}{\sqrt{5}}$ を計算しなさい。

⑤ 方程式 $0.4x-y=\dfrac{x+y}{2}-2y=1$ を解きなさい。

⑥ ２次方程式 $2x^2-2x-3=0$ を解きなさい。

⑦ $x=\sqrt{2}+3$ のとき，x^2-6x+9 の値を求めなさい。

⑧ 関数 $y=ax^2$ $(a\neq 0)$ において，x の値が３から５まで増加するときの変化の割合が32であるとき，a の値を求めなさい。

⑨ 赤玉３個と白玉２個を入れた袋があります。この中から２個の玉を同時に取り出すとき，赤玉１個，白玉１個が出る確率を求めなさい。

⑩ $\sqrt{3n+4}$ が整数となるような30以下の自然数 n は何個ありますか。

Ⅱ． 関数 $y=-\dfrac{1}{2}x^2$ のグラフと直線 $y=\dfrac{1}{2}x-3$ が，右の図のように２点A，Bで交わっています。点Bの x 座標が２であるとき，次の各問いに答えなさい。

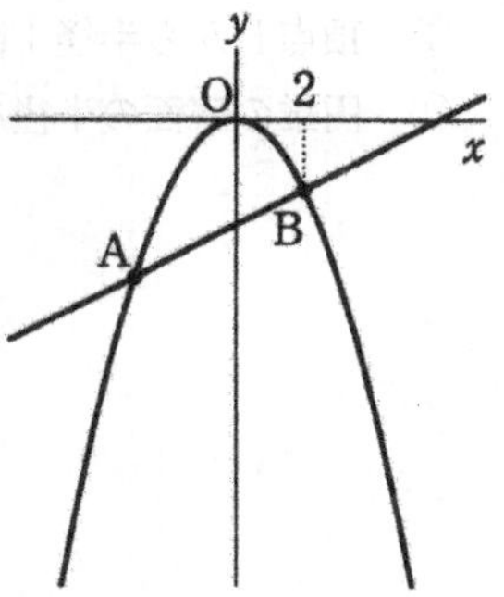

① 点Aの座標を求めなさい。

② △OABの面積を求めなさい。

③ $y=-\dfrac{1}{2}x^2$ のグラフ上の点で点Bの x 座標より大きい x 座標の値をとる点Pをとると，△PABの面積は△OABの面積に等しくなりました。点Pの座標を求めなさい。

Ⅲ. 右図の$\angle x$, $\angle y$の大きさを求めなさい。ただし，点Oは円の中心，ACは円の直径，直線CTは円の接線とする。

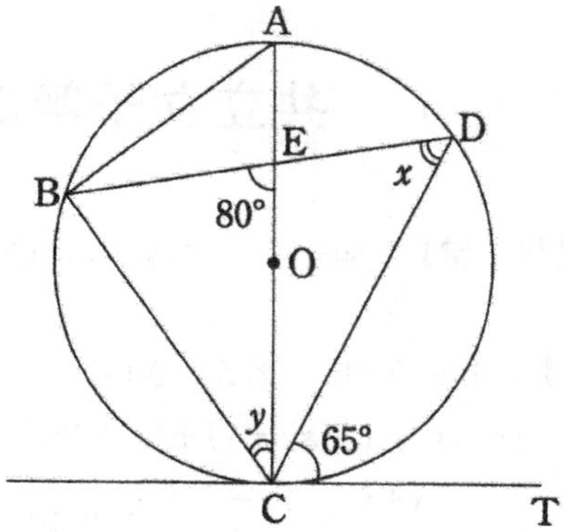

Ⅳ. AB：AC＝４：３である△ABCにおいて，∠BACの二等分線と辺BCとの交点をD，点Dを通り辺ABに平行な直線と辺ACとの交点をE，点Eを通り辺BCに平行な直線と辺ABとの交点をFとする。また，ADとFE，BEとの交点をそれぞれG，Hとするとき，次の各問いに答えなさい。

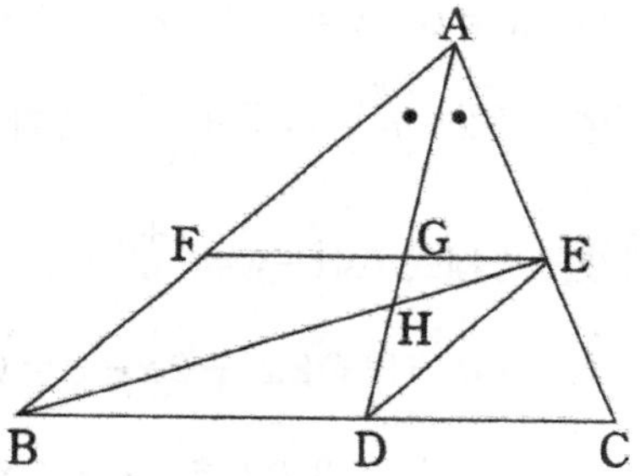

① BD：DCを求めなさい。
② AH：HDを求めなさい。
③ △GHE：△DCEを求めなさい。

Ⅴ. 右の図のように，Pを頂点とし，線分ABを底面の直径とする円錐があります。半径２cmの球は円錐の側面と底面に接しており，半径１cmの球は円錐の側面と半径２cmの球に接しています。このとき，次の各問いに答えなさい。

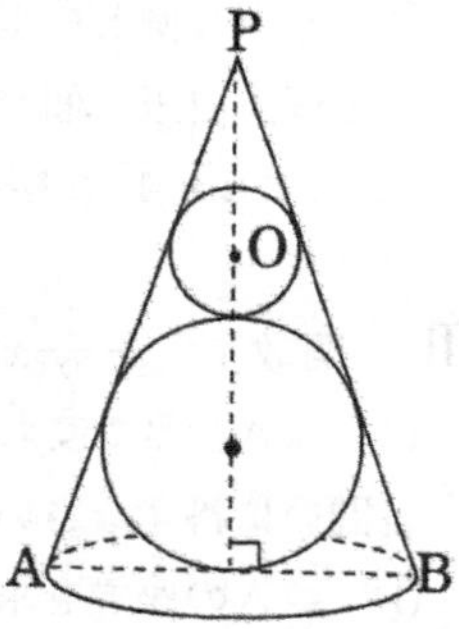

① 頂点Pから半径１cmの球の中心Oまでの長さを求めなさい。
② 円錐の底面の半径を求めなさい。

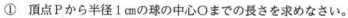

【英　語】（50分）　＜満点：100点＞

Ⅰ．［リスニング問題］放送を聞いて設問に答えなさい。

［A］　次に対話と質問が流れます。その質問に対する答えとして適切なものを１つずつ選び，番号で答えなさい。英文と質問は２回読まれます。

(1)　1．Visit his grandparents.　　2．Play a winter sport.
　　3．Study at school.　　4．Watch ski jumping.

(2)　1．At an airport.　　2．In a car.
　　3．In a plane.　　4．At Frank's house.

(3)　1．On a bus.　　2．On foot.　　3．By taxi.　　4．By train.

(4)　1．She has a lot of Spanish friends.
　　2．She has lived in Spain before.
　　3．She wants to visit Spain.
　　4．She thinks Spanish is easy to learn.

［B］　次にまとまった英文と質問が流れます。その質問に対する答えとして適切なものを１つずつ選び，番号で答えなさい。英文と質問は２回読まれます。

(1)　1．Once.　　2．Twice.　　3．Many times.　　4．Never.

(2)　1．They need to arrive early.　　2．They need to bring their lunch.
　　3．The race will be canceled.　　4．Many people will come to the park.

(3)　1．He started to go to college.
　　2．He began to live by himself.
　　3．He learned how to do housework.
　　4．He cooked some dishes for his mother.

※リスニングテストの放送台本は非公表です。

Ⅱ．英文を読み，各設問に答えなさい。(* の語には注釈がある。)

Two thousand years ago, London was a small village by *the River Thames. Then *the Romans came and built a town, and thousands of people lived there. Now, in the twenty-first century, London is the biggest city in Britain, with more than seven million people. It is the capital city of the United Kingdom, the home of Queen Elizabeth the Second, and the home of the British government. Millions of visitors come to London every year.

The name 'London' comes from the Romans. People lived ①(A) here before the Romans came, but we do not know very much about ①(B) them. The Romans came to England in the year 43. Their ships came up the River Thames from the sea, and they built houses and other buildings next to the river. They built a bridge over the river, and they called the town Londinium. You can find out about London's early days, and about the Romans, at the Museum of London.

It was a rich town, and about 50,000 people lived in it. But soon after the year 400, the Romans left Londinium and went back to Rome, and for three hundred years London was a (②) place. Then people began to live in the town again, and it was soon rich and important. People called Angles, Saxons, and Jutes came to Britain from Germany, Holland, and Denmark. Then, in the ninth and tenth centuries, Danish ships came up the River Thames and destroyed many of Londinium's buildings.

In 1066, England had a new king – *William the Conqueror from France. William came to live in London and built a castle there (today we know it as the Tower of London). London was then the biggest and most important city in England, and it got bigger and bigger. In 1509, when Henry the Eighth was king, there were 50,000 people in London. In 1600, when Henry's daughter Elizabeth the First was queen, there were 200,000 people.

The *plague often came to London, but ③ 1665 was the worst year of all. In the hot summer that year thousands of people were ill, and 100,000 of them died. 1665 was called the Year of the Great Plague. Then a year later, in 1666, there was a big fire – ④ the Great Fire of London. It began in a house in Pudding Lane, near London Bridge. Most houses were built of wood at that time, and fires love wood. The Great Fire of London went through street after street after street, and it did not stop for four days.

More than a quarter of a million people lost their homes in the fire. It destroyed St Paul's Cathedral and eighty-eight other churches. But it also destroyed most of the worst old buildings. A new St Paul's Cathedral was built between 1675 and 1711.

In the eighteenth century, Britain was one of the most important countries in the world, and London was its most important city. Some Londoners were very (⑤), and they built some of the most beautiful houses in the city. Many of those houses are standing today. But at the same time, other people lived in cold, dark, wet houses.

London (Oxford University Press 一部改)

（注） the River Thames テムズ川　the Romans ローマ人
William the Conqueror ウィリアム征服王　plague 疫病

問１ 下線部①(A), (B)の語が表す組み合わせとして適切なものを１つ選び，記号で答えなさい。

ア. (A) the Romans　(B) houses and other buildings
イ. (A) houses and other buildings　(B) the Romans
ウ. (A) London　(B) houses and other buildings
エ. (A) London　(B) people

問２ (②) に入れるのに適切な語を１つ選び，記号で答えなさい。

ア. dangerous　イ. quiet　ウ. small　エ. scary

問３ 下線部③の理由を以下の（ ）に合うようにそれぞれ日本語で答えなさい。

「(１) の人々が (２) になり，100,000人の人々が (３) から。」

問４　下線部④の説明として適切でないものを２つ選び，記号で答えなさい。

ア．その火災はロンドンの近くの森林から拡大した。

イ．火災が大きくなった理由として，木造住宅が多かったことが挙げられる。

ウ．３日以上もその火災は続いた。

エ．約10万人が住む場所を失った。

問５　（⑤）に入れるのに適切な語を，本文中から１語で抜き出しなさい。

問６　以下は，London の人口についての説明である。（　）に入る数を答えなさい。

「London の人口は，1509年から約90年の間に，約（　　）人増加した。」

問７　次のア～オの英文のうち，本文の内容に合っているものにはＴを，合っていないものにはＦを記入しなさい。

ア．London has been the biggest city in England for more than three thousand years.

イ．London is the capital city of the United Kingdom.

ウ．It is impossible to find out about London's early days at the Museum of London.

エ．In the ninth and tenth centuries, Danish people destroyed many buildings in London.

オ．In the eighteenth century, almost all people living in London had beautiful houses.

問８　次の質問に，解答用紙に合うようにそれぞれ英語で答えなさい。なお，数字は算用数字でかまいません。

ア．Who built the Tower of London?

イ．How many churches were destroyed in total by the Great Fire of London?

Ⅲ． *Taro* と *Mike* が話をしています。対話文を読み，各設問に答えなさい。(* の語には注釈がある。)

On the train platform:

Taro: It's so hot and dirty down here. It smells bad!

Mike: Yes, it does. So I don't like to ride the train here during the summer.

Taro: It's so different from the train stations in Tokyo. The stations there are not dirty, and the subways have air conditioning. Sometimes it's too cold!

Mike: Wow—sounds nice! I hope our subways will be cleaner someday.

Taro: I hope so, too! By the way, what time is the train coming?

Mike: I'm not sure.

Taro: You can't check your *phone app?

Mike: What do you mean?

Taro: In Japan, there is an app to help you look up your train route and the train times.

Mike: I've never heard of an app like that. In America there isn't an app for train times.

Taro: OK. Well, can we check the schedule somewhere?

Mike: We can look for a schedule here on the train platform, but it won't help.

Taro: What do you mean? Why not?

Mike: Because the trains almost never come on time.

Taro: Wow!

Mike: Why are you so surprised?

Taro: In Japan, especially in Tokyo, it's the opposite. Trains are almost always on time.

Mike: That's amazing!

Taro: Yes. [A]. Well, as for our train, what should we do?

Mike: Now, we just wait. It won't be too long. The trains come often during the day.

Taro: I'm glad.

Mike: At night, though, it's very different.

Taro: What do you mean?

Mike: Well, late at night you never know when a train is coming. Sometimes you have to wait an hour!

Taro: That sounds bad. What time do the trains stop running at night?

Mike: They don't stop. The trains here run 24 hours a day, every day.

Taro: Oh! That's different from Tokyo, too.

Mike: Do you mean the trains stop running every night in Tokyo?

Taro: Yes. In Tokyo, most trains stop running around midnight or 1:00am. Then they start running again around 4:30 or 5:00am.

Mike: What do people do if they miss the last train?

Taro: They sometimes find some places to sleep.

Mike: Oh!

Taro: By the way, where should we line up?

Mike: Sorry?

Taro: Where do we line up to get on the train?

Mike: People here don't line up.

Taro: How do you know where the train doors are?

Mike: We don't! We just wait, and when the train comes, we move to the closest door.

Taro: That's so interesting. We wait in line before the train comes in Japan.

Mike: I see. Oh, look! The train is coming! I hope we can get seats!

（注） phone app　携帯電話のアプリ

問1　(1)～(5)までの英文が本文の内容と一致するように，適切なものを1つずつ選び，記号で答えなさい。

(1) Mike doesn't like to ride a train in summer because ＿＿＿＿＿＿.
ア. the stations in America are clean and hot
イ. the stations in America are dirty and cold
ウ. the stations in America are hot and unclean
エ. the stations in America are clean and cold

(2) People in Japan ＿＿＿＿＿＿.
ア. use a phone app to check the train times
イ. check what time the train comes in the newspaper
ウ. look for a train staff to ask for help
エ. look up the schedule on the platform

(3) The train schedule doesn't work well in America ＿＿＿＿＿＿.
ア. because the trains are crowded with people
イ. because the trains don't arrive on time
ウ. because the trains sometimes run slowly
エ. because the trains don't come often

(4) People in America ＿＿＿＿＿＿.
ア. can find some places to sleep at night
イ. can't ride the train at night
ウ. can use the train 24 hours a day
エ. can stop running at night

(5) In Japan, when people miss the last train, ＿＿＿＿＿＿.
ア. they wait until the first train comes
イ. they find a police station nearby
ウ. they walk home from the station
エ. they look for another place to stay

問2 文中の空所 [A] に入れるのに最も適切なものを下から1つ選び，記号で答えなさい。

ア. It's so convenient　　イ. It's too bad
ウ. It's disappointing　　エ. It's so exciting

問3 以下は2人の会話の内容をまとめたものです。（1）～（6）にあてはまる単語を書きなさい。

Taro is now in (1). He talks about the (2) stations with Mike. He is surprised to learn about some differences between America and Japan. In America, the stations are dirty. People are not sure (3) the trains come. There is a timetable on the platform, but it is not (4) because it is not correct. People can take the train all day and (5). They don't get in line in (6) of the door before getting on the train.

Ⅳ． 次の日本文に合う英文になるように，(　) 内の語句を並べかえなさい。ただし，文頭にくる単語も小文字になっています。

⑴　私たちは日曜日にはウサギの世話をしなくてもいい。
We (to / of / the rabbits / care / have / take / don't) on Sunday.

⑵　彼女がいつか訪れたいと思っている国はイタリアです。
(she / is / visit / the country / to / someday / wants) Italy.

⑶　私たちは彼女にフランス製のバッグをあげた。
We (a bag / her / France / in / gave / made).

⑷　その本は私には難しすぎて一日では読めなかった。
The book (read / in / that / couldn't / was / difficult / I / so / it) a day.

Ⅴ． 次は *Emi* が昨夏に行ったニュージーランドでのホームステイ先の家族を紹介する英語のレポートを書くために作ったメモです。メモの内容に合うように，４つの英文を書いてレポートを完成しなさい。

１．ホストファミリーは３人家族だった
２．ホストファーザーは音楽の先生でたくさんの歌を知っていた
３．ホストマザーはとても料理が上手だった
４．ホストシスターの *Lisa* は私と同い年だった

Last summer, I went to New Zealand and stayed with a host family.

⑴ ______________________________ in the family.

⑵ My host father ______________________________.

⑶ My host mother ______________________________.

⑷ My host sister, Lisa, ______________________________.

They were very kind people and I had a wonderful time with them.
I want to visit them again someday.

問四　本文における筆者の主張として最も適当なものを次から選び、記号で答えなさい。

ア　上東門院は、犬の子をたいへんかわいがっていたので、子宝に恵まれ子孫も繁栄したということ。

イ　大江匡衡は、学識があるだけでなく、とても気の利いたことを考えつく人間であったということ。

ウ　後一条天皇は、幼くして帝位についたので、周囲の言うことを聞く良い性格に育ったということ。

エ　漢詩の知識があるということは、何事につけても応用が利くという大切な要素であるということ。

問五　本文の出典である『十訓抄』は、鎌倉時代に成立したとされる説話集である。同じジャンルに属さない作品を次から選び、記号で答えなさい。

ア　沙石集　　イ　発心集　　ウ　古今著聞集　　エ　古今和歌集

イ　おまじないのおかげで自分が幸せになれることを確信し安心したから。

ウ　形見である雪だるまの人形が打ち上がればカズちゃんも報われるから。

エ　黒河内が自分のために健気《けなげ》に頑張ってくれることがうれしかったから。

問九　本文の表現と内容について述べたものとして適当なものには○、適当でないものには×と答えなさい。

ア　くたくたのティッシュは、お父さんが息子の死で生きる気力を失ったことを象徴する。

イ　〈手術〉に〈　〉がついているのは、これが本来の手術とは異なる行為だからである。

ウ　苔をはぐ遊びの回想は、初恋相手がカズちゃんだったことを思い出させるものである。

エ　お父さんが口ずさんだ歌の選曲は、その時の彼の気持ちを比喩的に表したものである。

三、　次の古文を読んで、後の問いに答えなさい。

まことや、この御時[*1]、一つの不思議ありける。上東門院《じやうとうもんゐん》[*2]の御方の御帳《みちやう》の内に、①犬の子を生みたりける、[*3]思ひかけぬありがたきことなりければ、②おほきにおどろかせたまひて、江匡衡《がうきやうかう》[*4]といふ博士に問はれければ、「これ、めでたき御吉事なり。犬の字は、大の字のそばに点をつけり。その点を上につけば、天なり。下につけば、太なり。その下に、子の字を書きつづくれば、天子[*5]とも太子[*6]とも読まるべし。かかれば、［③］生れさせたまひて［④］にいたらせたまふべし」とぞ申しける。

そののち、はたして皇子御誕生ありて、ほどなく位につきたまふ。後一条天皇、これなり。匡衡、風月の才[*7]に富めるのみならず、かかる心ばせども深かりけり。

＊1　御時　＝　ある天皇が世を治めていた時代。御代。

＊2　上東門院　＝　藤原彰子。一条天皇の中宮。紫式部や和泉式部など、才女が仕えた。

＊3　思ひかけぬありがたきこと　＝　思いもかけない、不思議な出来事。

＊4　江匡衡　＝　大江匡衡のこと。平安時代中期の学者。「がうきゃうかう」は中国風によんだもの。

＊5　天子　＝　天皇のこと。　＊6　太子　＝　皇太子のこと。

＊7　風月の才　＝　漢詩の知識。

問一　傍線部①「犬の子を生みたりける」を江匡衡はどういうことだととらえているか。会話文中より十字以内で抜き出して答えなさい。

問二　傍線部②「おほきにおどろかせたまひて」の本文中での読みを現代仮名づかいに直し、すべてひらがなで答えなさい。

問三　空欄［③］・［④］にあてはまる言葉を本文中から漢字二字ずつで抜き出して答えなさい。

ところがあったのか、何となく納得したようだった。

「これ、あれだから。私が、笑えるようになるかもしれない、おまじないだから」

とたんに、黒河内の背筋が伸びて、真剣な顔つきになり、

「やります。やらせて下さい」

と身を乗り出した。

「つまり、私がこれを持って飛行機に乗ったら先輩は笑えるんですね？ わかりました。私がＣＡしている限りは必ず持ってゆきます。私が辞める時は、見込み⑥のある子を見つけてそいつに頼みます。その後輩にも、同じようにさせます。代々、これを持って飛ぶよう、私が責任を持ちます。だから、だから、先輩」

黒河内は声をつまらせていた。

「幸せになって下さ～い」

やっぱり、どこか人をバカにしたような言い方だった。でも、黒河内のコトバはゴミではなかった。タカラには、ちゃんとしたコトバに聞こえた。

別れてから少しして振り返ると、黒河内はまだ同じところにいて、ドロップぐらいの大きさになっても、まだ叫んでいた。やっぱりアイツはバカだよなぁと、⑦泣きそうになりながら、タカラもまた、何度も何度も手を振った。

（木皿泉『昨夜のカレー、明日のパン』による）

問一　二重傍線部ⓐ「励（ます）」、ⓑ「抱（えて）」、ⓒ「沈黙」、ⓓ「従兄弟」の漢字の読みをひらがなで書きなさい。

問二　傍線部①「二人はしつこく空を見上げたまま『あれは違いますか？』『違いますねぇ』などと去りがたく、そこにいた」のはなぜだと考えられるか。その理由として適当でないものを次から選び、記号で答えなさい。

ア　流れ星を見ているだけで悲しみが癒《いや》されるから。
イ　空に神経を集中するとつらさを忘れられるから。
ウ　二人とも簡単に前を向いて進めないでいるから。
エ　いつまでも二人で悲しみを共有していたいから。

問三　傍線部②「涙が次から次へと流れてゆく」とあるが、この場面におけるタカラの涙の理由を説明しなさい。

問四　空欄 ③ にあてはまる言葉として最も適当なものを次から選び、記号で答えなさい。

ア　まえぶれもなく　　イ　いともたやすく
ウ　あとかたもなく　　エ　あっというまに

問五　傍線部④「自分もまた救われる」とあるが、「救われる」とは具体的にどういうことか。これより後の本文中から八字で抜き出して答えなさい。

問六　傍線部⑤「どうすれば、お父さんは信じてくれるのだろうか」とあるが、結局タカラは具体的にどういう方法を思いついたか。「～ことによって～方法。」という形で、説明しなさい。

問七　傍線部⑥「の」と文法的に同じ性質のものを波線部ア～エから一つ選び、記号で答えなさい。

問八　傍線部⑦「泣きそうになりながら」とあるが、その理由として最も適当なものを次から選び、記号で答えなさい。

ア　やっとお父さんにカズちゃんが星になったと信じてもらえそうだから。

るま。見たことないですか？　雪だるまがスキーしてる人形」

お父さんは「うーん」と考え込んでいたが、タカラの顔があまりにも必死だったからか、探してみようと約束した。

　数日後、お父さんは本当に探し出してくれて、茶封筒に入った雪だるまが、タカラのポストに入っていた。思ったよりも小さいもので、赤いスキー板の裏に、

「HAVE　A　NICE　DAY」

と書かれていた。

　カズちゃんのお嫁さんの手紙も同封してあった。

「お隣さんへ

　義父と、家の中を探したのですが見つからず、もう諦めようと言っていた時、車のミラーにぶら下がってたヤツじゃない?と気づきました。あんなに長く見ていたのに何で気づかなかったんだろうと、大笑いしました。車は(d)従兄弟にあげていたので聞いてみると、たしかに雪だるまは家で使っていた時のまま、ぶら下がっているとのこと。従兄弟も、捨てられなかったみたいです。

　一樹が残していったものは、案外たくさんあって、私たちは、それに気づいてないだけかもしれません。雪だるまを探していて、そのことに気づきました。ありがとうございます。一言、お礼を言いたかったので。徹子」

　カズちゃんのお嫁さんの名前が、徹子さんだと初めて知った。よし、カズちゃんの人形は手に入った。後はこれを空に打ち上げるだけだ。

　タカラは久しぶりに、本当に久しぶりに、後輩アの黒河内に連絡をとって、会う約束をした。誰かと約束をすることも、外食することも、ストッキングをはいたり、お化粧したりすることさえも久しぶり過ぎて、何度もくじけそうになった。でも、これだけは、何と思われても黒河内に頼むしかないのだった。

　もう街の人たちは、自分とは全く違うものを身につけていて、それに比べると自分の全てがやぼったい。働いている時は、変わりばえしないと思っていたものも、目まぐるしくデザインや色を変えて、せわしなくバージョンアップを繰り返していた。

　約束の場所にあらわれた黒河内は、前と変わらぬテンションで「せんぱ～い」と両手を耳の位置で振りつつ、内股でぴょんぴょん駆け寄ってきた。チワワみたいな顔をして、相変わらず人なつっこく、バカっぽい。

「せんぱ～い、肌、めっちゃきれいになったんじゃないですか？　やっぱ、会社辞めて正解っすよ。長沢なんか、もうさらにブツブツ激しく増してますよぉ。人イのいるとこじゃないっすよ。あんなとこ。絶対、正解っすよ」

　黒河内は、タカラが辞めた後のことを話しながら、何度も「正解」を繰り返す。

「実はさ、クロちゃんに頼みたいことがあってさ」

　タカラは、雪だるまの人形をテーブルに置いた。何もかもピカピカの場所に置くと、たった今、犬が埋めたウのを掘り返してきたのかと思うような汚さだった。黒河内は、真剣な目で雪だるまを見つめている。

「あんたがフライトの時、これ持って行って欲しいんだ」

「何ですか、これ？」

「それは、つまり、おまじない？」

　黒河内は雪だるまエの汚さと、おまじないというコトバに何か感じる

見て育ってきてるから、死んだら星になるって言う人のこと、子供心にバカだなぁと思っていてね」

話を聞くことに集中していると、いくぶんかタカラの心が落ち着いてきた。

「でも、本当にそうだったらいいのにね。星になって見ててくれたら、それだけで、救われる部分はあるよね」

夜空を見上げるお父さんは、朝、出勤する時と同じ顔をしていて、悲しみを(b)抱えている人には見えなかった。見えないけれど、どうしようもなく、それはあった。夜の冷たい空気の中で、それがタカラのところまで伝わってくる。

「大丈夫」と言ってあげたかったが、言えなかった。カズちゃんは、なぜあんなに真《ま》っ直《す》ぐな目をして「大丈夫」と言えたのだろう。何の確信も持てない自分には、到底言えないコトバだった。お父さんの背中をさすってあげることさえ難しい。タカラは、自分が本当にゴミになってしまったような気がした。

突然、お父さんが「上を向いて歩こう」を歌い出した。低い声なのに、夜の空によく通った。途中で、

「ボク、案外、ロマンチックボイスでしょう?」

と言ったので、タカラは笑ったが、たぶん、困ったような顔にしかならなかったのが、自分でもわかった。

帰り道、お父さんの歌は、いつの間にか「見上げてごらん夜の星を」になっていた。

思い切って、タカラは考えていたことを口にした。

「カズちゃんは、やっぱり星になったんじゃないでしょうか?」

お父さんは、歌うのを止めて、

「その根拠は?」

と、大真面目な顔で聞いた。

「根拠はないです。でも、そういうふうに二人で信じるというのは、どうでしょうか?」

長い(c)沈黙の後、

「何度もそう思おうと思ったけど無理だったんだよね」

と言って、また歩き出した。

「一樹はね、手品みたいに消えたの。この世から、パッて、［　③　］消えちまったの」

揺れるお父さんの背中を見ているうちに、タカラの中に、何かが突き上げてきた。そうじゃない、そうじゃない。私も、思っていた。でも、たぶん、そうじゃない。お父さんに、今もカズちゃんが空から見ていると、何としても信じさせなければならない。そして、なぜかお父さんがそう信じると、④自分もまた救われると確信した。全て根拠のない話だ。そんなわけのわからない話をお父さんに納得させるのは無理だろう。タカラは歩きながら考えていた。⑤どうすれば、お父さんは信じてくれるのだろうか。

「じゃあ、カズちゃんの形見をくれませんか?」

お父さんを追いかけたので、切れ切れの息だった。

「何が欲しいの?」

高校を出てから、ほとんど会っていなかったから、カズちゃんが何を持っていたかなんてわからなかった。

「雪だるま、雪だるまを下さい。私が修学旅行のおみやげであげた雪だ

タカラもまた、大安売りセールのように流れてゆく星を、ひとつ残らず見たくて、顔を上げたまま「そうです」と答えた。もちろん、今日がそんなイベントの日だったとは、お父さんに会うまで知らなかった。

流れ星が見えなくなっても、①二人はしつこく空を見上げたまま「あれは違いますか?」「違いますねぇ」などと去りがたく、そこにいた。

カズちゃんのお父さんは、次はふたご座流星群が十二月に日本で見ることができるのだ、と教えてくれた。十二月、そんな近い将来ですら笑えない自分がどうなっているのか、想像もつかなかった。でも、たぶん、自分はおめおめと生きているのだ、と思った。

突然、申し訳ない気持ちに襲われる。すみません。カズちゃんみたいないい子が死んだのに、私のようなものが生き続けてすみません。本当に本当に、ごめんなさい。気がついたら、タカラは泣いていた。

お父さんは、すぐに気がついて、ショルダーバッグ――夜中にそんなものを持ってきているとは、その時まで気づかなかったが――その中から、くたくたのポケットティッシュを出してきて、タカラに渡した。ティッシュの広告にある銀行は、何年も前に合併して名前を変えている。ずっと何年も家に置いていたのだろうか、そのティッシュで鼻をかむと、かすかにカズちゃんの家の匂いがした。

ふいに、カズちゃんの家の裏庭の湿った空気を思い出す。二人は、そこでよく苔《こけ》を集めた。家から持ち出したバターナイフで、とても上手に苔をはいでみせたカズちゃんの手。こうやって、苔をはぐ遊びを二人はひそかに〈手術〉と呼んでいた。

「やってみて」

と、重々しくバターナイフを渡す、真面目くさったカズちゃんの顔。

うまくできなくて、カズちゃんを見ると、

「大丈夫」

とうなずいた。

新米の研修医を(a)励ますように、

「ボクが見てるから大丈夫」

そう言って、本当に辛抱強く、タカラの手元を真剣に見つめていたカズちゃん。

「本当に見ててよ」

「大丈夫。ずっと見てるから」

タカラは、カズちゃんのコトバを信じて、湿った地面にバターナイフを差し込んで、ぐいぐい力強く裂いてゆく。あの時の私は自信に満ちていた。それは、カズちゃんが見ていてくれたからだ。

「カズちゃんのウソつき。ずっと見てるって言ったくせに」

タカラの絞り出すようなコトバを、お父さんはじっと聞いていた。

自分だけ先にいなくなってしまって、私はどうしたらいいの？　誰に大丈夫って言ってもらえばいいの？　ウソつき。ウソつき。ウソつき。

自分の意思に関係なく、②涙が次から次へと流れてゆく。

ずいぶん時間が経《た》った気がして顔を上げると、お父さんは、まだ空を見ていたが、タカラに気づいて、話しかけた。

「死んだら星になるって言うでしょ？　あれ、ボク、信じられないンですよね」

お父さんは、少し離れた場所に、タカラと同じように体を縮めて座り込んだ。

「だってほら、ボク、自然科学の人だから。子供の時から、天体の写真

問二　空欄 A ～ D にあてはまる言葉を次から選び、それぞれ記号で答えなさい。

ア　つまり　　イ　たとえば　　ウ　では　　エ　このように

問三　傍線部①「文化と文明の両面を持っている」とあるが、本文中にある例以外で、あなたの身の回りにある文化と文明の両面を持っているものの具体例を一つ挙げなさい。また、そういえる理由も説明すること。

問四　傍線部②「文化は不必要な贅沢品だと言うことはできません」とあるが、我々が文化を必要としていることを筆者はどのように考えているか、それがわかる部分を本文中より九字で抜き出して答えなさい。

問五　空欄 ③ にあてはまる言葉として最も適当なものを次から選び、記号で答えなさい。

ア　客観　　イ　瞬間　　ウ　危機　　エ　根源

問六　傍線部④「文明」とあるが、文明とはどのような活動だと述べられているか、本文中より九字で抜き出して答えなさい。

問七　傍線部⑤「学ぼうとする意欲」についての筆者の考えとして最も適当なものを次から選び、記号で答えなさい。

ア　何かができるようになるための知識でなければ、知識を得ようという意欲は湧かない。

イ　先人の築いた知識を得ることが、さらなる他の知識を求める意欲へとつながっていく。

ウ　何かができるようになりたいという気持ちは、子どもの頃の好奇心に近いものがある。

エ　知識を得ることで、何かができるようになりたいという意欲がおのずと湧いてくる。

問八　傍線部⑥「一種の見取り図のようなもの、あるいは地図のようなもの」とあるが、この言葉の言い換えにあたる部分を本文中から十三字で抜き出して答えなさい。

問九　筆者が自らの主張を論理的にするためにおこなっている工夫として適当でないものを次から選び、記号で答えなさい。

ア　対比構造にすることで物事を的確に伝えようとしている。

イ　具体例を挙げることでイメージをしやすくさせている。

ウ　他者の意見と比べることで主張に客観性を持たせている。

エ　自らの体験談を述べることでより説得力を上げている。

二、次の文章を読んで、後の問いに答えなさい。（本文には一部改めたところがある）

夜中の二時頃、タカラがいつものように夜道を歩いていると、カズちゃんのお父さんと会った。会ったというか、お父さんは夜空に向かって、神経を集中していた。

タカラは、お父さんと同じように夜空に目をこらした。いくつもの星が尾を引きながらあらわれては消えてゆくのが見えた。思わず「何、これ」と声を出すと、カズちゃんのお父さんは、やっとタカラに気づいて、

「おお、隣の？」

と声を上げたが、タカラの名前は思い出せないようだった。

「あんたも、ペルセウス座流星群を見に来たの？」

お父さんは、もったいないのか夜空から目を離さず言った。

います。ひとつは、世界がどうなっているかが分かるような、⑥一種の見取り図のようなもの、あるいは地図のようなものがほしいという願望です。これは子どもの頃からの好奇心に近いものです。

もうひとつは、何かができるようになりたいという気持ちです。これは、「ケーキの作り方が知りたい」「自動車の運転ができるようになりたい」「うまくダンスが踊れるようになりたい」といったように、「ある行為ができるようになりたい」という気持ちのことです。

そしてこの何かができるようになりたいという気持ちは、「何かを達成して、自分が世界のなかで効力を持てる存在になりたいという気持ち」でもあります。自分を含めただれかの苦しみを取り除きたいとか、だれかに楽しさを与えたいといった目的を持ち、そのために何かができるようになりたいというのが人間の学びへの動機になります。ごく(b)タンジュンに言えば、楽しいこと、面白いことをやりたい、そして嫌なことを避けたいという気持ちに素直になり、そのために何かがやりたいと思うことが動機づけとなるのです。

何かをうまく達成するためには、先人たちの残してくれた知識が役に立ちます。ひとつ目の「見取り図や地図のようなもの」がそれにあたります。逆に言えば、何かをできるようになりたい。それで苦しみを取り除いたり、楽しみを増やしたりしたい、そういう気持ちがなければ、知識を求める意欲が湧かないのです。いくら先人の築いた知識があっても、自分の行動の役に立ってくれなければ意味がありません。

では、どうすれば、何かができるようになりたいと思うのでしょうか。それは、まさに何かをやってみたり、あるいは、だれかが何かをやっているのを見たりして、それが苦しみを取り除き、楽しみを与えてくれているのを知る経験から生まれます。

［C］、近所のレストランがとても素敵な料理を出してくれます。家族や友人と楽しく食事をすると、みんな仲がよくなります。そうなれば、こんな店をやってみたいと思うことでしょう。自分なりにやってみたい。ここをこうしたい。もっとうまくやってみたい。こういう気持ちが、私たちの中に生じてくるのは不思議ではありません。

自分の好きな料理を出そうとして、レストランを経営するには、どのような技術と知識が必要でしょうか。調理の技術だけで済むわけがありません。栄養学、公衆(c)エイセイ、関連する法規、食品と流通の知識。これだけでもまだ全然足りません。オリジナルな商品がないと他店との競争に負けそうです。店の外見も内装も、(d)セイケツで、オシャレにしないといけません。そして、店舗を経営するには、経営学の知識が必要です。化学から美術、保険から人間関係の心理学まで、何でも関係してきます。一見すると、自分と縁遠いと思った知識も、お店を経営しようとすると全部関係してくることがわかります。とてもよいレストランを作ろうと思ったら、たくさん学ぶべきことがあることに気づくでしょう。

［D］具体的に何かができるようになりたいという意欲が、知識とスキルの必要性を理解させ、さらにそれを改良しようとする気持ちにつながります。探究の時間の根底を支えているのは、何かをしようとする意欲であり、動機です。これが、行為に関係する知識を得ようとする探究につながります。

（河野哲也『問う方法・考える方法　「探究型の学習」のために』による）

問一　二重傍線部(a)「イジ」、(b)「タンジュン」、(c)「エイセイ」、(d)「セイケツ」のカタカナを漢字にしなさい。

【国　語】（五〇分）〈満点：一〇〇点〉

一、次の文章を読んで、後の問いに答えなさい。（本文には一部改めたところがある）

［本校には「共立探究」という授業があります。現在、日本の学校では「探究的な学び」というものが注目されており、本文はその「探究」というものがどういった学びなのかについて述べられた文章です。］

人間の行う知的活動には二つの種類があるといってよいでしょう。ひとつは苦しみを減らす活動で、これを「文明」と呼ぶことにします。もうひとつは喜びをもたらす活動で、これを「文化」と呼びましょう。

医療は、ケガや病気を治療し、予防しようとするのですが、それは苦しみを減らそうとする努力です。水道事業も、渇きの苦しみや汚れた水を飲むことの危険性、遠くまで水を汲《く》みにいかなければならない不便さをなくそうとするものです。交通ルールは、事故を防ぎ、安全でスムーズな道路の運行を作り出そうとしています。これらはなくてはならない必要なものを生み出すという意味で、文明だと言えるでしょう。

他方で、素敵な音楽を演奏する。美味《おい》しい料理を作る。楽しいお祭りやイベントを運営する。脚本を書いて、お芝居を興行する。これらは人々に喜びを与えるものですから、文化と言えるでしょう。文化は、命の(a)イジを超えた価値を作り出し、人間らしい生活を提供してくれます。

もちろん、全てのものが二つにかっちりと分類できるわけではありません。スポーツはやって楽しいものですが、同時に健康づくりや病気の予防にもなるでしょう。家屋は、人が雨露をしのいで休息と睡眠をとる場所ですが、外見や調度が美しく、心のゆとりを与えてくれるものにもなります。これらは、①文化と文明の両面を持っていると言えます。

しかし、②文化は不必要な贅沢品《ぜいたくひん》だと言うことはできません。私が、東日本大震災が起こった三カ月後くらいに被災地にお見舞いに行ったときのことです。まだ公共施設で寝泊りしている人たちが、お子さんから高齢者の方まで、小説や勉強になる本が読みたいと訴えていました。被災した人々は、まだまだ生活が厳しい中でも、必要な情報を知りたいからというだけでなく、文化としての楽しみを得ようとして書物を探していたのです。小さな仮設図書館が開かれると、ひっきりなしにいろいろな年代の方が本を借りにきました。このときほど、人間は［③］的に文化を必要としているのだと実感したことはありません。文化を求めるのは人間であることの証《あかし》です。

今、文化と④文明という大きな枠組みを述べましたが、探究型の授業のテーマとなるのは、このどちらか、あるいは両方に関わっているはずです。［A］、苦しいことを減らそうとするのか、楽しいことを増やそうとするのか、あるいは、その両方を兼ねたものかです。

探究型の授業を行うのに、一番大切なのは、学ぶ側が⑤学ぼうとする意欲を持っているかどうかです。初等中等教育で行うべき最も大切な教育は、生徒に一生学ぼうとする動機づけを与えることです。これを蔑《ないがし》ろにされては学習が成り立たず、学習のないところには教育は存在しえません。

［B］、人はどういうことに学ぼうとする意欲を持つでしょうか。「知りたい」という気持ちには、大きく言って二種類の動機があると思

MEMO

大切なことはメモしておこうネ！

1回

2023年度

解 答 と 解 説

《2023年度の配点は解答欄に掲載してあります。》

＜数学解答＞

Ⅰ ① $2x+17$　② $\frac{19x+14y}{15}$　③ $-\frac{1}{2}$　④ $3\sqrt{3}+2\sqrt{2}$　⑤ $x=3$，$y=-2$

⑥ $x=\frac{-3\pm\sqrt{33}}{6}$　⑦ $3-7\sqrt{3}$　⑧ $a=-\frac{16}{3}$　⑨ $\frac{2}{5}$　⑩ 5個

Ⅱ ① (3, 9)　② 15　③ (1, 1)

Ⅲ $\angle x=20^\circ$　$\angle y=65^\circ$　Ⅳ ① 15cm　② 9：2　③ 14：5

Ⅴ ① 2cm　② $5-2\sqrt{3}$ cm

○配点○

各5点×20　計100点

＜数学解説＞

Ⅰ (文字式の計算，式の値，平方根，連立方程式，2次方程式，因数分解，2乗に比例する関数，変化の割合，確率)

基本

① $(x+1)^2-(x+4)(x-4)=(x^2+2x+1)-(x^2-16)=x^2+2x+1-x^2+16=2x+17$

② $\frac{5x+y}{3}-\frac{2x-3y}{5}=\frac{5(5x+y)-3(2x-3y)}{15}=\frac{25x+5y-6x+9y}{15}=\frac{19x+14y}{15}$

③ $x=3$，$y=-2$のとき，$\left(-\frac{3}{8}xy^2\right)\div\left(\frac{3}{4}y^2\right)^2=-\frac{3xy^2}{8}\div\frac{9y^4}{16}=-\frac{3xy^2\times16}{8\times9y^4}=-\frac{2x}{3y^2}=-\frac{2\times3}{3\times(-2)^2}=-\frac{1}{2}$

④ $\sqrt{75}+\sqrt{\frac{1}{2}}-\sqrt{12}+\frac{3}{\sqrt{2}}=5\sqrt{3}+\frac{1}{\sqrt{2}}-2\sqrt{3}+\frac{3}{\sqrt{2}}=5\sqrt{3}-2\sqrt{3}+\frac{1}{\sqrt{2}}+\frac{3}{\sqrt{2}}=3\sqrt{3}+\frac{4}{\sqrt{2}}=3\sqrt{3}+2\sqrt{2}$

⑤ $0.6x+0.4y=1$は両辺を10倍して，$6x+4y=10$　両辺を2で割って，$3x+2y=5$…①
$\frac{2x-3y}{6}=2$は両辺を6倍して，$2x-3y=12$…②　①×3は$9x+6y=15$　②×2は$4x-6y=24$
①×3＋②×2は$13x=39$　$x=3$　①に代入すると$9+2y=5$　$2y=-4$　$y=-2$

⑥ $3x^2+3x-2=0$　解の公式を利用すると，$x=\frac{-3\pm\sqrt{3^2-4\times3\times(-2)}}{2\times3}=\frac{-3\pm\sqrt{33}}{6}$

⑦ $x=\sqrt{3}-5$のとき$x^2+3x-10=(x+5)(x-2)=(\sqrt{3}-5+5)(\sqrt{3}-5-2)=\sqrt{3}(\sqrt{3}-7)=3-7\sqrt{3}$

⑧ $y=ax^2$について，$x=-4$のとき$y=16a$，$x=-2$のとき$y=4a$なので，xが-4から-2まで変化するときの変化の割合は，$\frac{4a-16a}{-2-(-4)}=\frac{-12a}{2}=-6a=32$　$a=-\frac{16}{3}$

⑨ 赤玉をA, B, C，白玉をa, bとおくと2個の玉の取り出し方は(A, B)，(A, C)，(A, a)，(A, b)，(B, C)，(B, a)，(B, b)，(C, a)，(C, b)，(a, b)の10通り　この中で同じ色の玉の組み合わせは(A, B)，(A, C)，(B, C)，(a, b)の4通り　したがってその確率は，$\frac{4}{10}=\frac{2}{5}$

⑩ $\sqrt{2n+3}=k$(kは整数)とおくと，$2n+3=k^2$　$n=\frac{k^2-3}{2}$　$k=5$のとき$n=11$，$k=7$のとき$n=23$，$k=9$のとき$n=39$，$k=11$のとき$n=59$，$k=13$のとき$n=83$　2桁の自然数nは5個

Ⅱ　(図形と関数・グラフの融合問題)

基本　① 2点A，Bは$y=x^2$と$y=x+6$の交点なので，$x^2=x+6$　$x^2-x-6=0$　$(x+2)(x-3)=0$　$x=-2$は点Aのx座標なので，$y=(-2)^2=4$　A$(-2,\ 4)$　$x=3$がBのx座標で，$y=3^2=9$　B$(3,\ 9)$

② $y=x+6$とy軸の交点をCとすると，C$(0,\ 6)$　$\triangle\mathrm{OAB}=\triangle\mathrm{OAC}+\triangle\mathrm{OBC}=\frac{1}{2}\times6\times2+\frac{1}{2}\times6\times3=6+9=15$

重要　③ △PAB＝△OABとなるとき，ABを共通の底辺と考えると，面積が等しいことから高さが等しくなる。したがって，AB//OP　直線OPは$y=x$となる。Pは$y=x^2$と$y=x$の交点なので，$x^2=x$　Pのx座標は$x\neq0$としてよいので，$x=1$　P$(1,\ 1)$

Ⅲ　(円の性質，角度)

$\angle\mathrm{DOB}=180°$，$\overset{\frown}{\mathrm{DAB}}$に対する円周角の定理より$\angle\mathrm{DCB}=90°$，$\angle\mathrm{DCA}=90°-70°=20°$　$\overset{\frown}{\mathrm{AD}}$に対する円周角なので，$\angle x=\angle\mathrm{DCA}=20°$　Bは円と直線の接点なので$\angle\mathrm{DBC}=90°-45°=45°$　△ABCの内角の和が180°より$\angle\mathrm{BAC}=180°-70°-45°-20°=45°$　円外の1点から円にひいた接線の長さは等しいのでPA＝PB　$\angle\mathrm{PBA}=90°-20°=70°$より$\angle\mathrm{PAB}=70°$　$\angle y=180°-45°-70°=65°$

Ⅳ　(平面図形，相似，角の二等分線の定理)

① △ABCについて∠BACの角の二等分線の定理により，AB：AC＝BD：CD　AB：10＝12：8　AB＝15cm

② AD//GBより同位角は等しいので∠CAD＝∠CGB，∠CDA＝∠CBG　2組の角がそれぞれ等しいので△CAD∽△CGB　よって，AD：GB＝CD：CB＝8：(8＋12)＝2：5　AD＝$2x$，GB＝$5x$とおける。△BADについて∠ABDの角の二等分線の定理により　AF：DF＝BA：BD＝15：12＝5：4　AF$=2x\times\frac{5}{9}=\frac{10x}{9}$　GB：AF$=5x:\frac{10x}{9}=45x:10x=9:2$

やや難　③ △AFB＝Sとおく。AF：DF＝5：4より，△BDF$=\frac{4}{5}$S　AF//GBより同位角は等しいので，∠EAF＝∠EGB，∠EFA＝∠EBG　2組の角がそれぞれ等しいので，△EAF∽△EGB　EF：EB＝AF：GB＝2：9　EF：FB＝2：7　△AFE$=\frac{2}{7}$S　△BDF：△AFE$=\frac{4}{5}$S：$\frac{2}{7}$S＝14：5

Ⅴ　(空間図形)

重要　① 底面の半径をRとおくと，底面の周の長さは2πR，円柱の側面積＝2πR×6＝24π　R＝2

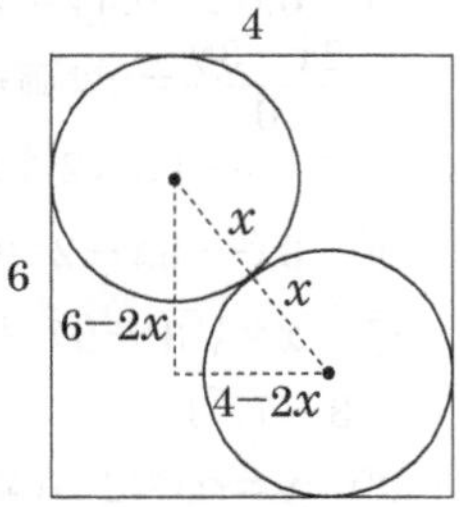

やや難　② 求めるものをxとおく。右図の直角三角形に関する三平方の定理より

$(6-2x)^2+(4-2x)^2=(2x)^2$　$36-24x+4x^2+16-16x+4x^2=4x^2$

$4x^2-40x+52=0$　$x^2-10x+13=0$　解の公式を利用して

$$x=\frac{-(-10)\pm\sqrt{(-10)^2-4\times1\times13}}{2\times1}==\frac{10\pm\sqrt{48}}{2}=\frac{10\pm4\sqrt{3}}{2}$$

$x=5\pm2\sqrt{3}$　$4-2x>0$になるためには$x<2$なので$x=5-2\sqrt{3}$

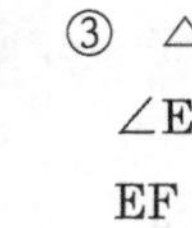

★ワンポイントアドバイス★

まずは教科書レベルの基本的な問題を確実に解ける力をつけておきたい。大問については，最後まで解けなくても，①だけとか，②までとか，解けるところまで挑戦することが大切。

＜英語解答＞

Ⅰ [A] (1) 3 (2) 1 (3) 2 (4) 3 [B] (1) 2 (2) 4 (3) 3

Ⅱ 問1 イ 問2 war 問3 went to the war 問4 1 女性たち 2 養う
問5 ウ 問6 イ 問7 エ 問8 ア F イ T ウ F エ T
問9 No, they didn't.

Ⅲ 問1 (1) ウ (2) エ (3) ア (4) ア (5) イ 問2 エ
問3 1 countries 2 original[different] 3 traditional 4 rice
5 corn 6 home

Ⅳ 1 (Who) is that girl standing in front of the library(?) 2 (They) have known each other for more than five years(.) 3 (I) wish my sister could teach me English(.) 4 How many people were invited to the ceremony(?)

Ⅴ 1 (She) stayed with us for two weeks(.) 2 (She) was interested in Japanese history(.) 3 (We) took Lisa to Kamakura and Asakusa(.)
4 (She) visited some temples and took many pictures(.)

○配点○

Ⅰ 各2点×7 Ⅱ 問4, 問8 各2点×6 他 各3点×7
Ⅲ 問1 各3点×5 他 各2点×7 Ⅳ～Ⅴ 各3点×8 計100点

＜英語解説＞

Ⅰ リスニング問題解説省略。

重要 Ⅱ (長文読解・物語文：指示語，英問英答，単語，語句補充，要旨把握，内容吟味)

(全訳) 過去には，すべての女性が自宅で働いていた。彼女らは料理と掃除をし，子どもたちの世話をした。

女性が19世紀から20世紀初頭に有給の仕事を始めたとき，そのほぼ半分は他の人々の家で掃除と料理をしていた。大変で汚い仕事で，自由な時間はあまりなかった。女性はしばしば非常に小さな部屋に住んでいた。工場，店，オフィスに現れた新しい仕事はより良いものだった。Aしかし，女性は同じ仕事のために男性に支払われたお金の半分を稼いだ。彼女らは，長時間働き，非常に低い賃金を得た――そしてそれは非常に大変な仕事だった。この間，女性も教師や看護師になった。Aしかし人々はこの仕事は重要ではないと考え，女性は結婚すると仕事を辞めなければならなかった。

戦争は悪いことだが，①それは女性や仕事にとって良いこともある。第一次世界大戦(1914－1918)では，男性は②戦うために家を出て，女性は軍隊と母国の両方で働く必要があった。

第二次世界大戦(1939－1945)は，アメリカとイギリスの女性に何百万もの仕事を与えた。何千人ものアメリカ人とイギリス人の女性が軍隊に加わった。彼女らのほとんど誰も銃を持っていなかったが、彼女らは「男性」の仕事をし，同じ給料を得た。同時に，何百万人もの男性がヨーロッパや他の場所で戦争に行った。これは，女性が子どもを養う必要があるため，③仕事に出かけなければならなかったことを意味した。

戦争が終わり，男性が家に帰った後，200万人以上の女性が職を失った。アメリカとイギリスでは，女性は家に帰らなければならなかった。新聞や雑誌は女性たちに，夫が仕事をしている間素敵できれいな家を保つように言った。④それらは家を女性の場所として示した。女性のための仕事はまだあったが，それらは通常，店や秘書であった。しかし，⑤家の外で働く女性の数は以前よりもまだ多かった。これは，多くの男性が戦争から帰ってこなかったため，女性は家族の世話をするために働かなければならなかったためだ。

1950年代，西洋の多くの国々はかなり豊かになった。工場で多くの新しいものを作り，そしてこれは女性のための新しい仕事があることを意味した。1950年代と1960年代には，外で働いていた女性の数は再び増加した。

1970年代に，女性は勉強するために大学に行き始めた。より多くの女性が大学に通い，仕事に出かけたいと思っていた。エこれは，結婚して子供を産んだために少ししか働かなかった過去の女性からの変化だった。西洋では，医師のおかげで女性は何人の子供を持つかを選べることができた。家族は小さくなった。今日、職場で働く女性の数は増え続けている。たとえば，2014年のカナダでは，労働者の47％以上が女性だった。今日，多くの国で，女性は家族を助けるために仕事に出かける必要がある。彼女らはまた「男性」の仕事に入りこんでいる――最近は女性のパイロット，裁判官，宇宙飛行士がいる！

問1　新しい仕事は以前よりもよいものだったが男性よりも収入が少なく，女性も教師や看護師になったがこれらの仕事は重要と考えられていなかったのである。

問2　通常「戦争」は悪いことであるが，ときには女性や仕事によってよいこともあるのである。

問3　第1次世界大戦も第2次世界大戦も，男性は戦うために家庭を離れたので，第二次世界大戦について書かれている第4段落の went to the war が適切である。

問4　直後のbecause 以下に理由が書かれている。

問5　直前の文の newspapers and magazines を指している。the homes as a women's place は新聞や雑誌に書かれていた内容である。

問6　直後の This was because 以下によると「多くの男性が戦争から家に帰ってこなかった」とあるので，戦争で亡くなったのだと判断できる。

問7「過去の女性からの変化」が書かれている部分を選べばよい。

問8　ア「19世紀や20世紀初頭は，男性のほぼ半分は他の人の家の掃除をしていた」第2段落第1文参照。他の人の家の掃除や料理を行っていたのは女性なので不適切。　イ「第二次世界大戦はアメリカとイギリスの女性に多くの仕事を与えた」第4段落第1文参照。何百万もの仕事が女性に与えられたので適切。　ウ「第二次世界大戦終了後，世界のすべての女性が仕事を失った」第5段落第1文参照。二百万人以上の女性が仕事を失ったので不適切。　エ「今日，職場の女性は増えている」第7段落第6文参照。働く女性の数は増えているので適切。

問9「1950年代，女性は勉強をするために大学へ行き始めたか」第7段落参照。女性が大学へ行き始めたのは1970年代なので No, they didn't. が適切。

Ⅲ　(会話文：内容把握，語句補充)

(全訳)　ジョン：お腹が空いている？夕食を食べない？

ヨウコ：うん！

ジョン：わかった。何を食べたい？

ヨウコ：アメリカの伝統料理を食べてみたいな。

ジョン：おもしろいね。何を試してみたいかわかる？

ヨウコ：いや，実は。お勧めは何？

ジョン：うーん…良い質問だね！アメリカには世界中からの人がいるので，家族で異なるんだ。

ヨウコ：知らなかった。それで，アメリカには独自の伝統的な食べ物がないんだね。

ジョン：そうだね。日本と同じではないよ。アメリカの最初の入植者のほとんどは，スペイン，フランス，イギリス，オランダからだったんだ。その後，イタリアやドイツからも多くの人々がやって来たよ。だから伝統的な食べ物の多くはそれらの国から来ているんだ。

ヨウコ：おもしろいね！

ジョン：でも，全国の多くの場所で，伝統的な家庭料理はたいてい，さまざまな種類の肉や魚，野菜，ジャガイモを使ったシンプルな料理を意味するんだ。

ヨウコ：そうなんだね。

ジョン：また，最初のヨーロッパ人が来たとき，ネイティブアメリカンは米やトウモロコシなどの地元の食べ物のいくつかを紹介したよ。

ヨウコ：ほんとうに？アメリカ人はたくさんのトウモロコシを食べるのは知っていたけれど，A米を食べるとは思わなかったよ。

ジョン：そうだね，それは彼らの家族が元々どこから来たかによるんだ。もともとアジア，中東，南アメリカから来た家族を持つアメリカ人は，日本と同じように，ほぼ毎日米を食べているよ。でも，今日では，先祖がどこから来たかに関係なく，ほとんどのアメリカ人はさまざまなものを食べるのが好きだと思うな。多くの人が朝食にシリアルとオートミールが好きなんだ。昼食と夕食には，人々は通常，ジャガイモ，パスタ，パン，米を交代で食べるよ。

ヨウコ：おもしろい！知らなかった！

ジョン：わかるよ。世界中のほとんどの人は，アメリカ人はピザ，ハンバーガー，ホットドッグしか食べないと思っていると思うんだ。

ヨウコ：サンドイッチも！

ジョン：そうだね，そしてサンドイッチ。ところで，どんなサンドイッチが好き？

ヨウコ：えぇっと，種類がいっぱいあるので選べないな。

ジョン：家でサンドイッチを作るの？

ヨウコ：そんなにないよ。コンビニでいろんなサンドイッチが買えるので，本当に「便利」という意味だね！

ジョン：いいね。ぼくたちは朝にたくさんのサンドイッチを作り，学校に持って行くんだ。ぼくはボローニャソーセージのサンドイッチが大好きだよ。

ヨウコ：ああ，本当にお腹が空いてくる。待てないよ。さて，夕食に肉，野菜，ジャガイモを食べられるかな？

ジョン：もちろん。ぼくの家に来て，料理の方法も学ばない？

ヨウコ：楽しそうだね！ありがとう！

ジョン：良かった。でも最初にぼくたちは買い物に行ったほうがいいね。食料品店を見て驚くでしょう——巨大だよ！

ヨウコ：巨大とはどういう意味？

ジョン：それは非常に，非常に大きいことを意味するんだ！

ヨウコ：どのくらい大きいの？

ジョン：日本にはコストコがあるよね？

ヨウコ：うん…

ジョン：ここのスーパーはコストコと同じかそれ以上の大きさだよ！

ヨウコ：すごい！！

基本 問1 (1) 本文前半でジョンはヨウコにアメリカの料理について説明している。 (2) アメリカは，さまざまな国から人が来ているので，出身の国によって料理が異なる。 (3) アメリカに最初に来たのは，スペイン，フランス，イギリス，オランダ出身の人であった。 (4) ジョンは，アジア，中東，南アメリカから来たアメリカ人は，日本と同じように，ほぼ毎日米を食べていると言っている。 (5) ジョンとヨウコは買い物に行ってから料理をしようとしている。

問2 直前のジョンの発言からネイティブアメリカンはトウモロコシや米を食べるとあることから判断できる。

問3 (1) アメリカはヨーロッパの多くの国々(countries)から来ているのでたくさんの種類の食べ物がある。 (2) さまざまな国から来た人々は，独自(original)／異なった(different)食べ物をアメリカにもたらした。 (3) ヨーロッパからの料理がアメリカの伝統的(traditional)な料理になった。 (4)，(5) ネイティブアメリカンはその土地の食べ物である米(rice)やトウモロコシ(corn)を紹介した。 (6) ジョンはサンドイッチを家(home)で作る。

基本 Ⅳ **(語句整序問題：分詞，現在完了，仮定法，受動態)**

(1) standing 以下は前の名詞を修飾する現在分詞の形容詞的用法である。

(2) <have +過去分詞+ for ~>「~の間ずっと…している」 more than ~「~以上」

(3) <I wish +主語+過去形~>「~だったらいいのに」

(4) How many people が主語の受動態の文である。 be invited to ~「~に招待される」

重要 Ⅴ **(和文英訳)**

(1) 「人のところに滞在する」<stay with 人> 「2週間」for two weeks

(2) 「~に興味がある」 be interested in ~

(3) 「Aを~に連れて行く」 take A to ~

(4) 「いくつかの寺を訪れる」 visit some temples 「写真を撮る」 take pictures

★ワンポイントアドバイス★

例年同様の出題である。比較的基本的な問題となっているため，過去問を何度も解いて，出題傾向や難易度をおさえておきたい。

＜国語解答＞

一 問一 (a) 駆使 (b) 脚光 (c) 浸透 (d) 皆無 問二 ウ 問三 駄作を観ている時間は彼らにとって無駄であって，そのような時間を過ごすことをとても恐れているから。 問四 イ 問五 エ 問六 ア 問七 イ 問八 数値化
問九 ア・ウ 問十 食事の本来の目的は，食べ物の味などを楽しんだり味わったりすることだから。

二 問一 (a) ただよ (b) こうよう (c) ふぜい (d) あざ 問二 ア
問三 ウ 問四 もう二度とここへ来る気にはなれない 問五 ミツザワ書店が閉店し，おばあさんが亡くなった後で，盗んだ本の代金の支払いと謝罪に来てしまったこと。
問六 イ 問七 ウ 問八 図書館 問九 エ 問十 イ

三 問一 (a) にわかに (b) おもうよう 問二 ア 問三 沈みかけていた蟻が鳩に助けられたこと。 問四 エ 問五 イ

○配点○

一 問一 各1点×4 他 各4点×9 二 問一 各1点×4 他 各4点×9
三 問一 各2点×2 他 各4点×4 計100点

＜国語解説＞

一 (論説文—漢字の読み書き，文脈把握，接続語の問題，脱文・脱語補充)

問一 (a) 「駆使」とは，「機能・能力などを思いのままに自由自在に使うこと」。 (b) 「脚光を浴びる」とは，「世間の注目の的となること」。 (c) 「浸透」とは，一般に「思想・風潮・雰囲気などがしだいに広い範囲に行きわたること」。「浸」を「侵」としないように注意。 (d) 「皆無」とは，「全く存在しないこと」。

問二 注釈によれば，100を最大とし，数値が100に近づくほど人気のキーワードだということになる。したがって，傍線部①の「2010年から……推移していた」とは，2010年から2013年頃までは最大人気のうち10%～20%ほどしか人気がなかったということである。 ア 2021年5月の数値は100なので，90台を維持したとは言えない。 イ 2020年1月と2021年5月の2回，最高値を出したのであって，「2年間をかけて」ではない。 エ 半分なら50である。

問三 傍線部②の次段落で「森永真弓氏の言葉にそのヒントがあった」としているので，森永氏の言葉を探す。すると，第十三段落で「森永氏によれば，……てっとり早く，……と思っている」と，短時間で何かのエキスパートになりたいという考えが紹介されている。これについて，続く第十四・十五段落で筆者の見解が述べられているが，それを総括しているのが第十五段落「なぜなら，駄作を……恐れているから」である。この部分の内容をまとめられればよい。

問四 イは，直前で映画やドラマを倍速視聴することを速読のような効率的なことと捉える人がいる，としたうえで，直後では映像作品にまで効率を求めることに疑問を抱いている。直前の内容を肯定せず疑問につなげているという点で，ここに逆接の「しかし」があてはまる。

基本 問五 A 第十四段落では「というプロセスを，決して踏みたがらない」と説明されている。この「プロセス」は「膨大な時間を……エキスパートになる」であるが，これは直接エキスパートになるわけではなく，膨大な時間と手間をかける行為なので「回り道」あるいは「寄り道」があてはまる。この時点でイ・エに絞られる。 B 「なぜなら，……無駄な時間をすごすこと，……を，とても恐れているから」がBを探す理由だが，無駄な時間をかけたくないということであればここには「近道」があてはまり，「坂道」はあてはまらない。「坂道」は一般に苦労を伴うことに使われる。

問六 第二十三段落「その行為自体を目的とする」「それそのものが」という記述から，「鑑賞」は，鑑賞という行為「だけ」で喜び・悦びとなりうるものと考えられるため，アが適当。

問七 「即物的」とは「実際の物に即して考えるさま」「利害関係を優先して考えるさま」であるが，ここでは「費用対効果」という文脈なので，後者の意味。「費用対効果」とは，「費やした費用に対して，どれくらいの効果を得られるのかということ」。「コストパフォーマンス」に同じ。傍線部④は前段落の「『短時間』で……組み込まれうるのだ」に対する逆接として，作品はそのような態度で考えないという主張を行っているため，要は傍線部④とは前段落の「『短時間』で……得られる快感」を指している。ここでの「費用」とは時間のことであり，「効果」とは快感のことである。

問八 前段落において，「コンテンツ」という呼び方は「数値化できる量に換算して実体を把握しよう」とすることだと紹介されており，それに対して空欄⑤では「作品」とは「コンテンツ」とは異なるということが述べられている。したがって，「作品」の影響度は「コンテンツ」のように「数値化」できない，と言うことができる。数値化とは一般化とも言い換えられ，誰にでもあてはまる価値を持つこととも言える。だからこそ，作品の影響度を数値化できないということは，誰にでもあてはまる基準を持たないということにつながる。

問九 第二十三～二十五段落からわかる通り，「鑑賞」はその行為自体を楽しむことが目的だが，

「消費」は別の目的があるものである。すると，イ・エはそれぞれ合格，SNS投稿といった別の目的のための行為と言える。オは迷うところだが，行為自体を楽しんでいるかどうか不明であるため「鑑賞」にあたるとは言えない。ア・ウは明確に行為自体に楽しみを見出していると言える。

重要 問十 傍線部⑦直前に「目的はカロリー摂取だ」とあることから，「ファストフードの機械的な……流し込み」は食事自体を楽しむ行為，つまり「鑑賞」にあたるものではなく，別の目的のための「消費」的行為だと筆者は捉えているとわかる。この「ファストフードの機械的な……流し込み」で失われるものは「味わう」行為であることをふまえると，「もはや食事ですらない」と筆者が述べているのは，食事とは本来「味わう」行為であること，さらに「鑑賞」ということを考えると「楽しむ」行為だと捉えているから，と考えられる。

二 (小説一漢字の読み書き，品詞・用法，情景・心情，脱文・脱語補充，文脈把握，内容吟味)

問一 (a) 「漂う」とは，「一つ所にとどまらずゆらゆら動いている」あるいは「ある雰囲気やけはいがそのあたりに満ちている」。ここでは後者の意味。書き問題でも頻出。 (b) 「高揚」とは，「精神や気分などが高まること。また，高めること」。 (c) 「風情」とは，「情緒，様子」。ここでは「様子」の意味。 (d) 「鮮やか」とは，「ものの色彩・形などがはっきりしていて，目立つさま」あるいは「技術・動作などがきわだって巧みであるさま」。ここでは前者の意味であるが，後者の意味でも頻出。

問二 擬音語と擬態語の違い。擬音語とは，音そのものについて直接表すもので，例えば犬の泣き声を「ワンワン」と表現する語のことを言う。対して擬態語とは，音ではなく様子について表すもので，例えば笑顔を「にっこり」と表現する語のことを言う。すると，ア～エのうちアのみが鈴の音そのものを表す擬音語であり，他は様子を表す擬態語である。

問三 ア 「ミツザワ書店はいつだって開いていた」とあるので，三が日に当然閉まっていると容易に予想がつくとは言えず，不適当。 イ おばあさんが亡くなったと「女の人」が告げたとき，「ぼく」は「頬をはられたような」，つまり意外なことが起きたという気持ちになっているため不適当。「頬をはられる」とは，所謂ビンタをされるということ。 エ 「ぼく」は盗んだ本の代金を持ってミツザワ書店に向かっているため，「ふと」思い出すというのは無理があり，不適当。「ふと」は突然に，思いがけなく，という文脈で使う。

重要 問四 「明日の朝にまたきてみようか，そう思う一方で」ということなので，要はこの機会を逃したらもうミツザワ書店に来ることがなくなってしまうかもしれない，と「ぼく」は思っていると考えられる。加えて，もう来ないというのは何かの外部的な要因で「来れない」のではなく，「ぼく」の気持ちとして「今日と同じように来る気にはなれない」ということだという点もおさえて解答できるとよい。

問五 傍線部③直後に「自分は凶悪事件の……自首しにきたような」という比喩があるが，これは「ぼく」が十六歳の夏の日にミツザワ書店から本を盗んだことに関して，このように誇張してたとえていると考えられる。加えて，傍線部③は「ぼく」がミツザワ書店の閉店とおばあさんの死去を初めて知った直後の記述である。つまり，傍線部③の「警察にいかず」とはおばあさんに直接謝ることをしなかったということ，「自首」とは盗んだ本の代金の支払いおよび謝罪を指していると考えられる。そのあたりのことをふまえて解答できるとよい。要は，本来謝るべきおばあさんがもういないのに家に押しかけてしまった，ということである。

問六 「女の人」は笑っているので，「ぼく」の告白を深刻にはとらえていないとわかる。そのうえで「女の人」の発言を読むと，「じつはね，あなただけじゃないの。」とあるように，「ぼく」のように本を万引きし，代金を支払いにくる人は複数いたということなので，真剣に謝罪をする

「ぼく」に対して，女の人は「なんだ，よくあることだ」というような気持ちになったからこそ笑ったのだと考えられる。

問七　「女の人」は今後ミツザワ書店を「この町の人が……そういう場所」にしたいと考えており，「ぼく」も「そうなってほしい」としているため，「買ってもらう」ものとして本を置いたものではない。あくまでも「女の人」は「本を好き勝手に持ってい」く場所としてミツザワ書店を開放したいと考えている。

基本　問八　「この町の人が……そういう場所」はもはや本屋とは言えず，「女の人」がミツザワ書店について「図書館じゃあるまいし」，おばあさんについて「図書館で働くべきだった」としているように「図書館」に近いものである。「おこがましい」とは「身の程知らずで生意気だ」という意味。要は，図書館とまで言ってしまうのは気が引けるが，何か図書館に似たシステムを持つ場所にしたい，ということである。

問九　「書き初め」は，新年の決意や抱負などを主に毛筆で書くイベントのこと。字の通り，その年に初めて書くものである。毎年新しく決意や抱負をもって書くものである。以上の書き初めというものの性質上，エが適当。ア・ウのように過去と比較してどうこうということではない。ウは，「仕方なく」取り組むことが一般的とは言いがたいので不適当。

問十　物語で「回想」というと，一般的には過去の出来事を場面として描くものであり，登場人物が「過去にこんなことがあった」と語ることは「回想」とは呼ばない。「ぼく」に関しては「十六歳の夏の日，……おばあさんのこと。」や「店の前に並べられた……窓ガラス。」は回想と言ってもよいが，「女の人」に関してはその発言の中で過去の出来事に触れるのみであり，「回想」が「挿入」されているとは言いがたい。

三　(古文一仮名遣い，語句の意味，文脈把握，主題，文学史)

〈口語訳〉　ある川のほとりで，蟻が遊んでいることがあった。急に水かさが高まって，その蟻を流した。(蟻が)浮いたり沈んだりするところに，鳩が梢からこれを見て，「気の毒なありさまであるなあ。」と，梢を少し食いちぎって川の中に落としたところ，蟻はこれに乗って川岸に上がった。そのようなところに，ある人が，竿の先にとりもちを付けて，その鳩を捕まえようとした。蟻は心の中で「ただ，今の恩を返そう。」と思い，その人の足にしっかりと食いついたので，(その人は)おびえあがって，竿を遠くへ投げ捨ててしまった。その人は，このいきさつを知るだろうか，いや知るはずもない。さて，鳩はこれ(＝このいきさつ)を悟って，どこへともなく飛び去った。そのように，人から恩を受けた者は，なんとかしてその報いをしたいと思う志を持たなければならない。

基本　問一　(a)　古文では，語頭を除く「はひふへほ」は「わいうえお」と読む。　(b)　古文では，子音＋aと「う」の組み合わせは長音で読む。例えば，「かう」は「ka」＋「う」なので，「こう(こー)」と読む。

問二　「あはれなり」は「しみじみと素晴らしい，趣深い，気の毒だ」などの意味。ここでは，蟻が水に流されて浮いたり沈んだりと蟻の命の危機があり，鳩は梢を川に落とすことで蟻が沈まないように助けたという前後関係からアが適当。「気の毒だ」という意味での「あはれなり」は，現代語の「哀れ／憐れ」に同じ。

重要　問三　これを思ったのは蟻であり，蟻の行動は鳩が捕まえられることを防ぐという鳩の利益になるものなので，蟻が鳩から受けた恩について具体的に解答できればよい。すると，鳩は沈んでしまいそうな蟻の命を助けたということである。問二の解説も参照。

問四　「そのごとく」以降の内容に，筆者の主張が述べられている。「その」で指示しているのは，それ以前の蟻のエピソード全体である。蟻は鳩から恩を受けたので，それに報いるために鳩を助けたということである。「ばや」は「～したい」，「べし」は「～しなければならない，～するのがよい」という意味。

問五　ア・エは平安時代の成立。イは江戸時代の成立。ウは鎌倉時代の成立。

★ワンポイントアドバイス★

論説文は，対比関係になっているもの同士の定義や特徴を図的に把握することを心掛けよう。小説は，比喩から登場人物の心情や置かれている状況の真意を読み取ろう。古文は，具体的なエピソードをもとに，一般的にはどういうことが言えるのかを考えてみよう。

2回

2023年度

解　答　と　解　説

《2023年度の配点は解答欄に掲載してあります。》

＜数学解答＞

Ⅰ　① $2x^2+2x+1$　② $\frac{29x-12y}{30}$　③ -9　④ $2\sqrt{2}+\sqrt{5}$　⑤ $x=5$, $y=1$

⑥ $x=\frac{1\pm\sqrt{7}}{2}$　⑦ 2　⑧ $a=4$　⑨ $\frac{3}{5}$　⑩ 4個

Ⅱ　① $\left(-3,\ -\frac{9}{2}\right)$　② $\frac{15}{2}$　③ $\left(3,\ -\frac{9}{2}\right)$　Ⅲ　$\angle x=55^\circ$　$\angle y=35^\circ$

Ⅳ　① 4：3　② 7：3　③ 6：35　Ⅴ　① 3cm　② $2\sqrt{2}$ cm

○配点○

各5点×20　　計100点

＜数学解説＞

Ⅰ　(文字式の計算，式の値，平方根，連立方程式，2次方程式，因数分解，2乗に比例する関数，変化の割合，確率)

基本　① $(x+1)(x-3)+(x+2)^2=x^2-2x-3+x^2+4x+4=2x^2+2x+1$

② $\frac{3x+y}{10}+\frac{4x-3y}{6}=\frac{3(3x+y)+5(4x-3y)}{30}=\frac{9x+3y+20x-15y}{30}=\frac{29x-12y}{30}$

③ $x=6$，$y=-3$のとき，$(-18xy^3)\div\left(-\frac{3}{5}x^2y\right)\times\frac{y}{15}=-\frac{18xy^3}{1}\div\left(-\frac{3x^2y}{5}\right)\times\frac{y}{15}=\frac{18xy^3\times5\times y}{3x^2y\times15}$ $=\frac{18\times5\times xy^4}{3\times15\times x^2y}=\frac{2y^3}{x}=\frac{2\times(-3)^3}{6}=-9$

④ $\sqrt{32}-\sqrt{\frac{1}{5}}-\sqrt{8}+\frac{6}{\sqrt{5}}=4\sqrt{2}-\frac{1}{\sqrt{5}}-2\sqrt{2}+\frac{6}{\sqrt{5}}=4\sqrt{2}-2\sqrt{2}+\frac{6}{\sqrt{5}}-\frac{1}{\sqrt{5}}=2\sqrt{2}+\frac{5}{\sqrt{5}}=$ $2\sqrt{2}+\sqrt{5}$

⑤ 与えられた式を$0.4x-y=1$…①と$\frac{x+y}{2}-2y=1$…②に分ける。①は両辺を10倍して$4x-10y=10$　両辺を2で割ると$2x-5y=5$…①′　②は両辺を2倍すると$x+y-4y=2$　$x-3y=2$　両辺を2倍して$2x-6y=4$…②′　①′－②′は$y=1$　①′に代入すると$2x-5=5$　$2x=10$　$x=5$

⑥ $2x^2-2x-3=0$　解の公式を利用する。$x=\frac{-(-2)\pm\sqrt{(-2)^2-4\times2\times(-3)}}{2\times2}=\frac{2\pm\sqrt{28}}{4}=\frac{2\pm2\sqrt{7}}{4}$　$x=\frac{1\pm\sqrt{7}}{2}$

⑦ $x=\sqrt{2}+3$のとき，$x^2-6x+9=(x-3)^2=(\sqrt{2}+3-3)^2=(\sqrt{2})^2=2$

⑧ $y=ax^2$について，$x=3$のとき$y=9a$，$x=5$のとき$y=25a$なので，変化の割合は$\frac{25a-9a}{5-3}=\frac{16a}{2}=8a=32$　$a=4$

⑨ 赤玉3個をA，B，C，白玉2個をa，bとすると，2個の玉の取り出し方は(A，B)，(A，C)，(A，a)，(A，b)，(B，C)，(B，a)，(B，b)，(C，a)，(C，b)，(a，b)の10通り　その中で赤玉1個白玉1個の取り出し方は(A，a)，(A，b)，(B，a)，(B，b)，(C，a)，(C，b)の6通り　その確率は$\frac{6}{10}=\frac{3}{5}$

⑩　$\sqrt{3n+4}=k$(k整数)とおくと$3n+4=k^2$　$n=\frac{k^2-4}{3}$　$k=4$のとき$n=4$，$k=5$のとき$n=7$，$k=7$のとき$n=15$，$k=8$のとき$n=20$　30以下の自然数は4，7，15，20の4個

Ⅱ　**(図形と関数・グラフの融合問題)**

基本　①　A，Bは$y=-\frac{1}{2}x^2$と$y=\frac{1}{2}x-3$の交点なので，$-\frac{1}{2}x^2=\frac{1}{2}x-3$　$-x^2=x-6$　$x^2+x-6=0$　$(x+3)(x-2)=0$　$x=-3,\ 2$　Bのx座標が2なので$y=-\frac{1}{2}\times2^2=-2$　B$(2,\ -2)$　Aは$x=-3$　$y=-\frac{1}{2}\times(-3)^2=-\frac{9}{2}$　A$\left(-3,\ -\frac{9}{2}\right)$

②　$y=\frac{1}{2}x-3$とy軸の交点をCとすると，C$(0,\ -3)$　△OAB＝△OAC＋△OBC＝$\frac{1}{2}\times3\times3+\frac{1}{2}\times3\times2=\frac{9}{2}+3=\frac{15}{2}$

重要　③　CD＝OC＝3となるようにy軸上に点Dをとると，D$(0,\ -6)$　このとき△DAB＝△DAC＋△DBC＝△OAC＋△OBC＝△OABとなる。Dを通りABに平行な直線は$y=\frac{1}{2}x-6$となるが，この直線上の点Pであれば△PAB＝△DAB＝△OABとなる。Pを$y=-\frac{1}{2}x^2$と$y=\frac{1}{2}x-6$の交点とすればよい。$-\frac{1}{2}x^2=\frac{1}{2}x-6$　$-x^2=x-12$　$x^2+x-12=0$　$(x+4)(x-3)=0$　$x>2$より$x=3$　$y=\frac{1}{2}\times3-6=-\frac{9}{2}$　$\left(3,\ -\frac{9}{2}\right)$

Ⅲ　**(円の性質，角)**

CTが円の接線なので，∠ACT＝90°　∠ACD＝90°－65°＝25°　△CDEについて外角の定理により∠x＝∠CDE＝80°－25°＝55°　$\overset{\frown}{\mathrm{BC}}$についての円周角の定理により∠BAC＝∠BDC＝55°　半円に対する円周角なので∠ABC＝90°　△ABCの内角の和が180°であることより，∠y＝180°－55°－90°＝35°

Ⅳ　**(平面図形，相似，角の二等分線の定理)**

①　△ABCについて角の二等分線の定理より，BD：DC＝AB：AC＝4：3

重要　②　(1)よりBD＝$4a$，DC＝$3a$とおくことができ，BC＝$4a+3a=7a$となる。FE//BCとFB//EDより四角形FBDEは平行四辺形なので対辺は等しく，FE＝BD＝$4a$　FE//BCより同位角は等しくので∠AFE＝∠ABC，∠AEF＝∠ACB　2組の角がそれぞれ等しいので△AFE∽△ABC　対応する辺の比は等しいのでAE：AC＝FE：BC＝$4a$：$7a$＝4：7　同様に△AGE∽△ADCとなり，GE：DC＝AE：AC＝4：7　GE＝$3a\times\frac{4}{7}=\frac{12a}{7}$　また，AG：AD＝AE：AC＝4：7よりAG＝$4b$，AD＝$7b$とおけ，GD＝$3b$となる　△HGE∽△HDBよりGH：HD＝GE：BD＝$\frac{12}{7}a:4a=3:7$　GH＝$3b\times\frac{3}{10}=\frac{9b}{10}$，HD＝$3b\times\frac{7}{10}=\frac{21b}{10}$　AH：HD＝$\left(4b+\frac{9}{10}b\right):\frac{21b}{10}=\frac{49b}{10}:\frac{21b}{10}=7:3$

やや難　③　△DGE＝Sとおくと，GH：HD＝3：7なので，△GHE＝$\frac{3}{10}$S　FE//BCより△DGEと△DCEは高さが等しい三角形なので，面積の比は底辺の比に等しく，△DGE：△DCE＝GE：DC＝4：7　△DCE＝$\frac{7}{4}$S　△GHE：△DCE＝$\frac{3}{10}$S：$\frac{7}{4}$S＝$\frac{3}{10}:\frac{7}{4}=6:35$

Ⅴ　**(空間図形，相似，三平方の定理)**

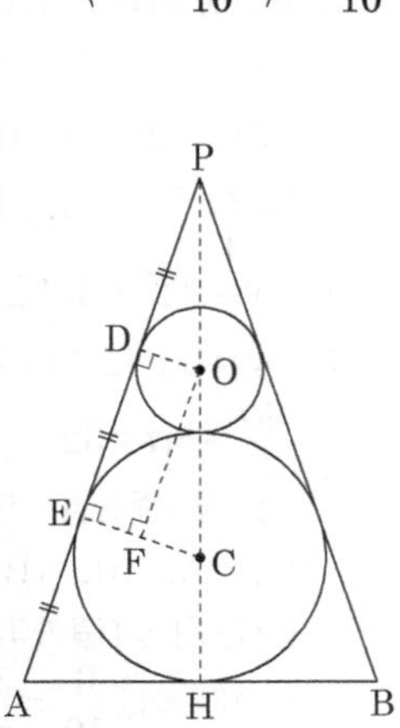

①　右図のように，PABを含む断面を考える。半径2cmの球の中心をC，球Cと底面の接点をH，円OとPAの接点をD，円CとPAの接点をE，OからCEに引いた垂線とCEの交点をFとする。△POD∽△PCEになるので，PO：PC＝OD：CE　OD＝1，CE＝2，OC＝1＋2＝3なので，

PO：(PO＋3)＝1：2　$2\times PO=PO+3$より　PO＝3cm

やや難 ②　△PODについて三平方の定理より$PD^2=PO^2-OD^2=9-1=8$　$PD=2\sqrt{2}$　円錐の底面の半径をrとする。△POD∽△PAHより　PD：PH＝OD：AH　$2\sqrt{2}:(3+3+2)=1:r$

$r=\frac{8}{2\sqrt{2}}=2\sqrt{2}$ (cm)

★ワンポイントアドバイス★

図形の問題ではやや難しい問題も出題されるが，多くは基本的な出題である。典型的な問題でもあるので，まずは標準レベルの問題でしっかり力をつけていこう。

＜英語解答＞

Ⅰ　[A]　(1)　2　(2)　1　(3)　2　(4)　3　[B]　(1)　4　(2)　1　(3)　3

Ⅱ　問1　エ　問2　イ　問3　1　数千人[多く]　2　病気　3 亡くなった
問4　ア，エ　問5　rich　問6　150000　問7　ア　F　イ　T　ウ　F
エ　T　オ　F　問8　ア　William(did.)　イ　89(were.)

Ⅲ　問1　(1)　ウ　(2)　ア　(3)　イ　(4)　ウ　(5)　エ　問2　ア　問3　1　America[the US]　2　train　3　when　4　useful[helpful]　5　night　6　front

Ⅳ　(1)　(We) don't have to take care of the rabbits (on Sunday.)　(2)　The country she wants to visit someday is (Italy.)　(3)　(We) gave her a bag made in France(.)　(4)　(The book) was so difficult that I couldn't read it in (a day.)

Ⅴ　(1)　There were three people (in the family.)　(2)　(My host father) was a music teacher and knew a lot of songs(.)　(3)　(My host mother) was very good at cooking(.)　(4)　(My host sister, Lisa,) was as old as I (am) (.)

○配点○

Ⅱ問8ア，Ⅲ問1，Ⅳ，Ⅴ　各3点×14　他　各2点×29　計100点

＜英語解説＞

Ⅰ　リスニング問題解説省略。

重要 Ⅱ　**(長文読解・説明文：語句補充，要旨把握，内容吟味，英問英答)**

(全訳)　2000年前，ロンドンはテムズ川沿いの小さな村だった。それからローマ人がやって来て町を建て，何千人もの人々がそこに住んでいた。現在，21世紀のロンドンは英国最大の都市であり，700万人以上の人々がいる。イギリスの首都であり，エリザベス2世女王の本拠地であり，英国政府の本拠地だ。毎年何百万人もの訪問者がロンドンにやって来る。

「ロンドン」という名前はローマ人に由来している。ローマ人が来る前に人々は①(A)ここに住んでいたが，私たちは①(B)彼らについてあまり知らない。ローマ人は43年にイギリスにやって来た。彼らの船は海からテムズ川を上って来て，川の隣に家や他の建物を建てた。彼らは川に橋を架け，

町をロンディニウムと呼んだ。ロンドンの初期の頃とローマ人については，大英博物館で知ることができる。

豊かな町で，約5万人が住んでいた。しかし，400年の直後，ローマ人はロンディニウムを離れてローマに戻り，300年間ロンドンは②静かな場所だった。それから人々は再び町に住み始めた，そして町はすぐに豊かで重要なものだった。アングル人，サクソン人，ジュート人と呼ばれる人々は，ドイツ，オランダ，デンマークからイギリスにやって来た。その後，9世紀と10世紀に，デンマークの船がテムズ川を上って来て，ロンディニウムの建物の多くを破壊した。

1066年，イギリスにはフランス出身のウィリアム征服王という新しい王がいた。ウィリアムはロンドンに住むようになり，そこに城を建てた(今日，私たちはそれをロンドン塔として知っている)。当時，ロンドンはイギリスで最大かつ最も重要な都市であり，ますます大きくなった。ヘンリー8世が王だった1509年，ロンドンには5万人がいた。ヘンリーの娘エリザベス1世が女王だった1600年，20万人がいた。

ペストはしばしばロンドンにやって来たが，③1665年はすべての中で最悪の年だった。その年の暑い夏には，数千人が病気になり，そのうち10万人が亡くなった。1665年は大疫病の年と呼ばれていた。それから一年後の1666年に，大きな火事があったー④ロンドンの大火だ。それはロンドン橋近くのプディングレーンの家で始まった。当時，ほとんどの家は木造で建てられており，火は木が好みだ。ロンドン大火は次々と通りを通り抜け，4日間止まらなかった。

25万人以上の人々が火事で家を失った。それはセントポール大聖堂と88の教会を破壊した。しかし，それはまた，最悪の古い建物のほとんどを破壊した。新しいセントポール大聖堂は1675年から1711年の間に建てられた。

18世紀，イギリスは世界で最も重要な国の1つであり，ロンドンはその最も重要な都市だった。一部のロンドン市民は非常に⑤裕福で，市内で最も美しい家のいくつかを建てた。それらの家の多くは今もある。しかし同時に，他の人々は寒くて暗い，濡れた家に住んでいた。

問1　(A)　ローマ人が来る前に人々が住んでいた場所はロンドンである。　(B)　私たちが知らないのは，ローマ人が来る前に住んでいた人々のことである。

問2　ローマ人はロンディニウムを離れてローマに戻ったため，「静かな」場所になった。

問3　次の文に，「その年の暑い夏には，数千人が病気になり，10万人が亡くなった」とある。

問4　ロンドンの大火は「ロンドン橋近くの家」から始まり，「25万人以上」の人々が家を失った。

問5　「市内で最も美しい家のいくつかを建てた」とあることから，豊かな人々であったと判断できる。

問6　1509年にはロンドンには5万人いたが，1600年には20万人になったため，15万人増えたとわかる。

問7　ア「ロンドンは3千年以上の間，イギリスで最も大きな都市である」第1段落第1文参照。2000年前はロンドンは小さな村であったので不適切。　イ「ロンドンはイギリスの首都である」第1段落第4文参照。ロンドンはイギリスの首都であるので適切。　ウ「大英博物館でロンドン初期の頃について見つけることはできない」第2段落最終文参照。ロンドン初期については大英博物館で見られるので不適切。　エ「9世紀，10世紀にデンマーク人がロンドンの多くの建物を破壊した」第3段落最終文参照。デンマークの船がやって来て，ロンディニウムの建物の多くを破壊したとあるので適切。　オ「18世紀にはロンドンに住むほとんどすべての人が美しい家を持っていた」第7段落最終文参照。寒くて暗い，濡れた家に住んでいる人もいたので不適切。

問8　ア「誰がロンドン塔を建てたか」第4段落第2文参照。イギリス王のウィリアムが建てたとある。　イ 「ロンドンの大火で合計いくつの教会が破壊されたか」 第6段落参照。セントポール大聖堂と他の88の教会を破壊したので，合計89の教会である。

Ⅲ （会話文：内容吟味，要旨把握，語句補充）

（全訳） 電車のプラットホームで：

タロウ：ここは暑くて汚いよね。悪臭がする！

マイク：そうだね。だから私は夏の間ここで電車に乗るのが好きではないんだ。

タロウ：東京の駅とは全然違うね。駅は汚れてないし，地下鉄にはエアコンがあるよ。時々寒すぎるんだ！

マイク：うわー，いいね！いつか地下鉄がきれいになることを願っているよ。

タロウ：僕もだよ！ところで，電車は何時に来るの？

マイク：よくわからないな。

タロウ：携帯電話のアプリでチェックできないの？

マイク：どういう意味？

タロウ：日本には，電車のルートや時刻を調べるのに役立つアプリがあるんだ。

マイク：そんなアプリは聞いたことがないよ。アメリカには電車の時刻のアプリはないんだ。

タロウ：わかったよ。さて，どこかで時刻表を確認できないの？

マイク：電車のホームで時刻表を探すことはできるけれど，役に立たないよ。

タロウ：どういう意味？なぜだめなの？

マイク：電車が時間通りに来ることはほとんどないんだ。

タロウ：すごいね！

マイク：なんでそんなに 驚くの？

タロウ：日本，特に東京では逆だよ。電車はほとんどいつも時間通りなんだ。

マイク：すごいね！

タロウ：うん。$_A$とても便利だよ。さて，僕たちの電車に関しては，何をすべきなの？

マイク：今は，ただ待つしかないよ。それほど長くはかからないよ。日中は電車が頻繁に来るんだ。

タロウ：良かった。

マイク：でも，夜は全然違うよ。

タロウ：どういう意味？

マイク：夜遅くは電車がいつ来るかわからないんだ。時々一時間待たなければならないんだよ！

タロウ：それは残念だね。 列車は夜何時に運行を停止するの？

マイク：止まらないよ。ここの列車は毎日24時間運行しているんだ。

タロウ：おお！それも東京とは違うね。

マイク：東京では毎晩電車が止まるということ？

タロウ：うん。東京では，大半の列車が深夜か午前1:00頃に運行を停止するんだ。その後，午前4:30か5:00頃に再び走り始めるよ。

マイク：終電に乗り遅れたらどうするの？

タロウ：ときどき寝る場所が見つけるんだ。

マイク：ああ！

タロウ：ところで，どこに並べばいいの？

マイク：何だって？

タロウ：電車に乗るにはどこに並んでいるの？

マイク：ここの人は並ばないよ。
タロウ：電車のドアがどこにあるかはどうやってわかるの？
マイク：わからないよ！僕たちはただ待って，電車が来たら，最も近いドアに移動するんだ。
タロウ：それはとても面白いね。日本では電車が来る前に並んで待つよ。
マイク：なるほど。ほら，見て！電車が来ているよ！席が取れるといいね！

重要 問1 (1) マイクが，タロウの「暑くて汚い」という発言に同意していることから判断できる。 (2) 日本人は電車の時刻表を携帯電話のアプリでチェックする。 (3) アメリカでは電車が遅れるので，プラットホームの時刻表は役に立たない。 (4) アメリカでは，電車が24時間運行しているとある。 (5) 日本では，終電に乗り遅れると泊まる場所を探す。

問2 「電車がいつも時間通りに来る」という発言の続きなので，「とても便利」が適切である。

問3 (1) マイクが，「アメリカには到着時刻のアプリがない」と発言していることからわかる。 (2) タロウとマイクは，日本とアメリカの鉄道の駅の違いについて話している。 (3) アメリカでは，電車は時刻通りに運行しないので，「いつ」電車が来るのかわからないのである。 (4) 電車が時刻通りに来ないので，時刻表は「役に立つ」ことはないのである。 (5) アメリカでは24時間鉄道が運行している。all day and night「昼も夜も，24時間」 (6) アメリカでは電車に乗る前に，扉の「前」に立って並ぶことはない。

重要 Ⅳ (語句整序問題：助動詞，関係代名詞，分詞，接続詞)

(1) don't have to ～「～する必要はない」 take care of ～「～の世話をする」
(2) she wants to visit は前の名詞 the country を修飾する接触節である。
(3) made in France は前の名詞を修飾する過去分詞の形容詞的用法である。
(4) <so ～ that A can't …>「とても～ので…できない」

基本 Ⅴ (和文英訳)

(1) 「3人家族だった」＝「3人の人がいた」 There were ～ を用いる。
(2) 「音楽の先生」a music teacher「たくさんの歌を知っていた」 knew a lot of(many) songs
(3) 「～するのが上手だ」be good at ～ing My host mother cooked very well. でもよい。
(4) 「～と同い年」 be as old as ～

★ワンポイントアドバイス★

語句整序問題，英作文ともに基本的な問題である。これらの問題をすばやく解いて，読解問題に十分に時間を割けるように時間配分をしよう。

<国語解答>

一 問一 (a) 維持 (b) 単純 (c) 衛生 (d) 清潔 問二 A ア B ウ C イ D エ 問三 (具体例) 学校 (理由) 学校は学問や友達との出会いを通して喜びを感じられるのと同時に，生きていく上で必要な知識や経験を得られる場所だから。 問四 人間であることの証 問五 エ 問六 苦しみを減らす活動 問七 ア

問八　先人たちの残してくれた知識　　問九　ウ

二　問一　(a)　はげ　(b)　かか　(c)　ちんもく　(d)　いとこ　問二　ア
問三　自分に自信を与えてくれたカズちゃんを失った不安と，そんなカズちゃんが死んだのに自分が生きていることの申し訳なさがあったから。　問四　ウ　問五　笑えるようになる　問六　後輩のCAにフライトの時にカズちゃんの形見の雪だるまを持って行ってもらうことによって，カズちゃんが私たちを空から見ているという状況を作り出すという方法。　問七　イ　問八　エ　問九　ア　×　イ　○　ウ　×　エ　○

三　問一　めでたき御吉事なり　問二　おおきにおどろかせたまいて　問三　③　太子　④　天子　問四　イ　問五　エ

○配点○
一　問一　各1点×4　問二　各2点×4　他　各4点×7
二　問一　各1点×4　問九　各2点×4　他　各4点×7
三　問三　各2点×2　他　各4点×4　計100点

＜国語解説＞

一　(論説文一漢字の読み書き，脱文・脱語補充，接続語の問題，短文作成，文脈把握，内容吟味)

問一　(a)「維持」の「維」は「唯」と混同しやすいので注意。(b)「単純」は「純」を「順」としないように注意。(c)「衛生」とは，「健康を守り，病気の予防をはかること」。「衛星」は「惑星のまわりを運行する天体」。(d)「清潔」はどちらにもさんずいが付くので注意。

問二　A　空欄直後の「苦しいことを減らそうとする」は「文明」の言い換え，「楽しいことを増やそうとする」は「文化」の具体的な言い換えとして成立する。したがって，空欄直前の文の具体的内容を空欄直後で言い換えて説明していることになるので，「つまり」が適当。　B　前段落の内容をふまえて，空欄直後では一度読者に新しい視点について意識させ，問いかけるというスタイルになっている。前の話題をふまえて少し発展させた内容に触れる際は「では」があてはまる。　C　前段落で「何かができるようになりたいと思う」方法について「まさに何かを……生まれます」といったん答えを出したうえで，空欄直後ではその答えの具体例を挙げているので「たとえば」があてはまる。　D　第十二段落第一文の問いに対し，第十三・十四段落ではレストラン経営という具体例を挙げながら答えを出している。それに対し，空欄直後では具体例からわかることを一般化してまとめているので，「このように」があてはまる。

やや難　問三　第一段落より，「文化」とは「喜びをもたらす活動」，「文明」とは「苦しみを減らす活動」であることをおさえておく。加えて第二段落によれば，「文明」は「なくてはならない必要なものを生み出す」ことでもある。これらを満たすものであれば，具体例は広く認められるだろう。また理由では，「文化」にあたる要素がどのような点で，「文明」にあたる要素がどのような点なのかを一つずつ説明する必要がある。「学校」以外の具体例としては，「食事」「ファッション」なども可。

問四　設問文の「必要としている」は「求める」と言い換えることができる。第五段落最終文では，「文化を求めるのは人間であることの証です」と述べられている。

問五　第五段落「文化を求めるのは人間であることの証です」より，人間とは「そもそも」あるいは「もともと」文化を求める性質を持つものだと考えられる。したがってエが適当。ウと迷うかもしれないが，「危機的に必要とする」という言い方は一般的ではない。「危機的」という言葉は「危機的状況」という使い方が一般的。

問六　第一段落に「ひとつは苦しみを……これを『文明』と呼ぶことにします」とある。

問七　第十一段落「何かをできるように……意欲が湧かないのです」，「いくら先人の築いた……意味がありません」の内容に合致するのはアのみである。

問八　第十一段落「何かをうまく……それにあたります」の「それ」が指す内容は「先人たちの残してくれた知識」である。

問九「他者の意見と比べる」ためには，主には文献の引用を用いたり，発言を紹介するなどして，その他者というのは誰で，どのような意見を持っているのかということを明示する必要がある。しかし本文中にはそのような箇所はない。傍線部②のように筆者が否定している意見も，あくまで筆者が「想定する」反対意見にすぎないため，「他者の意見と比べ」たことにはならない。

二　(小説―漢字の読み書き，情景・心情，脱文・脱語補充，文脈把握，品詞・用法，内容吟味)

問一　(a)「励」は書き問題でも頻出。　(b)「抱」は「だ‐く・いだ‐く」の他，「かか‐える」，音読みでは「抱擁」などの「ほう」という読み方もある。　(c)「沈黙」とは「黙りこむこと」。　(d)「従兄弟」とは，自分の父親もしくは母親の兄弟姉妹の子のこと。

問二 「悲しみが癒やされる」のであれば，「突然，申し訳ない気持ちに襲われ」て「泣いていた」ということは起こりにくい。

問三 「タカラ」が泣き始めたのは「突然。申し訳ない……ごめんなさい」という気持ちからである。傍線部②でもこの申し訳なさは続いているものと思われるが，加えて傍線部②直前では「私はどうしたらいいの？」と「カズちゃん」を失ったことによる不安を覚えているので，その点もおさえておく。

問四 「お父さん」の言葉の「手品みたいに消えた」をもとに解答する。例えば手品師の腕に乗っていたはずの鳩を一瞬で消す手品などが連想されるが，それが「まえぶれもなく」「あっというまに」「いともたやすく」とは関連しない。「手品みたい」なのであれば「まえぶれもなく」「いともたやすく」とは言えず，一般的に消えるスピードが速いというイメージもあまりないため「あっというまに」とも言えない。「手品」という言葉からは，本来はあったはずなのにどこを探してもなくなっている，ということが連想される。

問五 「救われる」とは，現状に比べて前向きな変化が起こるということである。すると，黒河内との会話の中で「タカラ」は「私が，笑えるようになるかもしれない」と発言している。つまり現状の「タカラ」は笑えていないのであり，雪だるまとフライトしてもらうことで「笑えるようになる」という前向きな変化が起きるかもしれない，ということである。

重要　問六　傍線部⑤以降より，「タカラ」は「カズちゃん」の形見である雪だるまを，フライトの時に後輩のCAに持っていてもらうことにしたとわかる。またそれは，傍線部⑤の前にある「お父さんに，今も……信じさせなければならない」という気持ちに駆られての行動であることもおさえておく。つまり，「カズちゃん」の代わりとして，形見である雪だるまに空を飛んでもらうことによって，「カズちゃん」が「空から見ている」状況を作り出すということである。「お父さんがそう信じると，自分もまた救われる」より，「カズちゃん」が「空から見ている」のは「お父さん」だけでなく「タカラ」も含まれることに注意。

問七　傍線部⑥の「の」は「が」と言い換えられる。同様に，イの「の」も「が」と言い換えられる。　ア 「である」と言い換えられる。　ウ 「もの」と言い換えられる。　エ　言い換え不可能。

問八　傍線部⑦直前に「やっぱりアイツはバカだよなぁ」と黒河内のことを考えているので，黒河内に関連あるいは言及のない選択肢は不適当。また，傍線部⑦の前に「黒河内のコトバは……聞こえた」，直後に「タカラもまた，……手を振った」とあることから，「タカラ」にとって「黒河内」の返事はありがたいもの，嬉しいものであったと考えられる。同じ「泣く」という行為でも，「カズちゃん」に対する申し訳なさからの涙とは違い，ここでは感動の涙と言える。

問九　ア　ティッシュについては「ずっと何年も家に置いていたのだろうか」とあるが，「カズちゃん」が亡くなったのがどれほど前のことなのかは本文中に言及がなく不明であるため，つまりティッシュが古いものであることと「カズちゃん」の死が関係するかどうかはわからないため，「生きる気力を失ったことを象徴」するとは言えない。　ウ　初恋相手だと断定するためには，例えば「カズちゃん」の近くにいるとどきどきしたなど，もっと明らかに恋心があったとわかる描写を根拠としなければならないが，本文中にはそのような描写はない。あくまでも仲の良い友達であったということしか断定できない。初恋相手だと思ってしまう気持ちはわかるが，それは恣意的な考察であり，国語の「解答」としては使えない。

三　(古文―文脈把握，仮名遣い，脱文・脱語補充，文学史)

〈口語訳〉　そういえば，この帝の御代に，一つの不思議なことがあった。上東門院彰子の御方の御帳の中で，犬が子を生んだことがあり，思いがけない珍しいことだったので，彰子はたいそう驚きなさって，江匡衡という学者にお尋ねになったところ，(江匡衡は)「これは，めでたい吉事です。犬という字は，大という字のそばに点をつけたものです。その点を(大という字の)上につければ，天という字です。下につければ，太という字です。その下に，子という字を書き足せば，天子とも太子とも読むことができましょう。したがって，太子がお生まれになって天子におなりになるのでしょう」と申し上げた。その後，江匡衡が言う通りに皇子が誕生して，程なくして天皇として即位なさった。後一条天皇というのは，この方である。江匡衡は，漢詩の知識に富んでいただけでなく，このような気配りも深かったのだ。

問一　江匡衡の発言の「これ」とは，犬が子を生んだことを指す。彰子は御帳の中で犬が子を生んだことを「ありがたきこと」つまり珍しいことと捉え，驚いて江匡衡にどういうことなのかを尋ねたということである。古語の「ありがたし」は漢字では「有難し」と書き，「珍しい」という意。

問二　古文では，語頭を除く「はひふへほ」は「わいうえお」と読む。

重要　問三　江匡衡は，犬という字は大という字に点を打ったもので，点の打ちどころを変えて「子」という字を続ければ「天子」「太子」という字になる，と述べている。さらにこれは「めでたき吉事」であるから，彰子が一条天皇との間に皇太子を生み，その皇太子が天皇になることの予兆だとしているのである。「中宮」とは，天皇の后のこと。

問四　本文最終文をもとに解答する。平安時代，漢詩は学問の一種であった。　ア　彰子が犬をかわいがっていたこと，および子孫が繁栄したことは本文中に根拠がない。　ウ　後一条天皇の性格については本文中に言及がない。　エ　本文では「のみならず」としていることから，漢詩の知識つまり学識と「心ばせ」は別々のことであるとわかる。

問五　ア・イ　仏教説話集。　ウ　世俗説話集。　エ　勅撰和歌集。

★ワンポイントアドバイス★

論説文は，筆者が何を否定したくて，何を主張したいのか，それぞれの論理をおさえよう。小説は，同じ行為であっても背景や文脈によって持つ意味が変わるということに注意しよう。古文は，単語や助動詞の知識を活用し，書いてあることを一つ一つていねいに確認しよう。

MEMO

大切なことはメモしておこうネ！

2022年度

入　試　問　題

2022年度

共立女子第二高等学校入試問題（１回）

【数　学】（50分）　＜満点：100点＞

Ⅰ．次の各問いに答えなさい。

① $(x-3)(x+15)-(x-4)^2$を計算しなさい。

② $\dfrac{4x-3y}{6}-\dfrac{2x+y}{3}$を計算しなさい。

③ $x=\dfrac{3}{2}$，$y=-\dfrac{2}{3}$のとき，$(-4x^5y^4)^2\div(2x^2y^2)^3$の値を求めなさい。

④ $\sqrt{18}-\sqrt{\dfrac{1}{3}}-2\sqrt{8}+\dfrac{4}{\sqrt{3}}$を計算しなさい。

⑤ 連立方程式 $\begin{cases}\dfrac{3x+y}{3}-\dfrac{x-y}{2}=5\\0.2x+0.7y=3.1\end{cases}$ を解きなさい。

⑥ ２次方程式$x^2-3x-5=0$を解きなさい。

⑦ $x=\sqrt{6}+1$のとき，$(x-2)(x-5)-2(5-3x)$ の値を求めなさい。

⑧ 関数$y=ax^2\ (a\neq 0)$ において，xの変域が$-4\leqq x\leqq 1$のとき，yの変域は$b\leqq y\leqq 12$である。このとき，定数a，bの値をそれぞれ求めなさい。

⑨ 大小２個のさいころを同時に投げるとき，出た目の数の和が10以下となる確率を求めなさい。

⑩ $4<\sqrt{3n}<3\sqrt{6}$を満たすような自然数nの個数を求めなさい。

Ⅱ．図のように，放物線$y=ax^2$のグラフ上に２点Ａ，Ｂがあり，放物線$y=-ax^2$のグラフ上に２点Ｃ，Ｄがある。点Ａと点Ｃのx座標は等しく，点Ａのx座標は-4，点Ｂのx座標は２である。また，直線ABと直線CDは平行で，その傾きは$-\dfrac{1}{2}$である。このとき，次の各問いに答えなさい。

① 点Ａのy座標をaで表しなさい。

② aの値を求めなさい。

③ 点Ｄのx座標を求めなさい。

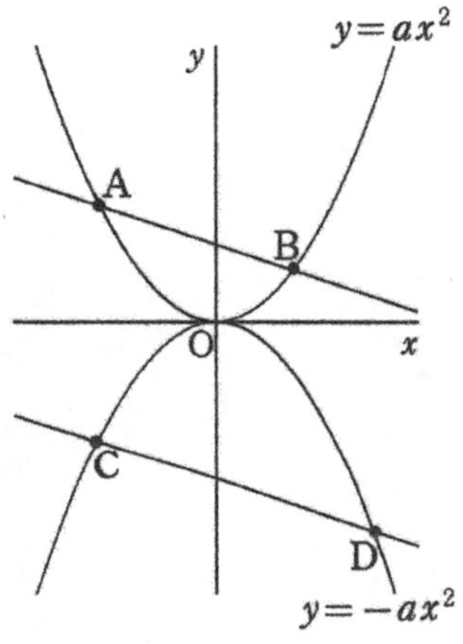

Ⅲ．図の$\angle x$，$\angle y$ の大きさを求めなさい。ただし，点Ｏは円の中心，ＢＤは円の直径とする。

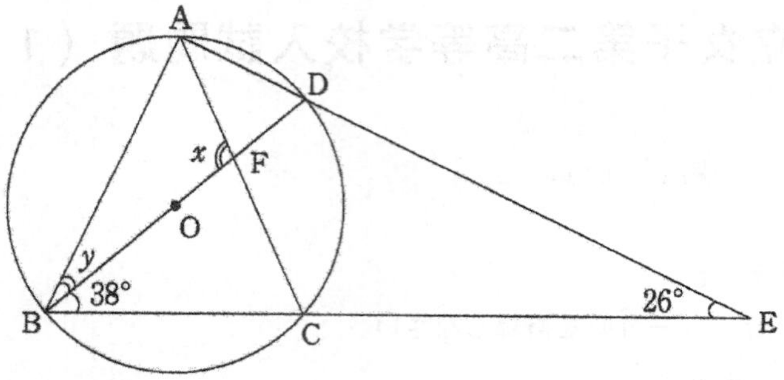

Ⅳ．平行四辺形ABCDで，BE：EC＝１：１，CF：FD＝２：１である。また，AE，DCを延長して交わる点をG，BFとAE，ACとの交点をそれぞれH，Ｉとする。このとき，次の各問いに答えなさい。

① BI：IFを求めなさい。

② BH：HFを求めなさい。

③ △AHI：△ABCを求めなさい。

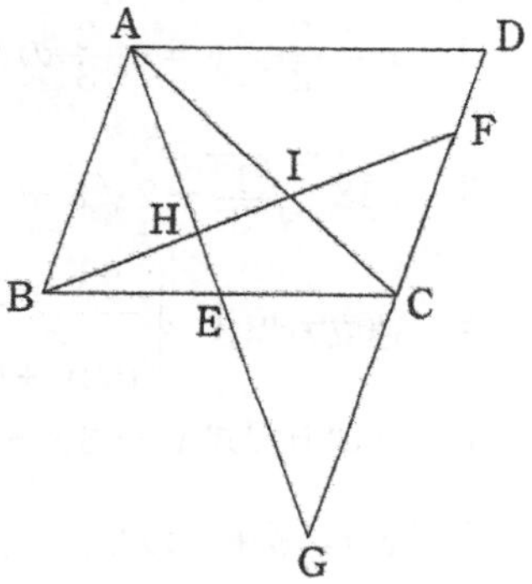

Ｖ．右の図は，底面が正三角形で，側面がすべて長方形の三角柱ABC－DEFである。AC＝２㎝，AD＝$\sqrt{3}$㎝で，辺ＡＢ上に点Ｐがある。このとき，次の各問いに答えなさい。

① この立体の表面積を求めなさい。

② CP＋PDの長さが最も短くなるように点Ｐをとる。このとき，CP＋PDの長さを求めなさい。

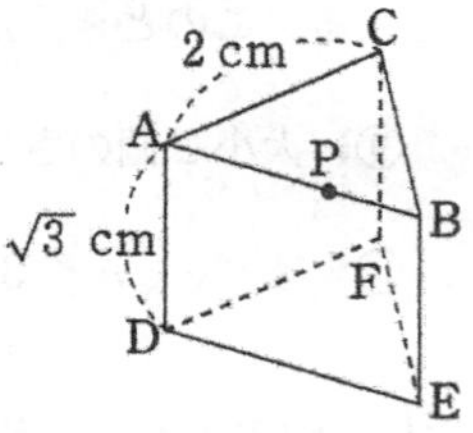

【英　語】（50分）　＜満点：100点＞

Ⅰ．〔リスニング問題〕放送を聞いて設問に答えなさい。

〔A〕 次に対話と質問が流れます。その質問に対する答えとして適切なものを1つずつ選び，番号で答えなさい。英文と質問は2回読まれます。

(1) 1．In a cafeteria.　2．In a restaurant.
　3．At the supermarket.　4．At home.

(2) 1．Her mother.　2. Her father.　3．Her sister.　4．Her friend.

(3) 1．Cook more often for her family.　2．Eat dinner with her family.
　3．Tell him about her favorite recipe.　4．Ask her parents to make dinner.

(4) 1．The prices are too high.
　2．There are too many people in the mall.
　3．She does not have time.
　4．She has already bought chocolate.

〔B〕 次にまとまった英文と質問が流れます。その質問に対する答えとして適切なものを1つずつ選び，番号で答えなさい。英文と質問は2回読まれます。

(1) 1．At school.　2．Under the bed.
　3．In the living room.　4．In his bag.

(2) 1．Two days.　2．Four days.
　3．Five days.　4．Seven days.

(3) 1．She ate too much dishes.　2．She did not enjoy the music.
　3．The food was too expensive.　4．The bands did not perform.

※リスニングテストの放送台本は非公表です。

Ⅱ．英文を読み，各設問に答えなさい。（＊の語には注釈がある。）

In 1908, women pilots started flying. One of the first women to fly was a young woman called Amelia Earhart. She flew airplanes, and she was a writer. Earhart was the first woman to fly alone across *the Atlantic Ocean.

Amelia Earhart was born in Kansas, USA. She saw her first airplane at the age often. She did not like it. “It looked not at all interesting,” she said. Ten years later, she went with a friend to watch some pilots flying airplanes. A pilot saw ①them, and he flew his airplane down at them. Amelia was afraid, but she did not move. As the plane went by, she felt very excited. “I did not understand it at the time,” she said later, “but I believe that little red airplane said something to me as it went by.” In 1920, a pilot took her up in an airplane, and that changed her life. She said later, “When I was two or three hundred feet off the ground, I knew I had to fly.”

In 1921, Amelia had lots of different jobs. She was a photographer and a *lorry driver. She saved $1,000 for flying lessons. Later that year, she bought her first airplane. It was called "The Canary". The next year, she flew to 14,000 feet, higher than any other woman before. Amelia *achieved a lot in the next few years. In 1932, she was the first woman to fly alone across the Atlantic Ocean. She wrote a book, *The Fun of It*, about her journey. She loved to fly alone. In 1935, she was the first person to fly alone the 2,408 miles across *the Pacific Ocean between Honolulu, Hawaii, and Oakland, California. She was the first person to fly alone from Los Angeles to Mexico City. And she was the first person to fly alone without stopping from Mexico City to Newark, USA.

In 1937, as Amelia was close to her 40th birthday, she was ready for a big journey. She wanted to be the first woman to fly around the world.

On 1st June, Amelia and Fred Noonan left Miami and began their 29,000-mile journey around the world. When they came down in *Lae, New Guinea, on 29th June, there were only 7,000 more miles to travel. Their next stop was *Howland Island. Howland Island is 2,556 miles from Lae in the Pacific Ocean, and it is a very small island.

On 2nd July, Amelia and Fred started for Howland Island. In the early morning, Amelia called the *Itasca*, a US ship. She said there was cloudy weather. At 7:42 a.m., the *Itasca* got the message, "We are flying at 1,000 feet." The ship tried to reply, but Amelia's airplane did not hear it. At 8:45 a.m., Amelia spoke on the radio for the last time. Nobody heard from Amelia Earhart again. Amelia and Fred disappeared. Nobody knows what happened to ②them.

People will remember Amelia Earhart because she was brave and because she achieved so much for women and flight. In a letter to her husband, George Putnam, during her last flight, she showed how brave she was. "Please know that I know about the dangers," she wrote. "I want to do it because I want to do it. Women must try to do things as men have tried."

Women Who Changed the World（PENGUIN READERS　一部改）

（注） the Atlantic Ocean　大西洋　　lorry　大型トラック　　achieve　を成し遂げる
the Pacific Ocean　太平洋　　Lae　ラエ（パプアニューギニアの州都）
Howland Island　ハウランド島

問１　下線部①の指し示すものを日本語で答えなさい。

問２　下線部②が意味する語句を本文中から抜き出しなさい。

問３　次の質問に対する答えを２語以上の英語で答えなさい。

Did Amelia arrive on Howland Island?

問４　あとのア～エの英文のうち，本文の内容に合っているものにはＴを，合っていないものにはＦを記入しなさい。

ア．Amelia was the first woman to fly across the Atlantic by herself.
イ．Amelia had a lot of jobs because she needed $1,000 to get an airplane.
ウ．Amelia wrote a book to tell that flying alone was dangerous.

エ. Amelia and her husband were going to fly around the world but their airplane disappeared.

問5　次のア，イの内容に合う単語を本文中から抜き出しなさい。

ア. to answer someone by saying something　イ. not afraid of danger

問6　次の質問に対する適切な答えをア～エの中から1つずつ選び，記号で答えなさい。

(1) Why did Amelia try to fly as a pilot?

ア. Because her father told Amelia to be a pilot.

イ. Because Amelia liked airplanes when she was a baby.

ウ. Because an airplane made Amelia's life change.

エ. Because Amelia's husband was a pilot.

(2) When did Amelia become the first pilot to fly alone between Hawaii and California?

ア. In 1921.　イ. In 1922.　ウ. In 1932.　エ. In 1935.

(3) What is NOT true about Amelia Earhart?

ア. She was from the US.

イ. She was the first woman to fly alone around the world.

ウ. She loved to fly alone.

エ. She wanted to show how brave she was.

問7　以下は本文の要約です。（1）～（3）内に入る適切な語句を選び，記号で答えなさい。

Amelia Earhart had a special spirit. She liked to be the first to do new things. In the 1920s, she became a pilot. She was also (1). At that time, it was unusual for a woman to fly planes but she set many flying records. Her actions showed that bravery was not for men only.

Unfortunately, Amelia did not live to be old. Just before (2), she tried to set a new record. She wanted to be the first woman to fly around the world but she and her plane disappeared in (3). She was never seen again.

(1) ア. an engineer　イ. a pilot　ウ. a writer

(2) ア. thirty　イ. forty　ウ. fifty

(3) ア. the Pacific Ocean　イ. the Atlantic Ocean　ウ. Lae, New Guinea

Ⅲ. *Marie* と *John* が *John* の課題について話をしています。対話文を読み，各設問に答えなさい。（＊の語には注釈がある。）

John: Hi, Marie.

Marie: Hi, John.

John: Did you enjoy the daytrip with your dad?

Marie: I did! Thanks for asking. We went for a drive out in the countryside, found a nice riverside spot, had a barbecue and went swimming in the river. The water felt so good!

John: I can imagine!

Marie: What's that?
John: It's some homework for tomorrow.
Marie: For what class?
John: Mr. Simon's English class.
Marie: What's it about?
John: Well, we have to use the English we've been studying in class recently and make 10 *trivia questions.
Marie: Sounds fun. It looks like you have already written a lot. Are you almost finished?
John: [A]
Marie: How many more do you need to write?
John: Well, I've written seven so far, but there are a few I don't like.
Marie: Can I hear what you have so far?
John: Of course! If you have any ideas, please tell me.
Marie: OK.
John: So, the first one is: When was *the Statue of Liberty given to the US?
Marie: I didn't know it was given to the US!
John: Really? Yeah, it was given to the US by France.
Marie: Interesting! Why?
John: To celebrate America's freedom and the end of *slavery in the US. I think there were other reasons, too, but that's all I know.
Marie: Interesting! I've never been there, but I want to see it someday.
John: You should – it's impressive! When I saw it, I felt the message of freedom was very powerful.
Marie: I can imagine! So, what's the answer? When did France give it to the US?
John: The short answer is 1886. The long answer is The idea started in 1865. Then, France started to build it in 1876. They showed it to the US, in Paris, France, in 1884, but it wasn't finished yet. When it was finished, it was too big, so they separated it into many pieces and then sent it to the US by ship. It arrived in New York City in 1885. Finally, the Americans made a base for it and then put the pieces together. Everything was finished in 1886.
Marie: What an interesting history! I think it's amazing that it took such a long time to make. This is fun. [B] Please give me an easier one this time.
John: OK, this one is very easy: What is the fastest land animal?
Marie: That's too easy. The cheetah, of course!
John: Very good! I told you it was easy.

Marie: That's OK. I think it'll be more fun for everyone in your class if there are some easy questions mixed with harder ones.
John: I'm glad you said so.
Marie: Oh no!
John: What happened?
Marie: I have to go right now or I'll be late for my ballet lesson!
John: OK – good luck! See you tomorrow.
Marie: Thanks! See you.

（注） trivia questions　雑学的質問　the Statue of Liberty　自由の女神　slavery　奴隷制度

問１　⑴～⑸までの英文が本文の内容と一致するように，適切なものを１つずつ選び，記号で答えなさい。

⑴ Marie ＿＿＿＿＿.
ア．went for a drive with her father
イ．didn't like swimming in the river
ウ．also had her homework about 10 trivia questions
エ．wanted to make some questions for John

⑵ John has to ＿＿＿＿＿.
ア．go on a daytrip with his father
イ．make some questions as homework
ウ．write a report about the Statue of Liberty
エ．learn what the fastest land animal is

⑶ It took ＿＿＿＿＿ years to build the Statue of Liberty.
ア．two　イ．ten　ウ．eleven　エ．more than twenty

⑷ The Statue of Liberty was given to the US ＿＿＿＿＿.
ア．because French people wanted to show the friendship between them
イ．because it was originally made in the US
ウ．because the US asked France to do so
エ．because French people wanted to celebrate America's freedom and the end of slavery

⑸ The Statue of Liberty ＿＿＿＿＿.
ア．was given to the US in 1865　イ．was made by American people
ウ．was sent to the US by plane　エ．was finally given to the US in 1886

問２　文中の空所 A ， B に入れるのに最も適切なものをそれぞれ下から１つずつ選び，記号で答えなさい。
ア．It was too easy for me.
イ．What's the next question?
ウ．Yes, I have finished all.
エ．Not yet.
オ．Tell me more about the Statue of Liberty.

問3　以下は２人の会話の内容をまとめたものです。（1）～（5）にあてはまる英単語を書きなさい。

John and Marie are having a conversation about John's homework given by Mr. Simon. It should be finished by (　1　). John has made seven questions so far, so he has to make (　2　) more questions. John has started to tell some of the questions to Marie. The first one is when the Statue of Liberty was given to the US by (　3　). Marie doesn't know the answer, so she is interested in the (　4　) John tells her. Surprisingly, the fact is that it took so long to make the Statue of Liberty. The question is hard, so Marie asks John to tell her another one which is (　5　) than the one about the Statue of Liberty.

Ⅳ．次の日本文に合う英文になるように，（　）内の語句を並べかえなさい。ただし，文頭にくる単語も小文字になっています。

⑴　どうすれば図書館まで行けるか私に教えてください。
Please (the library / can / me / I / tell / get / how / to).

⑵　手紙を読んでいるその女性はとても悲しそうでした。
(sad / a letter / the lady / very / reading / looked).

⑶　あなたは今までにハワイへは何回行ったことがありますか。
(times / to / you / Hawaii / many / been / how / have) before?

⑷　その本は私には難しすぎて辞書なしでは読めません。
The book (me / a dictionary / read / is / to / difficult / without / for / too).

Ⅴ．次は *Emi* が職場体験で近くの幼稚園（a kindergarten）に行ったことについて英語のレポートを書くために作ったメモです。メモの内容に合うように，４つの英文を完成してレポートを作りなさい。

> 場所と期間：家の近くの幼稚園・２日間
> 午前：子どもたちとたくさん歌を歌った
> 午後：絵を描くために公園に行った
> 感想：子どもたちを教えるのは簡単ではないが楽しかった

Hello, I'm Emi. I'd like to write about my work experience.

⑴　I worked at a kindergarten ______________________________.

⑵　I ______________________________ in the morning.

⑶　We ______________________________ in the afternoon.

⑷　______________________________ but I enjoyed it.

I want to be a kindergarten teacher someday.

※４　心づきなきこと＝その気になれないこと。
※５　なかなか＝かえって。
※６　つれづれにて＝退屈していて。
※７　阮籍＝中国、魏《ぎ》・晋《しん》の人。好ましい人物には青い眼で、気に入らない人物には白い眼で対した。
※８　文＝手紙。
※９　「久しく聞こえさせねば」などばかり言ひおこせたる＝「長いことお便りを差し上げていませんので」などとだけ言ってよこしてきのは。

問一　二重傍線部ⓐ「向かひたれば」、ⓑ「けふは心しづかに」の本文中での読みを現代仮名づかいに直し、すべてひらがなで答えなさい。

問二　傍線部①「さしたることなくて」とは、「特別な用事がなくて」という意味であるが、筆者は用事がある場合においてもどうするのがよいと言っているか。現代語で答えなさい。

問三　傍線部②「そのよし」とはどのような内容か。次から選び、記号で答えなさい。
ア　静かに話をするのが好きなのだということ。
イ　話してもお互いにとって無益だということ。
ウ　時間の浪費もやむを得ないのだということ。
エ　今日は話をする気にはなれないということ。

問四　本文における筆者の主張として最も適当なものを次から選び、記号で答えなさい。
ア　どんな人とでも面と向かえば話すことは自然と増えてしまうものだが、静かに話を続けていれば不思議と疲れない。
イ　用事もないのに人のもとに行くのはよくないが、同じ心持ちで相対したいと思う人ならば会っても差し支えはない。
ウ　自分と同じような心持ちで対座していたいと思わせるような人であっても、常に直接話したいというわけではない。
エ　手紙はどのような内容のものでももらえればうれしいものであるが、せめて時候のあいさつぐらいは書いてほしい。

問五　本文の出典である『徒然草』の作者は誰か。次から選び、記号で答えなさい。
ア　清少納言　　イ　松尾芭蕉《ばしょう》　　ウ　兼好法師　　エ　紀貫之《きのつらゆき》

ア　どんなに良い答えを返してくれるのかと期待している。
イ　どうせたいした答えなど返せないだろうと思っている。
ウ　自らの返答で苦しい状況になった学生を激励している。
エ　期待したような返答でなかったのでがっかりしている。

問五　傍線部③・④の「られ」と同じ働きをしている「られる」を含む文を次からそれぞれ選び、記号で答えなさい。
ア　両親からほめられることは誰でもうれしいものである。
イ　古いアルバムを見て昔のことがなつかしく感じられる。
ウ　どんなものでも食べられるようにしなくてはいけない。
エ　お忙しい中、わざわざ担任の先生が同窓会に来られる。

問六　傍線部⑤「ふつふつと湧き上がってくる憤り」とあるが、この時の僕の心情を表現した一文を本文中から探し、その最初の十字を答えなさい。

問七　空欄 ⑥ ～ ⑨ にあてはまる言葉を次からそれぞれ選び、記号で答えなさい。
ア　ふう、と息をついた
イ　淡々と語った
ウ　くしゅっと顔を崩した
エ　穏やかな笑みを浮かべながら、僕を見た

問八　傍線部⑩「初めて芽生えた感情」とはどのような感情か。本文中から三十字以内で探し、その最初と最後の五字ずつを答えなさい。

問九　空欄 ⑪ にあてはまる漢字三字の言葉を自分で考えて答えなさい。

三、**次の古文を読んで、後の問いに答えなさい。**

①さしたることなくて[※1]人のがり行くは、よからぬことなり。用ありて行きたりとも、その事果てなば、とく帰るべし。久しくゐたる、[※2]いとむつかし。

人と(a)向かひたれば言の葉多く、身もくたびれ、心もしづかならず。よろづこと障《さは》りて、時を移す、互ひのため、いと益《やく》なし。[※3]厭《いと》はしげに言はむも悪《わろ》し。[※4]心づきなきことあらむ折は、[※5]なかなか②そのよしをも言ひてん。同じ心に向かはまほしく思はむ人の、[※6]つれづれにて、「今しばし、(b)けふは心しづかに」など言はむは、この限りにはあらざるべし。[※7]阮籍《げんせき》が青き眼《まなこ》、誰もあるべきことなり。

そのこととなきに人の来て、のどかに物語りして帰りぬる、いとよし。[※8]文も、[※9]「久しく聞こえさせねば」などばかり言ひおこせたる、いとうれし。

※1　人のがり＝人のもとに。
※2　いとむつかし＝ひどく厄介だ。
※3　厭はしげに＝不愉快そうに。

た。まあ、いい。スマホのマップアプリでなんとかなるだろう。

それで今日、僕はスマホを片手に、知らない町に降り立った。単線の駅は小規模な商店街に続いていて、そこを抜けたら田んぼの中にぽつんぽつんと民家があるような田舎道だった。マップアプリに社名を打ち込むと、あっさりと経路が出る。自分のいるところに青、会社に赤のマーク。地図の上でつながれた線の通りに、ただ歩いていけばいい。

便利だな。こんなふうに、これからの人生も道順をはっきり示してもらえればなんの無駄もない。ナビに従っていけば、問題なくたどりつく。

……問題なく。そうかな。問題ないのが問題ってことも、あったりして。

ぼんやりしながら歩いていたら、手をすべらせてスマホを落とした。拾い上げたスマホは画面が真っ暗だった。

やばい。冷や汗をかきながら電源ボタンを何度か押してみる。衝撃で一度シャットダウンしたスマホは、しばらくすると息を吹き返した。

胸をなでおろし、あらためてアプリを立ち上げる。社名を打ち直すと会社の場所に赤いピンがついたが、自分の居場所を示す青い丸がひょこひょこと動き出して定まらない。ＧＰＳがうまく作動していないらしかった。

僕はあたりを見回す。ここはどこだ？　スマホの画面ばかりに集中していたので、周囲をよく見ていなかった。スマホに出ている地図にはめぼしい目印はほとんどなく、ただ細い道が交差している。道の脇にもなにかしらのビルや家があるのに、地図の上では空白が広がっているだけだ。唯一、途中にガソリンスタンドのマークがあるけど、見渡す限りそんな看板はない。

青い丸は挙動不審にうろうろし続けている。なんだか僕みたいだ。せっかく行き場を示されているのに、自分の立ち位置がわからないせいで結ばれることのない点と点。

……ポイントと、ポイント？

そう思ったとたん、はっと目の前がクリアになったような気がした。

僕は。

僕はずっと、どこへ行けばいいのかわからないって思っていた。何を選べばいいのか、何を決めればいいのか。先にある終着点だけを探していた。でも、それよりも前に、もっとわかっていないことがあった。

まず知るべきは、目的地じゃない。

［⑪］だったんだ――――。

（青山美智子『猫のお告げは樹の下で』による）

問一　二重傍線部(a)「(お)門違(い)」、(b)「誘(われる)」、(c)「抑揚」、(d)「葛藤」の漢字の読みをひらがなで答えなさい。

問二　波線部Ａ「嘘も□□」、Ｂ「□の数」の□にあてはまる漢字をそれぞれ答えなさい。

問三　傍線部①「ミクジのお告げ」とあるが、この「お告げ」にはある言葉が一語で書かれていた。その語を本文中から五字以内で抜き出して答えなさい。

問四　傍線部②「面接官が唇の端を片方だけ上げた」とあるが、この時の面接官の心情として最も適当なものを次から選び、記号で答えなさい。

は唇をぎゅっと結んだあと、体ごと僕に向き直った。
「なあ、慎。自分にしかできないことって、そんなのあるのかな。オレがギターをやめたって、誰も困らない。バンドから抜けたって、誰か別のギタリストが入るだけだよ。オレより何倍もうまい奴《やつ》がB□の数ほどいる」
僕を食い入るように見つめる竜三さんから、目がそらせない。竜三さんはこわいくらい静かに言った。
「オレにしか弾けないギターなんてない。ただ、オレだから弾けるギターがあるって、そう思うんだ。オレが唯一こだわってプライド持ってるのは、そこなんだ」
すみませんでした、竜三さん。謝りたかったけど、うまく言葉にできなかった。自分の何がどう悪いのか、確証が持てなかった。ひとつだけ気がついたのは、竜三さんの人知れぬ努力とか苦労とか悩みとか(d)葛藤とか、そういうものを僕はまったく見過ごして、彼が最初から自分の欲しいものをたやすく手にしてのほほんと生きてるなんて、ずっとそう思っていたってことだ。
「竜三さん、僕……」
そう言ったきり次の言葉が出ない僕に、竜三さんは［⑨］。
「おまえにもあるよ。慎にしかできないことって考えたらしんどいかもしれない。だけど、慎だからできるんだってことが、きっとある」
少しの間、沈黙になった。僕は耐え切れなくなって、必死で言葉を探した。
「……竜三さんのポイントカードは、いっぱいになったら何がもらえるんですか」
「うん？　すっげえ喜びがもらえる」
竜三さんは笑って、紙コップをペコっとつぶした。なんだ、それじゃあ僕の「いいことが起きる」とたいして変わらないじゃないか。はぐらかされた気がしたけど、僕はそれ以上追及できなかった。

（中略）

内定がひとつも出ないままの僕を、父さんがとうとう見かねたらしい。不動産会社を経営している遠縁の親戚がいるから、話を通してやってもいいと言ってきた。
そんな切り札があるのなら最初から言ってくれればいいのにという想《おも》いが胸をかすめる。そして次の瞬間、ざらついた舌でなめられるような不快感を覚えた。すぐにはわからなかったけどそれは、世話してもらうのが当たり前みたいに思っている自分への嫌悪だった。でも、だからといってそんないい話にのらない潔さは持っていない。べつに悪いことしてるわけじゃないんだからと、僕は⑩初めて芽生えた感情を押しつぶす。
数日後、父さんから「一応、形だけでも面接しようって言ってきてるぞ」と言われた。一応。形だけでも。話は通ったということだ。
よかった。よかったじゃないか。これで決まりだ。不動産会社って何をすればいいのかよく知らないけど、そんなことは入社してから教えてもらえばいい。ほっとしているはずなのに、なぜだか僕は落ち着かない気持ちになった。
日程をすぐに指定されたので、父さんから渡された社名と住所を元に、僕は会社への行き方をネットで調べた。うちからは遠く離れた場所にあって、聞いたことのない駅から歩いて二十分ほどかかりそうだっ社だった。

「そんなすぐにバイト辞めなくたって……」

「うん……でも、オレの気持ちの問題なんだ。もちろん売れるまではまだバイトして食いつながなきゃだけど、今は少しの間、曲作りや練習だけに全力かけたい」

竜三さんの口調は穏やかだけど熱がこもっていた。反して僕の心は冷えていく。

ふたつの感情が生まれていた。ひとつ。驚くべきことに、僕は竜三さんがいなくなることを寂しいと思っているのだった。そしてもうひとつ。竜三さんが夢をかなえようとしていることに対して、おもしろくないと思っているのだった。

どちらも予想外で僕は自分自身に戸惑い、苛立《いらだ》ちを鎮めようとコーラをずっとすすった。マクドナルドのコーラはしっかり濃い味がする。

竜三さんが言った。

「おまえもがんばれよ、就活」

竜三さんに肩をポンっと叩《たた》かれて僕は思わず、振り払うように体をよじった。

「いいですよね、竜三さんにはギターがあって」

え、と竜三さんの口が半開きになる。僕は⑤ふつふつと湧き上がってくる憤りをどうにも抑えられなかった。

「自分にしかできないようなことがあって、フリーターしながらお気楽に生きてて、夢もかなっちゃうんですか。すごいですね。何をやりたいのかもわからない僕とは大違いです」

冗談っぽく明るく言ったつもりだったけど、いくつも棘《とげ》が飛び出てしまう。怒ってくれ、止めてくれ、と僕は思った。でも竜三さんは手元の紙コップを両手で包むようにして見つめながら、ぽつんと言った。

「オレにしかできないことなんて、ないよ」

その声があまりにも儚《はかな》くて、ドキリとした。竜三さんは［　⑥　］。

「大学って、どんなとこ？」

唐突な質問だ。この話の流れで、なんでそんなこと。

「どんなって……」

「オレさ、大学受験したかったんだ。勉強得意じゃなかったけど、兄ちゃん見てて、いいなあって。サークルとかゼミとかさ。でも親に却下された。ウチはそんな金ないって。お兄ちゃんは特待生で大学行ったけど、あんた頭悪いんだから受けたってしょうがないわよとか。酔っぱらった父ちゃんに、貧乏なせいで安い酒しか飲めねえ、子ども四人もいらなかったなぁって言われたこともある」

竜三さんは［　⑦　］。(c)抑揚のないその話し方が、かえって竜三さんの悲しみをリアルに浮きだたせていた。僕は相変わらず気の利いたことも言えず、押し黙る。竜三さんはちょっと声のトーンを上げた。

「まあ、そうだよなーって、納得と反発をこめて、高校卒業してからは親から離れて好きなことだけやることにした。そこからデモテープ何本もいろんなとこに送って、ライブできるようにあちこち足運んでかけあって。ここまで続けてきてやっと認めてくれるプロダクションが現れたんだ。だから今となっては、ハングリー精神を養ってくれた親にも感謝」

竜三さんはそう言うとコーヒーを飲みほし、［　⑧　］。最後のひとことはなんだか無理やり自分に言い聞かせているようにも見えた。彼

二、次の文章を読んで、後の問いに答えなさい。（本文には一部改めたところがある）

〔ある神社に、落ち葉に「お告げ」をくれるミクジという猫がいた。大学生の主人公は、このミクジからもらったあるお告げの言葉を半信半疑ながら気にかけている。〕

次の週に、またひとつ面接があった。福祉関係の仕事だった。

「学業以外で、何か力を入れたことはありますか」

顎髭《あごひげ》の豊かな面接官にそう聞かれて僕は「きた！」と思った。用意していた通り、勢いよく答える。

「一日一善のポイントカードを作って、毎日つけていました」

これだ。人とちょっと違う、ユニークな回答。面接官に印象づけるような。考えたのは僕じゃないし、実際やってるわけじゃないけど、A嘘《うそ》も□□というやつ。

「それはおもしろいね」

面接官が机の上で両手を組んだまま言った。

やっぱりこれが①ミクジのお告げだったんだ。この面接、通るかもしれない。面接官が姿勢を崩さず畳みかける。

「どんなことが田島くんの善ですか」

ギクリとしたが、僕は作り笑いをキープしながら答えた。

「道に落ちているゴミを拾うとか、電車でお年寄りに席を譲るとか」

「なるほど。ではポイントがいっぱいになったら、何がもらえるんですか」

②面接官が唇の端を片方だけ上げた。好意的な笑みではないことが、すぐにわかる。まずい、そこまで考えていなかった。心拍数が上がってきたのをなるべく意識しないように、僕はしどろもどろになって答えた。

「えっと……いいことがある、とか」

「いいことって？」

「……それは」

答え③られなかった。竜三さんだったら、なんて言うんだろう。膝の上で握った手に汗がにじむ。

「自分にいいことが起きてほしいから、ゴミを拾ったり席を譲ったりするんですか？　それは見返りを期待した偽善だとは思わない？」

偽善。かあっと顔が熱くなった。そうだ。その通りだ。

「……そうかも、しれません」

にせものの笑顔を続けていたせいで、頬《ほお》の筋肉がつれている。(a)お門違いに竜三さんを恨みたいような気持ちにもなった。そのあとの質問にも満足に答えられず、僕はうなだれた偽善者のまま面接を終えた。

竜三さんが来月いっぱいでバイトを辞めてしまうと聞かされたのは翌週のことだ。シフトがふたりとも早番で、(b)誘われるまま帰りに寄ったマクドナルドで告げ④られた。もしかしたら竜三さんは、僕にそれを伝えるために声をかけてくれたのかもしれない。

「オレのバンド、デビューできるかもしれないんだ」

カウンター席に並んで座り、百円のホットコーヒーを飲みながら竜三さんが言った。指と声が、少しだけ震えていた。

動画サイトを見たプロダクションから声がかかったらしい。大手ではないけど、所属しているアーティストを聞くとそれなりに実績のある会

いった。ノリの地図では白い場所だったはずの街路が、車とエアコンによって、どんどんどす黒く汚されていったのである。そのプロセスの果てに、地球温暖化が進行し、地球温暖化はグローバルなレベルで街路という居場所を、人間から(d)ウバオウとしているのである。

（隈研吾『コロナの後の都市と建築』による）

問一　二重傍線部(a)「キハク」、(b)「イゼン」、(c)「オンショウ」、(d)「ウバオウ」のカタカナを漢字にしなさい。ただし、必要に応じて送り仮名も付すこと。

問二　空欄 A ～ D にあてはまる語を次から選び、それぞれ記号で答えなさい。

ア　しかし　　イ　すなわち
ウ　そして　　エ　むしろ

問三　傍線部②「鉄のハコ」とは具体的に何のことか。自分で考えて答えなさい。

問四　本文中に二箇所ある、空欄 ③ に共通してあてはまる漢字二字の言葉を本文中から抜き出して答えなさい。

問五　傍線部④「やればできたものを、やらないままにいたつけが、このような形でわれわれに降りかかってきた」とあるが、「このような形」とは具体的にどういうことか。「こと。」につながるように、これより後の本文中から三十五字で探し、その最初と最後の四字ずつを答えなさい。（句読点や「」などの記号も一字とする）

問六　傍線部⑤「そのような女性」とはどういう女性のことか。本文中の言葉を使って説明しなさい。

問七　傍線部⑥「歩くこと自体が最も重要な時間となり、最も重要な時間を与えてくれる」とはどういうことか。適当でないものを次から選び、記号で答えなさい。

ア　長時間室内に閉じこもっていることによる体調の乱れを整えてくれるということ。
イ　頭の中で様々なことを考え、普段思いつかない新鮮な発想が生まれるということ。
ウ　疲れたら公園のベンチで休む等、自分のペースに合わせて移動できるということ。
エ　いつも一人でいることによって人との距離を自由に選ぶことができるということ。

問八　傍線部⑦「エアコン（空調）という悪魔的な機械」とあるが、なぜそう言えるのか。その理由を次から選び、記号で答えなさい。

ア　温湿度が自動的にコントロールされることで、本来人間が持つ体温調節の能力を奪うから。
イ　室外の温度を上昇させることで、室外を不快な空間へと変え、地球温暖化を促進するから。
ウ　常に快適な温湿度に保たれることで、ハコ自体を解体しようという意識が生まれないから。
エ　エアコンを動かすためには、有限の資源である化石燃料を大量に消費することになるから。

問九　傍線部①「今、コロナの後に、われわれは、どのような都市を作り、どのような建築を作らなければいけないのだろうか」とあるが、この問題提起に対する答えを本文中の言葉を使って書きなさい。

燃やすことで、ハコが成立していたが、このシステムが長くは続かないことに、人々は気づき始めていた。［D］、ハコを出ようとは誰も思わなかった。ハコは作り続けられていたし、より大きなハコが企業や都市のレベルを示すことだとみなされ、進んでいると考えられていた。そのような時に、コロナがやってきて、政府から、不要不急の時以外はハコに行くなといわれたわけである。

ハコからの脱却は、室内からの脱却ということでもある。僕はこれを、もう一回外を歩くことだと理解した。都市計画では、コンパクトシティということが、叫ばれはじめていた。都心の大きなハコで働いて、遠くの郊外に住むという二〇世紀のライフスタイルを続けると、都市はどんどん拡大していってしまい、通勤と輸送にかかるコストやエネルギーを拡大する一方となる。地球温暖化にも歯止めがきかない。オフィスの近くに住んで、通勤の距離を縮めようというのが、コンパクトシティの考えである。都市計画の人たちは新しい言葉が好きで、スマート・シティという言葉も最近よく聞かれるが、どちらも、ハコ自体を解体しようという意識は(a)キハクのように見える。ハコを作る建設産業をエンジンとして回転していた、二〇世紀の産業資本主義システムは、いまだに健在なのである。都市計画も建築業界も、(b)イゼンとしてその利益共同体の傘下にあり、それを前提としてのスマート・シティなのである。

新しいテクノロジーでエネルギー消費を削減するといっても、ハコを温存する限りは、ただハコが重装備になるだけで、ハコの値段が上がるだけで、都市の息苦しさは、いつまでたっても解消されない。新しい交通も結構であるが、歩くことは、単なる移動ではない。⑥歩くこと自体が最も重要な時間となり、最も重要な時間を与えてくれるのである。

ハコにこだわるということは、室内にこだわっているということと同義である。人間が室内に暮らすようになったのは、⑦エアコン（空調）という悪魔的な機械が登場してからであり、それほど歴史は古くない。学生の頃、僕は世界の集落の調査に明け暮れていたが、集落において、室内で人間が過ごす時間は驚くほどに短かかった。殆《ほとん》どの時間を人々は、外部か、あるいは縁側、ベランダのような中間領域で快適に過ごしていた。

一八世紀のイタリアのジャンバティスタ・ノリが描いた地図（一七四八）は、当時もまだ室外というものがいかに重要な生活空間であったかを示している。ノリはローマの市街地を、白と黒の二色に塗り分けているのだが、建築が黒で、広場や街が白という通常の塗分けではない。誰もがアクセスできる空間は、外部空間だけではなく、教会堂も含めて白であり、個人の邸宅のようにアクセスできない空間だけが、黒なのである。これを見た時、東京にはほとんど白い空間がないと感じた。誰もがアクセスできる白がネットワーク上につながって、都市の主役となっているローマを、うらやましく感じた。東京においては、道路もまた、車という「私」によって占有されている黒い空間であり、白は限りなく小さく、その小さな空間に人がひしめきあって、コロナの(c)オンショウの「密」空間が生まれたのである。

二〇世紀におけるエアコンの発明によって、室内は密閉され、エアコンは室内の温度を下げるのとは逆に、室外の温度を上昇させ、室外はいよいよ不快な空間となった。二〇世紀に登場したもうひとつの大きな技術、車によって、室外はいよいよ不快で人のいられない場所へと落ちて

【国語】（五〇分）〈満点：一〇〇点〉

一　次の文章を読んで、後の問いに答えなさい。（本文には一部改めたところがある）

疫病は、都市や建築を、何度も大きく転換させ、作り変えてきた。歴史を振り返ってみても、ペストによって、中世の密集した街と狭い路地は嫌われ、ルネサンスの整然とした都市と、幾何学が支配する大ぶりな建築が生まれた。では、①今、コロナの後に、われわれは、どのような都市を作り、どのような建築を作らなければいけないのだろうか。

ひとつのテーマは、ハコからの脱却である。二〇世紀に、人々はハコに閉じ込められた。ハコの中で仕事をする方が効率がいいとされて、超高層ビルに代表される大きなオフィスビルや大工場に、一定時間閉じ込められて、働かされた。そのハコに出勤し、帰宅するために、再び②鉄のハコに閉じ込められ、密を強要された。大きなハコで働き、通勤する人が、この世紀にはエリートとされた。［　A　］都市はハコに埋め尽くされ、ハコとハコの隙間も、鉄のハコの移動のための空間でしかなかった。この世紀は「［　③　］の世紀」ともいわれたが、人々の暮らしを見る限り、ハコに閉じ込められた人々は、［　③　］からは遠い存在に見えた。

実際にはハコに閉じ込められなくても、十分に効率的に仕事ができる技術を、すでにわれわれは手に入れている。今回のコロナ騒動によって、多くの企業がテレワークに踏み切ったが、「やればできたんだ」というのが、人々の感想であった。④やればできたものを、やらないままにいたつけが、このような形でわれわれに降りかかってきた。

ハコに閉じ込める仕事のやり方は、女性にも多くの犠牲を強いた。出産や子育ての時期には、ハコに通ってみんなで仕事をすることが難しい。そのために多くの有能な女性が仕事から排除され、社会から排除されてきた。⑤そのような女性を再び社会が受け入れるきっかけを、今回の疫病が作ることにならなければ、社会が払ったこれだけの犠牲が浮かばれないだろう。

今回僕は、随分と歩いた。歩くことで体調を整え、また歩きながら様々なことを考え、様々なものを頭の中の紙の上でスケッチした。古代ギリシャのアリストテレスの一派は、歩廊で歩きながら講義を行い、逍《しょう》遥《よう》学派と呼ばれた。歩きながら思考するという方法は、アリストテレスの師プラトン、その師であるソクラテスから学んだといわれている。僕は歩き疲れると公園のベンチで仕事をした。ハコの外にいても充分な仕事はできるのである。［　B　］普段は思いつかない新鮮な発想も生まれた。

歩くとは、人との距離を自由に選べるということでもある。密着したい時は、歩み寄って抱きしめればいいし、距離をとりたい時は、いくらでも遠ざかることができる。鉄のハコに詰め込まれて移動している時は、そうはいかない。歩くということは、いつも一人でいるということであり、自由であるということである。

公園は空調しなくても、充分に気持ちがいいが、ハコは空調し続けなければならない。昼間も照明で照らし続けなければならない。特に、最も効率がよいとされた大きなハコは、自然換気だけでは温湿度のコントロールができないので、空調が必須である。ハコの文明は［　C　］、空調文明でもあった。それは同時に石油文明でもあった。安い化石燃料を

MEMO

大切なことはメモしておこうネ！

2022年度

共立女子第二高等学校入試問題（２回）

【数　学】（50分）　＜満点：100点＞

Ⅰ．次の各問いに答えなさい。

① $(x+6)^2-(x+5)(x+3)$ を計算しなさい。

② $\dfrac{a-3b}{2}-\dfrac{a-3b}{3}$ を計算しなさい。

③ $a=\dfrac{3}{2}$，$b=-\dfrac{2}{3}$ のとき，$(-2ab^3)^2\times(-3a^3b)^2$ の値を求めなさい。

④ $\dfrac{12}{\sqrt{72}}-\dfrac{\sqrt{3}}{\sqrt{6}}$ を計算しなさい。

⑤ 連立方程式 $\begin{cases}\dfrac{1-x}{4}=3y-\dfrac{1}{2}\\ \dfrac{x-y}{3}-\dfrac{y}{5}=1\end{cases}$ を解きなさい。

⑥ ２次方程式 $x^2+4x-1=0$ を解きなさい。

⑦ $x=\sqrt{7}+2$ のとき，$(x-3)(x+4)+6$ の値を求めなさい。

⑧ 関数 $y=2x^2$ の x の変域が $-2\leqq x\leqq a$ のとき，y の変域は $b\leqq y\leqq 18$ である。このとき，a，b の値を求めなさい。

⑨ 大小２個のさいころを同時に投げるとき，大きいさいころの出た目の数が，小さいさいころの出た目の数より大きくなる確率を求めなさい。

⑩ $2\sqrt{2}<\sqrt{3a}<n$ を満たす自然数 a の個数が14個となるように自然数 n の値を求めなさい。

Ⅱ．図のように，放物線 $y=x^2$ のグラフ上に４点A，B，C，Dがあり，点Aと点Cの y 座標は等しく，点Cの x 座標は点Bの x 座標より３だけ大きい。また，直線ADと直線BCは平行で，その傾きは１である。このとき，次の各問いに答えなさい。

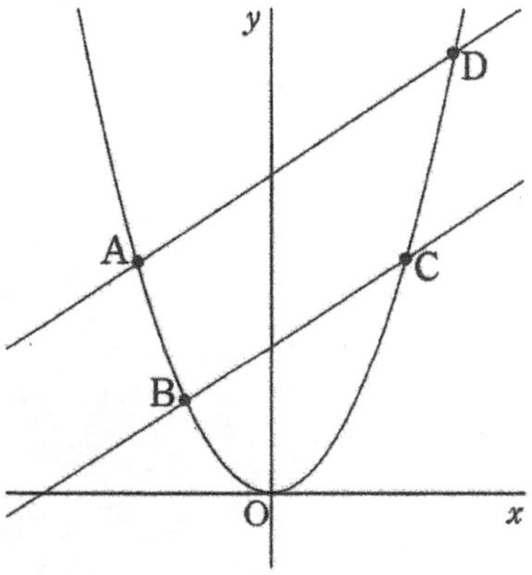

① 点Bの x 座標を t とするとき，点Cの y 座標を t で表しなさい。

② t の値を求めなさい。

③ 点Dの x 座標を求めなさい。

Ⅲ．図の$\angle x$，$\angle y$の大きさを求めなさい。ただし，点Oは円の中心，BEは円の直径とする。

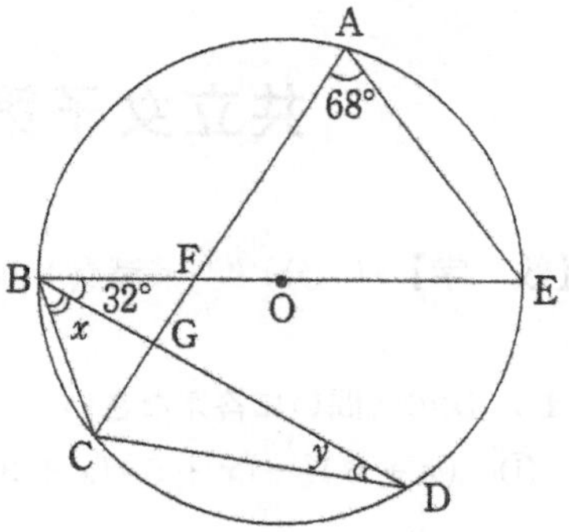

Ⅳ．△ABCにおいて，BD：DC＝１：１，AE：EC＝２：３である。また，ADとBEの交点をF，Eを通りBCに平行な直線とADの交点をGとする。このとき，次の各問いに答えなさい。

① AG：GDを求めなさい。

② AF：FDを求めなさい。

③ △GFE：△ABEを求めなさい。

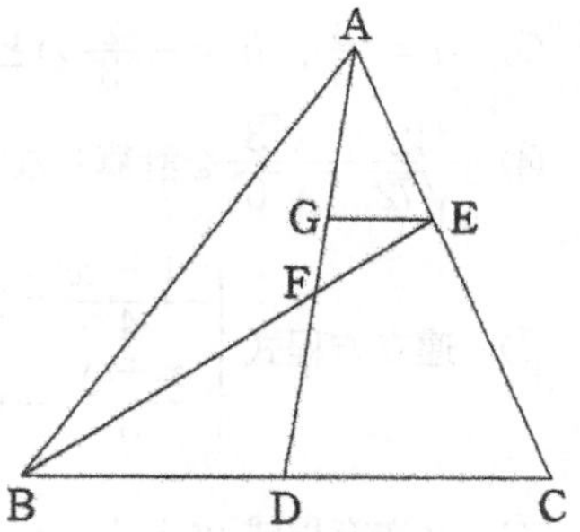

Ⅴ．右の図は，母線の長さが６㎝，底面の直径ABの長さが４㎝の円すいである。また，点Pは母線OA上の点で，OP：PA＝１：２である。このとき，次の各問いに答えなさい。

① この立体の表面積を求めなさい。

② 点Aから点Pに円すいの側面にそって線をひく。このとき，母線OBを１回通る最も短い線の長さを求めなさい。

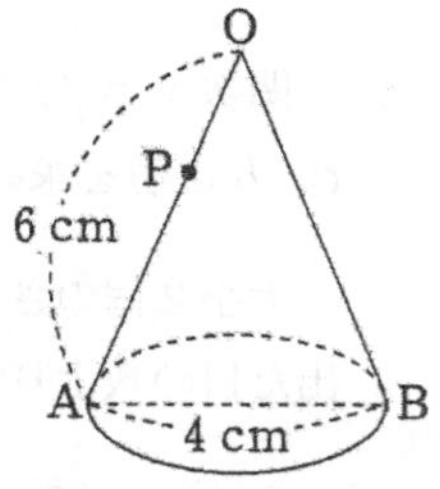

【英　語】（50分）　＜満点：100点＞

Ⅰ．［リスニング問題］放送を聞いて設問に答えなさい。

［A］ 次に対話と質問が流れます。その質問に対する答えとして適切なものを１つずつ選び，番号で答えなさい。英文と質問は２回読まれます。

(1)　1．Once a week.　2．Twice a week.　3．Once a month.　4．Twice a month.

(2)　1．He missed the bus.　2．He lost the plane tickets.　3．He didn't bring his phone.　4．He left his passport at home.

(3)　1．She brought her pet into the garden.
2．She damaged the flowers.
3．She took pictures of the flowers.
4．She painted a sign in the garden.

(4)　1．Go to another restaurant.　2．Wait for a table.　3．Cancel her reservation.　4．Come back tomorrow.

［B］ 次にまとまった英文と質問が流れます。その質問に対する答えとして適切なものを１つずつ選び，番号で答えなさい。英文と質問は２回読まれます。

(1)　1．Sally's mother.　2．Lisa's mother.　3．Sally's sister.　4．Lisa's sister.

(2)　1．Interview a professional singer.　2．Talk to an athlete.　3．Tell listeners today's weather.　4．Read the news report.

(3)　1．They called a campground.　2．They stayed at a hotel.　3．They went to a campground.　4．They camped behind Ben's house.

※リスニングテストの放送台本は非公表です。

Ⅱ．英文を読み，各設問に答えなさい。（＊の語には注釈がある。）

Many years ago, there were large cities and gardens in some *rainforests. In Nigeria, scientists found old walls 10 meters high. ①These walls were built around a town in the rainforest more than a thousand years ago. In the Mexican rainforest, the *Mayan people built great stone buildings, and in the rainforest of Cambodia there are hundreds of buildings at *Angkor. In both places there are buildings that are more than a thousand years old. ［ ア ］

Today, about fifty million people live in the rainforests of the world and most of them do not damage the forest that they live in. They take the fruit from the forest trees, ②(A) they do not cut the trees down. They kill some animals to eat, ②(B) they do not destroy the *species. ［ イ ］

When we cut down the rainforests, we destroy the lives of these forest people too. In 1900, there were one million forest people in the Amazon forest. In 1980, there were only 200,000.

The *Yanomami live along the rivers of the rainforest in the north of Brazil. They have lived in the rainforest for more than 10,000 years and they use more than 2,000 different plants for food and for medicine. But in 1988, someone found gold in their forest, and suddenly 45,000 people came to the forest and began looking for gold. They cut down the forest to make roads. ③The Yanomami people lost land and food. [ウ]

The Yanomami people tried to save their forest, because it was their home. But the people who wanted gold were stronger, and many of the Yanomami people lost their homes. In 1992, Brazil made a national park for the Yanomami people. A national park (or forest park) is a safe place for plants and animals; people cannot make towns or cut down trees there. So now the Yanomami have a home which is safe.

The *Enawene Nawe people live in Mato Grosso in Brazil. There are only 420 of these people. They eat fish and fruits which they find in the forest. They want to protect their forest because they are in danger from big *soya businesses. [エ]

Many forest people try to save their forests. ④Chico Mendes was famous in Brazil and all over the world because he wanted to keep the forest for his people. "I want the Amazon forest to help all of us – forest people, Brazil, and all the earth," he said. Chico Mendes was born in the rainforest, and when he was still a child he began working on a *rubber plantation with his father. In 1976 he began to work with other rubber workers to protect the rainforests. Businesses were buying the forest of the rubber workers, and Chico Mendes told people in Brazil and other countries about the disappearing forests. In 1988, people who wanted to cut down the forest (⑤) Chico Mendes outside his home.

In Borneo, people began to cut down the forest of the *Penan people to sell the wood. The Penan people tried to save their rainforest. In 1987 they closed fifteen roads into the forest for eight months. (⑥) cut down any trees during that time. The organization Survival International began working with the Penan people in the 1970s, and is still helping them and their forest.

Rainforests（Oxford University Press　一部改）

（注）rainforests　熱帯雨林　Mayan　マヤ　Angkor　アンコール　species　種族
Yanomami　ヤノマミ（南米の先住民の一部族）
Enawene Nawe　エナウェネ ナウェ（ブラジルの一部族）　soya businesses　大豆事業
rubber　ゴム　Penan　ペナン（東南アジアの一部族）

問１　下線部①の説明として適切でないものを１つ選び，記号で答えなさい。

ア．メキシコやカンボジアに住む人々の共同作業によって建てられた。

イ．町の近くや熱帯雨林の中に建てられた。

ウ．約10メートルほどの高さがあり，科学者によって発見された。

エ．500年以上前に建てられた。

問２　下線部②（A），（B）に共通して入る語として適切なものを１つ選び，記号で答えなさい。

ア．and　　イ．because　　ウ．but　　エ．if

問3　以下は下線部③の理由です。（1），（2）に適切な日本語を書きなさい。

「彼らの熱帯雨林で（　1　）が発見され，それを求めて多くの人々が来た。彼らは，（　2　）を作るために木を切った。」

問4　下線部④の説明として適切なものを2つ選び，記号で答えなさい。

ア．Many people in Brazil know him.

イ．Protecting rubber workers is one of the most important things for him.

ウ．When he was young, he began working only for his father.

エ．He talked about the forest to try to protect it.

問5　(⑤)，(⑥) に入る語（句）として適切なものをそれぞれ1つずつ選び，記号で答えなさい。

(⑤)　ア．loved　　イ．killed　　ウ．lived　　エ．saved

(⑥)　ア．Everyone　　イ．The Penan people

　　　ウ．No one　　エ．People in Borneo

問6　以下は，Amazon の森林で暮らす人々についての説明です。（　）に入る数を算用数字で答えなさい。

「Amazon の森林で暮らす人々は1900年に比べて80年で，約（　　　　　　）人減少した。」

問7　以下の英文が入る最も適切な場所を本文の［ア］～［エ］から選び，記号で答えなさい。

Many died because new sickness came to the forest with the strangers.

問8　次のア～エの英文のうち，本文に合っているものにはTを，合っていないものにはFを記入しなさい。

ア．Most of the people living in the rainforest damage it.

イ．The Enawene Nawe people use many kinds of plants for medicine.

ウ．The Yanomami people were weaker than the people who wanted gold.

エ．People cannot cut down trees in a national park.

問9　次の質問に2語以上の英語で答えなさい。

1．Do the Yanomami people have a home which is safe now?

2．How many roads did the Penan people close in 1987?

Ⅲ． 高校生の *Saki* がクラスメートの *Hiro* と話をしています。対話文を読み，各設問に答えなさい。（＊の語には注釈がある。）

Hiro: Hi Saki. Welcome back! It's good to see you again. How was your stay in the UK?

Saki: I had a great time there. My host family were so kind, and I really loved school life. In fact, it was so different from Japan.

Hiro: Oh, really? What things surprised you the most?

Saki: Well, first, there was so much moving! Here in Japan, we spend most of the school day in our homeroom classrooms. Teachers come to our classroom for each subject.

Hiro: I see, so the students go to the teachers in the UK?

Saki: That's right. There were some buildings in my school. We called them 'blocks', for example, an English block, a language block, a science block, and so on. We had to use the time between classes to get to the next block. Sometimes they were far away, so we had to walk or even run to start each class on time!

Hiro: Wow, that's a lot of exercise! It must be hard to carry all your textbooks with you.

Saki: It was hard for me, but we usually only had one textbook for each subject, so they weren't too heavy. Students don't buy textbooks, they borrow them from the school and then return them at the end of the school year. It's a good way to recycle them and save paper, too!

Hiro: It is! How was your homeroom teacher?

Saki: My teacher was called a 'form tutor'. Actually, in the UK, they say 'form'. It means 'homeroom'. When students get to school, they come to their form room and the teacher checks the students. In Japan, we often talk to our homeroom teacher about many things, but in the UK, many students *hardly ever speak to their teachers.

Hiro: Interesting. How about everyday school life?

Saki: There were several big differences. First, there were almost no clubs at all! Of course, some students do some after school activities, for example, sports, music or drama, but most people just leave school at 3 p.m. as soon as the last class ends. I didn't do anything while I was there, so I always got home by 3:30!

Hiro: Did you?! [A]

Saki: Yes, I went to bed earlier than I do here in Japan and slept much longer! The next thing is students never clean their classrooms. I enjoy doing it in Japan because it's a kind of teamwork. Also, we learn to be *responsible and not to drop trash. Some of the rooms in my UK school were a little untidy!

Hiro: I can imagine! So, what were the lessons like?

Saki: Hmm, they were *completely different. For one thing, there was a lot of discussion. Students' desks were always put together in groups of four or six, so it was easy to talk with classmates. When the teacher asked a question, so many students raised their hands to answer. They were not shy at all and often disagreed with each other! At first, I thought they were fighting, but I got to know that they just really enjoyed talking about topics!

Hiro: That sounds kind of fun.

Saki: It was. In fact, as my English skills got better, I also felt more *confident and began to share my ideas with my classmates. It is challenging, but it is important to tell people what you think in the UK.

（注） hardly ever　めったに～しない　responsible　責任がある　completely　完全に
confident　自信がある

問１　(1)～(5)までの英文が本文の内容と一致するように，適切なものを１つずつ選び，記号で答えなさい。

(1) Students in the UK ＿＿＿＿＿.
ア．give textbooks to poor people
イ．borrow textbooks from their friends
ウ．buy textbooks for each subject
エ．use the textbooks in the school

(2) Many students in the UK ＿＿＿＿＿.
ア．often talk to their homeroom teachers
イ．speak to their teachers only when they have trouble
ウ．don't talk much to their teachers
エ．have a friendly talk with their teachers

(3) Saki went to bed early in the UK because ＿＿＿＿＿.
ア．she had nothing to do after school
イ．she didn't do her homework at home
ウ．she had to get up early every day
エ．she was tired of classes at school

(4) Saki found ＿＿＿＿＿.
ア．some of the rooms in Japan were not clean
イ．some of the rooms in the UK were dirty
ウ．students in the UK didn't drop trash
エ．Japanese students never threw away trash

(5) During lessons in the UK, ＿＿＿＿＿.
ア．students fight each other
イ．students often give the same opinions as others
ウ．students have fun when they exchange ideas
エ．students say nothing all the time

問２　文中の空所 [A] に入れるのに最も適切なものを下から１つ選び，記号で答えなさい。
ア．That sounds like an exciting day.　イ．That sounds like a bad day.
ウ．That sounds like a short day.　エ．That sounds like a difficult day.

問３　以下は２人の会話の内容をまとめたものです。（１）～（６）にあてはまる単語を書きなさい。

Saki talks about the differences between Japanese and UK schools. In the UK, there are some buildings called blocks. The （ 1 ） wait for the （ 2 ） in each block for lessons. Students in the UK don't have many （ 3 ） activities after school. Sure, there are some activities such as sports, music or drama, but most students leave school when the last lesson is over. Also, they don't have to (4) their classrooms. Actually, Saki likes to do that in Japan because she can work (5) on a team. She is surprised at the discussion in the lessons at first. However, now she understands it is important to show how she (6) to other people.

Ⅳ. 次の日本文に合う英文になるように，(　) 内の語句を並べかえなさい。ただし，文頭にくる単語も小文字になっています。

(1) ジョンは姉に宿題を手伝ってくれるように頼んだ。
(him / his / John / with / help / sister / asked / to) his homework.

(2) 日本製のカメラは世界中で人気があります。
(popular / Japan / over / made / are / in / cameras / all) the world.

(3) 私はエミが先週貸してくれた本をちょうど読んだところです。
(week / read / lent / Emi / the book / iust / I've / me / last).

(4) 私は自分がピアノが上手だったらいいのにと思う。
(the piano / at / wish / I / I / good / were / playing).

Ⅴ. 次はEmiが「鎌倉校外学習」というテーマで行事前のショートスピーチをするために作ったメモです。メモの内容に合うように，４つの英文を完成してスピーチの原稿を作りなさい。

> 伝えたいこと：
> １．自分は鎌倉に行ったことがない
> ２．鎌倉は毎年多くの人によって訪れられている
> ３．鎌倉は古い寺社(temples and shrines)で有名である
> ４．自分は日本史に関心がある

Hello, I'm Emi. I'd like to talk about our day trip to Kamakura.

(1) ____________________ before.

(2) Kamakura ____________________.

(3) Kamakura ____________________.

(4) I ____________________.

I'm looking forward to visiting Kamakura.

Thank you for listening to my speech.

ウ　立ち別れいなばの山の峰に生ふるまつとし聞かば今帰り来む

エ　君がため春の野にいでてわかな摘むわが衣手に雪は降りつつ

問五　本文の出典である『宇治拾遺物語』は鎌倉時代に成立したとされている。これより後に成立した作品を次から選び、記号で答えなさい。

ア　源氏物語　　イ　奥の細道　　ウ　竹取物語　　エ　枕草子

でも印象を良くしようとしている。

エ　前年にはいなかった厳しい審査員がいるので、決して負けないように強気で主張しようとしている。

問九　空欄 ⑨ にあてはまる言葉を本文中から十一字で抜き出して答えなさい。

三、次の古文を読んで、後の問いに答えなさい。

　これも今は昔、ある僧、人のもとへ行きけり。酒など勧めけるに、※1氷魚《ひを》※2はじめて出《い》で来《き》たりければ、あるじ珍しく思ひて、もてなしけり。あるじ用の事ありて、内へ入りて、また出でたりけるに、この氷魚の殊《こと》の外《ほか》に少なくなりたりければ、あるじ、いかにと思へども、①いふべきやうもなかりければ、※3物語しゐたりける程に、この僧の鼻より氷魚の一つふと出でたりければ、あるじ(a)あやしう覚えて、「その鼻より氷魚の出でたるは、②いかなる事にか」といひければ、(b)取りもあへず、「③この比《ごろ》の氷魚は目鼻より降り候《さぶら》ふなるぞ」といひたりければ、人皆、「は」と笑ひけり。

※1　氷魚＝「ひうを」の略称。鮎《あゆ》の稚魚で、三～五センチメートルの半透明の魚。白魚に似ている。

※2　はじめて出で来たりければ＝初物として出回り始めたので。

※3　物語＝雑談。

問一　二重傍線部(a)「あやしう」、(b)「取りもあへず」の本文中での読みを現代仮名遣いに直し、すべてひらがなで答えなさい。

問二　傍線部①「いふべきやうもなかりければ」とあるが、何を口にすべきではないと考えたのか。本文中から二十字以内で抜き出して答えなさい。

問三　傍線部②「いかなる事にか」とは、「どうしたことか」という意味であるが、「あるじ」はなぜこのような発言をしたのか。次から選び、記号で答えなさい。

ア　どうして僧の鼻から氷魚が出ているのかが全く理解ができなかったから。

イ　人を笑わせるためならばどのようなことでもする僧の姿に感動したから。

ウ　僧としては断じて許されない行為に対してその罪を償わせたかったから。

エ　僧が氷魚を盗み食いしたことは明白で、どう答えるか興味があったから。

問四　傍線部③「この比の氷魚は目鼻より降り候ふなるぞ」には、「氷魚（ひを）」にかけて「ひお（雹《ひょう》）」という言葉あそび（掛詞《かけことば》）が使われているが、この掛詞の技法が使われている和歌を次から選び、記号で答えなさい。

ア　秋の田のかりほの庵《いを》の苫《とま》をあらみわが衣手はつゆにぬれつつ

イ　ちはやぶる神代もきかず竜田川からくれなゐに水くくるとは

ア　部長であるにもかかわらず文化祭への思いが今一つな蓉に対して少しでも前向きな気持ちになってほしいと思ったから。
イ　部長である蓉よりも文化祭にかける思いの強い部員は大勢いるはずなのでそちらへ任せるのが妥当だったと考えたから。
ウ　部長である責任感が強い蓉がすべてを抱え込もうとしていることに対してもっと仲間を信じるように伝えたかったから。
エ　部長であるにもかかわらず文化祭に出られない可能性のある蓉に余計な気遣いをさせてしまうことになると思ったから。

問三　空欄［②］・［④］・［⑤］にあてはまる語を次からそれぞれ選び、記号で答えなさい。
ア　協調性　イ　物語性　ウ　判断力
エ　思考力　オ　責任感　カ　親近感

問四　空欄［A］～［C］にあてはまる語を次からそれぞれ選び、記号で答えなさい。
ア　着々と　イ　淡々と
ウ　のろのろと　エ　こそこそと
オ　あれよあれよと

問五　傍線部③「考えを改めた」とあるが、それはどういうことか。最も適当なものを次から選び、記号で答えなさい。
ア　『ワンポーション』への出場が決まった時にはわけもなく不安になっていたが、実際に出場してみて自信がついたということ。
イ　始めのうちは他の生徒と同じように『ワンポーション』への出場に浮かれていたが、次第に否定的な考えになったということ。
ウ　当初は『ワンポーション』への出場に否定的であったが、二人の活躍を目の当たりにし敬意を払えるまでになったということ。
エ　最初は『ワンポーション』に出場できるなんて思ってもいなかったが、先輩達を見てそれが誤りだったと気づいたということ。

問六　傍線部⑥「料理の引き出しも多い」とは、言い換えるとどのようなことか。二十五字以内で説明しなさい。

問七　傍線部⑦「澪は一瞬顔を曇らせたが、最後には首を縦に振った」とあるが、この時の澪の心情として最も適当なものを次から選び、記号で答えなさい。
ア　蓉の提案に対して不安を感じたものの、今の自分にはそれ以上のことはできないと判断して妥協している。
イ　蓉の提案を一瞬不十分なものと感じてしまったけれど、よく考えれば勝算はあると判断して納得している。
ウ　蓉の提案にはもの足りないところはあったが、今の自分の考えよりはまだましだと判断して譲歩している。
エ　蓉の提案に対して納得はし切れなかったが、自分のフォローがあれば十分戦えると判断して挑戦している。

問八　傍線部⑧「蓉はまくしたてるようにそう話した」とあるが、この時の蓉の心情として最も適当なものを次から選び、記号で答えなさい。
ア　自分たちのパフォーマンスにたいへん満足していたので、自信を持って堂々とプレゼンをしている。
イ　プレゼンの内容にあまり自信がなかったので、少しでもはやく終わらせてしまいたいと思っている。
ウ　作った料理に全く自信が持てなかったので、このプレゼンで少し隣の審査員が、「ちょっと、言い過ぎでしょ」とたしなめた。蓉の頬《ほお》はかつてないほど赤らんだ。もうお腹に力は入っておらず、涙をこらえるので必死だった。背中をさする澪の手が、虚《むな》しさを余計に膨らませた。蓉に反論の余地はなかった。事実、他の二作品は、実験的でありつつも高い完成度を誇っていた。**（中略）**

放送終了後、蓉はそれまで我慢していた涙を一気に溢《あふ》れさせた。澪に何度も謝った。「体調を崩した私のせいだから」と彼女は言ってくれたが、蓉にはなんの慰めにもならなかった。放送後、両親に報告しようと※2『新居見《にいみ》』のドアノブに手をかけると、中から客の声がした。「娘さん、大丈夫か。オルタネートで大変なことになってるってうちの子が言ってたぞ」。母はごまかすように会話を続けたが、父の声はしなかった。

「本当に出るのね？」

「そのつもりです」

「そう。今年も日程は同じ？」

「まだ、具体的なスケジュールは聞いてないけど、可能性はあります」

「じゃあ、また部長不在になるかもしれないのね」

昨年は文化祭の初日と『ワンポーション』の決勝の日程がかぶってしまい、二日目からしか参加できなかった。

「ごめんなさい、いつも面倒かけて」

「謝らないで。みんな応援してるんだから。企画提案書は別の人に任せてもいいし。じゃあ私は一度生物室に戻るけど、あとでまた来るから、自由に進めててね」

笹川先生が調理室から出ていくと、「そんなに躍起になんなくてもいいんじゃないの」とダイキが言った。

「躍起になってるんじゃない。チャレンジしないことにダメ出しされて、チャレンジしないわけにはいかないでしょ」

「去年あんなに泣いてたのに」

本当は今でも逃げ出したいと思っている。エントリーしなければ、高校生活最後の文化祭を思う存分満喫できる。だけど「［　⑨　］が好きなんだね」ともうひとりの自分が皮肉交じりに挑発する

オーディション以降はペアでの戦いになる。まだ誰を指名するかは決めていない。

申し込み用紙には出場する代表者の氏名だけでいいので、そこには自分の名前を記入する。応募に必要なのはテーマに沿った料理の写真、レシピ、作品の意図。書類審査での指定の食材は「イチジク」。テーマは「美と調和」だった。

この条件で部員各自に料理を考えてきてもらう。そこからペアの相手を選出する。蓉はホワイトボードをまっすぐ見つめ、力強く「イチジク」と書いた。

（加藤シゲアキ『オルタネート』による）

※１　オルタネート＝架空のＳＮＳアプリ。

※２　『新居見』＝料理人である父が営む店の名前。

問一　二重傍線部(a)「臨（んだ）」、(b)「繊細」、(c)「棄権」、(d)「覆（う）」の漢字の読みをひらがなで答えなさい。

問二　傍線部①「それ、新見さんじゃない人に渡すべきだったかな」と、笹川先生が言った理由として最も適当なものを次から選び、記号で答えなさい。

しかしこの日、澪の体調がおもわしくなかった。気分が悪く、熱はないがぼおっとするという澪に、蓉は(c)棄権しようと言い張ったが、澪は出場すると言ってきかなかった。ここまできたのにみんなの期待を裏切るわけにはいかない。彼女は何度もそう口にした。

澪の不調は隠して二人は決勝戦へと向かった。食材は「ヤマブシタケ」と「魚介」。テーマは「銀河」。ヤマブシタケは二人とも扱ったことがなく、手にしたこともなかった。白くふわふわの、タンポポの綿毛のような、はたまた小さな雪男のようなその食材を、どう調理していいかわからず、それでいてもうひとつの「魚介」という広いカテゴリーが余計に二人を混乱させた。途方に暮れる二人をよそに他のペアは［C］作業を進めていく。

澪はやはり辛そうだった。そして彼女は言った。「蓉が決めて」。自信はなかったが、そうするしかなかった。蓉は魚介にヤマブシタケの中華あんかけはどうかと提案した。⑦澪は一瞬顔を曇らせたが、最後には首を縦に振った。

蓉は伊勢《いせ》エビを蓮《はす》の葉に包んで蒸し、澪はホタテをグリルした。できあがったものにハマグリの出汁《だし》とほぐしたヤマブシタケで作ったあんかけを回しかける。見た目は悪くなかった。味も問題ない。どうにかなる。そう信じたかった。

円明学園高校の料理が審査員五人の前に運ばれる。彼らは表情ひとつ動かさなかった。代表者として蓉がテーマの解釈を述べる。

「宇宙は私たちの想像の及ばないほど、謎めいています。そこに地球があり、地球のほとんどが海です。私たちの近くにある海にも、まだ明らかにされていない謎がたくさんあります。なので深海を連想するような、海底で生活する魚介を使いたいと思いました。エビ、貝、うに。それらで地球の神秘から宇宙の神秘への結びつきを表現しました。ヤマブシタケはそれ自体が神秘です。この、はっきり言って奇妙な見た目、宇宙人みたいなキノコをほぐしソースにすることで、地球を(d)覆う銀河や流れ星を演出しました」

⑧蓉はまくしたてるようにそう話した。

審査員たちが料理を口にする。味はいいが調理法に関しては褒められる部分がない、というのが総合的な評価だった。そして最後に前年度はいなかった審査員、料理研究家の益御沢《ますみざわ》タケルが口を開いた。審査員のなかで最も若く三十代半ばだが、射るような目つきとざらつきのある声色から威厳は誰よりもあって、その出《い》で立《た》ちは不動明王を思わせた。

「君のプレゼンは、後から無理やり当てはめたものじゃないかな」

彼はそれまでもかなり辛辣なコメントを残したので、蓉は覚悟を決めてぐっとお腹《なか》に力を入れた。

「つまり君たちは知らない食材を目の前にして試すのではなく、自分たちの想像の範囲に収めた。魚介をメインに、ヤマブシタケをソースに。しかし他の二組はそうではないね。ヤマブシタケをメインにしている。どっちがチャレンジングかは、言わなくてもわかると思うけど。君自身の言葉を借りれば、奇妙な見た目の宇宙人みたいなキノコ、それこそがヤマブシタケの魅力だろう。そしてこの食材はとてもセンシティブで口溶けがいい。そこを楽しませるべきなのに、ほぐしてしまうなんてね。想像の及ばない銀河をテーマにして、この食材を自分たちの想像に押し込めてしまうのは非常に退屈だよ。そうだな、まるでガイドブック通りの旅行みたいだ。本当につまらない」

たかをプレゼンする。[②]も大きな評価基準となり、それぞれの組がどうアプローチするかが見所のひとつだった。

二年前、当時の部長が遊び半分で『ワンポーション』へエントリーしたところ、意外にも書類審査を通過し、当時二年生の多賀澪《たがみお》をペアに選んでオーディションに(a)臨んだ。さすがに受かるわけないだろうと誰もが思っていたが、そんな周囲の予想に反し見事合格、[A]本選への切符を手にした。

番組への出演が決まると、調理部は校内の注目の的となった。部員はすれ違う生徒に激励されたり、差し入れをもらったりした。浮かれる部の空気とは裏腹に、蓉の気持ちは落ち込んだ。部長はリスクを考えているのだろうか。このまま勝ち進むとは限らない。恥をかく可能性だってある。※1オルタネート絡みの苦い経験をした蓉は、後先考えず行動した部長を恨んでいた。

しかし、円明学園高校は第一回戦を勝ち抜き、準決勝まで駒を進めた。そこで敗退したものの、彼女たちの善戦に校内外から賛辞が送られた。二人の活躍を間近で見ていた蓉も、③考えを改めた。挑戦する彼女たちの姿に心揺さぶられ、特に澪の立ち居振る舞いには料理人を志すひとりとして感銘を受けた。

彼女の(b)繊細で機敏な手さばきと的確な[④]、また視野の広さと設計力は、どの出場者にも引けをとらないものだった。普段の調理部での活動では、それほどの実力があるなんて気づかなかった。蓉と同じく料理店の娘というのも[⑤]を深めるところであり、誰かのようになりたいと思ったのはこれが初めてだった。

初回の評判がよかったこともあって、『ワンポーション』は翌年も開催されることとなった。次の部長になった澪は、再挑戦したいと部員たちに語った。「あんな形で負けてしまった自分が許せない。どうかみんなの力を貸して欲しい」。いつも冷静で一歩引いている彼女からは、思いがけない言葉だった。

調理部員は賛同し、みんなで書類審査のメニューを作った。ここで落ちることもありえたが、円明学園高校はオーディションへ進んだ。澪はペアの相手に蓉を指名した。「蓉は経験豊富だし、⑥料理の引き出しも多い。ほかにペアを務められる人はいないよ」。澪にそう言われたときは涙が出るほど嬉《うれ》しかった。人目に晒《さら》される不安はあったが、それでも挑戦すると決めたのは前年の澪たちの活躍が心に残っていたからだった。自分も料理で人を感動させたい。その思いは日に日に高まっていった。

「精いっぱい澪さんをサポートさせてもらいます」。澪にそう伝えると彼女は頷《うなず》き、「絶対に勝とう」と蓉を抱きしめた。両親には相談しなかった。

オーディションを見事合格し、円明学園高校は再度本選へ挑戦することになった。

『ワンポーション　シーズン2』の第一回戦、緊張する蓉をよそに澪は[B]調理を進め、テーマに合った料理を完成させた。作品そのものもよかったが、なにより前年とは見違えるような澪の成長と柔軟な発想に審査員たちも圧倒され、満場一致で準決勝へ勝ち進んだ。彼女のたくましい姿に刺激を受け、準決勝では澪に負けず劣らず腕をふるい、円明学園高校は再び審査員を味方につけた。

そして決勝戦。勢いのままに勝ち切るつもりだった。

選び、記号で答えなさい。

ア　魅力的な情報に目を奪われ本質に向かうのが難しい時代。
イ　情報を手に入れるための手段が無数に存在している時代。
ウ　多様な意見に触れられるがゆえ正解が一つではない時代。
エ　中には人をあざむこうとする偽情報も多く含まれる時代。

問六　傍線部④「ネガティブ」、⑤「ポジティブ」のここでの意味の組み合わせとして最も適当なものを次から選び、記号で答えなさい。

ア　④　消極的　⑤　積極的　　イ　④　受動的　⑤　能動的
ウ　④　否定的　⑤　肯定的　　エ　④　悲観的　⑤　楽観的

問七　次の一文は本文中に入るべきものである。最も適当な箇所を【Ⅰ】～【Ⅳ】の中から選び、記号で答えなさい。

この感謝の念を忘れないようにしたいものです。

問八　空欄 ⑥ にあてはまる言葉を次から選び、記号で答えなさい。

ア　吟味　イ　謳歌　ウ　享受　エ　死守

問九　傍線部⑦「悲惨な状況」とはどういう状況か。二十字以内で説明せよ。

二、次の文章を読んで、後の問いに答えなさい。（本文には一部改めたところがある）

〔円明《えんめい》学園高校三年生の新《にい》見《み》蓉《いるる》は料理人の父を持ち、調理部の部長を務めている。蓉の親友で園芸部の部長を務めている水島ダイキと話をしているところへ、両部の顧問を兼任する笹川《ささがわ》先生がやってきた。〕

笹川先生がやってきた。

「いたいた」

そう言ってバインダーから紙を引き抜き、「これ文化祭の企画提案書。まだ先だけど、夏休みの間に考えておいた方があとあと楽だと思うから」と渡した。続けて「これは、園芸部のね」とダイキにも差し出す。

「去年みたいにぎりぎりに出すのはやめてね」

笹川先生はダイキに顔を近づけてそう言った。抵抗するようにダイキは「こういうの苦手なんだよ」と顔をそむけたが、それでも笹川先生は正面に回り込んで「そうは言っても、部員はあなたしかいないんだから。嫌なら増やしなさい」と言い返す。

蓉はホワトボードの字を消し、左から『差し入れメニュー』『ワンポーション』『文化祭』と書き直した。それを見た笹川先生は「①それ、新見さんじゃない人に渡すべきだったかな」と遠慮がちに言った。

『ワンポーション』は次で第三回となるコンテストで、円明学園高校の生徒がエントリーするのもこれで三度目だ。インターネット動画配信サービス会社『スーパーノヴァ』のオリジナルコンテンツとして企画された番組で、全国から選抜された調理部の高校生ペア十組が優勝の座を競う。出場には書類審査とオーディションがあり、本選に選ばれた十組は第一回戦で五組、準決勝で三組に絞られて決勝戦となる。この三試合は生配信されるが、あとからでも過去作を見ることができる。

『ワンポーション』の特徴はそのルールにある。本選全ての対決では、使う食材をその場で指定される。加えて、各試合でテーマが与えられる。それは「時間」「海」「願い」「風の音」などさまざまで、決められた制限時間のなかで料理を作り終えたあと、どのように料理に取り入れ僕はたとえコロナ禍にあっても、今ほど自由がある時代はめずらしいのではないかとも思っています。原始社会の方が自由だったかもしれませんが、そこに村ができて、国ができて、決まりができて、制約が生まれて、それが発達していって、社会構造も変化して。日本の場合で言えば、一九四五年の敗戦を(b)キに軍隊を持たないということになりました・徴兵制がないというのも自由の一つですよね。【Ⅰ】

僕は一九七九年生まれで、先にも話したようにこれまでは自由を謳歌《おうか》してきた世代と言えるでしょう。社会情勢によって、何かへの反対を表明できなかったり、息苦しさを感じたりすることもありますが、おそらく人類の歴史上これ以上ないような自由な時代、自由な社会を一番享受した世代ではないかと思います。ともすると、もともと自由であったという有難みや謙虚な姿勢を忘れやすい側面もあったりするかもしれません。「有難う」も本当に良い言葉で、「有ることが難しい」と書きますね。自由が有ることの難しさがある。［B］、有ることに有難みが出てくるわけです。【Ⅱ】

これまでも自由は確保されていたし、これからも自由の方がいいに決まっているでしょう。［C］、コロナがさらに長期間収束しないとか、違う新たなウイルスが現れるとか、戦争が起こるとか、そういうよくないことがもし起こったとしたら、「自由を」なんて言えない状況に突入する可能性はいつだってあるわけです。でも、仮にそうなったとしても、せめて精神や信念の自由みたいなものは死守したいと思うはずです。そのためには、死守したい自由の形、自由の持ち方を変化させなければいけなくなるかもしれません。そういう意味でも、今、この自由を［⑥］できる時代にこそ「自由とは何か」という(c)ロンギの必要性を強く感じます。【Ⅲ】

自由の最大の難しさは、履き違えないことの難しさだと思います。自由というと何でもフリーだと思いがちですが、当然ながらどこまでも何をやってもいいというわけではない。本当に難しい言葉です。自由は「自らに由《よ》る」と書くように、「自分が自分でいることの自由」というのが本質的な原点だと僕は思います。どんな状況であっても、自分が自分でいられる自由が、最低限の自由。自分が自分でいられることの自由さえあれば、そこから先は付随的な自由なのではないかとすら思います。【Ⅳ】

［D］、それは何人たりとも(d)オカシテはならない自由です。どんな⑦悲惨な状況にあったとしても、その中でも自分が自分らしく生きる自由というのはあるはずです。自分が自分らしくいられるということほど美しいものはありませんから。

（山田和樹『音楽と自由』による）

問一　二重傍線部(a)「ヒハン」、(b)「キ」、(c)「ロンギ」、(d)「オカシテ」のカタカナを漢字にしなさい。ただし、必要に応じて送り仮名も付すこと。

問二　空欄［A］～［D］にあてはまる語を次から選び、それぞれ記号で答えなさい。

ア　しかし　　イ　そして　　ウ　だから　　エ　つまり

問三　傍線部①「こういう危機」とはどういう危機か。本文中の言葉を使って三十字以内で説明しなさい。

問四　傍線部②「考えること」とあるが、筆者の考える自由の本質とは何か。本文中から十五字以内で抜き出して答えなさい。

問五　傍線部③「情報過多の時代」とはどういう時代のことか。次から

【国　語】（五〇分）〈満点：一〇〇点〉

一、次の文章を読んで、後の問いに答えなさい。（本文には一部改めたところがある）

僕自身は一人の人間、表現者、指揮者、音楽家として、全く自由の中で生きてくることができたために、極度の制約を感じたことがありません。そのため、これまであえて何かを、誰かを「守る」という発想で行動したり、考えたりしたことはそれほどなかったのですが、このコロナ禍で大変な危機感を持ったというのは確かです。

その一つに生の音楽が禁止されてしまったことが挙げられます。生演奏が難しくなって、ネット配信が流行《はや》り出して、今はまた徐々に戻りつつあるところですが、あの時に危機だと思ったのは、音楽がこれほどに簡単になくなってしまうということ。実際になくなりはしない。けれど、その方法が曲がってしまう。方法が曲がると、発信者としても受け取り手としても、「選択する自由」を奪われる恐怖が生じます。

演奏家の場合、例えばオンラインでやるような演奏は嫌だという人も出てきますよね。それなのに、それが嫌だと言えない世の中になってしまうと、それをしなければ音楽家として生きていけなくなる可能性が生じます。表現の方法や方向性が強制されていく可能性がある。ですが、たとえ手段を選んでいたら失職してしまうかもしれない状況でさえも、選択の自由は確保されなくてはならないのです。選択の自由が奪われた時、文化は萎縮して、人間が人間らしく生きることの幅が狭くなってしまうのです。

①こういう危機が迫ったり、普通の状況ではなかったりする時、往々にして人間というのは誤った判断をしてしまうことがあります。文化や芸術に携わる音楽家としては、そうならないために今こそ学ばなければいけないと思っています。つまり、②考えることです。それこそ自由とは何か、危機とは何か、文化とは、芸術とは。それらの本質を考えずして、ただ進んでしまうだけでは、本来の我々の役割から外れてしまう。我々舞台人は、舞台の上で限りなく自由でいられることを許される存在なのですから。だからこのコロナ禍は、そういった問いを考える、いいきっかけになりました。考えないと、自由そのものが侵食されてしまう危険が出てくると思います。

この③情報過多の時代においては、情報があればあるほど、本質を見極めることが難しくなっているでしょう。［ A ］、本質にたどり着く自由が見えにくくなっている。本質に〝向かおうとする〟自由は残されていますが。追わなければならないものが多過ぎるのです。それは情報の多さであり、うがった見方をすれば、まやかしの多さとも言えるのではないでしょうか。

例えば僕自身は、何かのニュースを見たら、まず(a)ヒハン的な目で見るようにしています。すぐに信じない、鵜呑《うの》みにしない。本当かなという目で見て、自分なりに咀嚼《そしゃく》して考える。それは④ネガティブな言葉で言うと「疑う」になるかもしれませんが、⑤ポジティブな言葉で言うと「吟味する」ということです。吟味というのは、いい言葉です。「吟」という字は、「今を口にする」と書くでしょう。吟味することは今を口にすること。今の我々自身の姿を口にすることともいえます。自由の危機から自分を守るためには、すべてのことを十分に吟味しなければいけないのではないでしょうか。

MEMO

大切なことはメモしておこうネ！

1回

2022年度

解 答 と 解 説

《2022年度の配点は解答欄に掲載してあります。》

＜数学解答＞

Ⅰ ① $20x-61$ ② $-\frac{5}{6}y$ ③ $\frac{9}{2}$ ④ $\sqrt{3}-\sqrt{2}$ ⑤ $x=5,\ y=3$

⑥ $x=\frac{3\pm\sqrt{29}}{2}$ ⑦ $\sqrt{6}+6$ ⑧ $a=\frac{3}{4},\ b=0$ ⑨ $\frac{11}{12}$ ⑩ 12個

Ⅱ ① $16a$ ② $a=\frac{1}{4}$ ③ 6 Ⅲ $\angle x=102°$ $\angle y=26°$

Ⅳ ① 3：2 ② 3：5 ③ 9：40 Ⅴ ① $8\sqrt{3}\,\text{cm}^2$ ② $\sqrt{13}$cm

○配点○

各5点×20 計100点

＜数学解説＞

Ⅰ (文字式の計算，式の値，平方根，連立方程式，2次方程式，変域，確率)

① $(x-3)(x+15)-(x-4)^2=x^2+12x-45-(x^2-8x+16)=x^2+12x-45-x^2+8x-16=20x-61$

② $\frac{4x-3y}{6}-\frac{2x+y}{3}=\frac{4x-3y-2(2x+y)}{6}=\frac{4x-3y-4x-2y}{6}=-\frac{5}{6}y$

③ 文字式の計算をして，式を簡単にしてから代入する。$x=\frac{3}{2}$，$y=-\frac{2}{3}$のとき，$(-4x^5y^4)^2\div(2x^2y^2)^3$ $=16x^{10}y^8\div8x^6y^6=2x^4y^2=2\times\left(\frac{3}{2}\right)^4\times\left(-\frac{2}{3}\right)^2=\frac{2\times3^4\times2^2}{2^4\times3^2}=\frac{3^2}{2}=\frac{9}{2}$

④ $\sqrt{18}-\sqrt{\frac{1}{3}}-2\sqrt{8}+\frac{4}{\sqrt{3}}=3\sqrt{2}-\frac{1}{\sqrt{3}}-4\sqrt{2}+\frac{4}{\sqrt{3}}=\frac{3}{\sqrt{3}}-\sqrt{2}=\sqrt{3}-\sqrt{2}$

⑤ 与えられた2つの式を簡単な形に直してから考える。$\frac{3x+y}{3}-\frac{x-y}{2}=5$は両辺を6倍して，$2(3x+y)-3(x-y)=30$ $6x+2y-3x+3y=30$ $3x+5y=30$…(ア) $0.2x+0.7y=3.1$は両辺を10倍して，$2x+7y=31$…(イ) (ア)×2は$6x+10y=60$ (イ)×3は$6x+21y=93$ (イ)×3−(ア)×2は$11y=33$ $y=3$ (ア)に代入すると$3x+15=30$ $3x=15$ $x=5$

基本 ⑥ $x^2-3x-5=0$ 解の公式を利用して，$x=\frac{-(-3)\pm\sqrt{(-3)^2-4\times1\times(-5)}}{2\times1}=\frac{3\pm\sqrt{29}}{2}$

⑦ 式を簡単にしてから代入する。$x=\sqrt{6}+1$のとき，$(x-2)(x-5)-2(5-3x)=x^2-7x+10-10+6x=x^2-x=x(x-1)=(\sqrt{6}+1)(\sqrt{6}+1-1)=\sqrt{6}(\sqrt{6}+1)=6+\sqrt{6}$

⑧ $y=ax^2$において，$-4\leqq x\leqq1$のとき$b\leqq y\leqq12$と$y\geqq0$になることから，放物線のグラフは上に開くグラフであり，$a>0$，$x=0$のときyが最小になる。$x=0$で$y=0$なので $b=0$ $x=-4$のとき最大となり，$(-4)^2a=12$ $16a=12$ $a=\frac{3}{4}$

⑨ 2個のさいころの目の出方は全部で$6\times6=36$(通り)。その中で和が11以上になるのは(大のさいころ，小のさいころ)＝(5，6)，(6，5)，(6，6)の3通りなので，和が10以下となるのは$36-3=33$(通り)。よって，その確率は$\frac{33}{36}=\frac{11}{12}$

重要 ⑩ $4<\sqrt{3n}<3\sqrt{6}$ すべて正の数なので，2乗しても大小関係は変わらない。$16<3n<54$ 3でわると$\frac{16}{3}<n<18$ nは自然数なので，これを満たすnは6～17の$17-5=12$(個)

Ⅱ　**(2乗に比例する関数，1次関数)**

基本　①　点Aは$y=ax^2$上の点で，$x=-4$なので，$y=a\times(-4)^2=16a$　A$(-4,\ 16a)$

②　点Bは$y=ax^2$上の点で，$x=2$なので，$y=a\times2^2=4a$　B$(2,\ 4a)$　直線ABの傾きが$-\frac{1}{2}$なので，$\frac{4a-16a}{2-(-4)}=-\frac{12a}{6}=-2a=-\frac{1}{2}$　$a=\frac{1}{4}$　上に開いた放物線の式は，$y=\frac{1}{4}x^2$

重要　③　下に開いた放物線の式は$y=-\frac{1}{4}x^2$となり，点Cはこの放物線上の点で，x座標は点Aと等しく$x=-4$なのでC$(-4,\ -4)$　直線CDは傾きが$-\frac{1}{2}$なので$y=-\frac{1}{2}x+b$とおけ，Cを通ることから，$-\frac{1}{2}\times(-4)+b=-4$　$b=-4-2=-6$　直線CDの式は，$y=-\frac{1}{2}x-6$である。

点Dは$y=-\frac{1}{4}x^2$と$y=-\frac{1}{2}x-6$の交点なので，$-\frac{1}{4}x^2=-\frac{1}{2}x-6$　$-x^2=-2x-24$　$x^2-2x-24=0$　$(x+4)(x-6)=0$　$x=-4,\ 6$　$x=-4$は点Cなので，点Dは$x=6$

Ⅲ　**(円，角度)**

△BDEについて外角の定理により∠ADB＝∠DEB＋∠DBE＝26°＋38°＝64°　$\overset{\frown}{\mathrm{AB}}$について円周角の定理より∠ACB＝∠ADB＝64°　△FBCについて外角の定理より∠x＝∠ACB＋∠DBC＝64°＋38°＝102°　BDは直径なので∠BAD＝90°　△ABDの内角を考えると∠y＝180°－∠BAD－∠ADB＝180°－90°－64°＝26°

Ⅳ　**(相似)**

①　平行四辺形の対辺は等しいのでAB＝DC　これを$3a$とおくとCF：FD＝2：1より，CF＝$2a$，FD＝a　AB：CF＝$3a$：$2a$＝3：2　AB//DCより錯角は等しいので∠ABI＝∠CFI，∠BAI＝∠FCI　2組の角がそれぞれ等しいので，△ABI∽△CFI　対応する辺の比は等しいのでBI：IF＝AB：CF＝3：2

②　AB//CGより錯角は等しいので∠ABE＝∠GCE，対頂角は等しいので∠AEB＝∠GEC，BE：EC＝1：1より1辺と両端の角がそれぞれ等しいので△ABE≡△GCE　よって，CG＝BA＝$3a$　FG＝CG＋CF＝$3a+2a=5a$　AB//DGより錯角は等しいので，∠ABH＝∠GFH，∠BAH＝∠FGH　2組の角がそれぞれ等しいの△ABH∽△GFH　対応する辺の比は等しいのでBH：HF＝AB：GF＝$3a$：$5a$＝3：5

やや難　③　BI：IF＝3：2＝24：16，BH：HF＝3：5＝15：25よりBH：HI：IF＝15：9：16　平行四辺形ABCDの面積をSとおくと，△ABF＝$\frac{1}{2}$S，△AHI＝$\frac{1}{2}\mathrm{S}\times\frac{9}{15+9+16}=\frac{1}{2}\mathrm{S}\times\frac{9}{40}=\frac{9}{80}\mathrm{S}$　△ABC＝$\frac{1}{2}$S　△AHI：△ABC＝$\frac{9}{80}$S：$\frac{1}{2}$S＝9S：40S＝9：40

Ⅴ　**(立体の計量，展開図，三平方の定理)**

①　CからABに垂線をひき，ABとの交点をMとおくと，AM＝BM＝$\frac{1}{2}\times2=1$，∠CMA＝90°となる。△CAMは3つの角が30°，60°，90°，辺の比1：2：$\sqrt{3}$の三角形で∠CM＝$\sqrt{3}$　△CAB＝$\frac{1}{2}\times\mathrm{AB}\times\mathrm{CM}=\frac{1}{2}\times2\times\sqrt{3}=\sqrt{3}$　これが底面になる。側面は3つあわせてたて$\sqrt{3}$，横2×3＝6の長方形である。表面積＝$\sqrt{3}\times2+\sqrt{3}\times6=8\sqrt{3}$ (cm²)

やや難　②　DEの中点をNとする。展開図でCDを結ぶ点とABの交点をPとすればよい。求めるものは△CDNの辺CDの長さとなる。CN＝CM＋MN＝$\sqrt{3}+\sqrt{3}=2\sqrt{3}$，DN＝1，CD＝$\sqrt{1^2+(2\sqrt{3})^2}=\sqrt{13}$(cm)

★ワンポイントアドバイス★

まずはⅠの基本的な10題を確実に解けるようにしたい。その上で，各単元の標準的な問題を解けるように問題演習をしておこう。

<英語解答>

Ⅰ [A] (1) 4 (2) 2 (3) 1 (4) 2 [B] (1) 3 (2) 4 (3) 2

Ⅱ 問1 アメリアとその友人 問2 Amelia and Fred 問3 No, she didn't[did not]. 問4 ア T イ F ウ F エ F 問5 ア reply イ brave 問6 1 ウ 2 エ 3 イ 問7 1 ウ 2 イ 3 ア

Ⅲ 問1 1 ア 2 イ 3 イ 4 エ 5 エ 問2 A エ B イ
問3 1 tomorrow 2 three 3 France 4 history 5 easier

Ⅳ 1 (Please) tell me how I can get to the library(.) 2 The lady reading a letter looked very sad(.) 3 How many times have you been to Hawaii (before.) 4 (The book) is too difficult for me to read without a dictionary(.)

Ⅴ 1 (I worked at a kindergarten) near my house for two days(.) 2 (I) sang a lot of songs with the children (in the morning.) 3 (We) went to a park to draw pictures (in the afternoon.) 4 It was not easy to teach the children (but I enjoyed it.)

○配点○
Ⅰ 各2点×7 Ⅱ 問1～問3 各3点×3 他 各2点×12
Ⅲ 問1 各3点×5 他 各2点×7 Ⅳ～Ⅴ 各3点×8 計100点

<英語解説>

Ⅰ リスニング問題解説省略。

重要 Ⅱ **(長文読解・物語文：指示語，英問英答，単語，語句補充，要旨把握，内容吟味)**

(全訳) 1908年，女性パイロットが飛行を開始した。最初に飛んだ女性の一人は，アメリア・イアハートという若い女性だ。彼女は飛行機を飛ばし，そして作家だった。イアハートは，大西洋を一人で飛んだ最初の女性だった。

アメリア・イアハートはアメリカ合衆国カンザス州で生まれた。彼女は10歳の時に初めての飛行機を見た。彼女はそれが好きではなかった。「それは全く興味深く見えなかった」と彼女が言った。10年後，彼女はパイロットが飛行機を飛ばすのを見るために友人と一緒に行った。パイロットは①彼女たちを見て，彼は彼女たちにむかって飛行機を飛ばした。アメリアは恐れていたが，彼女は動かなかった。飛行機が通り過ぎるとき，彼女はとても興奮した。「当時は理解できませんでした」と彼女は後で言った。「でも，私は小さな赤い飛行機が通り過ぎるときに私に何かを言ったと信じています」1920年，パイロットが彼女を飛行機に乗せ，それが彼女の人生を変えた。彼女は後で「私が地面から2，300フィート離れていたとき，私は飛ばなければならないことを分かっていました」と言った。

1921年，アメリアは多くの異なる仕事をしていた。彼女は写真家であり，トラックドライバーだった。彼女は飛行レッスンのために1000ドルを節約した。その年の後半，彼女は最初の飛行機を買った。それは「カナリア」と呼ばれている。翌年，彼女は以前の他のどの女性よりも高い14,000フィートに飛んだ。アメリアは，その後の数年間で多くのことを達成した。1932年，彼女は大西洋を一人で飛んだ最初の女性だった。彼女は旅についての本「The Fun of It」を書いた。彼女は一人で飛ぶのが大好きだった。1935年，彼女はホノルル，ハワイ，カリフォルニア州オークランドの間の太平洋を横断する2408マイルを一人で飛んだ最初の人だった。ロサンゼルスからメキシコシティに一人で飛んだ最初の人だった。そして，メキシコシティからアメリカのニューアークに，止まることなく，一人で飛んだ最初の人だった。

1937年，アメリアは40歳の誕生日に近かったので，大きな旅の準備をした。彼女は世界一周飛行をする最初の女性になりたかった。

6月1日，アメリアとフレッド・ヌーナンはマイアミを離れ，世界一周29000マイルの旅を始めた。彼らが6月29日にニューギニアのラエに降りたとき，旅をするのはあとわずか7000マイルだった。彼らが次に止まるのはハウランド島だった。ハウランド島は太平洋のラエから2556マイル，とても小さな島だ。

7月2日，アメリアとフレッドはハウランド島に向けて出発した。早朝，アメリアはアメリカ船イタスカに通信した。彼女は曇りの天気であったと言った。午前7時42分，イスタカは「私たちは上空1000フィートを飛んでいます」というメッセージを受け取った。船は返事をしようとしたが，アメリアの飛行機はそれを聞かなかった。午前8時45分，アメリアは最後の通信で話した。誰もアメリア・イアハートから再び通信をもらわなかった。アメリアとフレッドは姿を消した。誰も②彼女らに何が起こったのか知らない。

彼女は勇敢で，彼女は女性と飛行のために非常に多くを達成したので，人々はアメリア・イアハートを覚えているだろう。最後の飛行中に夫のジョージ・パットナムに宛てた手紙の中で，彼女は自分がいかに勇敢であるかを示した。「私が危険について知っていることを知ってください」と彼女は書いた。「したいからしたい。女性は男性がしようとしたように物事をしようとしなければなりません」

問1　パイロットが飛行機を飛ばすのを見に行った，「アメリアと友人」を指している。

問2　前の文のAmelia and Fredを指している。

問3　「アメリアはハウランド島に着いたか」　アメリアとフレッドはハウランド島に向かっているときに姿を消したので，ハウランド島には着いていない。

問4　ア 「アメリアは，一人で大西洋を横断した最初の女性だ」　第1段落最終文参照。大西洋を横断した最初の女性とあるので適切。　イ 「アメリアは飛行機を手に入れるのに1000ドルが必要だったので，多くの仕事をした」　第3段落第2文参照。1000ドルは飛行レッスンのためのものなので不適切。　ウ 「アメリアは，一人で飛ぶことは危険であることを伝えるために本を書いた」　第3段落第9文参照。彼女が書いた本は，彼女の旅についてなので不適切。　エ 「アメリアと夫は世界中を飛び回ろうとしていたが，飛行機は姿を消した」第6段落第8文参照。姿を消したのは，アメリアとフレッドなので不適切。

問5　ア 「何かを言うことで誰かに答えること」＝「返事をする(reply)」　イ 「危険を恐れない」＝「勇敢な(brave)」

問6　(1) 「なぜアメリアはパイロットとして飛ぼうとしたのか」　第2段落第10文参照。飛行機に乗ったことが彼女の人生を変えたからである。　(2) 「アメリアはいつハワイとカリフォルニアの間を単独で飛行した最初のパイロットになったのですか」　第3段落第11文参照。1935年にホノルル，ハワイ，カリフォルニア州オークランドの間の太平洋を横断する2408マイルを一人で飛んだ最初の人になったとある。 (3) 「アメリア・イアハートについて何が真実ではないか」 アメリアは世界一周の飛行中に姿を消したので，イが不適切である。

問7 (1) アメリアは本を書いたので「作家」でもあった。 (2) アメリアは40歳の誕生日が近づいてきたので，世界一周を計画した。 (3) ラエから太平洋上のハウランド島に向かっているときに，アメリアとフレッドは姿を消した。

Ⅲ (会話文：内容把握，語句補充)

(全訳) ジョン：こんにちは，マリー。

マリー：こんにちは，ジョン。

ジョン：お父さんとの日帰り旅行は楽しかった？

マリー：楽しかった！聞いてくれてありがとう。田舎までドライブに行き，素敵な川沿いの場所を見つけ，バーベキューをして川で泳ぎに行ったよ。水はとても良い感じだった！

ジョン：なるほどね！

マリー：それは何？

ジョン：明日の宿題だよ。

マリー：何の授業？

ジョン：サイモン先生の英語の授業。

マリー：それは何について？

ジョン：えぇっと，ぼくたちは最近授業で勉強している英語を使って，10の雑学的質問をしなければならないんだ。

マリー：楽しそうね。すでに多くのことを書いているように見えるわ。もう終わった？

ジョン：Aまだだよ。

マリー：あといくつ書く必要があるの？

ジョン：今まで7つ書いたけれど，気に入らないのがいくつかあるんだ。

マリー：何書いたか聞いてもいい？

ジョン：もちろん！何か考えがあれば教えてよ。

マリー：わかったわ。

ジョン：最初の1つは，自由の女神がアメリカに与えられたのはいつですか？

マリー：私はそれがアメリカに与えられたことを知らなかった！

ジョン：本当に?それはフランスによってアメリカに与えられたんだ。

マリー：面白い！なぜ？

ジョン：アメリカの自由とアメリカにおける奴隷制の終結を祝うためだよ。他にも理由があったと思うけれど，ぼくが知っているのはそれだけなんだ。

マリー：面白い！私はそこに行ったことがないけれど，いつか見たいな。

ジョン：見るべきだよ。それは印象的だよ！それを見たとき，ぼくは自由のメッセージが非常に強力であると感じたんだ。

マリー：なるほどね！答えは何？フランスはいつアメリカに渡したの？

ジョン：短い答えは1886年だよ。長い答えは：その考えは1865年に始まったんだ。その後，フランスは1876年にそれを造り始めました。1884年にフランスのパリでアメリカに見せたんだけれど，まだ終わっていなかったんだ。それが造り終わったとき，大きすぎたので，それを多くの部分に分離し，船で米国に送ったんだよ。1885年にニューヨークに到着したんだ。最後に，アメリカ人はそれのための土台を作り，その後，作品を一緒に置いたんだ。

すべてが1886年に完成したんだよ。

マリー：なんて面白い歴史なの。こんなに時間がかかったのは驚くべきことだと思うわ。 これは楽しいね。B次の質問は何？今回は簡単な質問にしてね。

ジョン：これは非常に簡単だよ：最速の陸上動物は何？

マリー：それは簡単すぎます。もちろん，チーター！

ジョン：すばらしい！簡単だって言ったでしょ。

マリー：それは大丈夫よ。難しい質問と混ざり合った簡単な質問があれば，クラスのみんなにとって，もっと楽しいと思うよ。

ジョン：そう言ってくれて嬉しいな。

マリー：あら！

ジョン：どうしたの？

マリー：今すぐ行かないと，バレエのレッスンに遅れちゃう！

ジョン：わかった，頑張ってね。また明日。

マリー：ありがとう！じゃあね。

問1 (1) マリーは日帰り旅行でドライブをした。 (2) ジョンは英語の宿題で，10個の雑学的質問を作らなければならない。 (3) 自由の女神は1876年に造り始めて，すべてが終わったのが1886年なので10年かかった。 (4) 自由の女神は，アメリカの自由とアメリカにおける奴隷制の終結を祝うためにフランスから送られたものである。 (5) 自由の女神は，1885年にニューヨークに到着し，1886年にすべてが完成した。

問2 A 10個質問を作らなければならないが，7個書いたので「まだ終わっていない」と分かる。
B この後，ジョンが新たな質問をしているので「次の質問は何？」が適切である。

重要 問3 (1) 明日の授業の宿題なので，「明日」までに終えなければならない。 (2) 7個質問を書いたので，あと「3個」作る必要がある。 (3) 自由の女神は「フランス」によってアメリカに与えられた。 (4) ジョンの話した自由の女神の「歴史」にマリーは興味を持ったのである。 (5) 自由の女神に関する質問は難しかったため，マリーはジョンに「もっと簡単な」質問をお願いした。

基本 Ⅳ **(語句整序問題：間接疑問文，分詞，不定詞)**

(1) 間接疑問文は<how ＋主語＋(助)動詞～.>の語順になる。
(2) reading a letter は前の名詞を修飾する分詞の形容詞的用法である。
(3) How many times で回数を尋ねる表現となる。
(4) <too ～ for 人 to …>「人にとって…することは～すぎる」

重要 Ⅴ **(和文英訳)**

(1) 「家の近く」 near my house 「2日間」 for two days
(2) 「たくさん歌を歌う」 sing a lot of [many] songs
「子どもたちと(一緒に)」 with the children
(3) <go to … to ＋動詞の原形>「～するために…に行く」 不定詞の副詞的用法を用いる。
(4) <It is ～ to …>「…することは～だ」

★ワンポイントアドバイス★

長文読解の文章も文法問題も比較的平易な問題となっている。教科書に出てくる表現や単語は確実に身につけておきたい。

<国語解答>

一　問一　(a)　希薄　(b)　依然　(c)　温床　(d)　奪おう　問二　A　ウ　B　エ　C　イ　D　ア　問三　電車やバス　問四　自由　問五　コロナが～いわれた
問六　有能でありながら出産や子育てのために仕事や社会から排除された女性。
問七　ウ　問八　イ　問九　大きなオフィスビルや大工場を建築するのではなく，室外をはじめとする誰もがアクセスできる空間を増やすこと。

二　問一　(a)　(お)かどちが(い)　(b)　さそ(われる)　(c)　よくよう　(d)　かっとう
問二　A　方便　B　星　問三　ポイント　問四　イ　問五　③　ウ　④　ア
問六　竜三さんが夢をかなえ　問七　⑥　エ　⑦　イ　⑧　ア　⑨　ウ
問八　世話しても～分への嫌悪　問九　現在地

三　問一　(a)　むかいたれば　(b)　きょうはこころしずかに　問二　用事が済んだらすぐに帰るのがよい。　問三　エ　問四　イ　問五　ウ

○配点○
一　問一　各1点×4　問二　各2点×4　他　各4点×7
二　問一　各1点×4　問二・問五・問七　各2点×8　他　各4点×5
三　問一　各2点×2　他　各4点×4　計100点

<国語解説>

一　(論説文—漢字の読み書き，接続語の問題，脱文・脱語補充，指示語の問題，文脈把握)

問一　(a)「希薄」とは，「少なく薄いこと」。「薄」の草かんむりを忘れないように注意。
(b)「依然として」は「相変わらず，やはり」という意味。「かつて」という意味の「以前」と混同しないように注意。　(c)「温床」とは一般的に「物事の起こる原因になる場所・物事」。
(d)「奪う」は送りがなが「う」なので，「奪おう」は「おう」が送りがなとなることに注意。

基本　問二　A　空欄A前の大きなハコで働いて通勤する人がエリートとされたことと，後の都市がハコで埋め尽くされたことは，前の内容の結果として後の内容が提示されていると言えるため，ウ「そして」が適当。　B　空欄Bの前ではハコの外でも十分に仕事ができるとし，後では十分に仕事ができるどころか，より良く仕事ができることもあると主張しているため，当初は低く見積もっていたものがかえって存外に素晴らしい結果を生むということから，エ「むしろ」が適当。
C「ハコの文明」と「空調文明」は同一のものと言えるため，イ「すなわち」が適当。　D　空欄Dの前ではハコを維持するシステムが長続きしないという認識を人々が持っていたことを挙げているが，後ではそれに反して誰もハコを出ようと思わなかったと説明されていることから，逆接のア「しかし」が適当。

問三　第二段落によれば，人々はハコに出勤し，帰宅するために鉄のハコに閉じ込められ，密を強要されたということである。単に「鉄のハコ」だけでは車とも言えそうだが，「密を強要された」という点から満員になるものであると考えられる。よって「電車やバス」が適当。

問四　2回目の空欄③に特に注目して解答する。逆接の「が」があることから，および「ハコに閉じ込められた人々は」とあることから，空欄③には何か本来良い意味の言葉が入ると考えるのが自然である。そのうえで，「ハコに閉じ込められた人々は」③「からは遠い存在」としていることから，ハコに閉じ込められると密を強要され，身体の自由がきかなくなるということから第六段落「自由」があてはまる。第六段落では歩くことについて「いつも一人でいるということであ

り，自由であるということである。」としている点からも，ハコに閉じ込められることとの対比として「自由」が挙げられる。

問五　「やればできた」とは，ハコに閉じ込められなくても仕事ができたということであり，それがコロナによって判明したということである。そして，それをしてこなかったということで何が起きたかについては，コロナ後であるということが明確に言及されている「コロナがやってきて，……行くなといわれた」の部分であると言える。「このような形」を厳密に具体化するためにも，「コロナがやってきて,」の部分は必要。

重要　問六　「そのような」は指示語なので，基本的にはそれより前に指示内容がある。また，傍線部⑤直後には「再び社会が受け入れる」とあることから，一旦社会から出て行ってしまったものとして，「そのために多くの有能な……排除されてきた」が一つの要素となる。また，「そのために」の内容として「出産や子育ての時期には，……難しい。」を挙げ，「出産や子育てのために仕事や社会から排除された」ということと，「有能」ということの二つを含めて記述できていればよい。

問七　傍線部⑥直前に「歩くことは，単なる移動ではない。」とあることから，単に移動手段として歩くことをとらえているウが不適当。

問八　エアコンの発明によって何が起きたかを説明している最終段落の内容をもとに解答する。すると，「室内は密閉され，……不快な空間となった。」とあるため，まずは室外が不快な空間になるということ，および「地球温暖化が進行し，……ウバオウとしているのである。」から，地球温暖化で人間の居場所としての街路を奪うという二点をおさえる。この二つの要素をそれぞれ反映しているイが適当。アは本文中にそのような根拠がないため不適当。ウは「ハコ自体を解体しようという意識」はエアコンとは無関係なスマート・シティについての記述であるため不適当。エと迷うところであろうが，エはその結果として何が起こるのかを明言しておらず，何が「悪魔的」と言えるか不明になるため不適当。

問九　第十一段落で筆者はローマについて「うらやましく感じた」としているため，ローマのような特徴を持つ空間であることが条件となる。そのうえで，第一段落において「ひとつのテーマは，ハコからの脱却である。」としていることから，閉鎖的な「ハコ」から脱却するという要素も必要。したがって，筆者が批判する対象としての「ハコ」を代表する大きなオフィスビルや大工場を建築しないということ，加えてローマの特徴である室外をはじめとした誰でもアクセスできる空間を作るということを記述できていればよい。

二　**(小説一漢字の読み書き，慣用句，文脈把握，情景・心情，品詞・用法，脱文・脱語補充，文脈把握)**

問一　(a)「お門違い」とは，「目ざすところを取り違えていること」。　(b)「誘う」は送りがなが「う」であるため，「誘われる」が正しい。「誘れる」としないように注意。　(c)「抑揚」とは，「文章・音声などで，調子を上げ下げすること」。　(d)「葛藤」とは，主に「心の中に相反する動機・欲求・感情などが存在し，そのいずれをとるか迷うこと」。

問二　A「嘘も方便」とは，「物事を円滑に運ぶためには，時と場合によって嘘も許されるとする考え方」。　B「星の数ほど」とは，非常に数が多いことのたとえ。

やや難　問三　難問だが，終盤で唐突に登場した「ポイント」に注目する。主人公はマップの青い丸と赤いピンを見ていたのだから，わざわざ「ポイント」という言葉に言い換える必要はないため，「ポイント」という言葉に何かしら引っ掛かりがあると考え，ここを抜き出す。また，「ポイント」という言葉に思い当たった途端に主人公は「はっと目の前がクリアになった気がした」としていることからも，「ポイント」がお告げであったと考えてよいだろう。

問四　傍線部②直後に「好意的な笑みではないことが，すぐにわかる。」とあることから，好意的にとらえているア・ウは不適当。また，エの「がっかりしている」では，笑みという表情につながらないため不適当。面接官は主人公をあなどって笑みを浮かべていたと考えられる。

問五　「れる・られる」は助動詞で，受身・尊敬・可能・自発の四つの意味を表すことができる。③の「答えられなかった」は「答える“ことができ”なかった」という可能の意味を表す。同じく可能で「食べることができる」という意味を表しているウが適当。イと迷うが，イは「自然とそうなる」という自発の意味を表すため不適当。④の「告げられた」は，自分が他者からそうされたという受身の意味を表す。同じく他者からそうされるという意味を表しているアが適当。

問六　傍線部⑤前後の発言から，主人公は竜三さんにはギターがあるから簡単に夢を叶えることができたと認識していることがわかる。「憤り」は怒りの感情であるが，怒りは何らかの不満や理不尽を被ったと感じることに端を発する。すると，この場面で主人公に生まれた二つの感情のうちの一つである「竜三さんが夢をかなえようとしている…おもしろくないと思っているのだった。」が「憤り」という感情と合致する。

重要　問七　⑥はやや選びづらいため，順番としては⑧→⑦→⑨→⑥と解いていくとよいだろう。
⑥　竜三さんが主人公に大学について尋ねている場面だが，ここでは竜三さんができなかったことについてやや真剣に尋ねていると言えるため，エが適当。　⑦　直後に「抑揚のない話し方」とあることや，竜三さんの「『まあ，そうだよなーって。……』」の内容から，ここは竜三さんが感情的にならずに話をしたとする内容であるイが適当。　⑧　飲み物を飲んだ際に一旦一呼吸おき，話に区切りをつけているという場面と読み取れるため，アが適当。　⑨　竜三さんは主人公を元気づけるようなポジティブな発言をしていることから，ウが適当。「顔を崩した」とはつまり笑顔になったということである。

問八　傍線部⑩直前の「別に悪いことしてるわけじゃないんだからと,」に注目して解答する。「悪いことしてるわけじゃないんだから」としている時点で，「初めて芽生えた感情」はマイナスのものであるとわかる。すると，その前に「世話してもらうのが…自分への嫌悪感」と，感情にかかわる記述があるためここが適当。

基本　問九　「なんだか僕みたいだ。……点と点。」，「僕はずっと，どこに行けばいいのかわからないって思っていた。……でも，それよりも前に，もっとわかっていないことがあった。」に注目して解答する。主人公はスマホの不具合でマップ上の自分の現在地がわからなくなり，それについて「なんだか僕みたいだ。」と感想を述べている。そのうえで，「終着点だけを探していた。でも，それよりも前に，もっとわかっていないことがあった。」としているので，目的地ではなく，わかっていなかったのは自分の「現在地」であると言える。

三　(古文―仮名遣い，文脈把握，指示語の問題，文学史)

〈口語訳〉　特別な用事がなくて人のもとに行くのは，よくない事である。用があって行ったとしても，その事がすんだならば，早く帰るのがよい。長居するのは，ひどく厄介だ。人と向かい合えば，言葉は多くなり，体もくたびれ，心も落ち着かない。あらゆる事に差しさわりが生じて時を過ごす(ようになるが，これは)，互いのために非常に無益である。不愉快そうに言うようなこともよくない。その気になれない事がある時は，かえってその旨を必ず言ってしまおう。
(しかしながら)同じ心で向かい合っていたいと思う相手が，退屈していて，「もう少し，今日は心静かに(ご一緒しましょう)」などと言うような場合は，この限りではないだろう。故事にあるような阮籍の青い目というのは，誰にでもあるはずだ。
　特に用事もないのに人が訪ねて来て，のどかに物語して帰るのは，とてもよい。手紙も，「長いことお便りを差し上げていませんので」などとだけ言ってよこしてきたのは，実に嬉しい。

問一　古文では，語頭を除く「はひふへほ」は「わいうえお」，「づ」は「ず」と読む。また，母音に「ふ」が続くときは，母音が消えて子音+yoの音になる。したがって，kefuはkyouとなる。

問二 「~するのがよい」は「よし」あるいは「べし」などの言葉で表すことができる。また「とも」は「~としても」という逆接の意味を，「とく」は「早く」という意味を表す。すると，「用ありて行きたりとも，……帰るべし。」とある。ここは，「用事があって行ったとしても，その事が終わったならば，早く帰るべきだ」という意味になるので，「果てなば」から，「済んだら」，「とく」から「早く，すぐに」，「帰るべし」から「帰るのがよい」などを反映させて記述できればよい。

重要 問三 「よし」は多義語だが，ここでは「旨，事情」などの意味に解釈するのがよい。「その」と指示語があることから，基本的にはこれより前の内容から探していく。すると，「心づきなきことあらむ折は,」とあるので，その「心づきなきこと」があるという旨ということになり，エが適当。「折」は「時」などが適訳。

問四 第一段落では大した用事もないのに人のもとへ行くことを批判しているが，第二段落では「同じ心に向かはまほしく思はむ人の…この限りにはあらざるべし。」と，第一段落の内容について，条件付きで翻している。よってイが適当。アは「どんな人とでも」が誤り。第一段落全体，および「阮籍が青き眼，誰もあるべきことなり」とあることからも，人によっては話すのもよいが，基本的には用事もないのに話すことを筆者はよしとしていない。ウ「常に直接…わけではない」が誤り。本文中では。「同じ心に向かはまほしく思はむ人」と話すことはよい，としか記述しておらず，「常に直接…わけではない」とする根拠はない。エ「せめて時候のあいさつぐらいは…」が誤り。「文も，…いとうれし。」とあることから，筆者は特に時候のあいさつがなくとも手紙を嬉しいものだと感じている。

基本 問五 アの清少納言は『枕草子』，イの松尾芭蕉は『奥の細道』，エの紀貫之は『土佐日記』の作者である。

★ワンポイントアドバイス★

論説文は，筆者が独自に定義している言葉がある場合は，具体的な内容とそう定義する根拠をおさえよう。小説は，登場人物の矛盾した心情や理不尽だが抱えてしまう心情について，その背景を流れでつかもう。古文は，指示語の内容に注目して全体の内容をとらえよう。

2回

2022年度

解 答 と 解 説

《2022年度の配点は解答欄に掲載してあります。》

＜数学解答＞

Ⅰ ① $4x+21$　② $\dfrac{a-3b}{6}$　③ 36　④ $\dfrac{\sqrt{2}}{2}$　⑤ $x=3$, $y=0$

⑥ $x=-2\pm\sqrt{5}$　⑦ $5\sqrt{7}+7$　⑧ $a=3$, $b=0$　⑨ $\dfrac{5}{12}$　⑩ $n=7$

Ⅱ ① t^2+6t+9　② $t=-1$　③ 3　Ⅲ $\angle x=36°$　$\angle y=22°$

Ⅳ ① 2：3　② 4：3　③ 3：35　Ⅴ ① $16\pi\,\mathrm{cm}^2$　② $2\sqrt{13}$cm

○配点○

各5点×20　計100点

＜数学解説＞

Ⅰ (文字式の計算，式の値，平方根，連立方程式，2次方程式，変域，確率)

① $(x+6)^2-(x+5)(x+3)=x^2+12x+36-(x^2+8x+15)=x^2+12x+36-x^2-8x-15=4x+21$

② $\dfrac{a-3b}{2}-\dfrac{a-3b}{3}=\dfrac{3(a-3b)-2(a-3b)}{6}=\dfrac{3a-9b-2a+6b}{6}=\dfrac{a-3b}{6}$

③ 文字式の計算をして，式を簡単にしてから代入する。$a=\dfrac{3}{2}$，$b=-\dfrac{2}{3}$のとき，$(-2ab^3)^2\times(-3a^3b)^2=4a^2b^6\times9a^6b^2=36a^8b^8=36\times\left(\dfrac{3}{2}\right)^8\times\left(-\dfrac{2}{3}\right)^8=36\times\dfrac{3^8}{2^8}\times\dfrac{2^8}{3^8}=36$

④ $\dfrac{12}{\sqrt{72}}-\dfrac{\sqrt{3}}{\sqrt{6}}=\dfrac{12}{6\sqrt{2}}-\dfrac{1}{\sqrt{2}}=\dfrac{2}{\sqrt{2}}-\dfrac{1}{\sqrt{2}}=\dfrac{1}{\sqrt{2}}=\dfrac{\sqrt{2}}{2}$

⑤ 与えられた2式を簡単な形に直してから考える。$\dfrac{1-x}{4}=3y-\dfrac{1}{2}$は両辺を4倍して$1-x=12y-2$　$-x-12y=-3$…(ア)　$\dfrac{x-y}{3}-\dfrac{y}{5}=1$は両辺を15倍して$5x-5y-3y=15$　$5x-8y=15$…(イ)　(ア)を5倍すると$-5x-60y=-15$　(ア)×5＋(イ)は$-68y=0$　$y=0$　(イ)に代入すると$5x=15$　$x=3$

基本 ⑥ $x^2+4x-1=0$　解の公式を利用する。$x=\dfrac{-4\pm\sqrt{4^2-4\times1\times(-1)}}{2\times1}=\dfrac{-4\pm\sqrt{20}}{2}=\dfrac{-4\pm2\sqrt{5}}{2}$　$x=-2\pm\sqrt{5}$

⑦ $x=\sqrt{7}+2$のとき，$(x-3)(x+4)+6=x^2+x-12+6=x^2+x-6=(x+3)(x-2)=(\sqrt{7}+2+3)(\sqrt{7}+2-2)=(\sqrt{7}+5)\times\sqrt{7}=7+5\sqrt{7}$

⑧ $y=2x^2$のグラフは上に開いた放物線のグラフなので，$-2\leqq x\leqq a$でyが最小の値をとるのは$x=0$のときで$b=0$　最大値は$x=-2$のときではないので，$x=a$のときで　$2a^2=18$　$a^2=9$　$a=\pm3$となるが$a=-3$では条件にあわないので$a=3$

⑨ 2個のさいころの目の出方は6×6＝36(通り)。大きいさいころの出た目の数が，小さいさいころの出た目の数より大きくなるのは(大きいさいころの目，小さいさいころの目)＝(2，1)，(3，1)，(3，2)，(4，1)，(4，2)，(4，3)，(5，1)，(5，2)，(5，3)，(5，4)，(6，1)，(6，2)，(6，3)，(6，4)，(6，5)の15通り，よってその確率は$\dfrac{15}{36}=\dfrac{5}{12}$

⑩ $2\sqrt{2}<\sqrt{3a}<n$　すべて正の数なので2乗しても大小関係はかわらない。$8<3a<n^2$
aが自然数なので$3a$は3の倍数になる。自然数aを小さい方から考えると，$a=3$のときにはじめて8より大きくなる。ここから14個なので$a=3+13=16$のときまで。$8<3\times16<n^2$　これを満たす最小の$n=7$

Ⅱ (2乗に比例する関数，1次関数)

基本 ① Bは$y=x^2$上の点で$x=t$なので，$B(t,\ t^2)$，Cは$y=x^2$上の点でBよりx座標が3大きいので$x=t+3$
$y=(t+3)^2=t^2+6t+9$

② BCの傾きが1なので，$\dfrac{t^2+6t+9-t^2}{t+3-t}=\dfrac{6t+9}{3}=2t+3=1$　$t=-1$

重要 ③ AとCはy座標が等しいので，$x^2=4$　$x=\pm2$　$x=2$はCなのでAの$x=-2$　$A(-2,\ 4)$
直線ADは直線BCと平行なので傾きは1　$y=x+n$とおけ，Aを通るので$-2+n=4$　$n=6$
　直線ADの式は$y=x+6$　点Dは$y=x^2$と$y=x+6$の交点なので$x^2=x+6$　$x^2-x-6=0$
$(x+2)(x-3)=0$　$x=-2,\ 3$　$x=-2$は点Aなので点Dは，$x=3$

Ⅲ (円，角度)

ABを結ぶ。BEが直径なので$\angle BAE=90^\circ$　$\angle BAC=90^\circ-68^\circ=22^\circ$　$\overset{\frown}{CE}$に対する円周角の定理より，$\angle CBE=\angle CAE$　$\angle x+32^\circ=68^\circ$　$\angle x=68^\circ-32^\circ=36^\circ$　$\overset{\frown}{BC}$に対する円周角の定理より，$\angle y=\angle BAC=22^\circ$

Ⅳ (相似)

① GE//BCより$AG:GD=AE:EC=2:3$

② GE//BCより同位角は等しいので，$\angle AGE=\angle ADC$，$\angle AEG=\angle ACD$　2組の角がそれぞれ等しいので$\triangle AGE\backsim\triangle ADC$　$AE:EC=2:3$なので$GE:DC=AE:(AE+EC)=2:5$
$BD:DC=1:1$なので$GE:BD=2:5$　GE//BDより錯角は等しいので$\angle FGE=\angle FDB$，$\angle FEG=\angle FBD$　2組の角がそれぞれ等しいので$\triangle FGE\backsim\triangle FDB$　対応する辺の比は等しいので$GF:FD=GE:DB=2:5$　$AG:GD=2:3=14:21$，$GF:FD=2:5=6:15$より$AG:GF:FD=14:6:15$　$AF:FD=(14+6):15=20:15=4:3$

やや難 ③ $\triangle ABC=S$とおく。$BD:DC=1:1$より$\triangle ABD=\dfrac{1}{2}S$　$AF:FD=4:3$より$\triangle FBD=\triangle ABD\times\dfrac{3}{4+3}=\dfrac{3}{14}S$　$\triangle FGE\backsim\triangle FDB$で$GF:FD=2:5$より$\triangle FGE:\triangle FDB=2^2:5^2=4:25$
$\triangle GFE=\triangle FDB\times\dfrac{4}{25}=\dfrac{3}{14}S\times\dfrac{4}{25}=\dfrac{6}{175}S$　$AE:EC=2:3$より$\triangle ABE=\dfrac{2}{5}S$　よって$\triangle GFE:\triangle ABE=\dfrac{6}{175}S:\dfrac{2}{5}S=3:35$

Ⅴ (立体，相似)

重要 ① 展開図は底面が円，側面がおうぎ形になる。底面の円周の長さとおうぎ形の弧の長さが等しくなるので，$4\pi=6\times2\pi\times\dfrac{中心角}{360}$　$\dfrac{中心角}{360}=\dfrac{4\pi}{12\pi}=\dfrac{1}{3}$　中心角は$360^\circ\times\dfrac{1}{3}=120^\circ$　おうぎ形の面積は$6\times6\times\pi\times\dfrac{1}{3}=12\pi$，円の面積は$2\times2\times\pi=4\pi$　$12\pi+4\pi=16\pi\,(\mathrm{cm}^2)$

やや難 ② 側面を表す展開図の上で，APを結べば，その長さが求めるものになる。右図のようにPからAOの延長に垂線をおろし，垂線とAOの延長の交点をHとする。$\triangle OPH$は$OP=6\times\dfrac{1}{1+2}=2$，$\angle PHO=90^\circ$，$\angle POH=180^\circ-120^\circ=60^\circ$の直角三角形で，辺の比は$1:2:\sqrt{3}$　$OH=1$，$PH=\sqrt{3}$　$\triangle APH$について三平方の定理より$AP^2=(6+1)^2+(\sqrt{3})^2=49+3=52$
$AP=\sqrt{52}=2\sqrt{13}\,(\mathrm{cm})$

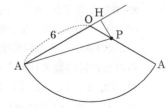

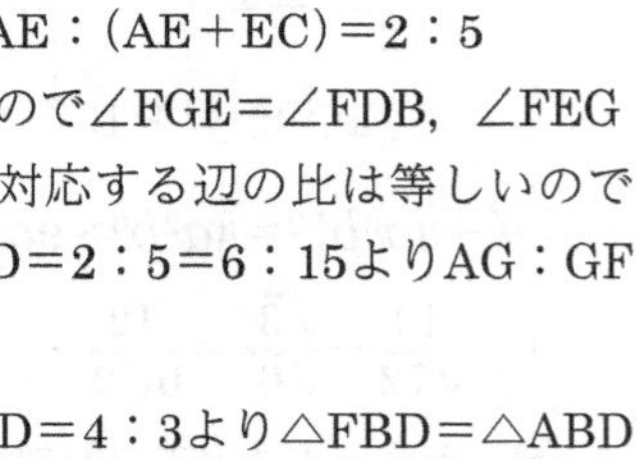

★ワンポイントアドバイス★

典型的な出題が多いので，標準レベルの問題で練習をつみ重ねておきたい。円や三平方の定理は，学校での学習は遅く，練習不足になりがちなので，意識して対応したい。

＜英語解答＞

Ⅰ　〔A〕 (1) 2　(2) 3　(3) 1　(4) 2　〔B〕 (1) 3　(2) 2　(3) 4

Ⅱ　問1 ア　問2 ウ　問3 1 金[ゴールド]　2 道　問4 ア，エ　問5 ⑤ イ　⑥ ウ　問6 800000　問7 ウ　問8 ア F　イ F　ウ T　エ T　問9 ア Yes, they do.　イ They closed fifteen roads.

Ⅲ　問1 1 エ　2 ウ　3 ア　4 イ　5 ウ　問2 A 3　問3 1 teacher　2 student　3 club　4 clean　5 together　6 feels

Ⅳ　1 John asked his sister to help him with (his homework.)
2 Cameras made in Japan are popular all over (the world.)
3 I've just read the book Emi lent me last week(.)
4 I wish I were good at playing the piano(.)

Ⅴ　1 I have never been to Kamakura (before.)
2 (Kamakura) is visited by many people every year(.)
3 (Kamakura) is famous for old temples and shrines(.)
4 (I) am interested in Japanese history(.)

○配点○

Ⅰ 各2点×7　Ⅱ 問3・問9 各3点×3(問3完答)　他 各2点×12
Ⅲ 問1 各3点×5　他 各2点×7　Ⅳ・Ⅴ 各3点×8　計100点

＜英語解説＞

Ⅰ　リスニング問題解説省略。

重要 Ⅱ　**(長文読解・説明文：指示語，語句補充，要旨把握，内容吟味)**

(全訳)　何年も前に，熱帯雨林に大きな都市や庭園があった。ナイジェリアでは，科学者は高さ10メートルの古い壁を発見した。①これらの壁は1000年以上前に熱帯雨林の町の周りに建てられた。メキシコの熱帯雨林では，マヤ人が大きな石造りの建物を建て，カンボジアの熱帯雨林には，アンコールに何百もの建物がある。どちらの場所にも1000年以上前の建物がある。

現在，世界の熱帯雨林には約5000万人が住んでおり，そのほとんどが住んでいる森林に被害を与えるものではない。彼らは森の木から果物を取る②が，木を切り倒さない。食べるために動物を殺す②が，種を破壊しない。

熱帯雨林を伐採すると，森林に住む人々の生活も破壊される。1900年，アマゾンの森には100万人の森林に住む人々がいた。1980年には20万人しかいなかった。

ヤノマミはブラジル北部の熱帯雨林の川沿いに生息している。彼らは10000年以上熱帯雨林に住んでいて，食べ物や薬のために2000以上の異なる植物を使用している。しかし，1988年誰かが森の中で金を見つけ，突然45000人が森にやってきて金を探し始めた。彼らは道路を作るために森を切り倒した。③ヤノマミは土地と食料を失った。新しい病気が外部者と一緒に森に来たので，多くの人が死んだ。

ヤノマミの人々は，彼らの家だったので，森を救おうとした。しかし，金を欲しがった人々はより強く，ヤノマミの人々の多くは家を失った。1992年，ブラジルはヤノマミの人々のための国立公園を作った。国立公園(森林公園)は，動植物にとって安全な場所だ。町を作ったり，木を切り倒したりすることはできない。だから今，ヤノマミには安全な家がある。

エナウェネ　ナウェの人々はブラジルのマトグロッソに住んでいる。これらの人々は420人しかいない。彼らは森の中で見つけた魚や果物を食べる。彼らは大きな大豆事業による危険にさらされているので，自分の森を保護したいと考えている。

多くの森林に住む人々は自分の森を救おうとする。④チコ・メンデスは，人々のために森を維持したかったので，ブラジルと世界中で有名だった。「アマゾンの森に，私たちみんな，森林に住む人々，ブラジル，そして地球全体を助けてほしいと思っている」と彼は言った。チコ・メンデスは熱帯雨林で生まれ，まだ子供の頃，父親と一緒にゴム農園で働き始めた。1976年，彼は熱帯雨林を保護するために他のゴム労働者と協力し始めた。企業はゴム労働者の森を購入しており，チコ・メンデスはブラジルや他の国々の人々に消滅した森林について話した。1988年，森を伐採したい人々が，家の外でチコ・メンデスを⑤殺した。

ボルネオでは，木を売るためにペナンの人々の森を切り倒し始めた。ペナンの人々は熱帯雨林を救おうとした。1987年，彼らは8ヶ月間森への15の道路を閉鎖した。その間，⑥誰も木を切り倒さなかった。サバイバルインターナショナルは1970年代にペナンの人々と協力し始め，彼らと彼らの森を今でも助けている。

問1 「これらの壁」はナイジェリアにあるものなので，メキシコやカンボジアに住む人々によっては建てられていない。

問2 空所の前後は逆説の関係であるため，but「しかし」が適切。

問3 1 熱帯雨林で発見されたのは「金」である。 2 木を切り倒したのは「道路」を作るためである。

問4 チコ・メンデスはブラジルと世界中で有名で，森林を維持したいと言っていた。

問5 ⑤ チコ・メンデスは森林を伐採したい人々にとっては邪魔な存在であったことから判断できる。 ⑥ 8か月間森への道路を閉鎖したため，誰も木を切り倒さなかったのである。

問6 第3段落参照。1900年は100万人だったが，1980年には20万人しかいなかった。

問7 「外部者が来た」ことについて書かれているのは，第4段落である。

問8 ア「熱帯雨林に住む多くの人は，熱帯雨林を破壊している」第2段落第1文参照。熱帯雨林に住む人々は森林に被害を与えないので不適切。 イ 「エナウェネ　ナウェの人々は薬のために多くの種類の植物を使う」 第4段落第2文参照。薬のために植物を使うのはヤノマミの人々なので不適切。 ウ「ヤノマミの人々は，金が欲しいと思っている人々よりも弱かった」 第5段落第2文参照。金が欲しいと思っている人々はヤノマミの人々よりも強かったので適切。 エ 「人々は国立公園で木を切り倒すことはできない」 第5段落第4文参照。国立公園では森林を切り倒すことができないため適切。

問9 1「ヤノマミの人々は安全な家を持っているか」 第5段落最終文参照。ヤノマミの人々は安全な家を持っている。 2 「1987年ペナンの人々はいくつの道を閉鎖したか」 第8段落第3文参照。ペナンの人々は15の道路を閉鎖した。

Ⅲ (会話文：内容把握，語句補充)

(全訳) ヒロ：こんにちは，サキ。ようこそ！また会えてうれしいよ。イギリスでの滞在はどうだった？

サキ：楽しい時間を過ごしたよ。ホストファミリーはとても親切で，学校生活が大好きでした。実際，日本とは違ったんだ。

ヒロ：本当に？何があなたを最も驚かせたの？

サキ：まず動きが多かったんだ。日本では，学校の一日のほとんどを教室で過ごしているよね。教師は各科目のために私たちの教室に来るじゃない。

ヒロ：そうなんだ。生徒たちは先生のところに行くの？

サキ：そうだよ。学校には建物がいくつかあったの。私たちは，それらを「ブロック」って呼んだんだ。例えば英語のブロック，語学ブロック，科学ブロックなどと呼んだの。授業の間の時間を使って次のブロックに到達する必要があったのよ。時々遠く離れていたので，私たちは各授業に間に合うように歩いたり，走ったりしなければならなかったんだ！

ヒロ：うわ，それは動きが多いね！教科書を全部持ち歩くのは大変だったに違いないよ。

サキ：大変だったけれど，各教科の教科書が1冊しかなかったので，重すぎなかったわ。学生は教科書を買わないで，学校から借りて，学年の終わりに返却するの。リサイクルして紙を節約する良い方法よ！

ヒロ：それはいいね！担任の先生はどうだった？

サキ：先生は「フォームチューター」と呼ばれているの。実際，イギリスでは「フォーム」と言うんだ。それは「ホームルーム」を意味するのよ。生徒が学校に着くと，フォームルームに来て，先生が生徒を確認するの。日本では担任の先生に話しかけることが多いけれど，イギリスでは先生にほとんど話しかけません。

ヒロ：面白いね。毎日の学校生活はどうだった？

サキ：大きな違いがいくつかあったよ。まず，部活はほとんどなかった！もちろん，スポーツ，音楽，演劇など放課後の活動を行う生徒もいたけれど，ほとんどの人は最後の授業が終わるとすぐに午後3時に学校を出るんだ。私はイギリスにいる間何もしなかったので，いつも3時30分までに家に帰ったよ！

ヒロ：そうなの？ A<u>それは短い一日のように聞こえるね。</u>

サキ：うん，日本より早く寝て，ずっと長く寝てたわ！次に生徒は教室を掃除しないの。日本でやるのは，チームワークの一種なので，楽しいよね。また，私たちは責任があることと，ゴミを落とさないことを学んだわ。私のイギリスの学校の部屋のいくつかは少し乱雑でした！

ヒロ：なるほどね！では，講義はどんな感じだったの？

サキ：うーん，全く違っていたわ。一つには多くの議論があったよ。生徒の机は常に4人か6人のグループにまとめられていたので，クラスメートと話すのは簡単でした。先生が質問をすると，たくさんの生徒が手を挙げて答えたの。彼らは全く恥ずかしがり屋ではなかったし，しばしばお互いに意見が合わなかったんだ！最初は戦っていると思っていたけれど，議論を楽しんでいたの。

ヒロ：それは楽しそうですね。

サキ：そうよ。実際英語力が上達する中で，自信を持って，自分の考えをクラスメートと共有し始めたよ。それは挑戦ですが，イギリスではどう思うかを人々に伝えるのが重要なのよ。

基本 問1 (1) 「学生は教科書を買わないで，学校から借りて，学年の終わりに返却する」とあることから判断できる。 (2) 「日本では担任の先生に話しかけることが多いが，イギリスでは先生にほとんど話しかけない」とあることから判断できる。 (3) サキは，放課後何もしなかったので3時30分までに家に帰り，日本にいるよりも早く寝たとある。 (4) サキが「イギリスの学校の部屋のいくつかは少し乱雑」だったと言っていることから判断できる。 (5) イギリスの授業では「議論を楽しんでいた」とあることから判断できる。

問2 3時半までに家に帰ったことから，「1日が短い」ということがわかる。

重要 問3 (1)・(2) イギリスでは生徒が移動をするので，「(1)教師(teacher)が(2)生徒 (student)を待っている」となる。 (3) イギリスの学生は放課後あまり部(club)活動をしないのである。 (4) イギリスの学生は教室の掃除をする(clean)必要はない。 (5) サキは日本の清掃はチームワークの一種で楽しいと言っている。一緒に(together)働くので，サキは清掃が好きなのである。 (6) サキは「イギリスではどう思うかを人々に伝えるのが重要」と言っている。「どう思うか」は，疑問詞 how を用いた場合，動詞は feel を用いる。

Ⅳ **(語句整序問題：不定詞，分詞，現在完了，関係代名詞，仮定法)**

(1) <ask + 人 + to ~>「人に~するように頼む」

(2) made in Japan は前の名詞を修飾する分詞の形容詞的用法である。

(3) the book と Emi の間に，目的格の関係代名詞が省略されている。

重要 (4) <I wish+仮定法>「~だったらいいのに」となる。仮定法では，be 動詞は were のみを用いる。

基本 Ⅴ **(和文英訳)**

(1) 「~に行ったことがある」 have been to ~

(2) 「訪れられている」は受動態を用いて，is visited となる。

(3) 「~で有名だ」 be famous for ~

(4) 「~に興味がある」 be interested in ~

★ワンポイントアドバイス★

これまでは出題されていなかった「仮定法」が出題されている。新たに出題されている問題であるため，問題集を用いてきちんと身につけておきたい。

<国語解答>

一 問一 (a) 批判 (b) 機 (c) 論議 (d) 侵して 問二 A エ B ウ C ア D イ 問三 表現の方法や方向性を選択する自由が奪われるという危機感。 問四 自分が自分でいることの自由 問五 エ 問六 ウ 問七 Ⅱ 問八 ア 問九 仕事や生命を失うかもしれない状況。

二 問一 (a) のぞ(んだ) (b) せんさい (c) きけん (d) おお(う) 問二 エ 問三 ② イ ④ ウ ⑤ カ 問四 A オ B イ C ア 問五 ウ 問六 いろいろな料理のアイディアを持っているということ。 問七 ア 問八 イ 問九 ガイドブック通りの旅行

三 問一 (a) あやしゅう (b) とりもあえず 問二 この氷魚の殊の外に少なくなりたりければ 問三 エ 問四 ア[ウ] 問五 イ

○配点○

一　問一　各1点×4　　問二　各2点×4　　他　各4点×7

二　問一　各1点×4　　問三・問四　各2点×6　　他　各4点×6

三　問一　各2点×2　　他　各4点×4　　計100点

＜国語解説＞

一　(論説文―漢字の読み書き，接続語の問題，指示語の問題，文脈把握，語句の意味，脱文・脱語補充)

問一　(a)「批判」は「批」を「比」あるいは「非」としないように注意。　(b)「～を機に」とは，「～をきっかけに」という意味。　(c)「論議」とは，「互いに意見を述べて論じ合うこと」であり，「議論」とほぼ同じ意味である。　(d)「自由をおかす」の「おかす」は「侵す」と書く。「犯罪をおかす」の「おかす」は「犯す」，「危険をおかす」の「おかす」は「冒す」。

問二　A　空欄A直前の「本質を見極めることが難しくなっている」と，直後の「本質にたどり着く自由が見えにくくなっている」は同じ内容であり，直後は直前の言い換えと言えるので，エ「つまり」が適当。　B　自由が有ることは難しい「から」有難みが出てくるという因果関係が成立するため，ウ「だから」が適当。　C　空欄C直前では自由の方がいいと述べ，直後では自由を求めづらい状況におちいる可能性を示しているため，逆接のア「しかし」が適当。　D　直前の第十段落では自由の本質とは何かという定義を行い，最終段落ではその補足として何人たりとも侵してはならないのだということを付け加えていることから，イ「そして」が適当。

問三　「こういう」は指示語なので，基本的には前の内容を指す。すると，直前の第三段落「選択の自由が奪われた時，……狭くなってしまうのです。」とあるため，選択の自由が奪われた際には悪いことが起こる，ということと判断できる。ただ「選択の自由が奪われる危機」では字数が足りないため，同じく第三段落にある「表現の方法や方向性は強制されていく」という部分をふまえ，「表現の方法や方向性を選択する自由が奪われるという危機」であることを説明できていればよい。「人間が人間らしく生きることの幅が狭くなるという危機」という解答も多いと思われるが，それでは「表現の方法や方向性を狭められるから」という，具体的になぜ生きることの幅が狭くなるのかという点を説明しきれていないため不適当。

重要　問四　第十段落に「自由は…本質的な原点だと僕は思います。」と「本質」を含む記述があるため，この部分の「自分が自分でいることの自由」が適当。

問五　第五段落「追わなければならないものが多過ぎるのです。……まやかしの多さとも言えるのではないでしょうか。」に注目して解答する。情報の量が多いということに加え，「まやかし」とは「ごまかすこと」であるということをふまえると，エが適当。

問六　「ネガティブ／ポジティブ」は「否定的・消極的／肯定的・積極的」という意味である。ここでは，「ネガティブな言葉で言うと『疑う』」，「ポジティブな言葉で言うと『吟味する』」と言葉自体が含む否定的／肯定的なニュアンスに注目しているため，ウが適当。イは「パシーブ／アクティブ」，エは「ペシミスティック／オプティミスティック」の和訳であるためそもそも辞書的意味と合致せず，不適当。

問七　「この感謝の念」とあるので，この一文の前には何かしら「この」にあたる，感謝の念にかかわることが記述されている必要がある。すると，Ⅰでは自由について，Ⅱでは有難いということについて，Ⅲでは自由とは何かということについて，Ⅳでは自由の本質とは何かということについて述べている。この中で「感謝」にかかわるのはⅡのみなので，Ⅱが適当。

問八　空欄⑥の前の「死守したい自由の形，自由の持ち方を変化させなければいけなくなるかもしれません。」より，何かしら自由というものを取捨選択する必要があるということがわかる。イ・ウはほぼ同じ意味であり，かつ取捨選択には無関係なので不適当。エは取捨選択には無関係で，むしろ変化させないという意味にとれるため不適当。

問九　傍線部⑦直後の「その中でも自分が自分らしく生きる自由というのはあるはずです。」に注目して解答する。これは第十段落で筆者が自由の本質として述べている内容と合致する。すると，その前の第九段落では「コロナがさらに長期間収束しないとか，……言えない状況」と，自由を求めづらい状況になるということを想定し，第十段落ではそれでも自由の本質たる自分が自分らしくいるということは守られるべき，と主張していることがわかる。したがって，第九段落のコロナや戦争などといった具体例で示されているような，「仕事や生命を失うかもしれない状況」などがあてはまる。戦争やウィルスということから生命を失うということは容易に想像がつくが，更に筆者自身の体験として第二段落でも述べられているように，仕事を失うということにも言及できているとなおよい。

二　(小説一漢字の読み書き，脱文・脱語補充，文脈把握，語句の意味，情景・心情)

問一　(a)「臨む」とは，「それを目の前にすること，その場に直面すること」。ここでは後者の意味。　(b)「繊細」とは，「こまやかで感じやすいこと」。　(c)「棄権」とは，「何かの物事に対する自分の権利を放棄・破棄すること」。　(d)「覆う」は受身にすると「覆われる」となるが，漢字の部分の読みは「おお」のみであることに注意。

問二　先生は蓉がホワイトボードに書き直した字を見てこのように発言したということである。本文全体を通して蓉のワンポーションへの再挑戦のことが述べられているため，文化祭自体に対する蓉の姿勢というよりもワンポーションで忙しくなることを気遣って先生はこのように発言したと考えられる。よってエが適当。ウと迷うが，蓉がなにか仲間を信じていないという根拠は本文中にないため不適当。

問三　②　料理にテーマが与えられ，それをどのように取り入れたのかプレゼンするという内容から，プレゼンの内容にかかわるイ「物語性」が適当。エ「思考力」と迷うが，プレゼンではテーマをどう捉えてどのように料理に取り入れたかという過程を説明しなければならないことから「物語性」の方が適当である。　④　空欄④直前の「的確な」は「正確な」と同じような意味で「間違いがない」ということであるが，それにつながるものはウ「判断力」のみである。　⑤　空欄⑤直前に「蓉と同じく」とあることから，同じであるということに起因するカ「親近感」が適当。

問四　A　周囲の予想に反してうまくいったということから，オ「あれよあれよと」が適当。「あれよあれよと」とは，一般的には展開が早い様子を表す表現。　B　空欄B直前の「緊張する蓉をよそに」から，緊張していない様子であることがわかる。よってイ「淡々と」が適当。ア「着々と」と迷うが，「着々と」とは物事が順調に進んでいくさまを表す表現であり，緊張状態と対に置くものとしては不適当。　C　空欄C直前の「途方に暮れる二人をよそに」から，二人は作業が停滞してしまっているが，他のペアは順調に進めているということがわかる。Bの解説通り，物事が順調に進んでいくさまを表すア「着々と」が適当。

問五　傍線部③の前段落では，「部長はリスクを……恨んでいた。」とあるように，恥をかくリスクを考えてワンポーションへの参加を否定的に考えていたが，傍線部③直後に「挑戦する…感銘を受けた。」とあるように，挑戦する姿勢に感動してワンポーションへの参加を肯定的に捉えるようになったということである。よってウが適当。エでは出場自体に驚いていたかのように記述されているが，そうではなく恥をかくリスクを考えて否定的な立場をとっていたということである。

問六　「引き出しが多い」とは，およそ「様々なことができる」という意味である。ここでは料理についてのことなので，アイディアが多い，バリエーションが多いといったことを記述できていればよい。

問七　体調が思わしくない澪の頼みで蓉が出した提案についての反応である。「最後には」とあることから，納得しきってはいないが，そうするしかあるまいということがうかがえる。澪は体が辛そうで，蓉が棄権を勧めるほどであったということから，澪が何かを積極的にできる状態ではないという要素が含まれるアが適当。

問八　「まくしたてる」とは，早口で話すということ。ここでは，澪の急な体調不良によって思いがけず蓉が中心となって動かなければならなかった場面であり，「自信はなかったが，そうするしかなかった。」にもあるように自信のないまま作業を進めていったということである。この時点で自信のなさに言及しているイ・ウに絞られるが，後にプレゼンの内容を後からあてはめたと指摘されていることからも，自信がなかったのはプレゼンの内容自体と考えられるためイが適当。

重要　問九　「皮肉まじり」ということから，何か蓉にとっては好ましくないことであったと考えられる。そのうえで，「エントリーしなければ，……だけど」とワンポーションに参加しなかった場合は文化祭を満喫できるが，それでは何かがよくない，ワンポーションに参加すべき，ということになる。すると，前回のワンポーションで審査員に言われた「『まるでガイドブック通りの旅行みたいだ。本当につまらない』」という比喩を用いた批判は蓉にはかなりこたえたうえ，比喩であるため料理のことだけでなく他のことにもあてはめられる汎用性もあるため，ここが適当。

三　(古文―仮名遣い，文脈把握，表現技法，文学史)

〈口語訳〉　これも今となっては昔のことだが，ある僧が，人のもとへ行った。(その家の主人が)酒などを勧めていたところに，氷魚が初物として出回り始めたので，主人は珍しく思って，(僧にふるまって)もてなした。主人に用事があって，家の奥へ入り，また(僧のもとへ)戻ってくると，この氷魚がことのほか少なくなっていたので，主人はどうしたことだろうと思ったけれども，(それを)口に出すのもはばかられたので，雑談をしていたところに，この僧の鼻から氷魚が一尾ふと出てきたので，主人は不審に思って，「(あなたの)その鼻から氷魚が出ているのは，どういうことですか」と言ったところ，(僧は)すかさず「この頃の氷魚(雹)は目や鼻から降って来るのでございますよ」と言ったので，人は皆「わっ」と笑った。

問一　古典的仮名遣いでは，子音＋iuは「yu」，語頭以外の「はひふへほ」は「わいうえお」と読む。すると，(a)の「しう」は「siu」なので，読み方は「syu」つまり「しゅう」となる。(b)の「あへず」は「あえず」となる。

問二　「いかにと思へども，いふべきやうもなかりければ」ということなので，「いかに」と思った内容について「いふべきやう」もなかったということである。「いかに」は「どうして」という意味であるが，そう思った理由としては「この氷魚の殊の外に少なくなりたりければ」が適当。不自然に氷魚の量が減っていたことから，どうしてだろうと不思議に思ったということである。接続助詞「ば」は「～ならば，～ので，～ところ」などの意味を表すが，ここでは「～ので」の意味で解釈するとよい。

問三　まず，問二にもあるように，主人は氷魚が減っていることについて疑問視はしていたが，それを口に出していなかったということを把握しておく。すると僧の鼻から氷魚が出てきたということなので，この僧が氷魚を盗み食いしたことはこの時点で容易に想像がつくはずである。にもかかわらず，どうして鼻から氷魚が出ているのかと質問していることから，盗み食いしたことはわかっているが，それをどう弁明するか聞きたいという気持ちがあったためにあえて質問したと考えられる。よってエが適当。

問四　ア・ウどちらでも正答である。アの和歌では「かりほ」に刈った稲穂という意味の「刈穂」と農作業のための小屋という意味の「仮庵」が，ウの和歌では「まつ」に樹木の「松」と「待つ」が掛けられている。「松」は「山の峰に生ふる」というところから，「待つ」は「立ち別れ」から想像できるようになっている。また，「いなば」も地名の「因幡」と，去るという意味の「去(い)なば」が掛けられているが，こちらは「去(い)ぬ」という古文単語を知らないと難しいので「まつ」のみ判断できればよい。

基本　問五　イ『奥の細道』は江戸時代の成立，ア・ウ・エはいずれも平安時代の成立である。

★ワンポイントアドバイス★

論説文は，具体例や言い換えになっている箇所をもとに文脈を把握しよう。小説は，登場人物の言動の背景にある心情を細かく読み取ろう。古文は，省略された主語に注意しつつ全体の内容をつかもう。

2021年度

★★★★★★★★★★★★★★★★★★★★★★★★

入　試　問　題

2021年度

共立女子第二高等学校入試問題（1回）

【数　学】（50分）　＜満点：100点＞

Ⅰ．次の各問いに答えなさい。

① $(x+y)^2+(x+y)(x-y)$ を計算しなさい。

② $\dfrac{a-5b}{6}-\dfrac{a-7b}{9}$ を計算しなさい。

③ $x=\dfrac{3}{2}$，$y=-\dfrac{2}{3}$ のとき，$(-2)^2xy^3\div(3y)^2$ の値を求めなさい。

④ $\dfrac{\sqrt{27}}{2}+\dfrac{5\sqrt{3}}{6}-\dfrac{1}{\sqrt{3}}$ を計算しなさい。

⑤ 連立方程式 $\begin{cases} 0.2x+0.5y+2.1=0 \\ \dfrac{1}{3}(x-1)=\dfrac{1}{4}(1-y) \end{cases}$ を解きなさい。

⑥ 2次方程式 $2x^2-x-1=0$ を解きなさい。

⑦ $x=\sqrt{6}-4$ のとき，$x^2+8x+15$ の値を求めなさい。

⑧ 関数 $y=-3x^2$ について，x の変域が $-2\leqq x\leqq 3$ のとき，y の変域は $a\leqq y\leqq b$ である。このとき，a と b の値を求めなさい。

⑨ 1から60までの番号をつけた60枚のカードから1枚を抜き取るとき，抜き出したカードの番号が4の倍数であるが3の倍数でない確率を求めなさい。

⑩ 2つの数 $5\sqrt{2}$，7の大小を，不等号を用いて表しなさい。

Ⅱ．図のように，放物線 $y=ax^2$ のグラフ上に2点A $(-2,\ -2)$ とBがあり，点Bの x 座標は6である。また，原点Oを通り，直線ABと傾きが等しい直線と放物線との交点のうち，原点以外の交点をCとする。このとき，次の各問いに答えなさい。

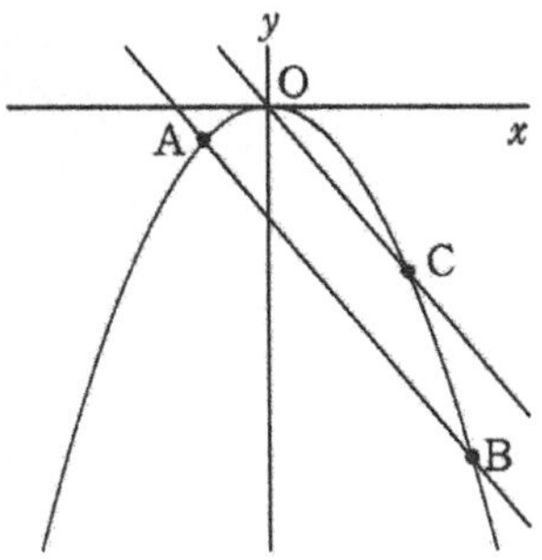

① a の値を求めなさい。

② 直線ABの式を求めなさい。

③ △ABCの面積を求めなさい。

Ⅲ．図の∠x，∠y の大きさを求めなさい。ただし，点Oは円の中心，ABは直径とする。

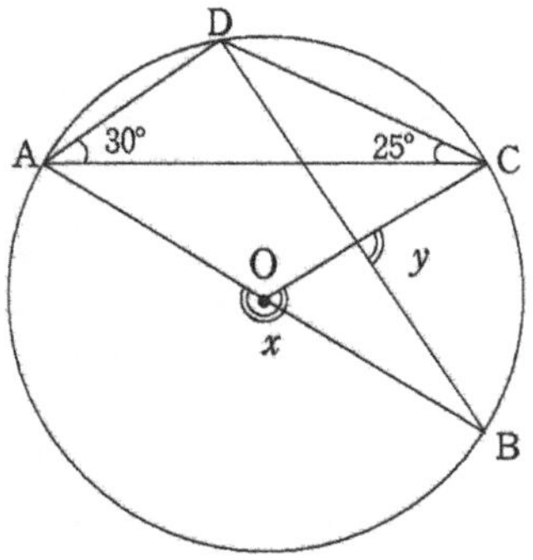

Ⅳ．図において，四角形ABCDは平行四辺形で，BE：EC＝２：１，AF：FD＝１：２である。また，BAとCFを延長して交わる点をＩとする。このとき，次の各問いに答えなさい。

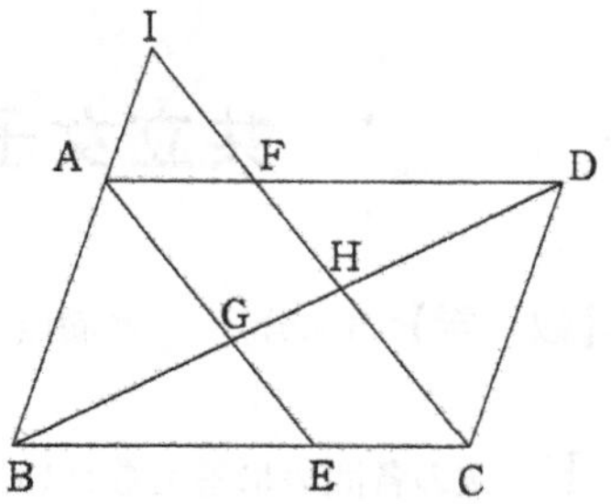

① AG：GEを求めなさい。

② DH：HGを求めなさい。

③ △BEG：△AFIを求めなさい。

Ｖ．右の図の立方体ABCD－EFGHは１辺が６㎝で，点M，N，P，Qはそれぞれ辺AB，DA，FG，GHの中点である。このとき，次の各問いに答えなさい。

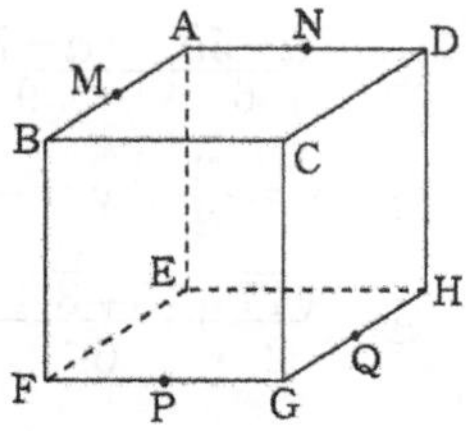

① この立体を，３点M，N，Ｆを通る平面で切ってできる立体のうち，小さい方の立体の体積を求めなさい。

② この立体を，３点A，P，Qを通る平面で切ってできる立体のうち，点Ｅをふくむ方の立体の体積を求めなさい。

【英　語】（50分）　＜満点：100点＞

Ⅰ．〔リスニング問題〕放送を聞いて各設問に答えなさい。

〔A〕 次に対話と質問が流れます。その質問に対する答えとして適切なものを1つずつ選び，番号で答えなさい。英文と質問は2回読まれます。

(1) 1. She had to take a rest.　2. Her uncle came for a visit.
3. John had her textbook.　4. The library was closed.

(2) 1. Rent a video later.　2. Sell her movie ticket.
3. Go to the movie at 5:00.　4. See the movie tomorrow.

(3) 1. To the lake.　2. To the bicycle shop.
3. To the restaurant.　4. To the station.

(4) 1. He rented them from video stores.
2. He bought them at discount stores.
3. His friends gave them to him as gifts.
4. His parents ordered them on the Internet.

〔B〕 次にまとまった英文と質問が流れます。その質問に対する答えとして適切なものを1つずつ選び，番号で答えなさい。英文と質問は2回読まれます。

(1) 1. In her bedroom.　2. In her garden.
3. In the park.　4. On the street.

(2) 1. They bought an exercise video.　2. They started going to a gym.
3. They joined a running club.　4. They got a pet dog.

(3) 1. She did not enjoy the food.　2. She did not like the weather.
3. She could not speak Italian well.　4. She could not go to school.

※リスニングテストの放送台本は非公表です。

Ⅱ．英文を読み，各設問に答えなさい。（＊の語には注釈がある。）

Who is Muhammad Ali? Why is he famous? ①Why did he have two names, Cassius Clay in his early years, and later Muhammad Ali? And what has become of him?

Muhammad Ali was, of course, a famous boxer, a world champion. But he fought for black Americans, too. He stopped boxing in 1981 because he was sick. But he fought for peace in the world.

Muhammad Ali was born with the name Cassius Marcellus Clay on January 17, 1942, in Kentucky. In ②the 1940s, things weren't easy for black people in Kentucky. Black people went to different shops from white people, and black children went to different schools from white children.

At school Cassius was more interested in sports than books. He was very good at boxing and became the Kentucky boxing champion six times before he left school.

After school, Cassius went to New York to learn to box *professionally. His boxing was different. He moved quickly on his feet, and people loved that. In 1960, he went to the Olympic Games in Rome with the American team and he won a gold medal. A reporter from Russia asked him, "In America things are bad for black people. How does it feel to win a gold medal for your country when you are black?" Cassius said, "Some people in America are changing things."

His greatest win came in 1964 when he became *the World Heavyweight Champion. Soon after, Cassius became a *Muslim and changed his name to Muhammad Ali. He wanted America to be a better country for black people.

The 1960s was a time when many Americans went off to *the Vietnam War. Muhammad Ali thought the war in Vietnam was a bad thing, so in 1967, when they asked him to go, he said "no". Many important people in America were angry about this and Ali left the world of professional boxing for five years. Then he came back and became World Heavyweight Champion again for a second and third time.

Muhammad Ali was exciting to watch. He was a great boxer and always felt he could win - and he usually did! He often said, "I am the greatest!"
In 1981, Muhammad Ali stopped boxing because he was very ill. He was slow and tired, so he went to see a doctor.

"③ You're very sick." the doctor said. "And you're not going to get well. It's not going to kill you, but you're going to get tired very quickly every day. You're going to walk slowly and talk slowly. I'm sorry but we can't stop it. And, of course, you can't box."

In 1996, when he opened the Olympic Games in Atlanta, many people watching him on television were happy to see this famous sports hero from the past again.

True Heroes of Sport（OXFORD UNIVERSITY PRESS　一部改）*Muhammad Ali*（PENGUIN READERS　一部改）

（注） professionally　専門的に，プロとして
the World Heavyweight Champion　世界ヘビー級チャンピオン　　Muslim　イスラム教徒
the Vietnam War　ベトナム戦争

問1　モハメド・アリについて，次のア～エの出来事を古いものから順に並べかえなさい。

ア. He won a gold medal at the Olympics.
イ. He appeared in the opening ceremony of the Olympic Games in Atlanta.
ウ. He became the boxing champion in Kentucky.
エ. He became sick and stopped boxing.

問2　下線部①に関して，彼が2つの名前を持つことになった理由は何か。15字以内の日本語（句読点を含む）で答えなさい。

問3　下線部②はどのような時代であったか。本文の内容から正しいものを2つ選び記号で答えなさい。

ア. Black children and white children studied together at school.
イ. Black people had a hard time.

ウ．Black people had to go to different shops from white people.

エ．All white people made black people work for them.

オ．Black children and white children sat together at the table of brotherhood.

問4　下線部③の具体的な内容を英語でまとめました。（ア）～（エ）に適語を入れなさい。

You will not (　ア　), but you will become (　イ　) very easily.

The speed of your walk and talk will become (　ウ　).

You have to give up (　エ　).

問5　次のア～エの英文のうち，本文の内容に合っているものにはTを，合っていないものにはFを記入しなさい。

ア．Cassius Clay was very much interested in books when he was a student.

イ．Cassius won a gold medal at the Olympics in Tokyo.

ウ．Muhammad Ali went to Vietnam to fight in the war.

エ．Many people were glad to see Ali on TV at the Olympic Games in Atlanta.

問6　次の質問に2語以上の英語で答えなさい。

ア．Why did Ali stop boxing in 1981?

イ．How many times has he become World Heavyweight Champion?

ウ．How old was Ali when he opened the Olympic Games in Atlanta?

Ⅲ．日本からアメリカのBuffalo市の高校に留学している*Miki*が，現地に着いて数日後にクラスメートの*Eddy*と話をしています。対話文を読み，各設問に答えなさい。（*の語には注釈がある。）

Eddy: Hello, Miki! How have you been? How's Buffalo so far?

Miki: I've been OK. Buffalo is great - it's a beautiful place and the people are really friendly.

Eddy: I'm glad you like Buffalo! By the way, you said you're OK, but you look really tired. Are you OK?

Miki: Well, to be honest, I'm *struggling a little because of jet lag. The 13-hour time zone difference is hard! I get really sleepy in the middle of the day, then feel wide awake late at night. Then, because I go to bed so late, I have a hard time waking up.

Eddy: I'm sorry to hear that. It's true that jet lag can be really hard. It takes time to *adjust, but you will. If you want to adjust more quickly, however, there are a few things you can do to help your body.

Miki: Oh, please tell me.

Eddy: Well, I recently read an *article from a scientific magazine, and there are three things that seem to be the most important. The good news is they're simple.

Miki: OK. What are they?

Eddy: The first one is to get outside in the natural sunlight as much as possible.

Miki: That's easy to do, but how will it help?

Eddy: Do you know that our bodies have a kind of "clocks"?

Miki: [A]

Eddy: Our bodies have a rhythm of sleeping, waking, and feeling hungry. And like a clock, our bodies know what time to do those things.

Miki: I didn't know that. How interesting! OK, so the sun *affects our bodies' clocks?

Eddy: That's right. In a way, it tells our bodies' clocks what time it is, and helps it adjust.

Miki: So if I spend a lot of time outside in the natural sunlight, it will help my body know when to be awake and when to sleep?

Eddy: Exactly.

Miki: OK, I will start doing that today.

Eddy: By the way, do you know that plants sleep?

Miki: What? Plants sleep?

Eddy: [B] Leaves *droop, and flower blossoms close at night. Then, when the sun rises, leaves rise again and flower blossoms open.

Miki: Wow. Nature is pretty amazing! I had no idea that flowers sleep.

Eddy: I agree with you.

Miki: Well, could you tell me the other two things that could help with my jet lag?

Eddy: Sure. As your body hasn't yet adjusted, you might get sleepy during the day, but try not to take naps. If you take a nap, your body will want to sleep for several hours as it's night time in Japan. Not taking a nap should help make it easier to go to bed earlier.

Miki: OK. And the last one?

Eddy: The last one should be the easiest: try to eat meals at normal times. So an example would be, if you want to wake up early and go to bed early, try to have breakfast at 7 am, lunch around noon, and dinner around 6:00 or 7:00 pm.

Miki: Got it. Wow - this is very helpful. I have to go now but thank you so much! I will start doing these things today.

Eddy: Great! I'm glad to hear that, and I really hope you get over your jet lag soon. It's not fun if you're tired all the time when you're awake.

Miki: Thanks again! I'll see you tomorrow.

Eddy: Take care, Miki. See you tomorrow!

(注) struggle 苦しむ　adjust 調整する　article 記事　affect 影響を与える　droop しおれる

問1 (1)～(5)までの英文が本文の内容と一致するように，適切なものを1つずつ選び，記号で答えなさい。

(1) Because of jet lag, ＿＿＿＿＿＿.

ア. Miki feels sleepy all day long

イ. Miki doesn't feel sleepy at all

ウ. Miki feels sleepy at night and fall asleep very easily

エ. Miki feels sleepy in the daytime but can't fall asleep easily at night

(2) Miki should spend more time in the natural sunlight ＿＿＿＿＿＿.

ア. because it is so warm that she can get sleepy very soon

イ. because it helps her body clock know what time it is

ウ. because she can enjoy the beautiful places in Buffalo

エ. because it is fun to ask people what time it is

(3) Miki thinks nature is amazing ＿＿＿＿＿＿.

ア. because even plants have their own body clock

イ. because there are many kinds of flowers

ウ. because even flowers sometimes feel hungry

エ. because there are some flowers which open at night

(4) Eddy says Miki should try not to take naps ＿＿＿＿＿＿.

ア. because he thinks Japanese people don't take naps very often

イ. because he thinks she should study English much harder

ウ. because he wants her to get sleepy at night

エ. because he wants to show her around Buffalo

(5) It's good for Miki to have meals at normal times ＿＿＿＿＿＿.

ア. because she likes American food very much

イ. because it will give her life a good rhythm

ウ. because she won't get hungry during classes

エ. because she doesn't have to eat three times a day

問2　文中の空所 A ， B に入れるのに最も適当なものをそれぞれ下から1つずつ選び，番号で答えなさい。

(1) That's too bad.　　(2) Thanks a lot!

(3) They do!　　(4) I'm happy to know that.

(5) What do you mean?

問3　以下は2人の会話の内容をまとめたものである。（1）～（4）にあてはまる単語を書きなさい。

Miki is having a hard time with jet lag. She doesn't feel (1) at night and goes to bed very late. Eddy advised her to spend much time in the (2) because it will help her (3) to adjust. He also advised her not to take naps during the (4) because it will help her to go to bed early.

問4　文中の 'jet lag' は一般的に日本では何と呼ばれているか。5字以内の日本語で書きなさい。

Ⅳ．次の日本文に合う英文になるように，（　）内の語句を並べかえなさい。ただし，文頭にくる単語も小文字になっています。

⑴　英語を上手に話すことは日本人にとって難しい。

(for / is / English / Japanese / difficult / speaking / well).

⑵　私の母はイギリス製の紅茶を毎朝飲みます。

(made / mother / in / drinks / every / tea / England / my) morning.

⑶　私の親は6年間，私の息子の面倒をよく見てくれました。

My parents (of / taken / my son / for / good / have / care) six years.

⑷　私の姉は私にコンピューターの使い方を教えるように頼んだ。

(use / teach / my sister / how / asked / to / to / her / me) the computer.

Ⅴ．*Emi* は友達の Sachi からメールをもらい，映画に誘われました。*Emi* になったつもりで，次の情報を参考に4つの英文で *Sachi* にメールを書きなさい。時刻は英語で書くこと。

⑴午前中に宿題

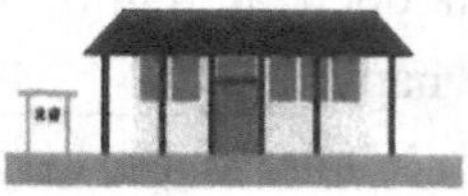

⑵午後3時に駅の前で待ち合わせ

⑶午後3時半から映画

⑷映画の後で何か食べる

From: Emi

To: Sachi

Date: July 30

Subject: Today's plan

Hi, Sachi

It's a nice plan to go to see the movie.

(1) I'm sorry but ______________________.

(2) Can ______________________ at three in the afternoon?

(3) The movie ______________________.

(4) Let's ______________________.

See you later.

Emi

か。本文中から抜き出して答えなさい。

問三　傍線部③「人ごとの心」とは「人間誰しもが持つ心」という意味であるが、ここでは具体的にどのような心のことであるか。簡潔に説明しなさい。

問四「西王の阿闍梨といふ僧」の年齢は何歳か。漢数字で答えなさい。

問五　本文の出典である『沙石集』は、鎌倉時代に成立したとされる説話集である。同じジャンルに属さない作品を次から選び、記号で答えなさい。

ア　万葉集　イ　発心集　ウ　古今著聞集　エ　今昔物語集

オ　十訓抄

ア　本当はふんわりと仕上がるはずの糸が、自分の技術ではうまくできないことを認識させられたから。

イ　自分をやさしい気持ちにしてくれたのに、羊毛を無駄にしてしまったことに責任を感じているから。

ウ　職人として一人前になるためには並たいていの努力ではなれないということを思い知らされたから。

エ　羊毛の値打ちもわからないのに、ただ楽しいだけで入門した自分の愚かさを恥ずかしく思ったから。

問九　傍線部⑥「薄笑い」とあるが、美緒が「薄笑い」を浮かべてしまうのはどうしてか。解答欄に合うように、本文中から十五字以内で抜き出して答えなさい。

問十　傍線部⑦「ぽたりと、糸に涙が落ちた」とあるが、この「涙」に込められた思いとして適当でないものを次から選び、記号で答えなさい。

ア　せっかく楽しく作業できたのに羊毛をうまく糸にできなかった自分のことをふがいなく感じている。

イ　直そうにもどうしたらよいかわからない自分の短所について指摘され、悲しい気持ちになっている。

ウ　何をしてもうまくいかない自分を情けなく思い、自立して周囲に迷惑をかけたくないと思っている。

エ　どうして自分のせいでまわりが不機嫌になったり争うことになってしまうのかとつらく思っている。

三、次の古文を読んで、後の問いに答えなさい。

[1]武州《ぶしう》に[2]西王《さいわう》の阿闍梨《あじゃり》といふ僧ありけり。「御年は、いくら①ならせたまひさふらふぞ」と、人の問ひければ、「六十に余りさふらふ」といふに、七十に余りて見えければ、不審に覚えて、「六十には、いくらほど余りたまへる」と問へば、「十四余りてさふらふ」といひける。遥かの余りなりけり。七十といへるよりも六十といへば、少し若き心地して、[3]②かくいひける。人の常の心なり。

[4]色代《しきだい》にも、「御年よりも、遥かに若く見えたまふ」といふは嬉しく、「ことのほかに老いてこそ見えたまへ」といえば、心細く[5]本意なきは、③人ごとの心なり。

［注］※1　武州＝中国の地名。
※2　西王の阿闍梨＝武州の寺の僧。阿闍梨は僧の階級。
※3　かく＝このように。
※4　色代＝お世辞。
※5　本意なき＝不本意である。

問一　傍線部①「ならせたまひさふらふぞ」の読みをひらがな（現代仮名遣い）で答えなさい。

問二　傍線部②「かくいひける」とあるが、「かく」は何を指している

よ」

自分のせいで太一が叱られている。

手にした糸を見ると、わくわくしながら糸紡ぎをした時間を思い出した。でもその結果、(d)極上の羊毛を台無しにしてしまった。

⑦ぽたりと、糸に涙が落ちた。涙は止まらず、ぽたぽたと糸の上に落ち続ける。あわてて手でぬぐうと、裕子が振り返った。

「な、なんで泣いてるの？　美緒ちゃん。私、そんなきついことを言った？」

「違います……違うんです、そうじゃなく」

太一が首のうしろを軽く掻《か》いた。

（伊吹有喜『雲を紡ぐ』による）

※常居＝「じょい」という、神棚を踏まないよう設えられた二階まで吹き抜けになった部屋のこと。

※汚毛＝毛糸を製糸する前の刈り取ったままの、まだ汚れのついた羊毛のこと。

問一　二重傍線部(a)「触（って）」、(b)「気性」、(c)「心構（え）」、(d)「極上」の漢字の読みをひらがなで書きなさい。

問二　空欄 A ～ D にあてはまる語を次から選び、それぞれ記号で答えなさい。

ア　うっかり　イ　きっぱり　ウ　たっぷり　エ　すっかり

オ　びっくり

問三　波線部**ア**～**オ**の「ない」のうち、形容詞はどれか。すべて選び、記号で答えなさい。

問四　空欄 ① にあてはまる語を漢字一字で答えなさい。

問五　傍線部②「力なく椅子に座り、美緒は糸車のペダルを踏む」とあるが、この時の美緒の気持ちとして最も適当なものを次から選び、記号で答えなさい。

ア　太一の見事な作業の様子に見入ってしまい、その一方でうまく作業できずにいる自分に苛立ちを感じている。

イ　もっと一緒に作業をしていたかったのに、なぜか二階に上がってしまった太一に疑問を感じてしまっている。

ウ　自分のふるまいの幼さ、未熟さに恥ずかしさを感じながらも、自分の個性だと前向きに捉えようとしている。

エ　太一が気分を害してしまったと思い込み、その原因となった自分の言動の至らなさをもどかしく思っている。

問六　傍線部③「あれ、美緒ちゃん、ずいぶん紡いだね……」とあるが、この時の裕子の気持ちとして最も適当なものを次から選び、記号で答えなさい。

ア　予想以上に美緒が作業を進めていたことに驚き、もっと細部にわたって注意しておくべきだったと後悔している。

イ　ここまで作業が進むとは思っていなかったので、もっと早く教えておけばよいものができたはずと反省している。

ウ　美緒の思っていた以上の上達ぶりにただただ感心しながら、今後の指導方針をあらためて考え直そうとしている。

エ　一生懸命に取り組む美緒の姿を見て、技術はまだつたないけれど続けることが大切なのだと励まそうとしている。

問七　傍線部④「裕子が困った顔になった」のは、どうしてか。その理由を三十字以内で説明しなさい。

問八　傍線部⑤「手にした糸が軽いのに重い」のは。どうしてか。その理由として最も適当なものを次から選び、記号で答えなさい。

「えっ、無理。絶対無理です」

「一回聞いただけでは忘れちゃうでしょう。今日はメモやノートをまったく取ってなかったけど、覚えてる？」

たしかに何も書かずに作業をしていた。これがもし学校の授業で、テストに出ると聞いたら、真剣にノートを取っていたのに。

「すみません、［　D　］」

「真剣に覚えてくれるなら、私もできるだけのことをするけど。言われたことって、記録につけないと忘れるものでしょ、違う？　学校の授業じゃないから何度も言わないよ。それから、うちに限らず新入りは十時と言われたら、十時に来るんじゃなく、三十分前には来るもの。掃除や準備があるからね」

「十時って聞いたから……」

わかってる、と裕子がうなずいた。

「九時半って言えば、ちゃんと来るコだったってのはわかってるよ。今日も十分前にきちんと来ていたからね。でも学生ならそれでいいけど、職人は十分前じゃだめなの。上の人が時間を言ったら、何も言われなくても三十分前に来て、支度をしておく(c)心構えがなければ。これは職人に限らず、どこの職場でも新人は同じこと」

「はい……」

「なんで笑ってるの、美緒ちゃん。何が面白いの？」

裕子の言葉に、美緒は顔に手をやる。

「えっ、嘘《うそ》……笑ってました？」

裕子がため息をついた。

「⑥薄笑いをね。今の若い人ってみんなそう。こっちが本気でものを言っても、何を熱くなってんのって感じでふわっとかわされる」

「そんなつもりじゃなくて。癖、なんです」

小声で言ったら、「癖？」と裕子がたずねた。

「私の癖……直したいんだけど」

その先を言おうとしたが、うまく言えない。でもなんとか気持ちを伝えたくて、裕子を見る。

わかった、と裕子がなだめるように言った。

「疲れたでしょ、今日はお疲れ様。もう帰っていいよ。さて、もう一人、言ってきかせなきゃいけないコがいるな」

太一、と裕子が二階に声をかけた。

「降りてきなさい」

「その声、怒ってる？　何かあった？」

「あったから呼んでるの！」

のっそりと太一が階段を降りてきた。迎え撃つように、裕子が階段の下に歩いていく。

「あんたね、美緒ちゃんにちゃんと教えた？　羊毛を取り込むのも忘れて。ずっと上にひきこもっていたんでしょ」

やばい、と太一が頭をかいた。

「忘れてたよ。ごめん、取り込んでくる」

太一が作業場に行こうとした。その手を裕子はつかむ。

「もう、やった。あんたね、美緒ちゃんをきちんと指導しなさいよ。妹だと思って、ちゃんと面倒を見て」

「いや、妹だと急に言われてもさ」

「責任を持って教えて。軽い気持ちで、うちの仕事をされては困るの

「あの、いい毛じゃないときもあるんですか？」

「思ったより固かったりすることはある。人と一緒で、羊も体つきや(b)気性がそれぞれ違うから、毛にも個体差が出るのよ」

裕子が常居に行くと、羊毛が入っていたビニール袋を手にした。

「③あれ、美緒ちゃん、ずいぶん紡いだね……」

大きな袋には、もうひとつかみしか毛は残っていない。戸惑った顔で裕子は袋を見ている。

「すみません、そこからどんどん出して使ったんですけど。もしかして、そんなに出しては駄目だった、とか？」

うーん、と裕子がつぶやいた。

「いいよ。私がちゃんと言わなかったから。……糸はどんな感じ？」

「うまく紡げなくて。太さがまちまち」

裕子が、糸車から紡いだ糸が巻きとられた部品をはずした。

「最初はみんなこんなもの。はい、どうぞ」

「これ、次はどうしたら、布になるんですか？」

うーん、④と裕子が困った顔になった。

「紘治郎先生ならいいアイディアが浮かぶかも知れないけど、今回は記念にとっておくか、邪魔になるなら捨てるか」

手にした膨大な糸に美緒は目を落とす。

「えっ……捨てる？　ゴミ？　ゴミ扱い？」

「ごめん、ゴミっていうのには語弊があるけど、商品としての使い道はないの」

「ほぐして、また糸紡ぎの練習に使えるとか……」

「できない」

［Ｃ］言うと、裕子が羊毛が入った袋の口を閉めた。

「この仕事は紡ぎも染めも、すべて一発勝負。織りは少しならやり直しがきくけど」

ビニール袋に入った白い羊毛を美緒は眺める。夢中になって糸を紡いでしまったが、これも元はあの臭い毛だったのだ。

「この羊毛、裕子先生が洗ったものですよね。さっきみたいに少しずつ」

「そうだよ」

裕子が糸車を片付け始めた。

「何に使う予定のもの？　練習用とかじゃなく……」

「ここにある羊毛は全部、服地やショールに使う最上級の羊毛。練習用はない。すべてが本物」

そんな貴重な羊毛を全部、出来損ないの糸にしてしまったのか。

⑤手にした糸が軽いのに重い。

「羊毛って、高い、ですよね。こんなに量あるし」

「値段はピンからキリまで」

「私が駄目にしてしまったこの羊毛、おいくらなんですか。ごめんなさい」

裕子が糸車を座敷の奥にある物入れに片付けた。

「いいよ、気にしなくて。本物と真剣勝負で向き合ったほうが必死になるし、上達も早い。そういう方針だから、そんなの最初から織り込み済み。ただ、下働きってのは遊びではないから」

はい、と答えたら、裕子が腕を組んだ。

「わかってる？　美緒ちゃんはもう一人で洗える？　汚毛？」

手が離れたはずみで糸が切れた。あっ、と太一が声をあげる。

「ごめん、切れた。切れたどころか……ややこしいことになってる。ごめん、ちょっとどいて」

太一が手早く糸車を触(a)って調整した。怒っているような様子に、再び怖くなる。

最初からこうして席を替わって、隣で見ていればよかった。

それでも羊毛が意志を持っているかのように糸になる光景が目に焼きついている。太一が糸を紡ぐところをもっと見ていたい。

糸をつなげて元の状態に戻すと、太一が立ち上がった。

「じゃあ、俺、上に行くから。適当にお茶とか飲んで頑張って」

怒ったように言うと、急ぎ足で太一が階段に向かっていく。

②力なく椅子に座り、美緒は糸車のペダルを踏む。

また、人の気にさわることをしてしまった。

自分の表情、振る舞い、言葉。その選択がいつもうまくできない。そして、まわりを不愉快にさせてしまう。父や母がいつも不機嫌で、祖母が小言ばかり言うのも、そのせいだ。

でも、どんな顔をして、どう話せば、みんなに嫌われずにすむのだろう？

悩んでいてもペダルを踏んで手を動かすと、羊毛は糸になっていく。

気が付くと、裕子が机に置いた羊毛はすべて糸になっていた。糸車の脇に置かれた袋から新しい羊毛を出し、再び紡ぐ。

ただいま、という裕子の声に、美緒は我に返った。

※常居《じょい》の天窓から降り注いでいた光が朱色になっている。あたりはすっかり夕方になっていた。

「美緒ちゃん、今朝洗った毛は取り込んだ？」

「あ、まだです」

「もう、いいよ。急いで取り込んで」

はい、と答えて、美緒は手を止め、作業場に走る。

干してあった羊毛のザルに駆け寄ると、思わず声が出た。

「うわ、ふわふわ、わあ、真っ白」

ザルのなかには、純白の羊毛がこんもりと入っていた。朝見たときは、濡《ぬ》れてぺったりとしていたのに、太陽の熱を[B]と含み、綿菓子のように盛りあがっている。

手にのせると、そのやわらかさに思わず右頬《ほお》に当てていた。

ああ、と思わず声がもれた。真っ白なホイップクリームのような毛の感触に、頬がとろけそうになる。

世の中にこんなに柔らかく、温かいものがあるなんて。

「※汚毛、好きかも。汚毛、いいかも。こんなに柔らかくなるなら、すっごくいい」

つぶやいた自分に笑い、今度は羊毛を両頬に当てる。ほんのりと洗剤の甘い香りがして、幸せな気持ちがわき上がってきた。

羊の毛は、なんてやさしいものなのだろうか。

晴々した気持ちで、三つのザルを座敷に運び、裕子に声をかけた。

「裕子先生、取り込みました」

「ありがとう。太一に頼んでおいたのに、何をしてたんだろうね」

裕子が乾いた羊毛を手にした。

「まあ、いいか。ああ、これはいい毛だ」

羊毛をつまんだ裕子が満足そうに笑っている。

二、次の文章を読んで、後の問いに答えなさい。（本文には一部改めたところがある）

〔高校生の美緒は学校に通えずにいたが、ある時ふとしたことがきっかけで、一人家を出て、岩手県の祖父紘治郎のところを訪ねた。祖父の営む染織工房は、今は親戚の川北裕子が切り盛りしており、その息子の太一も手伝っている。美緒はそこに入門することになった。本文はその初日の様子を描いている。〕

「あの……『じゃじゃじゃ』って、方言ですか？」

太一が言ったのと同じ言葉を今朝、工房のＯＧからも聞いた。挨拶をしたとき、白髪の女性がまず最初に放った言葉だ。

方言だよ、とぶっきらぼうに太一が言う。

「たとえば、こたつで湯呑《ゆの》みを倒したら『じゃじゃじゃ』。さっきは台所でペットボトルを床に落として……」

「[A]したから『じゃじゃじゃ』？」

「そんなところ。お父さんは言わ(ア)ない？」

「聞いたこと(イ)ない」

「やだな、東京に染まっちゃって。紘治郎先生はあれでよく言うけどね」

祖父が言っているのも聞いたことが(ウ)ない。そもそもいつも冷静な祖父が驚くところが想像でき(エ)ない。

紡いでいる糸がしだいに細くなってきた。ペダルを踏む足をゆるめ、糸車の速度を落とすが、太くはなら(オ)ない。

「あの、糸がどんどん細く……」

「それは左手で引き出す量の問題だ」

太一が椅子をつかむと、背後に座った。そこから左手を糸に伸ばす。耳の近くで声がした。

「左手、離せ。右手も。ペダルの足はそのまま踏んでて」

美緒が両手を離すと、太一が背後から糸と羊毛に手を伸ばした。美緒の代わりに左手で糸をつまみ、右手で羊毛を押さえている。

太一の邪魔をしないように身を小さくして、彼の両腕の間に美緒は納まる。背中から包み込まれているようで落ち着かない。しかしその指が繰り出す光景に目を奪われた。

まとまりなく空気をはらんでいた羊毛は、太一の骨張った指に触れると、白く美しい糸に姿を変えていった。まるで[①]あるもののように、羊毛は太一の指にじゃれつき、次々と身をよじらせて糸になっていく。

「生きてるみたい……」

生きてるよ、と耳元で声がした。

「羊毛は死んだ動物のものじゃない。生きている動物の毛をわけてもらうんだ。だから人の身体をやさしく包んで守ってくれる」

話をしながらも、太一の腕は繊細に動く。こちらの身体に触れないように気を付けているのが伝わってきて、それほど怖くない。

隣を見ると、彼の顔が間近にあった。

伏し目がちに糸をじっと見ている。男の人の顔をこんなに間近で見るのは初めてだ。

太一があわてて身体を離した。

「何？　どうかした？　顔が近いってか？」

そういう本は、だいぶ経ってから役に立つことがある。よって、長い人生の楽しみに取っておこう。あとになってから、自分で再発見するのである。ああそうだったのか、と膝《ひざ》を［⑧］つことがある。そのときのために、本棚に置いておくのも悪くはない。

（鎌田浩毅『理科系の読書術』による）

問一　二重傍線部(a)「テイコウ」、(b)「カイム」、(c)「ツカッテ」、(d)「ダンゼン」のカタカナを漢字にしなさい。ただし、必要に応じて送り仮名も付すこと。

問二　空欄［A］～［C］にあてはまる語を次から選び、それぞれ記号で答えなさい。

ア　では　イ　また　ウ　しかし　エ　よって

オ　たとえば　カ　なぜなら

問三　空欄［①］・［⑥］・［⑧］にあてはまる漢字一字をそれぞれ答えなさい。

問四　傍線部②「本はちゃんと読まなくてもよいのである」とあるが、その理由として適当でないものを次から選び、記号で答えなさい。

ア　同じジャンルでもより相性のよい本を見つけて乗り換えればよいから。

イ　本を読んでも分からない内容は周りの人から教えてもらえばよいから。

ウ　相性の悪い本を読み続けていると読書自体が嫌いになってしまうから。

エ　読みにくい本を読むことに時間を費やすのはそもそも無駄であるから。

問五　空欄［③］にあてはまる語を次から選び、記号で答えなさい。

ア　危機感　イ　責任感　ウ　違和感　エ　義務感

問六　傍線部④「音楽も同じく連続性のある時間を要求するアイテムである」とは、どのようなことか。最も適当なものを次から選び、記号で答えなさい。

ア　音楽も好きな所だけ聴いたり途中で止めたりすることで、細切れの時間を積み重ねていくものであるということ。

イ　音楽も自分の持ち時間に合わせて自由に聴くことができ、わずかな時間で十分に楽しめるものであるということ。

ウ　音楽も最初から最後まで通して聴かないと意味がなく、流れる時間をそのまま受け入れるものであるということ。

エ　音楽も本来は冒頭から順に聴いていくべきだが、聴きたくない部分は飛ばすことができるものであるということ。

問七　傍線部⑤「『音楽的な読書』と『絵画的な読書』という二つの異なる読み方」について、

(1)　「音楽的な読書」とは、どのような読み方か。「～という読み方」につながるように、本文中の言葉を使って説明しなさい。

(2)　「絵画的な読書」とは、どのような読み方か。「～という読み方」につながるように、本文中の言葉を使って説明しなさい。

問八　傍線部⑦「長編の作品や古典と言われる文学作品の場合」は、なぜ「絵画的な読書」をしたほうがよいのか。理由を「～から」につながるように、本文中から二十五字以内で抜き出し、その最初と最後の五字を答えなさい。（句読点や「　」などの記号も一字とする）

ある。

それに対して、美術館に展示されている絵画はどれから見てもよい。自分の持ち時間に合わせて観賞できるし、好きな絵だけを見てもよい。すなわち、不連続の時間で情報を得られるものである。これと同じく、細切れの時間で読む本がある。たとえ細切れでも、読書が積み重なればそれなりの情報が得られる。

音楽と絵画の違いと同様に、読書にもこうした違いがあることを認識していただきたい。⑤「音楽的な読書」と「絵画的な読書」という二つの異なる読み方である。そして、読書の敷居を低くするためには、絵画的な非連続の読書を受け入れることから始めるとよいのである。

ここで「音楽的な読書」と「絵画的な読書」について少し説明を加えておこう。「音楽的な読書」とは小説など文学作品を読む読書である。冒頭からじっくりと状況や登場人物とつきあいながら、小説の醸しだす世界にどっぷりと(c)ツカッていく。あるいは、推理小説なら、犯人は誰かと思考をめぐらせながらぐいぐいと読み進めていく。手に ⑥ 握りながらページをめくる場合もあるだろう。

いずれも、印刷された文字を最初から順番に読み進めることを前提にして書かれており、読者もそうした読み方を行う。そして、この読み方にはあまり技術的な要素はいらない。むしろ、余計なことを考えずに、ただ楽しんで読めばよいのである。

これに対して、本書で提案する読書術は、こうした「音楽的な読書」とは対極にある「絵画的な読書」のための技術である。換言すれば、文学作品やミステリー小説以外は、本書の読書術で読んだほうが楽に、かつ効率よく読み進められる。一冊の本を限られた時間で、とりあえず最後まで読破するには、「絵画的な読書」が適しているのだ。

ただし、文学作品でも、「音楽的な読書」ではなく「絵画的な読書」をしたほうがよいときもある。それは⑦長編の作品や古典と言われる文学作品の場合である。たとえば、トルストイ『戦争と平和』やプルースト『失われた時を求めて』など、文庫本で何冊にもなる長編小説を「音楽的な読書」で読みこなすのは容易ではない。

こうした作品を娯楽として楽しんで読むこと自体は大変すばらしいが、一方で「教養」として一部を囓《かじ》り読みすることも大切だと私は考える。まったく読んだことがないよりも、少しでも読み囓ったほうが(d)ダンゼンよいのである。

こうした際には、長編の概要と読みどころを示した「あらすじで読む文学作品」のような本が役に立つ。ＮＨＫ－Ｅテレの番組『１００分de名著』も便利だろう。〔中略〕

「絵画的な読書」を念頭に置くと、そもそも本は一ページ目から読む必要はない。今の自分にとって、関心のあるところだけ読めばよいのである。自分に関係ある内容や、何となく閃《ひらめ》いた個所から始めたらよい。

そして、必要のないところは、どんどん飛ばし読みすればよいのだ。最後まできちんと読む必要はさらさらない。本を飛ばさずに読んだか、最後まで読んだかどうかをチェックされることは、まずありえないし、本を読破することは勲章でも何でもないのである。

Ｃ 、時間が経ったらわかるようになる本も、世のなかには結構ある。古典と言われるような本がそうだ。世紀の大古典も、自分に関係なかったら無理して読む必要はないのだ。今はご縁がなかったと考えて、あっさり捨てればよい。

【国　語】（五〇分）〈満点：一〇〇点〉

一、次の文章を読んで、後の問いに答えなさい。（本文には一部改めたところがある）

本を読みはじめても、途中で投げ出す人は少なくない。そうしてやめてしまったことが嫌な思い出になる。その結果、もともと苦手だった本が、ますます苦手になる悪循環が生じる。

また、本を読みはじめてもなかなか集中できない、という悩みもある。五分も読んだら飽きてしまい、他のことをやりたくなる人である。こういう人には、何時間も本にかじりついていられる「本の ① 」と呼ばれる人種が不思議でならない。

最初に結論を述べると、②本はちゃんと読まなくてもよいのである。途中で「この本はあまりおもしろくないな」と感じたときは、そこでやめてもよい。たとえば、読み進めていくうちにその本の著者に対して「私とは見方が違う」「価値観や意見が合わない」と思うことがある。さらに「生い立ちがあまりにも違うので共感できない」と発見することもあるだろう。

そういうときには、あっさり読むのをやめてかまわないのである。(a)テイコウ感が生まれたことには何らかの理由があるもので、我慢して続きを読む必要はないのだ。同じジャンルでもより頭に入りやすい本はあるので、そうした自分に合う本に乗り換えればよいのである。合わない本に時間を費やすのはそもそも無駄であり、そのまま続けていたら読書が嫌いになってしまう。

読書とは自分にとって何らかの「意味」があればよいので、その意味は人と違っても一向にかまわない。本を読むのはそれくらい気楽なものなのだ。いい加減でよいから一番自分らしい読書をすればよいのである。

ここで、読書に関する多くの人たちの思い込みを払拭《ふっしょく》しておきたい。多くの人は、本を読む行為を勉強と同じように捉《とら》えている。本は熟読し、書いてあることをしっかり頭に入れなくてはならない、と考える人は多い。無意識にこうした ③ があり、それが読書を一番遠ざけているのである。

実は私にも「どうしても読めない本」というのはある。買ってはみたものの、読んでも内容がさっぱり頭に入らない。こうした本に出会うことも残念ながら(b)カイムではない。ここで銘記《めいき》すべきことは、読めない本は誰にでも存在するというありふれた事実である。

人でも本でも、相性というものがある。相性が悪ければさっさと諦《あきら》める。どうしても読み進められない本は相性が悪かったと割りきり、相性のよい本に乗り換える。私の経験でも自分に向く本はどこかで見つかるものである。本も人もご縁の賜物《たまもの》で、人生の途上で必ず出会いがある。

 A 、自分に合わない本は読まないことが鉄則となるのである。

実は、本には途中でやめてよい本と、やめられない本がある。そもそもこうした二種類があることから認識していただきたい。途中でやめてよい本は好きな個所から読んでも、飛ばし読みしてもよい。読む間はじっくり読むのだが、どこで中止してもかまわない本である。

これに対して、最後まで読まないと意味のない本がある。 B 、映画は最初から最後まで見ないと理解できないもので、流れる時間をそのまま体験する。④音楽も同じく連続性のある時間を要求するアイテムで

2021年度

共立女子第二高等学校入試問題（２回）

【数　学】（50分）　＜満点：100点＞

Ⅰ．次の各問いに答えなさい。

① $(4x+y)(4x-y)-(3x-y)(5x+y)$ を計算しなさい。

② $\dfrac{4a-b}{6}-\dfrac{7a-b}{15}$ を計算しなさい。

③ $x=9$，$y=-\dfrac{1}{2}$ のとき，$-xy\div(-3y)^2$ の値を求めなさい。

④ $\dfrac{\sqrt{18}}{5}\left(\dfrac{2}{\sqrt{3}}+\dfrac{\sqrt{3}}{6}\right)$ を計算しなさい。

⑤ 連立方程式 $\begin{cases} 0.3x+0.8y=1.7 \\ \dfrac{x}{5}+\dfrac{y}{2}=1 \end{cases}$ を解きなさい。

⑥ ２次方程式 $x^2+2x-9=0$ を解きなさい。

⑦ $x=\sqrt{7}+6$ のとき，$x^2-12x+36$ の値を求めなさい。

⑧ 関数 $y=ax^2$ について，x の変域が $-4\leqq x\leqq 2$ のとき，y の変域は $b\leqq y\leqq 16$ である。このとき，a と b の値を求めなさい。

⑨ １から30までの番号をつけた30枚のカードから１枚を抜き取るとき，抜き出したカードの番号が２の倍数でも３の倍数でもある確率を求めなさい。

⑩ ２つの数 $\dfrac{\sqrt{2}}{4}$，$\dfrac{1}{3}$ の大小を，不等号を用いて表しなさい。

Ⅱ．図のように，放物線 $y=\dfrac{1}{4}x^2$ のグラフと直線ABが交わっている。点A，Bの x 座標は -4，２である。このとき，次の各問いに答えなさい。

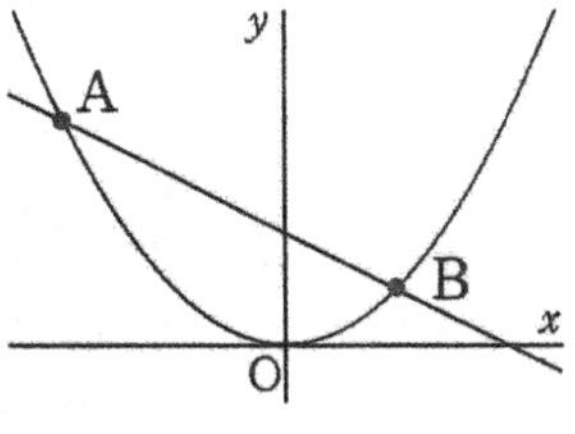

① 直線ABの式を求めなさい。

② △OABの面積を求めなさい。

③ 点Cの x 座標は正で，放物線上を動くものとする。このとき，△ABCの面積が△OABの面積の５倍となるような点Cの x 座標を求めなさい。

Ⅲ．図の $\angle x$，$\angle y$ の大きさを求めなさい。ただし，点Oは円の中心とする。

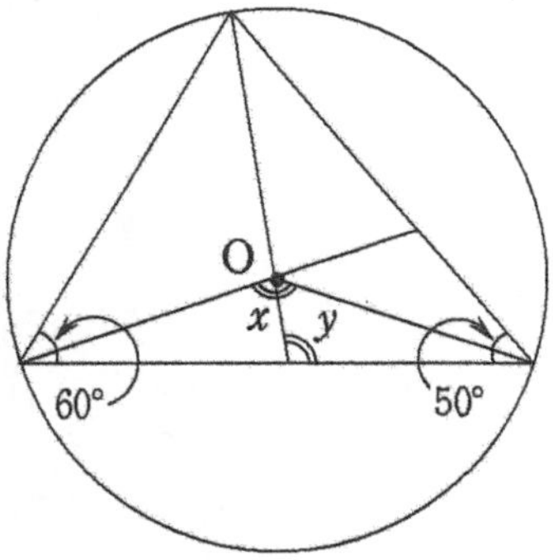

Ⅳ．図において，四角形ABCDはAD // BCで，AD：BC＝２：３である。また，BCを２：３に分ける点をE，ACとDEの交点をF，ACとDBの交点をGとする。このとき，次の各問いに答えなさい。

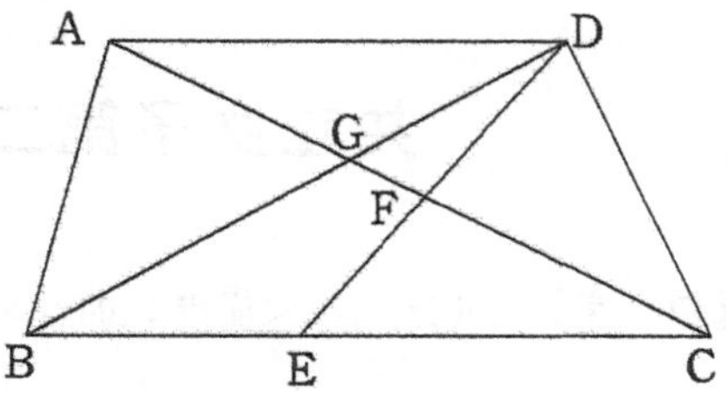

① AG：GCを求めなさい。

② AF：FCを求めなさい。

③ △FEC：△ABGを求めなさい。

Ⅴ．右の図のように，深さがOHの円すい型の容器に水を入れ，水面が容器の底面と平行になるようにする。水の入っている部分をP，水の入っていない部分をQとするとき，次の各問いに答えなさい。

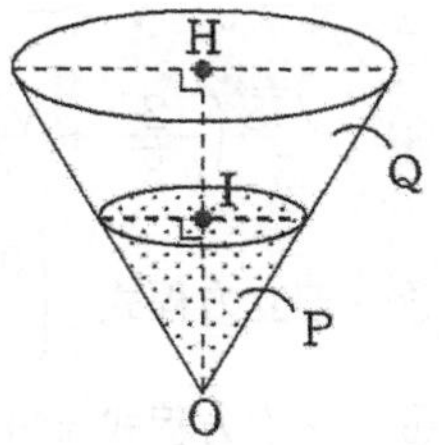

① OI＝$\frac{1}{3}$OHで，容器の体積が540π cm^{3}のとき，Qの部分の体積を求めなさい。

② 水面の面積が容器の底面積の$\frac{16}{25}$倍であるとき，PとQの体積比を求めなさい。

【英　語】（50分）　＜満点：100点＞

Ⅰ．［リスニング問題］放送を聞いて各設問に答えなさい。

［A］ 次に対話と質問が流れます。その質問に対する答えとして適切なものを1つずつ選び，番号で答えなさい。英文と質問は2回読まれます。

(1) 1. She studied at an English school.
2. She took a vacation with Mr. Hara.
3. She taught in Thailand.
4. She worked at a high school in Japan.

(2) 1. After the next class.
2. As soon as possible.
3. Before the math test.
4. During the lunch time.

(3) 1. She wasn't very hungry.
2. She wasn't feeling well.
3. Bill did not cook any food.
4. The food did not look good.

(4) 1. To the library.
2. To the bookstore.
3. To the drugstore.
4. To the mall.

［B］ 次にまとまった英文と質問が流れます。その質問に対する答えとして適切なものを1つずつ選び，番号で答えなさい。英文と質問は2回読まれます。

(1) 1. A friend from school.
2. Her old math teacher.
3. Her husband's boss.
4. A famous actor.

(2) 1. The penguin exhibition will open.
2. The staff will clean the penguin tanks.
3. A penguin expert will give a tour.
4. Visitors will draw pictures of penguins.

(3) 1. Because he didn't know about England.
2. Because he went to England for the first time.
3. Because he had no friends in England.
4. Because he didn't speak English very well.

※リスニングテストの放送台本は非公表です。

Ⅱ．英文を読み，各設問に答えなさい。（＊の語には注釈がある。）

Some dolphins live in rivers and some live in the sea. *The Yangtz (Chang jiang) River runs across China from west to east. In the 1950s there were 6,000 *baiji dolphins in the river. Baiji dolphins can usually hear very well and they 'talk' to other dolphins. In past times ①(A)they heard small ships on the river and went under (B)them.

But now there are many big ships in the river, and there is a lot of other noise too, so ② the baijis hit their heads on the big ships. *Pollution from towns and factories goes into the river too, and the baijis cannot see well in the dirty water. When the Chinese built the big Three Gorges Dam across the river, the dolphins' *habitat changed again.

The Chinese stopped the hunting of river dolphins in 1983. They built a home for the animals in the river. It was very expensive, and they need money for ③ it. People could buy the baiji name, so in China there were Baiji drinks, Baiji shoes, and a Baiji Hotel. Some of the money from these helped the dolphins. But by 1990 there were only two hundred dolphins in 2,000 kilometers of river. In 2004, scientists could find only two of them.

River dolphins in the Ganges River (in India and Bangladesh) are also ④ in danger. About 10 percent of the people in the world live near the river, so there is a lot of pollution. The dolphins cannot move up and down the river because there are more and more dams across it. There are about 4,000 dolphins now, but these river dolphins are at risk too.

There are also dolphins in nearly all our seas. They move fast in the water and they play. People in some countries eat the meat of sea dolphins. *Hundreds of thousands of these animals die every year when people fish at sea with nets. And when we take all the fish from the sea, we also take the dolphins' food.

⑤ *Killer whales are from the dolphin family. They live for fifty to eighty years in the sea, but for only ten years in a zoo. They like cold water, so they can move through different seas. The only danger to them is humans. Pollution goes into the sea and kills the fish, and then there is no food for the whales. Or the whales eat the fish and they are ill.

Whales are in danger from hunting too. In past times the Inuit people of Alaska hunted whales but they did not kill many. Then hunters came from other countries in bigger ships and killed thousands. *Antarctica was also a good place for whales. About 250,000 blue whales, the biggest animals in the world, lived there in 1900. Blue whales can live for ninety years. But in one year, 1930-1931, hunters killed 30,000, and today there are only about 5,000 of them.

Animals in Danger (Oxford University Press)

(注) The Yangtz (Chang jiang) River　長江（中国の川）　baiji dolphin　長江周辺に生息するイルカ
pollution　汚染　habitat　生息地　hundreds of thousands of　何十万もの
killer whale　シャチ　Antarctica　南極

問1　下線部①の(A) they と(B) them が指すものの組み合わせとして適切なものを1つ選び，記号で答えなさい。

ア．(A) small ships　(B) baiji dolphins
イ．(A) baiji dolphins　(B) small ships
ウ．(A) The Yangtz　(B) small ships
エ．(A) baiji dolphins　(B) other dolphins

問2　下線部②の理由を以下の（　）に合うようにそれぞれ日本語で答えなさい。

「現在，川には多くの（　1　）と（　2　）があるから。」

問3　下線部③が指すものを本文中から3語以上の英語で抜き出しなさい。

問4　下線部④とほぼ同じ意味として使われている語句を，本文中から2語の英語で抜き出しなさい。

問5　下線部⑤に関して適切でないものを1つ選び，記号で答えなさい。

ア．どこにいても50～80歳くらいは生きることができる。

イ．人間が海を汚して，彼らの食べる魚を殺してしまう。

ウ．低い海水温度を好む。

エ．人間は彼らにとっては，唯一の敵である。

問6　以下は，南極のクジラについての説明である。（　）に入る数を算用数字で答えなさい。

「南極のクジラは現在，1900年に比べて，約（　　）頭減少した。」

問7　次のア～オの英文のうち，本文の内容に合っているものにはTを，合っていないものにはFを記入しなさい。

ア．Dolphins are good at seeing, so they can see everything even in dirty water.

イ．Dolphins never change the places they live.

ウ．There are still a lot of baiji dolphins because the Chinese stopped hunting river dolphins.

エ．River dolphins are in danger because people living near rivers get the water dirty.

オ．A lot of dolphins die because people take their food.

問8　次の質問に2語以上の英語で答えなさい。

ア．Who killed thousands of whales?

イ．How many river dolphins could scientists find in 2004?

Ⅲ．夏休みにアメリカのBuffalo市で短期語学留学に参加している *Miki* は，日本の学校のALTの先生である *John* とオンラインで話しています。対話文を読み，各設問に答えなさい。（＊の語には注釈がある。）

John: Hey, Miki!　How's everything going?　How's the US?　How's Buffalo?

Miki: Hi, John!　Everything is going great!　The US is great, Buffalo is a pretty city, and the people are nice.

John: I'm glad.　How are you enjoying studying English?

Miki: It's so hard, but I love it!.　I like the school.　The campus is big and beautiful, and the buildings and classrooms are old but nice.　The exchange program is good, and my teachers are very friendly, helpful and *patient.　In fact, I like this school more than my school in Tokyo.　I feel really lucky.

John: I'm happy to hear that.　Tell me more about Buffalo.

Miki: Well, as you might expect from watching TV and movies, people are *generally taller and bigger, taxis are yellow, mailboxes are big and blue, streets are wide, and it seems like everyone has a car and drives everywhere.　Even some teenagers have cars, which totally surprised me!

John: Wow!

Miki: Yeah.　And, believe it or not, I saw that some people here take off their shoes in their homes, just like we do in Japan. I was very surprised.

John: [A] I didn't know that Americans did that.

Miki: I didn't, either. I guess it's slowly becoming more *common. I don't think it will ever happen in restaurants, though. Speaking of homes, the different and interesting point is that most of the apartments in Buffalo are actually houses, not big apartment buildings. The first floor is one apartment, and the second floor is a different apartment.

John: So, apartments and houses look the same?

Miki: That's right.

John: Interesting. How about parks?

Miki: There are a few big parks in Buffalo but they're a little hard for me to get to. I don't care because some of the *neighborhoods are pretty. Most of the houses have front yards and backyards, and there is green everywhere: grass, *bushes, big trees, and even flower gardens in front of almost every house. Since every street has sidewalks, it's really nice to just walk around the neighborhood. It smells nice, too.

John: It sounds *completely different from Japan, and beautiful, too. How about inside the houses? Have you been in any yet?

Miki: Yes. I made a friend from Buffalo. She lives with her parents in one of the apartment houses. It's old but very big. There are three bedrooms, each with a small closet and space for a big bed, a dresser, and some bookshelves. My Mend has a TV, a Nintendo Switch, and a stereo in her bedroom, too.

John: Fantastic!

Miki: Yes, there are many good points. But I still like Japanese apartments, too. My friend's apartment here in Buffalo is almost 100 years old so it doesn't have air conditioning, the toilet doesn't have a washlet, it's hard to take a shower in the bathtub, and because the house is wooden, we can sometimes hear noise from the upstairs apartment.

John: [B] Well, anyway, it's hard to imagine, so please send photos soon!

Miki: I will!

（注） patient しんぼう強い　generally 一般的に　common 一般的な　neighborhood 近所
bush 茂み　completely 完全に

問１ (1)～(5)までの英文が本文の内容と一致するように，適切なものを１つずつ選び，記号で答えなさい。

(1) Miki ana John ＿＿＿＿＿＿.

ア. are talking about Miki's school in Japan

イ. are talking about Miki's life in Buffalo online

ウ. are talking about a good way to study English

エ. are talking about Japanese culture online

(2) Miki ＿＿＿＿＿＿.

ア. is good at English, so it is easy for her to study it

イ. wants to go back to Japan because she likes Japanese school more than American school

ウ. feels that studying English is hard, but she enjoys studying it in Buffalo

エ. doesn't like her school in Tokyo, so she enjoys the school in Buffalo

(3) In Buffalo ＿＿＿＿＿＿.

ア. many people have cars and some high school students can drive too

イ. people have to take off their shoes in restaurants

ウ. the size of people is the same as that of Japanese

エ. taxis are yellow and mailboxes are red

(4) About the houses in Buffalo, ＿＿＿＿＿＿.

ア. the apartments look like Japanese apartments which we imagine

イ. the apartments look like normal houses when we see them

ウ. many of them are new so it is very convenient to live in

エ. the first floor and the second floor are always lived by same family

(5) We can understand that ＿＿＿＿＿＿.

ア. Buffalo is a beautiful city with a beautiful blue sea

イ. Miki often goes to a big park because it is near her house

ウ. Miki's friend is very rich so she has many things in her bedroom

エ. John will enjoy imagining Buffalo's life by seeing pictures

問２　文中の空所 A ， B に入れるのに最も適当なものをそれぞれ下から１つずつ選び，番号で答えなさい。

(1) Oh, how interesting!

(2) What are you talking about?

(3) Can you hear me?

(4) I think so too.

(5) That's too bad.

問３　以下は２人の会話の内容をまとめたものである。（１）～（５）にあてはまる単語を書きなさい。

Miki went to Buffalo to study English during her summer vacation. Miki and her teacher John are talking online. She talks about the same and (1) points between Japan and Buffalo. For example, the (2) of taxis and mailboxes are (1). Surprisingly, however, some people take off their (3) in their houses, just like Japanese people do. She says Buffalo is very beautiful because there is a lot of (4) such as grass and trees. However, she thinks Japan is also good because Japanese apartments are not as (5) as apartments in Buffalo.

Ⅳ． 次の日本文に合う英文になるように，（　）内の語句を並べかえなさい。ただし，文頭にくる単語も小文字になっています。

(1)　あなたは彼女が次の誕生日に何歳になるか知っていますか。
（ will / do / old / how / on / be / know / she / her / you ）next birthday?

(2)　私はこんなに美しい日の入りは今まで見たことがない。
（ a / I / sunset / seen / beautiful / never / such / have ）like this.

(3)　あの白いＴシャツを着た背の高い男性が私の父です。
（ tall / my father / the white T-shirt / that / wearing / man / is ）.

(4)　私達は今日は特にすることがない。
（ to / have / we / special / do / nothing ）today.

Ⅴ． *Emi* ボストンの友達 *Mary* を訪ねる予定です。*Mary* からメールが来て，ボストンに着いたら何をしたいかを尋ねています。*Emi* になったつもりで，次の情報を参考に４つの英文で *Mary* にメールを書きなさい。

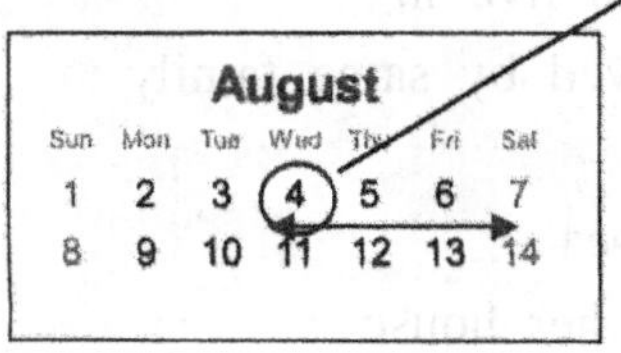

(1)　到着日

行きたいところ：ボストン美術館（Museum of Fine Arts）
(2)　たくさんの有名な絵があると聞いている
見たい絵：(3)　モネ（Monet）の絵
とても大きく，美しい絵
最終日：(4)　家族にお土産（souvenirs）を買わないといけない

From: Emi
To: Mary
Date: July 30
Subject: My trip to Boston

Hi, Mary.
I'm really looking forward to visiting Boston.
(1) ____________________.
First, I would like to go to Museum of Fine Arts.
(2) I hear that ____________________.
(3) I ____________________ by Monet.　It is very big and beautiful.
(4) On the last day, I ____________________.
So, see you soon.
Emi

問四　空欄 ④ にあてはまる文としてふさわしいものを次から選び、記号で答えなさい

ア　程なくて大臣になりたまひにけり
イ　程なくてなるもすぐに失ひにけり
ウ　つひになりたまふことなかりけり
エ　はるかに程経てなりたまひにけり

問五　本文の出典である『古今著聞集』は、鎌倉時代に成立したとされる説話集である。同じジャンルに属する作品を次から選び、記号で答えなさい。

ア　源氏物語　　イ　平家物語　　ウ　宇治拾遺物語
エ　竹取物語　　オ　伊勢物語

五字以内で抜き出し、その最初と最後の五字を答えなさい。

問七　傍線部④「自ら知名度を高めた会社」とあるが、「サザビーズ」が知名度を高めることができたのはなぜか。理由が書いてある一文を本文中から抜き出し、その最初の五字を答えなさい。

問八　空欄［⑤］にあてはまる語として最も適当なものを次から選び、記号で答えなさい。

ア　顔　イ　手　ウ　耳　エ　目

問九　傍線部⑥「私たちもまともには取り合わないはずである」とあるが、「私たち」が聞きたいのはどのようなことか。本文中から二十字以内で抜き出して答えなさい。（句読点や「　」などの記号も一字とする）

問十　傍線部⑦「『真の国際人』の条件」とは、どのようなことか。最も適当なものを次から選び、記号で答えなさい。

ア　外国の歴史や文化を広く探究するとともに、自信を持って外国人に発信していくこと。

イ　自分の国のことを外国人に説明できると同時に、知ったかぶりをせず謙虚であること。

ウ　自国のことも外国のことも知ったかぶりをせず、素直に周りの人から聞いて学ぶこと。

エ　常に上には上がいることを肝に命じて、積極的に多くの国々を回り見聞を広めること。

二、※問題に使用された作品の著作権者が二次使用の許可を出していないため、問題を掲載しておりません。

（小川糸『こーちゃんのおみそ汁』による）

三、次の古文を読んで、後の問いに答えなさい。

藤原伊通《これみち》、※1浅位《せんい》のころ、何となく后町《きさきまち》の井戸の底をのぞきたまひける時に、大臣の※2相《さふ》見えける。うれしく思《おぼ》して帰りたまひて、鏡を取りて見たまひければ、その相なし。いかなることにかと①おぼつかなくて、また后町に行きてかの井戸をのぞきたまふに、先のごとくこの相見えけり。その後、しづかに②思ひたまふに、鏡にて近く見るには、その相なし。井戸にて遠く見るには、その相あり。このこと、大臣になること遠かるべしと③思ひたまひけり。

果たして、［④］。

〔注〕※1　浅位＝官職が低いこと。
※2　相＝外面などに表れ、そのものの吉凶を示すもの。人相など。

問一　傍線部①「おぼつかなくて」とは「疑問に思って」という意味であるが、そう思ったのはなぜか。理由を説明しなさい。

問二　傍線部②「思ひたまふに」とあるが、伊通が思ったことは本文中のどの箇所か。それを抜き出し、その最初と最後の五字を答えなさい。

問三　傍線部③「思ひたまひけり」の読みをひらがな（現代仮名遣い）で答えなさい。

れるかどうかが挙げられるが、それは実感としてとてもよく分かる。自分がクリスティーズで異色な存在だったが故に、よけいにそのことを強く意識するようになった。

ついでにいえば、世界でインテリ相手に生半可な知識でもって背伸びをしても、すぐに底の浅いことは知れてしまう。そこを相手に衝《つ》かれて、しどろもどろになるよりは、却《かえ》って、「それ興味あります。教えてください」と応える方が、相手に喜ばれる。「そうか、それなら今度うちにおいでよ。話をしてあげるから」となるかもしれない。

知ったかぶりや無理な背伸びほど、国際人にふさわしくないものはない。広い世界では、「どんなことにでも上には上がいる」ことを肝に命ずる……これも実感である。

（山口桂『美意識を磨く』による）

※バブル＝一九八〇年代後半から九〇年代初頭にかけて日本で起こった資産価格の上昇と、それに伴う好景気のこと。

※クリスティーズ＝世界中で知られているオークション会社。著者は現在、クリスティーズ・ジャパンの代表取締役社長を務める。

※サザビーズ＝クリスティーズと並ぶ、世界的に有名なオークション会社。

※企業ブランディング＝企業経営におけるブランドを戦略的に高める施策や方策。特に、社会における企業信頼を高める施策や方策。

※ソフィスティケイト＝趣味、考え、態度などが都会的に洗練されていること。

※歌麿や北斎＝喜多川歌麿と葛飾北斎のことで、いずれも江戸時代に活躍した浮世絵師。

※等伯＝長谷川等伯のことで、安土桃山時代から江戸時代にかけて活躍した絵師。

問一　二重傍線部ⓐ「リクツ」、ⓑ「ミッセツ」、ⓒ「カザル」、ⓓ「トウメイ」のカタカナを漢字にしなさい。ただし、必要に応じて送り仮名も付すこと。

問二　空欄 A ～ C にあてはまる語を次から選び、それぞれ記号で答えなさい。

ア　反対に　　イ　だから　　ウ　例えば　　エ　要するに

オ　なぜなら　　カ　ところが

問三　次の一文は本文中に入るべきものである。最も適当な箇所を【Ⅰ】～【Ⅳ】の中から選び、記号で答えなさい。

美しさ、重要性、稀少性などが判断されて、名品は残っていく。

問四　空欄 ① にあてはまる語を本文中から抜き出して答えなさい。

問五　傍線部②「ただ単に使う『道具』だけに留まらないもの」とは、どのようなものか。最も適当なものを次から選び、記号で答えなさい。

ア　壊れた後さらに美しく修理され、ただの道具から美術品へと変わったもの。

イ　以前から使い慣れた道具に愛着を持ち、美術品以上の価値を見出したもの。

ウ　道具自体に込められた人々の思いにより、金銭的な価値が定められたもの。

エ　普段使う道具に美的な要素を取り入れ、美術品としての価値を高めたもの。

問六　傍線部③「海外になかなか出ていけない画家がいる」とあるが、それはなぜか。理由を「～から」につながるように、本文中から三十

は日本画も明治以前までの方がクオリティが高い、と考えている。【Ⅳ】

もちろん西洋にも、③海外になかなか出ていけない画家がいる。例えば、イタリア人現代美術家のルーチョ・フォンタナは、一〇年ほど前まではヨーロッパのオークションにしか出品されず、アメリカにはマーケットのない画家であった。

特殊性をもった画家が、その国から世界へ出ていくには、クオリティの高さはもちろん、ある種の普遍性を備えていなくてはならない。エスニシティ（民族性）があまり強いものは難しい。地球上の誰もが「これは残したい！」と思わないと、そのアートは残っていかないからである。

私は「グローバリズム」ということばを安易に使う人間を信用しない。クリスティーズも、ある時代から、"Globalization!!" と何度も大声で唱えたことがあるが、冷静に聞いていたものだ。

ローカルにちゃんと足を着けていないグローバリズムは、偽物である。［Ｃ］、グローバルな視点のないローカリズムでは、自ら世界マーケットに出ていくことはできない。

それは美術に限った話ではなくて、海外と日本でビジネスに携わってきた私の実感である。

オークション会社として、我がクリスティーズと※サザビーズはよく比較対象される。歴史も商売の内容も双子のような二社だが、昔からクリスティーズは「ビジネスマンになりたい貴族」の会社で、対するサザビーズは「貴族になりたいビジネスマン」の会社だといわれている。前者は長く株式公開をしていないが、後者は最近イスラエル系フランス人企業家に買われるまで、株式を公開していた。

サザビーズは歴史的に広告・宣伝・※企業ブランディングを重視し、そこにお金をかける会社でもある。だから、私が「オークション会社にいます」というと、たいてい「ああ、サザビーズですか？」といわれることが多い。それだけ④自ら知名度を高めた会社である。【中略】

それとは反対に、私が籍を得たクリスティーズという会社は、ちょっと鷹揚《おうよう》なところのある会社で、オークションのカタログ一つ取っても、他社のそれよりアカデミックな感じが強いが、ある意味ドンくさい。社員には貴族もいるし、特に専門家には名門大学の美術史学科を出て、最低でもマスターの資格をもった者も多い。私が入社した当時のクリスティーズ・ロンドンでは、同期六人のうちアジア出身は私だけで、専門家として社内にもう一人いた印象派部門の台湾出身の同僚も、スイスのホテルに勤めたことのある、インテリで※ソフィスティケイトされた人物だった。

アジアの端っこに生まれ、世界的（いや、日本でさえも）一流大卒でもなく、その大学も「一浪一留」し、マスターの学位すらも取っていない人間が、ロンドンでインテリの同期社員に聞きかじりのロートレックやセザンヌの話をしても、誰も［⑤］など貸してくれない。逆に、もしどこの馬の骨とも分からない西洋人の若者が、日本の大学の美術史研究室でいきなり※歌麿《うたまろ》や北斎《ほくさい》や※等伯《とうはく》のことを語り始めたら、⑥私たちもまともには取り合わないはずである。

彼らが私に尋ねたのは、例えば「禅とは何か？」「能とはどういう舞台芸術なのか？」といった東洋の思想や文化芸術に関することだった。考えてみればそれはごく当然のことで、私だって彼らに聞きたいのは、日本のことではなく、"彼らの国" のことである。

よく⑦「真の国際人」の条件として、自国のことをきちんと外国人に語

【国　語】（五〇分）〈満点：一〇〇点〉

一、次の文章を読んで、後の問いに答えなさい。（本文には一部改めたところがある）

われわれが〝景色〟といえば、普通、眼前の景色を指している。景色がいい、といえば、木々のいろどりの調和がよかったり、視界が開けて気持ちがよかったり、眼下に見て山と川と田圃《たんぼ》の配置がいいことなど、自然のありさまの絶妙なことを表す時に使っている。

［A］そのことばを茶碗にも使う。例えば、「金継《きんつ》ぎ」という技がある。割れた茶碗やその破片を金漆《きんしつ》でつないで、修理、再生する技術のことだが、それによって見栄えがよくなった、あるいは新しい魅力が出た場合のことを、「［①］がよくなった」と表現する。これも言い得て妙なことばで、他の言い方をしようとすると変に(a)リクツっぽくなってしまい、ひと言でいい切れなくなる。【Ⅰ】

昔の人は倹約に生きていて、ものを大事にしたことは分かる。だからといって、欠けた茶碗すべてに金継ぎをして、後世に残したわけではない。そこには美意識が働いていて、これだけはどうしても残したい、というものに金継ぎをしたのだろうと思う。【Ⅱ】

それをはき違えてか、意図的にか、何でも金継ぎにして、さあ見てくれ、と構えている料理屋などに行くと、何だかなあ、とため息が漏れるのだが……。昔の人々がなけなしの金を工面して、どうにかこの茶碗だけはと残した気持ちが貴重なのである。

日本の古美術は〝用《よう》の美《び》〟と(b)ミッセツに関連する。刀の鐔《つば》も屏風《びょうぶ》も扇も硯箱《すずりばこ》も、そこに絵を描いたり、螺鈿《らでん》を施したりすることで、②ただ単に使う「道具」だけに留まらないものに変化させている。もちろん金継ぎもその文化の系譜にある。〔中略〕

日本の風物を愛し日本で没したラフカディオ・ハーン（小泉八雲）は、日本人が河原から石を運んできてそのまま床《とこ》の間《ま》に(c)カザルばかりか、銅版画より高値で取引するのを不思議なこととしている。これを分からないと、日本人の「自然」の見方を理解する「とば口」にも立てない、とまでいっている。【Ⅲ】

彼の家には襖《ふすま》があって、そこには金箔で二つの真珠の組み合わせがたくさん散らしてあり、「何か一定の均斉のものがないか」と目を凝らすが、大きさ、(d)トウメイ度、間隔、どれ一つ取っても同じものがない。

ハーンは結局、日本の美の中心にあるのは「不揃い」というものだと断言する。すべてをシンメトリーで構成する国からやってきた西洋人の目には、日本の美はとても変わったものに見えたようだ（『東の国から（上）』岩波文庫）。

日本は特殊な芸術的発達を遂げた国である。しかし、日本美術は特殊であるからこそ、世界が受け入れた、ともいえるだろう。

［B］、日本の近代以降の油絵は、残念ながら藤田嗣治《つぐはる》を除けば、ほぼ海外マーケットでは注目度が低い（しかも、藤田はその経歴からしてフランス人といっていい）。そこで思い出すのが、※バブルの頃に※クリスティーズのオークションに出た、黒田清輝《せいき》の油彩作品だ。この作品は一九〇〇年のパリ万博に出品されて、万博終了後に買ったフランス人が八七年後に売りに出したのだが、それを競《せ》ったのは日本人だけであった。梅原龍三郎の絵を観るなら、ルノワールの絵を観た方がいい、と西洋人の多くが考えるのも無理はないだろう。ついでにいえば、外国人の多く

MEMO

大切なことはメモしておこうネ！

1回

2021年度

解 答 と 解 説

《2021年度の配点は解答欄に掲載してあります。》

＜数学解答＞

Ⅰ　① $2x^2+2xy$　② $\frac{a-b}{18}$　③ $-\frac{4}{9}$　④ $2\sqrt{3}$　⑤ $x=7$, $y=-7$
　⑥ $x=1$, $-\frac{1}{2}$　⑦ 5　⑧ $a=-27$, $b=0$　⑨ $\frac{1}{6}$　⑩ $7<5\sqrt{2}$

Ⅱ　① $-\frac{1}{2}$　② $y=-2x-6$　③ 24　Ⅲ　$\angle x=250°$　$\angle y=95°$

Ⅳ　① 3：2　② 2：1　③ 8：5　Ⅴ　① 63cm^3　② 75cm^3

○配点○

各5点×20　計100点

＜数学解説＞

Ⅰ　(文字式の計算，式の値，平方根，連立方程式，2次方程式，2乗に比例する関数の変域，確率)

基本　① $(x+y)^2+(x+y)(x-y)=x^2+2xy+y^2+x^2-y^2=2x^2+2xy$

② $\frac{a-5b}{6}-\frac{a-7b}{9}=\frac{3(a-5b)-2(a-7b)}{18}=\frac{3a-15b-2a+14b}{18}=\frac{a-b}{18}$

③ $(-2)^2xy^3\div(3y)^2=\frac{4xy^3}{9y^2}=\frac{4}{9}xy$　この式に$x=\frac{3}{2}$，$y=-\frac{2}{3}$を代入する。$\frac{4}{9}xy=\frac{4}{9}\times\frac{3}{2}\times\left(-\frac{2}{3}\right)=-\frac{4\times3\times2}{9\times2\times3}=-\frac{4}{9}$

④ $\frac{\sqrt{27}}{2}+\frac{5\sqrt{3}}{6}-\frac{1}{\sqrt{3}}=\frac{3\sqrt{3}}{2}+\frac{5\sqrt{3}}{6}-\frac{\sqrt{3}}{3}=\frac{9\sqrt{3}+5\sqrt{3}-2\sqrt{3}}{6}=\frac{12\sqrt{3}}{6}=2\sqrt{3}$

⑤ $0.2x+0.5y+2.1=0$の両辺を10倍して$2x+5y+21=0$　さらに2倍して$4x+10y=-42$…(ア)
$\frac{1}{3}(x-1)=\frac{1}{4}(1-y)$の両辺を12倍して$4(x-1)=3(1-y)$　$4x-4=3-3y$　$4x+3y=7$…(イ)
(ア)－(イ)は$7y=-49$　$y=-7$　(イ)に代入すると，$4x-21=7$　$4x=28$　$x=7$

⑥ $2x^2-x-1=0$　$(2x+1)(x-1)=0$　$x=1$, $-\frac{1}{2}$

⑦ $x^2+8x+15=(x+3)(x+5)$　右辺に$x=\sqrt{6}-4$を代入して$(\sqrt{6}-4+3)(\sqrt{6}-4+5)=(\sqrt{6}-1)(\sqrt{6}+1)=6-1=5$

⑧ $x=3$のとき最小値$a=-3\times3^2=-27$　$x=0$のとき最大値$b=-3\times0^2=0$

⑨ 1から60の60枚のカードのうち，4の倍数のカードは4×1～4×15の15枚。このうち，3の倍数でもあるものは12の倍数なので12×1～12×5の5枚。したがって，4の倍数であるが3の倍数でないカードは15－5＝10(枚)　その確率は，$\frac{10}{60}=\frac{1}{6}$

⑩ $5\sqrt{2}$も7も正の数なので，2乗しても大小関係は変わらない。$(5\sqrt{2})^2=50$，$7^2=49$となり，$49<50$なので，$7<5\sqrt{2}$

Ⅱ　(図形と関数・グラフの融合問題)

基本　① A$(-2, -2)$が$y=ax^2$上の点なので，$-2=a\times(-2)^2$　$-2=4a$　$a=-\frac{1}{2}$　放物線のグラフは，$y=-\frac{1}{2}x^2$となる。

② Bは$x=6$で$y=-\frac{1}{2}x^2$上の点なので，$y=-\frac{1}{2}\times6^2=-18$　B(6, −18)　直線ABの式を$y=mx+n$とおくと，Aを通ることから，$-2m+n=-2$…(ア)　Bを通ることから，$6m+n=-18$…(イ)　(イ)−(ア)は$8m=-16$　$m=-2$　(ア)に代入すると$4+n=-2$　$n=-6$　直線ABの式は，$y=-2x-6$

重要　③ OC//ABなので，△ABCと△ABOはABを底辺とみると，底辺が共通で高さも等しいので△ABC＝△ABOである。直線ABとy軸の交点をDとするとD(0, −6)　△ABC＝△ABO＝△ADO＋△BDO＝$\frac{1}{2}\times6\times2+\frac{1}{2}\times6\times6=6+18=24$

Ⅲ　(円周角，角度)

△ADCで∠ADC＝180−30−25＝125　$\overset{\frown}{\mathrm{ABC}}$に対する円周角が125°なので，$\angle x=2\times125=250$　∠BOC＝250−180＝70　$\overset{\frown}{\mathrm{AD}}$に対する円周角なので∠ABD＝∠ACD＝25　OCとBDの交点をEとすると，△OBEについて外角の定理より$\angle y=70+25=95$

Ⅳ　(相似：長さの比・面積比)

① BE：EC＝2：1より，EC＝aとおくとBE＝$2a$，BC＝$3a$となる。平行四辺形の対辺は等しいのでAD＝BC＝$3a$，AF：FD＝1：2より，AF＝a，FD＝$2a$となる。AD//BCより錯角は等しいので∠GAD＝∠GEB，∠GDA＝∠GBE　2組の角がそれぞれ等しいので△GAD∽△GEB　対応する辺の比は等しいのでAG：GE＝AD：BE＝3：2

重要　② GD：BG＝3：2より，BD＝$5b$とおくと，GD＝$3b$，BG＝$2b$　①と同様に△HFD∽△HCBより，DH：BH＝FD：BC＝$2a$：$3a$＝2：3　BD＝$5b$なので，DH＝$2b$，BH＝$3b$となる。DH：HG＝DH：(GD−DH)＝$2b$：$(3b-2b)$＝$2b$：b＝2：1

やや難　③ 平行四辺形＝Sとおくと，△BCD＝$\frac{1}{2}$S　DEを結ぶと△BED＝△BCD×$\frac{\mathrm{BE}}{\mathrm{BC}}=\frac{1}{2}\mathrm{S}\times\frac{2a}{3a}=\frac{1}{2}\mathrm{S}\times\frac{2}{3}=\frac{1}{3}\mathrm{S}$　△BEG＝△BED×$\frac{\mathrm{BG}}{\mathrm{BD}}=\frac{1}{3}\mathrm{S}\times\frac{2b}{5b}=\frac{1}{3}\mathrm{S}\times\frac{2}{5}=\frac{2}{15}\mathrm{S}$　△ABD＝$\frac{1}{2}$S　BFを結ぶと△ABF＝△ABD×$\frac{\mathrm{AF}}{\mathrm{AD}}=\frac{1}{2}\mathrm{S}\times\frac{a}{3a}=\frac{1}{2}\mathrm{S}\times\frac{1}{3}=\frac{1}{6}\mathrm{S}$　AF//BCより同位角は等しいので∠IAF＝∠IBC，∠IFA＝∠ICB　2組の角がそれぞれ等しいので△IAF∽△IBC　IA：IB＝AF：BC＝a：$3a$＝1：3　よって，IA：AB＝1：2　△AFI＝△ABF×$\frac{\mathrm{IA}}{\mathrm{AB}}=\frac{1}{6}\mathrm{S}\times\frac{1}{2}=\frac{1}{12}\mathrm{S}$
△BEG：△AFI＝$\frac{2}{15}\mathrm{S}:\frac{1}{12}\mathrm{S}=\frac{2}{15}:\frac{1}{12}=8:5$

Ⅴ　(立体の切断，体積，相似)

① FMの延長とHNの延長の交点をRとすると，RはEAの延長上にある。体積を求める立体は，三角錐R−EFHから三角錐R−AMNを取り除いたものである。MA//FEより同位角は等しいので∠RMA＝∠RFE，∠RAM＝∠REF　2組の角がそれぞれ等しいので△RMA∽△RFE
MA：FE＝$\frac{1}{2}$BA：BA＝1：2よりRA：RE＝1：2　AE＝6よりRA＝6，RE＝6×2＝12　三角錐R−EFH＝$\frac{1}{2}\times6\times6\times12\times\frac{1}{3}=72$　三角錐R−AMN＝$\frac{1}{2}\times3\times3\times6\times\frac{1}{3}=9$　よって，求める体積は72−9＝63(cm^3)

やや難　② PQの延長とEFの延長，EHの延長との交点をS，Tとする。FP＝GP，∠FPS＝∠GPQ，∠PFS＝∠PGQ(＝90°)より△PFS≡△PGQ　FS＝GQ＝3　ES＝6＋3＝9　同様にHT＝3，ET＝9　ASとBFの交点をX，ATとDHの交点をYとする。∠AXB＝∠SXF，∠ABX＝∠SFXより△ABX∽△SFX　BX：FX＝BA：FS＝6：3＝2：1　XF＝$6\times\frac{1}{2+1}=2$　同様にYH＝2　体積を求める立体は，三角錐A−ESTから三角錐X−FSPと三角錐Y−HTQを除いたもの。三角錐A−EST＝$\frac{1}{2}$×ES×ET×AE×$\frac{1}{3}=\frac{1}{2}\times9\times9\times6\times\frac{1}{3}=81$　三角錐X−FSP＝$\frac{1}{2}$×FS×

$FP \times XF \times \frac{1}{3} = \frac{1}{2} \times 3 \times 3 \times 2 \times \frac{1}{3} = 3$　三角錐$Y-HTQ = \frac{1}{2} \times HT \times HQ \times YH \times \frac{1}{3} = \frac{1}{2} \times 3 \times 3 \times 2 \times \frac{1}{3} = 3$　よって，求める体積は$81-3-3=75cm^3$

★ワンポイントアドバイス★

Ⅰに基本的な問題が10題。まずはここで確実に得点できるように基礎力を身につけたい。後半の図形の問題にはやや難しい問題も出されるので，過去問を通して頻出単元の問題に慣れておきたい。

＜英語解答＞

Ⅰ．〔A〕 (1) 2　(2) 4　(3) 1　(4) 3　〔B〕 (1) 1　(2) 4　(3) 3

Ⅱ．問1　ウ→ア→エ→イ　問2　イスラム教徒になったから。　問3　イ，ウ
問4　ア　die　イ　tired　ウ　slow　エ　boxing　問5　ア　F　イ　F　ウ　F　エ　T　問6　ア　Because he was very ill.　イ　He has become World Heavyweight Champion three times.　ウ　He was 54 years old.

Ⅲ．問1　1　エ　2　イ　3　ア　4　ウ　5　イ　問2　A　5　B　3
問3　1　sleepy　2　sunlight　3　body　4　day　問4　時差ボケ

Ⅳ．1　Speaking English well is difficult for Japanese(.)　2　My mother drinks tea made in England every (morning.)　3　(My parents) have taken good care of my son for (six years.)　4　My sister asked me to teach her how to use (the computer.)

Ⅴ．1　(I'm sorry but) I have to do my homework in the morning(.)
2　(Can) we meet in front of the station (at three in the afternoon ?)
3　(The movie) will start at three thirty(.)　4　(Let's) eat something after the movie(.)

○配点○
Ⅰ．各2点×7　Ⅱ．問1　4点　問2　3点　他　各2点×13
Ⅲ．問1　各3点×5　他　各2点×7　Ⅳ.～Ⅴ.　各3点×8　計100点

＜英語解説＞

Ⅰ．リスニング問題解説省略。

重要　Ⅱ．(長文読解・物語文：文整序，語句補充，要旨把握，内容吟味)

(全訳)　モハメド・アリとは誰か？なぜ彼は有名なのか？ ①なぜ彼は2つの名前，初期のカシアス・クレイ，後のモハメド・アリを持っていたのか？　そして，彼はどうなったのか？

モハメド・アリは有名なボクサーで世界チャンピオンだった。しかし，彼も黒人アメリカ人のために戦った。彼は病気だったので1981年にボクシングをやめた。しかし，彼は世界の平和のために戦った。

モハメド・アリは1942年1月17日，ケンタッキー州でカシアス・マーセラス・クレイという名前

で生まれた。②1940年代，ケンタッキー州の黒人にとって事態は容易ではなかった。黒人は白人とは異なるお店に行き，黒人の子供たちは白人の子供たちとは異なる学校に行った。

学校ではカシアスは本よりもスポーツに興味があった。ボクシングがとても上手で、学校を出る前にケンタッキー州のボクシングチャンピオンになった。

放課後，カシアスはニューヨークに行き，専門的にボクシングを学んだ。彼のボクシングは違った。彼は足で素早く動き，人々はそれを愛していた。1960年，彼はアメリカのチームと一緒にローマオリンピックに行き，金メダルを獲得した。ロシアからの記者は彼に尋ねた、「アメリカでは事態は黒人のためには悪い。あなたは黒人なのに，あなたの国のために金メダルを取るのはどう感じますか？」カシアスは「アメリカの人々の中には事態を変えている人もいる」と言った。

彼の最大の勝利は，彼が世界ヘビー級チャンピオンになった1964年にやってきた。その直後，カシアスはイスラム教徒となり，彼の名前をモハメド・アリに変更した。彼はアメリカが黒人にとってより良い国になることを望んでいた。

1960年代は，多くのアメリカ人がベトナム戦争に行った時代だった。モハメド・アリはベトナム戦争は悪いことだと思っていたので，1967年，戦争に行くように頼まれたとき，彼は「いいえ」と言った。アメリカの多くの重要な人々は怒り，アリは5年間プロボクシングの世界を離れた。その後，彼は戻り，2度目と3度目の世界ヘビー級チャンピオンになった。

モハメド・アリは見ていてワクワクした。彼は偉大なボクサーだったし，常に彼が勝つことができると感じていた―そしてたいてい勝った！　彼はしばしば「私は最も偉大だ！」と言った。

1981年，モハメド・アリは病気でボクシングをやめた。彼は動きが遅く，疲れていたので，彼は医者に診てもらいに行った。

「③あなたは重い病気です」と医者が言った。「そして，あなたは元気にはならないでしょう。それはあなたを死に至らしめませんが，あなたは毎日すぐに疲れるでしょう。あなたはゆっくりと歩きゆっくりと話すでしょう。申し訳ありませんが，私たちはそれを止めることができません。もちろん，あなたはボクシングもできません」

1996年，彼がアトランタでオリンピックを開会したとき，テレビで彼を見ている多くの人々は，この有名なスポーツヒーローを再び見て喜んでいた。

問1「在学中にケンタッキー州のボクシングチャンピオンになる→1960年にオリンピックで金メダルを獲得→1964年に世界ヘビー級チャンピオンになる→1981年に病気でボクシングをやめる」の順である。

問2 「モハメド・アリ」という名前はイスラム教徒となって変更したものである。

問3　1940年代は，黒人にとって苦しい時代で，黒人は白人と異なるお店や学校に行った。

問4　モハメド・アリの病気は，死に至らないが疲れやすくなり，歩行や話しが遅くなり，ボクシングができなくなるものである。

問5　ア 「カシアス・クレイは学生のとき，本に非常に興味があった」 第4段落第1文参照。カシアスは本よりもスポーツに興味があったので，不適切。　イ 「カシアスは東京オリンピックで金メダルを取った」 第5段落第4文参照。カシアスはローマオリンピックで金メダルを取ったため，不適切。　ウ 「モハメド・アリは戦争で戦うためにベトナムに行った」 第7段落第2文参照。アリは徴兵されたときに「No」と言ったため不適切。　エ 「多くの人がアトランタオリンピックでアリをテレビで見て喜んだ」 第11段落参照。アトランタオリンピックでアリの姿を見て多くの人が喜んだため適切。

問6　ア　アリは病気になりボクシングをやめたのである。　イ　アリは5年間ボクシングから離れた後，2度目，3度目のチャンピオンになった。　ウ　アリは1942年生まれなので，1996－

1942＝54歳である。

Ⅲ．(会話文：内容把握，語句解釈，語句補充)

(全訳)　エディ：こんにちは，ミキ！元気でしたか？バッファローはどうですか？

ミ　キ：私は元気よ。バッファローは素晴らしいです―美しい場所で，人々は本当に親しみやすいです。

エディ：バッファローを気に入ってくれてよかった！ところで，きみは元気だと言ったけど，疲れているように見えるよ。大丈夫？

ミ　キ：正直，時差ぼけで少し苦労しているの。13 時間の時差は大変だわ！私は昼間に眠くなり，夜遅くに目がさえるの。そして，とても遅く寝るので，目を覚ますのに苦労するわ。

エディ：それを聞いて残念だな。時差ぼけは本当に難しいかもしれないね。調整には時間がかかるけれど，調整できるよ。でも，もっとはやく調整したい場合は，きみの体を助けるためにできることがいくつかあるよ。

ミ　キ：教えて。

エディ：最近，科学雑誌の記事を読んで，最も重要なことが3つあるよ。良い知らせは，それらが簡単なことだね。

ミ　ク：わかったわ。それらは何？

エディ：最初は，できるだけ自然の日差しの中で外に出ることだよ。

ミ　キ：それは簡単だけれども，どのように役立つの？

エディ：ぼくたちの体には一種の「時計」があることを知っている？

ミ　キ：$_{A}$どういう意味？

エディ：ぼくたちの体は，眠ったり，目覚めたり，空腹を感じたりするというリズムを持っているんだ。そして，時計のように，体はそれらのことを行う時間を知っているんだよ。

ミ　キ：それを知らなかった。なんて面白いんだろう。じゃあ，太陽は私たちの体の時計に影響を与えるの？

エディ：そうだよ。それは，何時かを体の時計に伝え、調整するのに役立つよ。

ミ　キ：自然の日差しの中，外で過ごす時間が多ければ，いつ起きるか，いつ眠るかを体が知るのに役立つの？

エディ：その通り。

ミ　キ：今日始めてみます。

エディ：ところで，植物が眠っていることを知っている？

ミ　キ：何？植物が眠る？

エディ：$_{B}$植物は眠るよ！葉の葉は夜に閉じ，花は閉じます。そして，太陽が昇ると，再び葉が立ち上がり，花が咲くんだ。

ミ　キ：うわぁ。自然はかなり素晴らしいね！私は花が眠っているとは思わなかったわ。

エディ：そうだよね。

ミ　キ：さて，時差ぼけに役立つ他の2つのことを教えて。

エディ：いいよ。体がまだ調整されていないので，日中は眠くなるかもしれないけれど，昼寝をしないようにして。昼寝をすると，日本では夜の時間なので，体は数時間眠りたくなるんだ。昼寝をしないと，早く寝やすくなるよ。

ミ　キ：わかったわ。そして，最後の一つは？

エディ：最後の1つは最も簡単であるべきだね：通常の時間に食事を食べてみて。例えば早起きして早く寝たい場合は，午前7時に朝食をとり，正午ごろに昼食をとり，午後6時か7時頃に夕食を食べてみてよ。

ミ　キ：わかったわ。これはとても便利ね。私は今行かなければならないけれど，どうもありがとう！今日，これらのことを始めるね。

エディ：いいね！それを聞いてうれしいよ，そしてすぐに時差ぼけを乗り越えることを本当に願っているね。目を覚ましているときにいつも疲れているなら，それは楽しいことではないからね。

ミ　キ：ありがとう！また明日。

エディ：お大事にね，ミキ。また明日！

問1 (1) 時差ボケで，日中眠くなり，夜に目がさえると言っている。 (2) 日光に当たることで，何時なのか体内時計に伝えることができる。 (3) ミキは植物の話を聞いたときに驚いている。 (4) 時差ボケを解消するために，昼寝をしないように伝えている。 (5) 早寝早起きするために，同じ時間に食事をとるように伝えている。

問2 (A) この後体内時計の説明をしているので，What do you mean ?（どういう意味？）が適切。 (B) They do! は前の文の Plants sleep を指している。

問3 (1) ミキは時差ボケのため，夜「眠く」ないと言っている。 (2) エディはミキにできるだけ「日光」の下で過ごすように言っている。 (3) 日光に当たることで体内時計を「調整」することができる。 (4) 夜眠れるようにするために，「日中」昼寝をしないように言っている。

問4 「13時間の時差は大変」だと言っているところから「時差ボケ」であると判断する。

基本 **Ⅳ．(語句整序問題：動名詞，分詞，現在完了，不定詞)**

(1) speaking English well を主語とした英文を作る。for Japanese「日本人にとって」

(2) made in England は tea を修飾する分詞の形容詞的用法である。

(3) take care of ~「~の世話をする」

(4) <ask + 人 + to ~>「人に~するように頼む」

重要 **Ⅴ．(和文英訳)**

(1) 「宿題をする」do one's homework

(2) 「~の前で」in front of ~ 「待ち合わせる」meet

(3) 「午後3時半から映画」＝「午後3時半に映画が始まる」という英文にする。

(4) 「何かを食べる」 eat something

★ワンポイントアドバイス★

幅広い出題形式となっているが，比較的取り組みやすい問題が並んでいる。過去問や同程度の難易度の問題集を繰り返し解きたい。また，教科書の基本文をきちんと覚えるようにしたい。

<国語解答>

一 問一 (a) 抵抗 (b) 皆無 (c) 浸かって (d) 断然 問二 A エ B オ C イ 問三 ① 虫 ⑥ 汗 ⑧ 打 問四 イ 問五 エ 問六 ウ 問七 (1) (印刷された)文字を最初から順番に読み進める (2) 最初から読む必要はなく，自分が関心のあるところだけ読む，あるいは自分に関係のあるところ

から読み始める　問八　「教養」と～とも大切だ

二　問一　(a)　さわ　(b)　きしょう　(c)　こころがま　(d)　ごくじょう

問二　A　オ　B　ウ　C　イ　D　ア　問三　イ・ウ　問四　命　問五　エ

問六　ア　問七　美緒が紡いだ糸が使いものにならないことを伝えづらかったから。

問八　イ　問九　みんなに嫌われずにすむ　問十　ウ

三　問一　ならせたまいそうろうぞ　問二　「六十に余りさふらふ」　問三　実際の年齢よりも若く見られたいという心　問四　七十四　問五　ア

○配点○

一　問一　各1点×4　問二・問三　各2点×6　他　各4点×6

二　問一・問二　各1点×8　他　各4点×8(問三完答)

三　各4点×5　計100点

＜国語解説＞

一　(評論―漢字の読み書き，接続語の問題，ことわざ・慣用句，文脈把握，脱文・脱語補充)

問一　(a)「抵抗」は「外からの力に負けぬよう努めること」。「抵」を「低」とする誤字が多いため注意。(b)「皆無」は「全く無いこと」。(c)「浸かる」は「液体やある状態に入り込むこと」。送り仮名を「浸る」とすると「ひたる」と読む。(d)「断然」は「程度が他からはるかにかけ離れているさま」。「ダントツ」は「断然トップ」の略。

問二　A　空欄Aを含む第八段落の「どうしても……乗り換える」ことと，空欄A直後の「自分に合わない本は読まない」は同じ意味の内容であり，「自分に合わない本は読まない」で第八段落全体の内容をまとめているため，エ「よって」が正答。　B　空欄B直後から第十一段落まで，読書ではなく音楽と絵画について述べられているが，これについて第十二段落冒頭で「音楽と絵画の……こうした違いがある」から，読書について説明するための例であったことがわかるため，オ「たとえば」が正答。　C　第二十段落で「最後まできちんと読む必要はさらさらない」としたうえで，空欄Cの直後では「時間が経ったらわかるようになる本」について述べているため一見するとウ「しかし」を選びそうだが，第二十一段落で「自分に関係なかったら無理して読む必要はない」と，やはり無理にきちんと読書をする必要はないことを再度主張しているため，イ「また」が正答。

基本

問三　①「本の虫」とは「本が好きで常に読んでいる人」。⑥「手に汗握る」は「興奮したり緊張したりすること」。⑧「膝を打つ」は「納得，感心あるいは突然何かを思いついた時に行われる動作」。

問四　第四段落にア・イ・ウに該当する記述はあるが，本文全体を通して「周りの人から教えてもらう」ことについては触れられていない。

やや難

問五　③の直前に「こうした」とあるが，その指示内容は「本は熟読し……なくてはならない」であること，また③の直後で「それが読書を一番遠ざけている」ことをおさえておく。「～しなくてはならない」という言い方が適用できそうなのはア・イ・エの3つだが，ア「危機感」とすると「読書を遠ざける」と合わないため不適当。危機感があるのならばむしろ読書をする方向に動くだろう。イ「責任感」は適切なように思えるが，③を含む第六段落に「多くの人は，本を読む行為を勉強と同じように捉えている」とあり，そのうえでの「本は熟読し……なくてはならない」なので，勉強と責任感が概念として釣り合わず，不適当。

問六　「音楽も同じく」の「同じく」は何と同じなのかというと，傍線部④直前で「映画は……そのまま体験する」と説明されている映画の特徴である。また，傍線部④直後の第十一段落で「それに対し」と映画と音楽とは逆のものとして絵画を挙げ，「どれから見てもよい」「自分の持ち時間に合わせて」「不連続の時間で情報を得られる」「細切れの時間」と説明していることをおさえて解答する。ア・イ・エはいずれも第十一段落の絵画に関する記述に即しており，「最初から最後まで」鑑賞することにあてはまらないため不適当。

重要 問七 (1) 「音楽的な読書」については，第十三・第十四段落で詳しく説明がなされているが，小説や推理小説についての説明ではなく，第十四段落の「いずれも……順番に読み進めること」というまとめの記述をもとに解答できるとよい。 (2) 「絵画的な読書」については，傍線部⑤から遠く離れた第十九・第二十段落でその読み方について詳しく述べられているので，ここをまとめて解答すればよい。第十五段落の「一冊の本を限られた時間で，かつ最後まで読破する」の部分をまとめないように注意。これを行うための読み方が「絵画的な読書」である。

問八 第十三段落で筆者は小説など文学作品は「音楽的な読書」だとしているが，傍線部⑦直前で，傍線部⑦について「『絵画的な読書』をしたほうがよい」としている。その理由として，第十七段落で「『教養』として……よいのである」と述べており，「一部を齧り読みする」が「絵画的な読書」にあてはまる。「まったく読んだことがない……よいのである」は「『教養』として一部を齧り読みすることも大切だ」をより詳しく言い換えたものなので，制限字数にあてはまる『教養』として一部を齧り読みすることも大切だ」の部分を抜き出す。

二 (小説一漢字の読み書き，脱文・脱語補充，品詞・用法，情景・心情)

問一 (a) 「触る」は「物理的にふれること」。「気にさわる」「健康にさわる」など「害する」意味での「さわる」は「障る」。 (b) 「気性」は「生まれつきの性質」。「きせい」と読まないように注意。 (c) 「心構え」は「物事に対する，事前からの心の準備」。 (d) 「極上」は「この上なく上等で素晴らしいこと」。「極」は単に「この上なく」という意味を表し，「極悪」など悪い意味の熟語にも使われる。

問二 A 「こたつで湯呑みを倒したら」という例に加えて，空欄Aの四行後に，祖父が「じゃじゃじゃ」と言うのを聞いたことがないことについて「いつも冷静な祖父が驚くところが想像できない」としているため，「驚く」と同じ意味のオ「びっくり」が正答。 B 濡れてぺったりとしていた羊毛が綿菓子のように盛り上がったことについて，薄いものが膨らんだということなので，ウ「たっぷり」が正答。エ「すっかり」も候補に入るだろうが，「すっかり」は「余すところなく」という意味なのでやや不自然である。 C 空欄C直前の裕子の「できない」に注目する。羊毛が商品としては使えないことはわかったが，それでもまだ再利用の道を探る美緒に対し，一言でその可能性を明確に退けていることから，イ「きっぱり」が正答。 D メモやノートを取っていなかったことについて，「テストに出ると聞いたら，真剣にノートを取っていた」としていることから，悪気なくメモやノートを取らずにいたことがわかるので，ア「うっかり」が正答。

問三 「ない」には助動詞と形容詞があり，助動詞の「ない」は動詞の下について「～しない」という意味を表すもの，形容詞の「ない」はそれ自体が独立した一語として「存在しない」という意味を表すものである。よって独立した一語として成立しているイ・ウが正答。

基本 問四 「まるで～のよう」という比喩表現になっていることから，本来羊毛にはない要素を含む語句が①にあてはまると考えられる。①の後に，羊毛について「じゃれつき，次々と身をよじらせて」「『生きてるみたい』」「意志を持っているかのように」と表現されているので，これらの要素を持つ「命」という語句があてはまる。

問五 傍線部②直後に「また，人の気にさわることを……そのせいだ」とあるので美緒が自分の欠点について思いを巡らせていることと，傍線部②の「力なく」という表現から，気を落としていることを読み取って解答する。　ア 「自分に苛立ちを感じている」のであれば「力なく」という表現は不自然なので不適当。　イ 「太一に疑問を感じてしまっている」のであれば自分の欠点について考えるのは不自然なので不適当。　ウ 「前向きに捉えようとしている」のであれば「力なく」という表現は不自然なので不適当。

問六　傍線部③以降，裕子について「戸惑った顔」「うーん，と裕子がつぶやいた」「『いいよ，私がちゃんと言わなかったから』」，「うーん，と裕子が困った顔になった」から，何かしら良くないことが起きているが，美緒を責めたいわけではないということを読み取って解答する。　イ 「よいものができたはず」であれば「戸惑った顔」「困った顔」のようにはならないため不適当。戸惑う，困るというのは，通常，目の前の出来事に対しての反応である。　ウ 「思っていた以上の上達ぶりにただ感心」しているのであれば「戸惑った顔」「困った顔」のようにはならないため不適当。　エ 「励まそうとしている」のであれば「戸惑った顔」「困った顔」のようにはならないため不適当。

やや難　問七　裕子は「『商品としての使い道はないの』」という発言に至るまで「うーん」などと言いつつはっきりとは伝えられていなかったことから，美緒が紡いだ糸は使い物にはならないが，それをはっきりと伝えづらいという心情を読み取れるとよい。

重要　問八 「軽いのに重い」とは単に物理的なことを言っているのではなく，物理的なことと心理的なことの両方についての表現である。傍線部⑤直前に「そんな貴重な……してしまったのか」とあることから，羊毛は物理的には「軽い」ものだが，羊毛は貴重であること，また貴重な羊毛を自分が無駄にしてしまったという重大な過失についての自責の念を，心理的に「重い」と表現している。　ア　物理的な重さだけの話ではないので不適当。　ウ 「そんな貴重な……してしまったのか」という自責の念の要素がないため不適当。　エ　入門したことに対してではなく，自分のせいで貴重な羊毛が無駄になったという，自分の行為とその結果について傍線部⑤のように表現しているため不適当。

やや難　問九　薄笑いを浮かべるのは悪意ではなく，無意識にしてしまっているということは「『私の癖』」という言葉からわかる。「『直したいんだけど』」の「その先」について想像することが解答の鍵となる。美緒は自分自身について，傍線部②直後「また，人の気にさわることを……そのせいだ」のように評しており，そのうえで「でも，どんな顔をして，どう話せば，みんなに嫌われずにすむのだろう？」としている。つまり，美緒はみんなに嫌われないような表情や話し方をするべきと考えていることがわかる。そこから，薄笑いを浮かべてしまうのも「みんなに嫌われないようにするため」であると推測できる。

問十　これまでの本文全体の内容に加え，傍線部⑦前の「自分のせいで……台無しにしてしまった」から読み取って解答する。　ア　傍線部⑦直前「わくわくしながら……台無しにしてしまった」と合致する。　イ　傍線部⑥後の「『そんなつもりじゃなくて。癖，なんです』」「『私の癖……』……うまく言えない』」に合致する。　エ 「自分のせいで太一が叱られている」および傍線部②直後「また，人の気にさわることを……そのせいだ」に合致する。ウの「自立して周囲に迷惑をかけたくない」は，そのような前向きな理由ではなく，太一が叱られる，羊毛が台無しになるなどに表れているように，自分の行動の結果として周囲に迷惑がかかったり不快にさせたりすることについて情けなく，悲しく思った結果の涙なので不適当。

三 **(古文一仮名遣い，指示語の問題，文脈把握，文学史)**

〈口語訳〉　武州に西王の阿闍梨という僧がいた。「お歳は，おいくつにおなりになったのですか」と人が問うと，(阿闍梨は)「六十を過ぎました」と言うが，七十過ぎに見えたので，(人は)不審に思って,「六十を,おいくつ過ぎていらっしゃいますか」と問うと,(阿闍梨は)「(六十と)十四です」と言った。(六十を)はるかに過ぎていた。七十と言うよりも六十と言えば,少し若い気持ちがして,このように言ったのであった。(これは)人の心においてはよくあることである。お世辞にも,「お歳よりも,遥かに若くお見えですね」と言われるのは嬉しく,「意外と老けてお見えですね」と言われると,もの寂しく不本意であるのは,人間誰しもが持つ心である。

重要 問一　古典的仮名遣いでは,語頭を除いて「はひふへほ」は「わいうえお」と読む。また,母音が「—au」の場合は「—ou」と読む。よって,「さふらふ」は,まずハ行をワ行に変えて「さうらう」,次に「さう」「らう」が「—au」なので「そう」「ろう」と読む。

問二　「かく」は「こう,このように」という意味の指示語なので,「かく」よりも前に指示内容があると考えられる。また,「かく」の直前に「七十といへるよりも……少し若き心地して」とあるので,この部分が理由となる発言「六十に余りさふらふ」が正答。

やや難 問三　「ことのほかに……本意なきは」のみだと比較対象がなく不十分なので,「御年よりも……いふは嬉しく」の部分も含め,実際より若く見られると嬉しく,老けて見られると不本意ということから,「実年齢よりも若く見られたいと思う心」とまとめる。単に「若く見られると嬉しく,老けて見られると不本意」という対比関係の訳のみに終始してしまうと,阿闍梨の例をふまえた内容にはならない。「実年齢よりも若く見られたい」ということが核心だとわかるように記述できればよい。

重要 問四　阿闍梨ははじめ,自身の年齢を「六十に余りさふらふ」としていたが,人に六十をいくつ過ぎているかと問われて「十四余りてさふらふ」と答えている。ここから,60＋14＝74が阿闍梨の実年齢であるとわかる。

問五　説話とは「語り伝えられた物語」のことで,説話集は仏教に深く関連する仏教説話集と,仏教に深く関連しない世俗説話集とに大まかに分けられる。アの『万葉集』は奈良時代に成立した現存最古の和歌集なのでこれが正答。　イ『発心集』は鴨長明による鎌倉初期の仏教説話集。
ウ『古今著聞集』は橘成季による鎌倉時代の世俗説話集。日本三大説話集の一つである。
エ『今昔物語集』は編者不詳の平安時代の説話集。こちらも日本三大説話集の一つであり,仏教説話と世俗説話のどちらも数多く掲載されている。　オ『十訓抄』は編者不詳の鎌倉中期の仏教説話集。年少者向けの教訓話が主である。

★ワンポイントアドバイス★

論説文はキーワードに注目して筆者の考えや主張をとらえよう。記述問題もキーワードについての説明を簡潔にまとめることが重要だ。小説は,発言に隠れた心情や比喩表現が表すものを正確に読み取ろう。古文は,会話の話者は誰なのか確認しつつ,内容を正しくとらえることを心がけよう。

2回

2021年度

解 答 と 解 説

《2021年度の配点は解答欄に掲載してあります。》

＜数学解答＞

Ⅰ　①　x^2+2xy　②　$\dfrac{2a-b}{10}$　③　2　④　$\dfrac{\sqrt{6}}{2}$　⑤　$x=-5$，$y=4$

⑥　$x=-1\pm\sqrt{10}$　⑦　7　⑧　$a=1$，$b=0$　⑨　$\dfrac{1}{6}$　⑩　$\dfrac{1}{3}<\dfrac{\sqrt{2}}{4}$

Ⅱ　①　$y=-\dfrac{1}{2}x+2$　②　6　③　$x=6$　Ⅲ　$\angle x=140°$　$\angle y=100°$

Ⅳ　①　2：3　②　10：9　③　27：38　Ⅴ　①　$520\pi\,\mathrm{cm}^3$　②　64：61

○配点○

各5点×20　計100点

＜数学解説＞

Ⅰ　(文字式の計算，式の値，平方根，連立方程式，2次方程式，2乗に比例する関数の変域，確率)

基本　①　$(4x+y)(4x-y)-(3x-y)(5x+y)=16x^2-y^2-(15x^2-2xy-y^2)=16x^2-y^2-15x^2+2xy+y^2=x^2+2xy$

②　$\dfrac{4a-b}{6}-\dfrac{7a-b}{15}=\dfrac{5(4a-b)-2(7a-b)}{30}=\dfrac{20a-5b-14a+2b}{30}=\dfrac{6a-3b}{30}=\dfrac{2a-b}{10}$

③　$x=9$，$y=-\dfrac{1}{2}$のとき，$-xy\div(-3y)^2=-xy\div9y^2=-\dfrac{xy}{9y^2}=-\dfrac{x}{9y}=-9\div\left\{9\times\left(-\dfrac{1}{2}\right)\right\}=-9\div\left(-\dfrac{9}{2}\right)=9\times\dfrac{2}{9}=2$

④　$\dfrac{\sqrt{18}}{5}\left(\dfrac{2}{\sqrt{3}}+\dfrac{\sqrt{3}}{6}\right)=\dfrac{3\sqrt{2}}{5}\left(\dfrac{2\sqrt{3}}{3}+\dfrac{\sqrt{3}}{6}\right)=\dfrac{3\sqrt{2}}{5}\times\dfrac{4\sqrt{3}+\sqrt{3}}{6}=\dfrac{3\sqrt{2}}{5}\times\dfrac{5\sqrt{3}}{6}=\dfrac{3\sqrt{2}\times5\sqrt{3}}{5\times6}=\dfrac{\sqrt{6}}{2}$

⑤　$0.3x+0.8y=1.7$の両辺を20倍して，$6x+16y=34$…(ア)　$\dfrac{x}{5}+\dfrac{y}{2}=1$の両辺を30倍して，$6x+15y=30$…(イ)　(ア)－(イ)は，$y=4$　(ア)に代入すると，$6x+64=34$　$6x=-30$　$x=-5$

⑥　$x^2+2x-9=0$　解の公式にあてはめる。$x=\dfrac{-2\pm\sqrt{2^2-4\times1\times(-9)}}{2\times1}=\dfrac{-2\pm\sqrt{4+36}}{2}=\dfrac{-2\pm2\sqrt{10}}{2}$　$x=-1\pm\sqrt{10}$

⑦　$x^2-12x+36=(x-6)^2$　これに$x=\sqrt{7}+6$を代入して，$(\sqrt{7}+6-6)^2=(\sqrt{7})^2=7$

重要　⑧　$y=ax^2$について$-4\leqq x\leqq2$の範囲では，$x=0$のとき最小値　$b=a\times0^2=0$　$x=-4$のとき最大値16　$16=a\times(-4)^2$　$16=16a$　$a=1$

⑨　2の倍数でも3の倍数でもあるものは，6の倍数である。1から30までの間に6の倍数は6×1～6×5の5個　その確率は，$\dfrac{5}{30}=\dfrac{1}{6}$

⑩　$\dfrac{\sqrt{2}}{4}$も$\dfrac{1}{3}$も正の数なので，2乗しても大小関係は変わらない。$\left(\dfrac{\sqrt{2}}{4}\right)^2=\dfrac{2}{16}=\dfrac{1}{8}$　$\left(\dfrac{1}{3}\right)^2=\dfrac{1}{9}$　$\dfrac{1}{9}<\dfrac{1}{8}$なので，$\dfrac{1}{3}<\dfrac{\sqrt{2}}{4}$

Ⅱ　(図形と関数・グラフの融合問題)

基本　① Aは$x=-4$で$y=\frac{1}{4}x^2$上の点なので，$y=\frac{1}{4}\times(-4)^2=4$　A$(-4,\ 4)$　Bは$x=2$で$y=\frac{1}{4}x^2$上の点なので，$y=\frac{1}{4}\times2^2=1$　B$(2,\ 1)$　直線ABの式を$y=mx+n$とおくと，Aを通ることから$-4m+n=4$…(ア)　Bを通ることから$2m+n=1$…(イ)　(イ)−(ア)は，$6m=-3$　$m=-\frac{1}{2}$　(イ)に代入すると$-1+n=1$　$n=2$　$y=-\frac{1}{2}x+2$

② ABとy軸の交点をDとすると，D$(0,\ 2)$　△OAB＝△OAD＋△OBD＝$\frac{1}{2}\times2\times4+\frac{1}{2}\times2\times2=4+2=6$

やや難　③ y軸上にE$(0,\ e)$をとる。△ABE＝△ADE＋△BDE＝$\frac{1}{2}\times(e-2)\times4+\frac{1}{2}\times(e-2)\times2=3(e-2)$　$3(e-2)=5\times6$　$e-2=10$　$e=12$　E$(0,\ 12)$　Eを通りABに平行な直線と放物線の交点をCとすれば，△CAB＝△EAB＝5×△OABとなる。Eを通りABに平行な直線は，$y=-\frac{1}{2}x+12$　$\frac{1}{4}x^2=-\frac{1}{2}x+12$　両辺を4倍して$x^2=-2x+48$　$x^2+2x-48=0$　$(x+8)(x-6)=0$　Cのx座標は正なので，$x=6$

Ⅲ　(円周角)

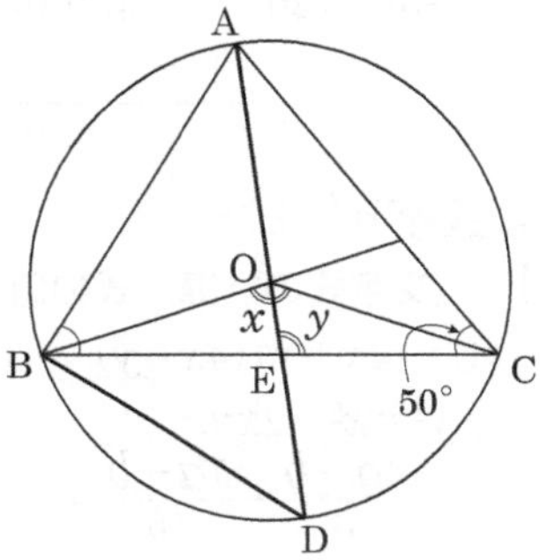

図のように頂点に名前を付ける。△ABCについて∠BAC＝180−60−50＝70　$\overset{\frown}{\mathrm{BC}}$に対する円周角と中心角の関係より，$\angle x$＝∠BOC＝2×70＝140　AOの延長と円周の交点をDとし，BDを結ぶと，ADが直径であることから∠ABD＝90　∠CBD＝90−60＝30　$\overset{\frown}{\mathrm{CD}}$に対する円周角なので∠CAD＝∠CBD＝30　ADとBCの交点をEとする。△AECで$\angle y$＝∠AEC＝180−30−50＝100

Ⅳ　(相似：長さの比・面積比)

① AD//BCより錯角は等しいので，∠GAD＝∠GCB，∠GDA＝∠GBC　2組の角がそれぞれ等しいので，△GAD∽△GCB　AG：GC＝AD：BC＝2：3

重要　② AD//BCより錯角は等しいので，∠FAD＝∠FCE，∠FDA＝∠FEC　2組の角がそれぞれ等しいので，△FAD∽△FCE　AF：FC＝AD：EC＝AD：BC×$\frac{3}{2+3}$＝2：$\frac{3\times3}{5}$＝2：$\frac{9}{5}$＝10：9

やや難　③ △ABC＝Sとおくと，△AEC＝S×$\frac{\mathrm{EC}}{\mathrm{BC}}$＝S×$\frac{3}{5}$＝$\frac{3}{5}$S　△FEC＝△AEC×$\frac{\mathrm{FC}}{\mathrm{AC}}$＝$\frac{3}{5}$S×$\frac{9}{19}$＝$\frac{27}{95}$S　△ABG＝△ABC×$\frac{\mathrm{AG}}{\mathrm{AC}}$＝S×$\frac{2}{5}$＝$\frac{2}{5}$S　△FEC：△ABG＝$\frac{27}{95}$S：$\frac{2}{5}$S＝$\frac{27}{95}$：$\frac{2}{5}$＝27：38

Ⅴ　(立体，相似，体積，体積比)

① Pと容器は相似であり，辺の比OI：OH＝$\frac{1}{3}$OH：OH＝$\frac{1}{3}$：1＝1：3　体積の比は$1^3:3^3=1:27$　Pの部分の体積＝$540\pi\times\frac{1}{27}=20\pi$　Qの部分の体積＝$540\pi-20\pi=520\pi$ (cm^3)

② Pの底面積：容器の底面積＝$\frac{16}{25}$：1＝16：25＝$4^2:5^2$より，Pの辺：容器の辺＝4：5　Pの体積：容器の体積＝$4^3:5^3$＝64：125　Pの体積：Qの体積＝64：(125−64)＝64：61

★ワンポイントアドバイス★

典型的な出題が多いので，標準レベルの問題で練習をつみ重ねておきたい。1回，2回は出題範囲がそろっているので，過去問研究をするときは，どちらの回もあわせて学習しておくのがよい。

<英語解答>

Ⅰ．〔A〕 (1) 3　(2) 1　(3) 1　(4) 2　〔B〕 (1) 2　(2) 3　(3) 4

Ⅱ．問1 イ　問2 1 大きな船　2 騒音　問3 a home for the animals
問4 at risk　問5 ア　問6 245000　問7 ア F　イ F　ウ F
エ T　オ T　問8 ア The hunters did.　イ They could find only two of them.

Ⅲ．問1 1 イ　2 ウ　3 ア　4 イ　5 エ　問2 A 1　B 5
問3 1 different　2 colors　3 shoes　4 green [nature]　5 old

Ⅳ．1 Do you know how old she will be on her (next birthday ?)
2 I have never seen such a beautiful sunset (like this.)　3 That tall man wearing the white T-shirt is my father(.)　4 We have nothing special to do (today.)

Ⅴ．1 We will arrive in Boston on August 4th.　2 (I hear that) there are many famous pictures(.)　3 (I) want to see a picture painted (by Monet.)　4 (On the last day, I) have to buy souvenirs for my family(.)

○配点○
Ⅰ．各2点×7　Ⅱ．問1・問2・問5・問7　各2点×9　他　各3点×5
Ⅲ．問1　各3点×5　他　各2点×7　Ⅳ.～Ⅴ．各3点×8　計100点

<英語解説>

Ⅰ．リスニング問題解説省略。

重要 Ⅱ．**(長文読解・説明文：語句補充，語句解釈，要旨把握，内容吟味)**

(全訳) 川に住むイルカもいれば，海に住んでいるイルカもいる。長江は西から東に中国を横断している。1950年代には川に6,000頭のヨウスコウカワイルカがいた。ヨウスコウカワイルカは通常，非常によく聞くことができ，彼らは他のイルカに「話す」。①過去に彼らは川で小さな船の音を聞いて，それらの下に行った。

しかし今，川には多くの大きな船があり，他にも多くの騒音があるので，②ヨウスコウカワイルカは大きな船に頭を打った。町や工場からの汚染も川に入り，汚れた水の中ではヨウスコウカワイルカはあまり見えない。中国人が川に大きな三峡ダムを建設したとき，イルカの生息地は再び変わった。

中国人は1983年に川のイルカの狩猟を中止した。彼らは川に動物のための家を建てた。それは非常に高価で，③それのためにお金を必要とした。人々はヨウスコウカワイルカの名前を買うことができたので，中国にはバイジドリンク，バイジシューズ，バイジホテルがあった。これらのお金はイルカを助けた。しかし，1990年までに2,000キロメートルの川にイルカは200頭しかいなかった。2004年，科学者たちはそのうちの2頭だけを見つけることができた。

ガンジス川(インドとバングラデシュ)のカワイルカも危険にさらされている。世界の人々の約10%が川の近くに住んでいるので，汚染がひどい。イルカは川にますます多くのダムがあるので，川を上下に動くことができない。現在，約4,000頭のイルカがいるが，これらの川のイルカも④危険にさらされている。

私たちの海にもイルカがいる。彼らは水の中で速く移動し，遊ぶ。一部の国では，海のイルカの

肉を食べる人がいる。数十万頭のこれらの動物は，人々が網で海釣りをして毎年死ぬ。そして，海からすべての魚を取ると，イルカの食べ物を取ることになる。

⑤シャチはイルカの仲間の出身だ。海に50年から80年住んでいるが，動物園ではわずか10年間しか生き続けられない。彼らは冷たい水が好きなので，別の海を移動することができる。彼らにとって唯一の危険は人間だ。汚染は海に入り，魚を殺し，シャチのための食べ物はない。またはシャチは魚を食べ，病気になる。

クジラも狩猟の危険にさらされている。過去，アラスカのイヌイットの人々はクジラを狩ったが，多くを殺さなかった。その後，ハンターは大きな船で他の国から来て，数千頭を殺した。南極はクジラにとっても良い場所だった。1900年には約25万頭の世界最大の動物であるシロナガスクジラが生息し，それらは90年間生きることができる。しかし，1930-1931年の1年間で，ハンターは30,000頭を殺し，今日では約5,000頭しかいない。

問1　音を聞くのは(A)ヨウスコウカワイルカであり，それらが下に行くのは(B)小さな船である。

問2　so の前に理由が書かれている。

問3　お金が必要なのは,「動物のための家」のためである。

問4　in danger = at risk「危機に瀕して」

問5　シャチは海では50年～80年生きるが，動物園では10年間しか生きられないのである。

問6　1900年には250000頭いたが，現在は5000頭しかいない。

問7　ア 「イルカは見るのが得意なので，汚れた水の中でもすべてを見ることができる」 第2段落第2文参照。汚い水の中では見えないので不適切。 イ 「イルカは，彼らが住んでいる場所を決して変えることはない」 第2段落最終文参照。生息地を変えているので不適切。 ウ 「中国人がイルカの狩猟をやめたので，まだ多くのヨウスコウカワイルカがいる」 第3段落最終文参照。2004年には2頭しか見つけられていないので不適切。 エ 「川の近くに住む人々が水を汚すので，カワイルカは危険にさらされている」 第4段落第1，2文参照。水が汚れることでカワイルカは危機に瀕しているので適切。 オ「イルカの多くは，人々が彼らの食料を取るので死ぬ」 第5段落最終文参照。人間が魚をとると，シャチの食料を取ることにもなるので適切。

問8　ア 「誰が何千頭ものクジラを殺したか」 第7段落参照。ハンターがクジラを殺したとある。 イ 「2004年に科学者は何頭のカワイルカを見つけられたか」 第3段落最終文参照。2頭だけ見つけることができた。

Ⅲ．（会話文：内容把握，語句補充）

(全訳) ジョン：やあ，ミキ！調子はどうだい？アメリカはどう？バッファローはどう？

ミ　キ：こんにちは，ジョン先生！すべてがうまくいっています！アメリカは素晴らしいし，バッファローは美しい都市です，そして人々は素晴らしいです。

ジョン：嬉しいよ。英語の勉強を楽しんでいる？

ミ　キ：大変だけど，大好きです！学校が好きです。キャンパスは大きくて美しく，建物や教室は古いけれど素晴らしいと思います。交換留学プログラムは良いし，先生方はとてもフレンドリーで，助けてくれてしんぼう強いです。実は，東京の学校よりもこの学校が好きなの。私は本当にラッキーだと感じています。

ジョン：それを聞いてうれしいな。バッファローについてもっと教えて。

ミ　キ：テレビや映画を見て予想しているように，一般的に背が高くて大きくて，タクシーは黄色で，ポストは大きく青く，通りは広く，誰もが車を持っていて，どこにでも運転しているようです。一部の10代でさえ車を持っていますが，それは私を驚かせました！

ジョン：うわー！

ミ　キ：はい。信じられないかもしれませんが，日本と同じように家で靴を脱ぐ人がいるのを見ました。私はとても驚きました。

ジョン：Aああ，なんて面白いんだろう。アメリカ人がそうすることを知らなかった。

ミ　キ：私も知らなかったです。私はだんだん一般的になっていると思います。でもそれがレストランで起こらないと思っています。家といえば，バッファローのアパートのほとんどは実際には大きなマンションではなく，家であるということです。1階は1つのアパートで，2階は別のアパートです。

ジョン：アパートと家は同じように見えるの？

ミ　キ：そうです。

ジョン：面白いね。公園はどう？

ミ　キ：バッファローには大きな公園がいくつかあるけれど，私が行くのはちょっと難しいです。近所のいくつかの公園はきれいなので私は気にしないです。ほとんどの家には前庭と裏庭があり，草，茂み，大きな木，そしてほとんどすべての家の前の花畑など，どこにでも緑があります。どの通りにも歩道があるので，近所を歩くのは本当にすてきです。いい香りもします。

ジョン：日本とは全く違っていて，美しくもありそうだね。家の中はどう？あなたはまだ家の中かい？

ミ　キ：はい。私はバッファローの友達を作りました。彼女はアパートの一つで両親と一緒に住んでいます。それは古いですが，非常に大きいです。ベッドルームが3室あり，それぞれに小さなクローゼットと大きなベッド，ドレッサー，いくつかの本棚のためのスペースがあります。私の友人は，彼女の寝室にテレビ，ニンテンドースイッチ，ステレオを持っています。

ジョン：すてきだね！

ミ　キ：はい，いい点はたくさんあります。でも，まだ日本のアパートも好きです。バッファローの友人のアパートは100年近く前に建てられたので，エアコンがなく，トイレにウォシュレットがなく，浴槽でシャワーを浴びるのは難しいです。そして家は木造だから，2階のアパートから騒音が聞こえることがあります。

ジョン：Bそれは大変ですね。まあとにかく，想像するのは難しいので，すぐに写真を送ってください！

ミ　キ：そうします！

問1 (1) ミキとジョン先生はオンラインでバッファロー市について話している。 (2) ミキは英語の勉強は大変だが，大好きだと言っている。 (3) バッファロー市の人は，誰もが車を持っていて，一部の10代の人も持っている。 (4) バッファロー市のアパートは普通の家と同じように見えると言っている。 (5) ジョン先生は写真を送ってくださいと言っているので，写真を見て想像しようとしているのである。

問2 A how interesting！「なんて面白いんだろう！」　B That's too bad.「それは大変ですね」「それは残念ですね」

問3 (1) 日本とバッファローの同じ点と違う(different)点について話している。 (2) タクシーやポストの色(colors)について触れている。 (3) 日本でするように，バッファローでも家の中で靴(shoes)を脱ぐ人がいる。 (4) どこにでも緑(green)／自然(nature)があると言っている。 (5) 日本のアパートは，バッファローのアパートほど古く(old)ないと言っている。

基本 Ⅳ. (語句整序問題：間接疑問文，現在完了，分詞，不定詞)

(1)　間接疑問文は<how old ＋ 主語 ＋ 動詞>の語順になる。
(2)　< such ＋形容詞＋名詞>の語順になる。
(3)　wearing the white T-shirt は名詞を修飾する分詞の形容詞的用法である。
(4)　<nothing ＋ 形容詞 ＋to ～ >の語順になる。

Ⅴ. (和文英訳)

やや難 (1)　<arrive in ＋ 都市>「～に到着する」 都市のように広い範囲が後に続く場合は，前置詞 in を用いる。
(2)　there is (are) ～ .「～がある」
(3)　by Monet が後に続くので，「モネによって描かれた絵」painted by Monet という分詞を用いて文を作る。
(4)　have to buy ～「～を買わないといけない」

★ワンポイントアドバイス★
文法問題は基本的な英文が出題されている。過去問や問題集を繰り返し解いて練習を重ねたい。また，教科書レベルの例文はきちんと暗唱できるようになるまで身につけよう。

<国語解答>

一　問一　(a)　理屈　(b)　密接　(c)　飾る　(d)　透明　問二　A　カ　B　ウ　C　ア　問三　Ⅱ　問四　景色　問五　エ　問六　クオリティ～はならない　問七　サザビーズ　問八　ウ　問九　日本のことではなく，〝彼らの国〞のこと　問十　イ

二　問一　(a)　したく　(b)　ちんもく　(c)　たず　(d)　ひた　問二　念　問三　ア　問四　イ，エ　問五　ウ　問六　④　エ　⑧　イ　問七　ウ　問八　(例)　みそ汁の作り方を教えて，自分の死後もプロポーズの時の約束を果たそうとしたんじゃないかなあ。　問九　自分が生まれたことで，母親の寿命を縮め，父のそばにいられる時間を少なくしてしまったこと。　問十　(庭の)桜(の木)

三　問一　后町の井戸の底には見えた大臣の相が，家の鏡では見えなくなったから。　問二　鏡にて近く～遠かるべし　問三　おもいたまいけり　問四　エ　問五　ウ

○配点○

一　問一　各1点×4　問二　各2点×3　問三　2点　他　各4点×7
二　問一　各1点×4　問四・問六　各2点×4　他　各4点×7
三　各4点×5　計100点

<国語解説>

一 (評論―漢字の読み書き，接続語の問題，脱文・脱語補充，文脈把握，ことわざ・慣用句)

問一　(a)「理屈」は「物事の筋道」という意味だが，「理屈をこねる」といった使い方の場合は

「こじつけの理由」という意味になる。 (b) 「密接」は「すきまがないこと，関係が非常に深いこと」。(c) 「飾る」は「美しさなどを添える」という意味と「見かけだけを良いようにつくろう」の二つの意味があることに注意。 (d) 「透明」は「透き通って見えること」の他，比喩的に「隠し事がなく，見通しが明らかなこと」も指す。

基本 問二 A 「普通，眼前の景色を指している」景色という言葉を，「茶碗にも」と「眼前の景色」ではないものにも使うということから，カ「ところが」が正答。 B 空欄B直前の第八段落に「日本は特殊な芸術的発達を遂げた」とあり，空欄B直後には「日本の近代以降の油絵は」と芸術の一つである油絵のことについて述べられているので，ウ「例えば」が正答。 C 空欄C直前の「ローカルに……偽物である。」と，グローバリズムにおけるローカルの重要性を示し，直後では「グローバルな……できない。」とローカルにおけるグローバリズムの重要性を示し，対比関係を作っている。よって，ア「反対に」が正答。

問三 「名品は残っていく」に注目する。Ⅰはことばに関して述べている段落の後なので不適当。Ⅲは日本人の「自然」の見方に関して述べている段落なので不適当。Ⅳは日本の近代以降の油絵が海外マーケットで注目されていないということが主旨の段落なので不適当。Ⅱに該当する第三段落では金継ぎについて「美意識が働いていて，これだけはどうしても残したい」とあることから，「名品」の例が茶碗であり，金継ぎによって「残っていく」と解釈できる。

問四 第二段落冒頭の「そのことばを茶碗にも使う」にも注目する。「そのことば」とは第一段落で挙げられている「景色」であり，①は茶碗の修繕法である金継ぎについての説明なので，「景色」が正答。

重要 問五 「『道具』だけに留まらない」とあるので，道具ではあるが，それと同時に他の価値も見いだせるものと考えられる。 ア 「道具から美術品へと変わった」では「『道具』だけに留まらない」と矛盾するため不適当。 イ 「美術品以上の価値」ではなく，刀の鍔などを道具であると同時に美術品としても価値を見出すということなので，美術品以上という比較の話ではないため不適当。 ウ 「道具自体に込められた人々の思いにより，金銭的な価値が高められた」では道具としての価値のみにしか言及していないため不適当。

問六 傍線部③直後で挙げられているフォンタナの例で，ヨーロッパの画家がヨーロッパでしか注目されていないことから，何かしら視野が広くないことが原因であると推測できる。すると第十一段落に世界へ出ていくために必要なことが述べられているため，その核心である「クオリティの……備えていなくてはならない」という部分を抜き出す。

問七 サザビーズに関しては第十五・十六段落に記述がある。「自ら知名度を高める」ということは，営業や広告などの企業努力がなされてきたということと推測できるが，その点について触れているのは第十六段落冒頭の一文である。

問八 ⑤直前に「話をしても」とあるので，「人の言うことを聞く，相談に乗る」という意味の「耳を貸す」が正答。「顔を貸す」は「頼まれて人に会ったり，人前に出たりすること」，「手を貸す」は「手伝うこと」。「目を貸す」という表現は日本語にない。

問九 西洋人が日本文化について語ったとしたら，という中で傍線部⑥のように述べているため，「私たち」とは日本人のことであるとわかる。第十九段落に「私だって……のことである」と，「聞きたい」という直接的な表現が登場するので，この部分を抜き出す。「彼ら」とは第十七段落で列挙されているクリスティーズの同僚である「外国人」たちのことであり，ここでの「私」つまり筆者は「日本人」と言い換えることができる。

やや難 問十 ア 第十八段落の「西洋人の若者が……まともには取り合わない」と矛盾するため不適当。 ウ 第二十段落「自国の事をきちんと外国人に語れるか」に加え，第二十一段落で「ついでに言えば……」としているので，自国のことはきちんと外国人に語る力はつけておく必要があるので不適当。　エ　第二十二段落に「上には上がいる」とあるが，それが「多くの国々を回り」と直結する記述は本文中にないため不適当。

二　(小説—漢字の読み書き，ことわざ・慣用句，情景・心情，文脈把握，脱文・脱語補充)

問一　(a)「支度」の「度」は「忖度(そんたく)」などでも使われる。　(b)「沈黙」は「口をきかずに黙り込むこと」。　(c)「尋ねる」は「わからないものを探し求めること」。「訪ねる」は「訪問すること」なので使い分けに注意。　(d)「浸る」は「水などにびっしょりぬれる，何かの境地に入り切る」こと。「浸かる」だと「つかる」と読むことに注意。

問二　「念を押す」は「物事を確実なものにすること，繰り返し慎重に確認すること」。「指きりげんまんした後もたびたび」とあることから，みそ汁作りについて繰り返し慎重に確認されていたということがわかる。

問三　父とのやり取りについて「いつも通り」「同じように」，また「沈黙」とあることから，娘が結婚を控えているのにもかかわらず特別なことをせず，黙ってしまっているということがわかる。よって正答はア。　イ　候補にあがりそうだが，「感極まっている」のであれば，「『呼春のおみそ汁はうまいなあ』」と「しみじみ」声を出すことはやや不自然なので不適当。　ウ「結婚相手と向き合えるよう」とあるが，結婚相手に関する話題は本文中にないため不適当。　エ「ようやく再婚に踏み切れる喜び」は，父が母について語っている内容を鑑みると母に対する深い愛情がうかがえるため不適当。

問四　「『今まで，育ててくれて，どうもありがとう』」とあるが，その後に「私がずっと言いたかったのは，この言葉ではない。」とあり，その後「『ごめんなさい』」「『本当に，ごめんね』」と二度謝罪の言葉を述べているので，まず一つはこの部分である。もう一つは，「『お父さん，もう明日からは……作ってあげてね』」について，直後に「伝えなくてはと思っていた最後のひとこと」とあるためこの部分である。

問五　「胸がいっぱい」は「大きな感動や感情のたかぶりに心が占められるさま」。これに該当しないものはウの「もどかしい」である。

基本　問六　④　母との思い出がプロポーズに関するものであり，その後「急に顔を赤らめた」とあることから，何か気恥ずかしい，あるいは照れ臭いような表情であったと推測できる。よってエの「甘酸っぱい」が正答。　⑧　直後に「父が穏やかに微笑んでいた」とあるので，イ「柔らかい」が正答。

問七　母がみそ汁にこだわった理由が父からのプロポーズの言葉にあったと知って，呼春は「『そっか，……なかったんだね』」と理解している。またその後，父によって「『負けず嫌いな……嫌だったと思うよ』」と評されていることから，女性として父の愛に応え，また父を愛する母の像が描かれていると言える。そのような母の姿に，結婚を控えて母と同じく妻という立場になる呼春は共感を覚えているのである。よって結婚によって男性と結ばれる立場の「女性」が正答。

重要　問八　(他人ではなく，血のつながった)娘にみそ汁の作り方を教えることで，プロポーズの際に父に言われた「毎日みそ汁を作ってくれ」を自らの死後も果たそうとした，という内容が記述できればよい。

問九　傍線部⑦の後の呼春の「『だって，お母さん……』」以降から，母は癌の体で呼春を産んだことで寿命が縮まったのではないかと呼春が考えていることがわかるので，その内容が記述できればよい。

やや難　問十　桜は門出や新しく何かが始まることの象徴としても使われる花である。呼春は結婚を控えているのが，結婚は呼春にとっては父との暮らしからの門出でもあり，夫との新しい生活の始まりでもある。また父にとっても新しく一人暮らしが始まるという事でもある。そのような場面で桜の花びらが「舞い上がった」とすることは，呼春と父のことを何かしら応援するような，祝福するような印象を与える。みそ汁では父の妻としての姿勢を残した秋子であったが，桜には呼春の母としての姿勢も象徴されている。

三 (古文—文脈把握，仮名遣い，脱文・脱語補充，文学史)

〈口語訳〉 藤原伊通がまだ官職が低いころ，何となく后町の井戸の底をおのぞきになった時に，(自分の顔に)大臣の相が見えた。(伊通は)嬉しくお思いになってお帰りになり，鏡を(手に)取って(自分の顔を)ご覧になると，その相がなかった。どういうことなのだろうかと疑問に思って，また后町に行ってあの井戸をおのぞきになると，前回と同じようにこの(大臣の)相が見えた。その後，落ち着いてお思いになることには，鏡を使って近くで(自分の顔を)見ると，その(大臣の)相がない。井戸で遠くから見ると，その(大臣の)相がある。このことから，大臣になるにはまだほど遠いのだろうとお思いになった。果たして，(伊通が思った通り，それから)長い時を経て(大臣に)おなりになった。

やや難 問一 疑問に思ったということなので，何か道理に合わない出来事があったと考えられる。よって，「后町の井戸の底を……その相なし。」の部分で起きた，「后町の井戸では見えた大臣の相が鏡では見えなかったこと」という出来事のみをまとめて簡潔に答えられるとよい。大臣の相というのは伊通自身の顔に出ているので，井戸でも鏡でも変わるはずがないのに鏡では見えないという点が道理に合わないと思われることである。敬語や「嬉しく思った」ということに関しては，疑問に思った理由と直結しないので省こう。

問二 「と」や「とて」という助詞は引用を示す場合が多くあり，そのような場合は「と」「とて」の直前に閉じかっこがつけられる。また，「たまふ」は尊敬語であり，天皇を除いて自分の行為には尊敬語を使わない。この2点から，「と思ひたまひけり」の直前までの内容が該当部分である。

基本 問三 古典的仮名遣いでは，語頭を除く「はひふへほ」は「わいうえお」と読む。

重要 問四 「果たして」は現代語でも「やはり」の意味があるので，これまでに既に予想されたことがその通りになったということである。予想にあたる部分は，大臣の相が鏡では見えず井戸では見えるという事実から伊通が思った「大臣になること遠かるべし」ということなので，大臣になるまでに時間がかかったという内容のエが正答。「程」は「程度，時間，～するうち」などの意味を持つ多義語である。

問五 ア 『源氏物語』は紫式部による平安中期の長編物語。 イ 『平家物語』は作者未詳の鎌倉時代の軍記物語。 ウ 『宇治拾遺物語』は編者未詳の鎌倉中期の説話集なので，これが正答。『今昔物語集』『古今著聞集』と並んで日本三大説話集のうちの一つである。 エ 『竹取物語』は作者未詳の日本最古の物語。 オ 『伊勢物語』は作者未詳の平安時代の歌物語。在原業平がモデルではないかと言われている。

★ワンポイントアドバイス★

論説文は，説明されているものごとに，筆者がどのような主張を持っているのか読み取ろう。小説は，会話の意味を正しくとらえて，登場人物の心情を正確につかもう。記述問題でも，どのような心情なのか詳しく書き記すことが大切だ。古文は，単語の知識をもとに，何が描かれているのか正しく読み取ることを心がけよう。

MEMO

大切なことはメモしておこうネ！

2020年度

入　試　問　題

2020年度

共立女子第二高等学校入試問題（１回）

【数　学】（50分）　＜満点：100点＞

Ⅰ．次の各問いに答えなさい。

① $(x+2)^2-(3x-2)(3x+2)$ を計算しなさい。

② $\dfrac{3x-2y}{4}-\dfrac{2x-3y}{6}$ を計算しなさい。

③ $x=4$，$y=\dfrac{2}{3}$ のとき，$(3x^2y)^2\div 4x^3y^2\times xy$ の値を求めなさい。

④ $\sqrt{60}+\dfrac{30}{\sqrt{20}}-\sqrt{3}(\sqrt{15}-\sqrt{45})$ を計算しなさい。

⑤ 連立方程式 $\begin{cases}\dfrac{4x-2}{3}=\dfrac{5y-3}{2}\\ 5x+3y=1\end{cases}$ を解きなさい。

⑥ ２次方程式 $\dfrac{x^2-3}{4}=-\dfrac{3}{2}x+1$ を解きなさい。

⑦ $x=\dfrac{2-\sqrt{3}}{2}$，$y=\dfrac{2+\sqrt{3}}{2}$ のとき，$5x^2-10xy+5y^2$ の値を求めなさい。

⑧ 関数 $y=ax^2$ について，x の変域が $3\leqq x\leqq 6$ のとき，y の変域が $-24\leqq y\leqq b$ である。このとき，a と b の値を求めなさい。

⑨ 赤玉３個，白玉４個が入った袋から，同時に２個の玉を取り出すとき，１個が赤玉で，１個が白玉である確率を求めなさい。

⑩ n を自然数とする。$\sqrt{378-18n}$ が最も大きい自然数となるような n の値を求めなさい。

Ⅱ．図のように，放物線 $y=x^2$ のグラフと直線ABが交わっている。点A，Bの x 座標は－４，２である。$y=x^2$ 上のAからOまで点Ｐが動くものとする。線分AB上に x 座標が負となる点Qをとる。このとき，次の各問いに答えなさい。

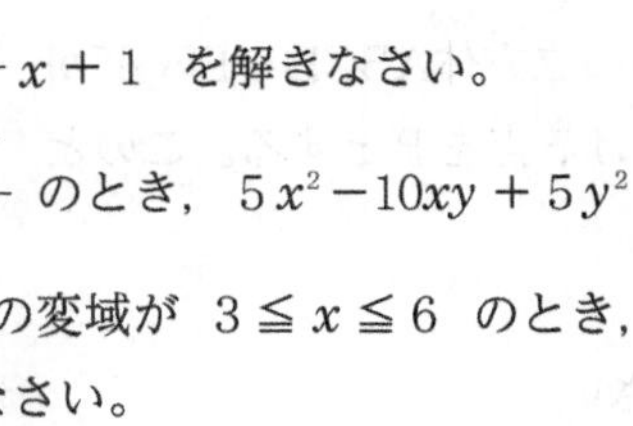

① 直線ABの式を求めなさい。

② 四角形APOBが台形となるとき，点Ｐの座標を表しなさい。

③ ②のとき，四角形APOQの面積が16となる点Qの座標を求めなさい。

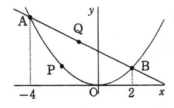

Ⅲ．図の$\angle x$，$\angle y$の大きさを求めなさい。

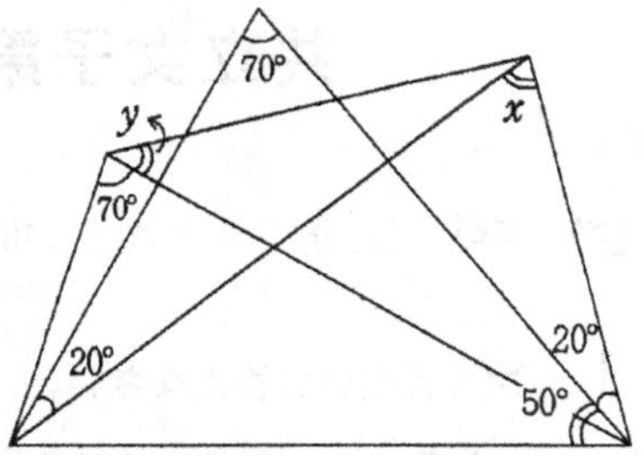

Ⅳ．右の図において，AB // DC，△ABE＝16㎠，△DEC＝25㎠ である。このとき，次の各問いに答えなさい。

① AB：DC を求めなさい。

② △AEDの面積を求めなさい。

③ 四角形ABCDの面積を求めなさい。

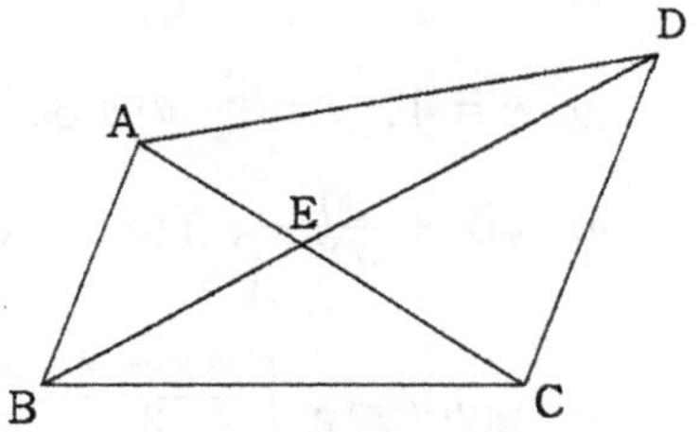

Ⅴ．右の図のように，１辺が９㎝の立方体ABCD－EFGHがある。対角線BHを １：２ に分ける点をＰとする。このとき，次の各問いに答えなさい。

① PHの長さを求めなさい。

② 三角形PGHの面積を求めなさい。

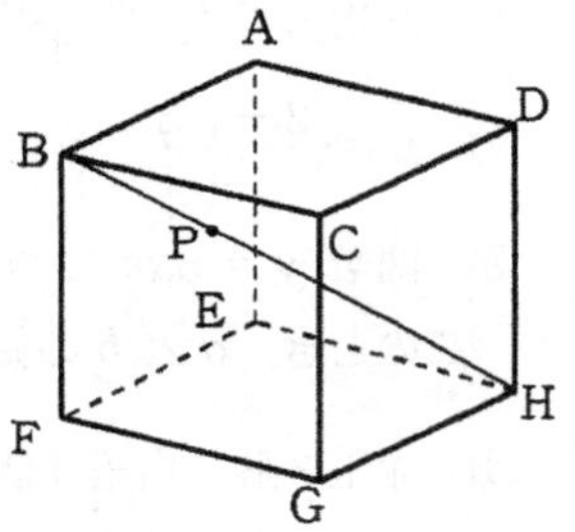

【英　語】（50分）　＜満点：100点＞

Ⅰ．〔リスニング問題〕放送を聞いて各設問に答えなさい。

〔A〕 次に対話と質問が流れます。その質問に対する答えとして適切なものを1つずつ選び，番号で答えなさい。英文と質問は2回読まれます。

(1)　1．5 minutes.　2．15 minutes.　3．20 minutes.　4．50 minutes.

(2)　1．Her father helped her.　2．She studied at the library.
　3．Her brother helped her.　4．She studied with her friend.

(3)　1．Go to summer school.　2．Study at home.
　3．Visit his uncle.　4．Go to Hokkaido.

(4)　1．Her bike was stolen.
　2．She cannot answer the questions.
　3．She cannot find the convenience store.
　4．She forgot to bring her money.

〔B〕 次にまとまった英文と質問が流れます。その質問に対する答えとして適切なものを1つずつ選び，番号で答えなさい。英文と質問は2回読まれます。

(1)　1．Sunny.　2．Warm.　3．Stormy.　4．Rainy.

(2)　1．His bag.　2．His passport.　3．His coat.　4．His plane ticket.

(3)　1．She cooks meals for her.　2．She buys food for her.
　3．She helps her clean her house.　4．She goes shopping for her.

※リスニングテストの放送台本は非公表です。

Ⅱ．英文を読み，各設問に答えなさい。(*の語には注釈がある。)

One day, a man named Walt Disney took his daughters to an amusement park. At the amusement park, they went on the rides, played games, and saw animals. But the park was not （　A　）. It was also （　B　）. He looked around and said, "I want to take my children to a better place. I want families to have fun together."

Walt Disney was famous for his movies. [　　　　C　　　　] One part was "Fantasyland" and another part was "Adventureland." He also wanted to use ideas from his movies and cartoons. His most popular cartoon was Mickey Mouse. Disney wanted Mickey Mouse and other cartoon people to walk around the park and talk to the guests.

＜D＞ Disney's dream of a special park took many years to come true. People did not understand his ideas. Nobody wanted to give him money. So Disney used all his own money to build the park. On July 17, 1955, Disneyland opened in Anaheim, California. The first year, about five million people went to Disneyland. People came from all over the United States and all over the world.

＜E＞ Walt Disney wanted Disneyland to be perfect. Every night, workers washed the streets. They made sure the streets were clean. They also made sure there was no chewing gum on the ground. Candy was also popular among children in those days. They painted the *signs again at night. They wanted the signs to look new.

Disneyland always had many plants and flowers. But Disney did not want any signs that said, "(F)" So every year, the workers changed 800,000 plants and put in new ones.

Disney wanted the workers to be happy and clean all the time. He started a special school for his workers called the University of Disneyland. The workers learned to be happy and *polite to guests. They could not wear *perfume, jewelry, or bright *nail polish. They had to follow rules for how to dress and how to wear their hair.

Walt Disney became very rich. He was a millionaire. He died in 1966, but his dream of more Disneylands came true. In 1971, Walt Disney World opened in Orlando, Florida. Today, there are Disneylands in Tokyo and Paris.

How Did Disneyland Start?（Pearson Longman　一部改）

（注） sign　標識　　polite　礼儀正しい　　perfume　香水　　nail polish　マニキュア

問１（A），（B）に入れるべき単語の組み合わせとして適切なものを，ア～エの中から１つ選び，記号で答えなさい。

ア．A：important　B：healthy　　イ．A：important　B：dirty

ウ．A：exciting　B：healthy　　エ．A：exciting　B：dirty

問２ C に下のア～ウの３つの文を内容的にふさわしい順番で入れたい。入れるべき順番を答えなさい。

ア．Now Disney started to think about a new park.

イ．He was also famous for his cartoons.

ウ．He wanted a park with different parts with special names.

問３ ＜D＞のパラグラフ（段落）には下の一文が欠けている。補うとすればどこが適切か。補うべき箇所の直前の単語（直前の文の最後の単語）を答えなさい。

It became a big hit.

問４ ＜E＞のパラグラフ（段落）には不要な一文が入っている。どの文を取り除くべきか。取り除くべき文の最初の単語と最後の単語を答えなさい。

問５（F）に入れる標識の内容として適切なものを，ア～エの中から１つ選び，記号で答えなさい。

ア．Do not take pictures.　　イ．Do not walk on the plants.

ウ．Do not throw away any trash.　　エ．Do not touch any cartoon people.

問６ 次のア～オの英文のうち，本文の内容に合っているものにはTを，合っていないものにはFを記入しなさい。

ア．Walt Disney wanted a park with three different parts; "Fantasyland", "Adventureland" and "Disneyland."

イ．Walt Disney wanted his characters to be in his new park.

ウ．People visiting Disneyland in 1955 were all from California.

エ．People working in Disneyland cannot choose their hairstyles freely.

オ．Tokyo Disneyland opened after Walt Disney died.

問７　次の質問に対して２語以上の英語で答えなさい。

ア．Did people around Walt Disney give him a helping hand to make a new park?

イ．To teach the rules to the people working in his park, what did Walt Disney start?

Ⅲ．共立女子第二高校の生徒 *Miki* が２学期の始業式の日に *Brown* 先生と話をしています。対話文を読み，各設問に答えなさい。（*の語には注釈がある。）

Miki: Good morning, Mr. Brown.

Brown: Hello, Miki. How was your summer vacation?

Miki: It was great. I went to Mt. Fuji with my parents and my brother.

Brown: You climbed Mt. Fuji? It's the highest mountain in Japan, isn't it? That's one thing I'd like to do in Japan someday! Please tell me more about your trip. Was it hard to climb to the top?

Miki: Yes, it was. *Technically, Mt. Fuji is not a difficult mountain to climb, but the problem is the *altitude. Because of the *thin air, my mother had a bad headache and had to wait for us at a *yamagoya*, a mountain *hut, at the *7th station.

Brown: So your mother couldn't go to the top... [A] Were you OK?

Miki: Yes, I was. Although the climbing was a little hard, my father, brother and I enjoyed it very much. We were able to see the beautiful "*Goraiko*".

Brown: "*Goraiko*"? [B]

Miki: It's the view of a sunrise seen from a mountain. We stayed at a hut at the 7th station, so we saw the sunrise in front of the hut. It wasn't from the mountain top, but still, it was wonderful! Even though my mother didn't feel well, she was able to see it with us, too.

Brown: [C] I hope I can see it someday.

Miki: Many Japanese people think of the "*Goraiko*"as good luck.

Brown: I think Mt. Fuji is special for Japanese people, isn't it?

Miki: Yes, it is. They say Mt. Fuji is a symbol of Japanese beauty and it's often found in many art pieces. It is also printed on the back of the one thousand yen *bill.

Brown: I see. By the way, were there any foreign climbers when you went there?

Miki: Yes, there were a lot! We met a family from Canada and made friends with them. It was fun.

Brown: It sounds fun! What do I need to know if I want to climb Mt. Fuji?

Miki: Let's see... There are four routes to climb Mt. Fuji. The Yoshida route is the most popular because it is the easiest route. The route is well *paved and there are a lot of huts to rest in.

Brown: Did you take the Yoshida route?

Miki: Yes. There are some bus services that take you to the 5th station at the mountain. However, the Yoshida route can be very crowded during the peak season, so I recommend going there on a weekday.

Brown: I see. How long does it take to climb from the 5th station to the top?

Miki: They say the average climbing time is between 5 to 8 hours.

Brown: I see. Is there anything I should bring?

Miki: Well, I think you should wear good hiking shoes because as you get closer to the top, the route will become rocky and difficult to climb. You'll need a *waterproof jacket because it might rain. It will get cold around the top, so you should also bring something warm to wear.

Brown: Wow, there're a lot to prepare. I think I need to write this down...

Miki: Oh, there's one more thing. You should bring a lot of one hundred yen coins.

Brown: What for?

Miki: You need to pay some money to use the toilets along the route, and they usually cost around two or three hundred yen.

Brown: Thank you for your advice, Miki. By the way, do you have any pictures from your trip?

Miki: I do! My father took a lot of pictures so I'll bring them tomorrow.

Brown: Thank you. I'm looking forward to seeing them!

（注） technically 技術的には　altitude 高度　thin 薄い　hut 小屋　7th station 七合目
bill 紙幣　paved 舗装された　waterproof 防水の

問１ (1)～(5)までの英文が本文の内容と一致するように，適切なものを１つずつ選び，記号で答えなさい。

(1) Miki climbed to the top of Mt. Fuji with ________________.

ア．Mr. Brown and a family from Canada　　イ．her friends and teachers

ウ．her father and brother　　エ．her parents and brother

(2) Miki saw the "*Goraiko*" ________________.

ア．from the 5th station of Mt. Fuji

イ．from the 7th station of Mt. Fuji

ウ．from the top of Mt. Fuji

エ．from the town of Yoshida

(3) Yoshida route is the most popular because ________________.

ア．there are many foreign climbers

イ．there are some bus services which take climbers to the top of Mt. Fuji

ウ．it is easy to walk on and has many places which climbers can rest in

エ．it is the most beautiful route among the four

⑷ If you want to climb Mt. Fuji, you should prepare ________________.

ア．a lot of one thousand yen bills to use toilets

イ．a nice hat to keep yourself warm

ウ．a pair of good shoes for hiking

エ．a lot of hot water

⑸ Mt. Fuji is a mountain ________________.

ア．which only strong person can climb

イ．which is thought to be a symbol of the beauty of Japan

ウ．which foreign people cannot climb

エ．which has only one route to climb

問２　文中の空所 A ～ C に入れるのに最も適当なものをそれぞれ下から１つずつ選び，番号で答えなさい。

⑴ It must be beautiful.

⑵ That's too bad.

⑶ You should not do that.

⑷ What is that?

⑸ Oh, you too?

問３　以下は２人の会話の内容をまとめたものである。（１）～（５）にあてはまる単語を書きなさい。

Miki climbed Mt. Fuji this summer and is talking to Mr. Brown about it. She says it wasn't （　1　） to climb it but enjoyed it very much. She says the "*Goraiko*" was （　2　）. Mr. Brown wants to climb Mt. Fuji and asks Miki some questions. She advised him to take the Yoshida route because it is the （　3　） among the four routes. She tells him what to prepare. Also, she tells him that using toilets along the route is not （　4　）. Mr. Brown thanks her for her advice and asks her to show him some （　5　） from the trip.

Ⅳ． 次の日本文に合う英文になるように，（　）内の語句を並べかえなさい。ただし，文頭にくる単語も小文字になっている。

⑴ 木の下で食べるのはとても楽しい。

(a lot of / for / the trees / it / under / is / us / fun / to eat).

⑵ あなたは何回その映画を見たことがありますか。

(the movie / you / times / seen / many / have / how)?

⑶ 彼が撮った写真は美しい。

(is / the / him / taken / beautiful / by / picture).

⑷ まっすぐ行ってあの信号を左へ曲がりなさい。

Go (that / and / turn / straight / at / left) traffic light.

V． 次は *Emi* のある日曜日の出来事を述べるために作ったメモです。メモの内容に合うように，４つの英文でスピーチの原稿を作りなさい。

> 朝食前：部屋の掃除
> 午後：宿題
> 夕食：家族とレストランで夕食・中華料理が美味しかった
> 夕食後：父親と兄と一緒にテレビでサッカー観戦

Hello, I'm Emi.

⑴ Before ____________.

⑵ I ____________.

⑶ I had dinner at the restaurant with my family. ____________.

⑷ I ____________ with my father and brother after dinner.

Thank you for listening to my speech.

ア　リキをなでる場面を適宜差し挟むことで、思春期の兄妹をリキが橋渡ししていることが描かれている。

イ　主人公が語り手でもある一人称小説であることで、光一の細やかな心情がわかりやすく描かれている。

ウ　会話文をたたみかけることで、光一と光来がまるでそこにいるかのような臨場感をかもし出している。

エ　光一のセリフに「……」が多用されることで、言葉にならない光一の思いが伝わりやすくなっている。

三、**次の古文を読んで、後の問いに答えなさい。**

①弥生も※1末の七日、明けぼのの空※2朧々《ろうろう》として、月はあり明《あけ》にて※3光をさまれるものから、富士の峯かすかにみえて、上野谷中《やなか》の花の梢②またいつかはと心ぼそし。むつましきかぎりは③よひよりつどひて、舟に乗りて送る。千住《せんじゅ》といふ所にて舟をあがれば、前途三千里のおもひ胸にふさがりて、※4幻のちまたに離別の泪《なみだ》をそそぐ。

行く春や鳥啼《な》き魚の目は泪

これを※5矢立《やたて》のはじめとして、行く道④なほすすまず。人々は途中に立ちならびて、後ろかげの見ゆるまではと見送るなるべし。

〔注〕※1　末の七日＝二十七日。
※2　朧々として＝ぼんやりかすんで。
※3　光をさまれるものから＝（月の）光はもう消え失せているけれども。
※4　幻のちまた＝幻のようにはかない世。具体的には今別れて行く道。
※5　矢立のはじめとして＝（この句を）旅の記録の書きはじめとして。

問一　傍線部①「弥生」とは何月のことをいうのか。漢数字で答えなさい。

問二　傍線部②「またいつかは」の本文中での解釈として最も適当なものを次から選び、記号で答えなさい。

ア　またいつの日にか必ず見よう。
イ　いつまでも今のままではない。
ウ　きっといつか見られるだろう。
エ　こんどはいつ見られることか。

問三　傍線部③「よひよりつどひて」、④「なほすすまず」の読みをひらがな（現代仮名遣い）で答えなさい。

問四　本文中の「行く春や鳥啼き魚の目は泪」と同じ季節を描いた句を次から選び、記号で答えなさい。

ア　名月や池をめぐりて夜もすがら
イ　旅に病んで夢は枯野をかけ廻る
ウ　山路来て何やらゆかしすみれ草
エ　閑かさや岩にしみ入るせみの声

問五　本文は江戸時代の俳人松尾芭蕉の作品である。江戸から東北地方、さらには日本海に沿って北陸まで周遊し、大垣に至るまでの旅の紀行を記したものであるが、この作品は何か。答えなさい。

光来が「こら、うんちの始末」と、大人が子供に注意するような言い方をした。そういえば、うんちキャッチャーを犬小屋の横に立てかけておいたままだった。光一は歩み寄ってそれを拾い上げた。

玄関ドアを開ける前に振り返ると、⑦光来は、何か憑《つ》き物でも落とそうとするかのように、リキの胸をこすっていた。

（山本甲士『ひかりの魔女』による）

問一　二重傍線部(a)「駄洒落」、(b)「合併」、(c)「免（れて）」、(d)「貯（え）」の漢字の読みをひらがなで書きなさい。

問二　波線部A「喧嘩□」、B「□を細めて」の□にあてはまる体の一部を表す漢字一字をそれぞれ答えなさい。

問三　空欄 ① にあてはまる言葉を本文中から一語で抜き出して答えなさい。

問四　傍線部②「そこ」とはどういうことか。本文中の語句を用いて、説明しなさい。

問五　傍線部③「あの子ね、おばあちゃんの料理食べて、感激したみたいで、途中で泣き出したんだよ」とあるが、なぜ「あの子」は「泣き出した」と考えられるか。その理由として適当でないものを次から選び、記号で答えなさい。

ア　母親の作ったお弁当をわざと食べないで突き返したことを後悔し、謝りたくなったから。

イ　光来のおばあちゃんの手作り料理を食べて、母親の作ったお弁当の味を思い出したから。

ウ　母親からの愛情を失いそうだという不安からとった行動が、母親との別居を招いたから。

エ　実の父親のところに移った今、母親の手作り弁当を食べる機会がないことが悲しいから。

問六　空欄 ④ にあてはまる言葉を本文中から一語で抜き出して答えなさい。

問七　傍線部⑤「お父さんのこと」とは具体的にどういうことだと考えられるか。本文中から読み取れることとして最も適当なものを次から選び、記号で答えなさい。

ア　お父さんにこれまで通りの稼ぎがなくなるということ。

イ　お父さんの会社の経営が厳しく減給されるということ。

ウ　お父さんが勤め先の会社をリストラされるということ。

エ　お父さんが重い病気のために働けなくなるということ。

問八　傍線部⑥「光一はつい、噴き出してしまった」とあるが、この時の光一の心情として最も適当なものを次から選び、記号で答えなさい。

ア　妹と久しぶりに話ができてうれしかったから。

イ　妹の提案があまりにも現実離れしていたから。

ウ　妹が思っていたよりポジティブだったから。

エ　暗い話が急に前向きな色を帯びてきたから。

問九　傍線部⑦「光来は、何か憑き物でも落とそうとするかのように、リキの胸をこすっていた」とあるが、光来のこの行為は彼女が何をしようとしていることを象徴していると考えられるか。本文中の語句を用いて、説明しなさい。

問十　本文の表現や内容について述べたものとして適当でないものを次から選び、記号で答えなさい。

「………」

母ちゃんは、たちの悪い子だと思っているようだが、光来の友達は、案外ちゃんとしてそうだ。

「まだ将来の夢とか、何も浮かばないけど、おばあちゃんみたいに、こつこつ何かを積み重ねていけば、いつか誰かの役に立てるんだって判ったしね」光来はそう言ってから光一を見上げて、「というか、浪人生から心配される覚えとかないんだけど」とつけ加えた。

確かに。光一は少しだけ苦笑した。

「⑤お父さんのこともあるから、県立には絶対に入らないとね」

少し気まずい間ができた。見ると、光来は顔をこちらに向けないでリキをなで続けている。

「……知ってたのか」

「同じ家に生活してるんだから、様子が変だってことぐらい判るよ。ここんところ顔色悪いし、そのくせ妙に明るく振る舞おうとするっていうか、ここ一、二か月は朝ご飯のときに、しょうもない(a)駄洒落を言ったり、新聞広げながら、市内で火事があったとか交通事故があったとか、何だか勝手にしゃべってるし。無理してしゃべってるの、バレバレだし」

父ちゃんは、役者には向いていないらしい。事情を悟られまいとしてやっていたことが、かえって不自然で、娘にもばれてる。

「だからお母さんに聞いたんだ」と光来は続けた。「最初は、何でもない、とか、ちょっと寝不足なんじゃないか、みたいにはぐらかしてたけど、そんなうそばれてるよって言ったらやっと話してくれたんだ。おばあちゃんには教えるなっていう条件で」

「そうか……」

「そうなると大学進学、やばいかもね」

「まあ、これからはあまり学歴が重視されなくなるって言われてるから。いい大学入って有名企業に就職したって、会社が潰れたりリストラされたり、吸収(b)合併されて関連会社に飛ばされたりする時代だ。仮にそれを(c)免れても、残業、残業で、過労死だ。大学進学が人生で成功する条件じゃない」

「強がり言ってる」

「放っとけ」

「私の高校進学も、なしっていう可能性を考えといた方がいいかもね」

「そこまでの心配はしなくていいって。高校ぐらい、何とかなる。多少は(d)貯えもあるし、ばあちゃんと母ちゃんが組んで始めた惣菜屋《そうざいや》は、規模は小さくても確実に利益を出してるみたいだから」

「だね。いよいよのときは、家族みんなでそれをやればいいかもね。評判をよくしていったら、取引先を二軒、三軒と増やせるかもしれないし。あ、そうだ。真空パックにして通販とかしたらよくない？」

⑥光一はつい、噴き出してしまった。光来が「何だよ」と口を尖《とが》らせたので、「いや、お前って案外ポジティブだなと思って」と言っておいた。

深刻な話をしていたはずなのに、何だか未来が開けてる、みたいになってたのが何だかおかしかった。これも、ばあちゃんマジックによるものか。

会話が途切れた。久しぶりに妹と話ができたのはよかったけれど、間ができてしまうと何だか居心地が悪い。

光一が「さて、風呂に入るか」と言い残して玄関に向かおうとすると、首の周りを撫《な》で回してやった。

光来が近づいて来たようだったので振り返った。

「友達は帰ったのか」

「うん、さっき帰った。③あの子ね、おばあちゃんの料理食べて、感激したみたいで、途中で泣き出したんだよ」

「はあ?」

泣くって、どういうことよ。しかも、光来がこんな話をしてくるとは、どういう風の吹き回しなんだ。

「あの子、親が離婚して、最初は母親のところにいたんだけど、新しい父親からがみがみ言われるのが嫌になって、実の父親のところに移ったんだ」

さきほど聞いて知っていたが「へえ」と答えておいた。

「お母さんのところにいたときに、ひどい八つ当たりをしちゃったって言ってたよ。作ってもらったお弁当をわざと食べないで、代わりにパン買ってたんだって。何ていうの? お母さんが再婚して、自分のことを構ってくれなくなりそうで、家の中に［④］がなくなりそうな気がして、不安が大きくなって、そういうことしたんじゃないかって思うんだ。本人は、はっきりそうだとは言ってなかったけど」

「ふーん」

「どうして食べないのかってお母さんから聞かれても、A喧嘩《けんか》□で、こんなまずい弁当食べられるか、みたいなこと言ったらしいよ。次の日もその次の日も、お弁当は用意されてたけど、食べないでそのまま突き返してたから、十日目になくなったんだって、お弁当」

「そりゃそうだろ。せっかく作ったのに食べないで返してたんだから。そんなことされたら誰だってキレるって」

光来は舌打ちをした。

「言われなくても判《わか》ってるよ、そんなの。あの子だって判ってたんだ。でも、判っててもやらないではいられないってこと、あるじゃん。甘えたかったんだよ、きっと。それでさっき、ばあちゃんの料理食べて、こらえきれなくなったんだよ。泣きながら、美味《おい》しい、美味しい、作る人の心が入ってるって言って食べてたよ。私、余計な言葉かけない方がいいと思って、黙って聞いてた」

「その子は母親と一緒に住まなくなって、もう手作り弁当を食べる機会がなくなったことを実感して、後悔してる、本当は謝りたいってことか」

「当たり前でしょ。いちいち言葉にするなっての。それよか、さっきからリキのなで方、なってないし」

「へっ?」

「ちょっとどいて」

片手で押されて仕方なくどくと、光一がいた場所にしゃがみこんだ光来が、リキの胸辺りをごしごし強くこすった。確かにリキはB□を細めて気持ちよさそうにしていた。

「お前、高校はどうするんだ」

「県立で入れそうなところを受ける」

「入れそうなところっていったって、ちゃんと勉強しとかないと、やばいぞ」

「判ってるよ。今までサボってきたけど、これからちゃんとやるし。さっき来てた子とも誓い合ったんだ。私ら、このままじゃ駄目だよね、何か頑張れることを見つけようって」

問八　傍線部⑥「『イヌ扱い』しかできないリーダーは出番がなくなるだろう」とあるが、これからの時代のリーダーに求められるのはどのような力か。本文中の言葉を使って具体的に説明しなさい。

問九　空欄 ⑦ にあてはまる内容を十字以内で考えて答えなさい。

問十　次の一文は本文中に入るべきものである。最も適当な箇所を【Ⅰ】～【Ⅳ】の中から選び、記号で答えなさい。

> その証拠に警察犬や盲導犬はいても、警察猫や盲導猫は聞いたことがない。

二、次の文章を読んで、後の問いに答えなさい。（本文には一部改めたところがある）

光来《みつき》はその後もリキの散歩を真面目に続けた。えさやりもうんちの始末も、自然と光来の役目になり、ばあちゃんも光一も出る幕がない。朝に登校する前や就寝前にもリキをなでに行っているようで、「お前はお利口で、近所のどの犬よりもかわいいねー」と話しかけているのが聞こえたりする。お陰で、リキが来てからは、光来の深夜帰宅がほとんどなくなった。一度、リキの散歩をサボって深夜に帰宅したことがあるのだが、翌朝にばあちゃんが「リキは光来ちゃんがいないのを心配して、ときどき悲しそうな声で鳴いていたよ」と話すと、それ以後は本当に毎日、夕方に帰宅するようになってしまった。もちろん、ばあちゃんの作り話である。

ある夜、光一がトイレから出ると、洗面所で光来が誰かとスマホで話をしているようだったので、何となく聞き耳を立ててみると、「だって、しょうがないでしょ、おばあちゃんの具合が悪くなって、私が病院について行ってあげたり、おばあちゃんが飼ってた犬の面倒までみなきゃいけなくなったんだから。私だっていろいろやることあるっつーの」と少し苛立《いらだ》った口調でしゃべっていた。光来なりの方法で、悪いグループとのつき合いから、距離を取ろうとしているらしかった。そのためにうそを使うところなどは、 ① から遺伝子を引き継いでいるせいかもしれない。

光来がずっと苛々《いらいら》しているような、刺々《とげとげ》しい態度だったのは、もしかしたら家の中で居場所がないと感じていたからじゃないかと、光一はふと思った。リキの面倒をみるという役目は、光来にとっては実は重大な意味があったのではないか。ばあちゃんが②そこまで考えてリキを連れて来たかどうかは知らないけれど……。

（中略）

「ちょっと。勝手にリキを連れ出さないでよ。どこかに逃げたかと思ったじゃないの」

「今日は散歩に行ってないんだろ。だから俺が行ってやったんだろうが。何文句言ってんだよ」

「そんなことしてくれなくても、ちゃんと行くっての」

「うるせえな。お前の持ちもんじゃねえだろうが。偉そうに言うな」

光一は光来の横をすり抜けて、リキのリードを犬小屋につないだ。犬小屋の柱に打ち込まれてある金属フックにリードの輪をかければいいようになっている。

リキは犬小屋に入り、頭を出して光一を見上げた。何となく、今日は散歩ありがとう、と言いたげな顔をしているように思えたので、両手で

「直感」力や「遊び」感覚の高度なモチベーションを引き出すためには、別次元のリーダーシップが求められているわけである。高校野球や大学駅伝の名監督も、相手の主体性を尊重する関わりかたを学んで選手の心をつかみ、彼らの(d)センザイ能力を一〇〇パーセント引き出すことに成功した。

このようなリーダーの相手に対する接しかたは、いまはやりのリーダーシップ用語を用いるなら「サーバント・リーダーシップ」に近い。

ただサーバント・リーダーシップはその名称から、リーダーがフォロワーに仕えるという上下関係の逆転を連想させる。しかし、そもそも「ネコ型」人間は主人に仕えるという意識が弱いだけでなく、［　⑦　］ことも望んでいない。つまり、上下ではなく対等な関係を求めているのである。

（太田肇『「ネコ型」人間の時代』による）

※プロジェクトチーム＝特定のプロジェクト（企画や計画）を遂行するために臨時的に編成したグループ。

問一　二重傍線部(a)「セイスイ」、(b)「ゲンカク」、(c)「クワシイ」、(d)「センザイ」のカタカナを漢字にしなさい。ただし、必要に応じて送り仮名も付すこと。

問二　空欄［A］・［B］にあてはまる語を次から選び、それぞれ記号で答えなさい。

ア　ただし　　イ　しかし　　ウ　要するに　　エ　なぜなら
オ　たとえば

問三　傍線部①「ネコはチームワークに向かないように思える」とあるが、それはなぜか。理由を説明した次の文の空欄［1］・［2］にあてはまる言葉を本文中からそれぞれ五字以内で抜き出して答えなさい。

> ネコは［　1　］をする上、群れを引き連れるような［　2　］もいないから。

問四　傍線部②「『ネコ型』がチームワークに向かないとはいえない」とあるが、「ネコ型」人間とは、どのような人間のことか。「～人間」につながるように、本文中から十五字以上二十字以内で抜き出して答えなさい。

問五　傍線部③「権限がトップに集中し、命令－服従の関係で動く機械的な組織」とあるが、このような組織の問題点は何か。それが書かれた一文を本文中から抜き出し、その最初の五字を答えなさい。

問六　傍線部④「権限が分散し、水平方向のコミュニケーションで動く有機的な組織」とあるが、このような組織が有効とされているのはなぜか。理由として最も適当なものを次から選び、記号で答えなさい。

ア　現場にいる人たちで自由に企画・運営ができる上、逆に上司のいる本部にも様々な業務を依頼できるから。
イ　上司から届く指示内容を現場の人たちで分担できる上、緊急時にも様々なツールで上司に報告できるから。
ウ　上司からの命令で仕事をする必要がなくなる上、様々なツールを使えば上司と会わずに連絡もとれるから。
エ　現場にいる人たちで判断して即座に対応できる上、顧客の様々な要求にも的確に応じることができるから。

問七　傍線部⑤「危機にも強い」とあるが、それはなぜか。人間の組織の場合における理由を「～から」につながるように、本文中から二十五字以内で抜き出し、その最初と最後の五字を答えなさい。

トパソコンやスマートフォンなどのツールを使えば必要なコミュニケーションはとれる。

B　組織そのものが、前述したプロジェクトチームに近いようなスタイルになってくるわけである。そして、多様で個性的なメンバーからなる組織は⑤危機にも強い。

そのことを例証する昆虫の世界の話（二〇一〇）は興味深い。

アリやハチの集団のなかには、巣のなかの温度やエサの糖度など、特定の刺激に対する感度が異なる個体が混じっているという。そのため危機に陥ったとき効率的に対処できる。たとえば、ちょっとした温度の変化なら、その変化に敏感な少数のハチが出てきて対処すればよいし、火事のような一大危機のときは温度の変化に鈍感なハチも反応するので、全員で対処できるわけである。

人間の組織でも、多様な個性をもつメンバーがいると、危機の種類や度合いに応じて効率的に対処できる。また多様化する顧客のニーズにも対応することが可能だ。たとえば衣料品店なら、流行を気にする客、価格を重視する客などに、それぞれ(c)クワシイ店員が応対すればよい。

近年、企業社会でもダイバーシティー＆インクルージョン（多様性の受容）がうたわれている。それによって組織・集団のなかに新たな視点や刺激が入り、創造・革新を生み出す効果があると考えられている。さらに内部の風通しをよくするとともに、組織の危機管理能力や、顧客の多様なニーズへの対応能力を高める効果も期待できるのである。

「ネコ型」人間には、もう一つ見逃せない貢献がある。ネコが逆に、飼い主すなわち人間の社会でいえば親や上司、あるいはリーダーを育てるということである。【Ⅰ】

イヌは主に服従する本能があるので、それを利用して人が思うように育てることができる。エサを前にしているときも「待て」といえばがまんするし、「お手」「伏せ」などもしつけられる。ところがネコは、飼い主の思うようには動かない。【Ⅱ】

常に自分の意思や直感で行動するネコと暮らすには、相手が自分の思うようには動かないという前提でつき合う必要がある。コントロールされるのを極度に嫌うネコだが、一方で信頼できる人にはすり寄ってきて頭をこすりつけたり、なめたりして愛情を伝えようとする。【Ⅲ】

つまり、イヌは権力だけで育てられるが、ネコを育てるには相手の意思を尊重しなければならない。相手のすべてを包み込むような懐の深さ、人間的な器の大きさが必要になるのである。だからこそ人はネコを育てながら自分自身が成長する。

谷崎潤一郎、大佛次郎、ヘミングウェイなど文豪に愛猫家が多いことは知られているが、人間そのものを受け入れられるようでなければ、優れた小説も書けないからではなかろうか。【Ⅳ】

相手の主体性を尊重しながらよい関係をつくるという姿勢は、私たちが仕事や日常生活を送るうえで必要なだけでなく、組織のリーダーにとっても大切だ。とくにこれからの時代は、自立して主体的に行動できる「ネコ型」の人間でなければ通用しない。しかも命令や強制によって引き出せる力はたかがしれている。今日のように優れたアイデアや独創性が勝負を決めるような時代には、⑥「イヌ扱い」しかできないリーダーは出番がなくなるだろう。

仕事やスポーツなどさまざまな領域で、かつてに比べて必要な能力と意欲の次元が上がったと理解したほうがよいかもしれない。

【国　語】〈五〇分〉〈満点：一〇〇点〉

一、次の文章を読んで、後の問いに答えなさい。（本文には一部改めたところがある）

イヌは群れで行動する習性をもつ。それに対してネコは基本的に単独行動をする。たくさんのネコがいるところでも、たまたまその場所の居心地がよいか、エサにありつくため集まっているにすぎない。リーダーが群れを引き連れて歩くわけでもない（幼い子ネコは別だが）し、そもそも固定したリーダーがいるわけでもない。

こうしてみると、①ネコはチームワークに向かないように思える。しかし少なくとも人間の場合は、②「ネコ型」がチームワークに向かないとはいえない。

かつての自動車工場や家電工場のような少品種大量生産の時代には、イヌぞりのようにみんな並んで一緒に作業するのがふつうだった。

［Ａ］、そのような仕事の大部分は機械やコンピューターに取って代わられた。銀行の店内でも、多くの行員が顔を並べてお金の計算をしたり、伝票を整理したりする姿はみられなくなった。

そしていま、集団で仕事をする場合には、多様な専門の人たちからなる※プロジェクトチームが主流になりつつある。それは製品開発、商品企画、マーケティング、戦略策定、問題解決、イベントの企画・運営、雑誌の編集、映画や番組の制作など、さまざまな分野に及んでいる。業種によっては通常業務がすべてプロジェクトチームでおこなわれている企業もあり、今後はいっそうプロジェクトベースの仕事が増えてくると予想される。

そこに参加するのは異質な知識、能力、視点をもったメンバーであり、チームは命令－服従といったタテの関係ではなく、対等なヨコの関係で活動する。そして一つのプロジェクトが終了したらチームは解散し、仕事内容に応じた新たなメンバーでチームがつくられる。つまり自分の意思と判断で主体的に行動できる、「ネコ型」の人間でなければチームに貢献できないのである。

自律的・主体的に行動できる人たちからなる組織は、いまの時代に合っているといえよう。

組織の(a)セイスイは、環境にどれだけ適応できるかにかかっている。どのような組織も環境に適応しないと生き残れない。その環境は業種によって異なるし、時代によっても違う。

一般に、変化が少ない安定した環境のもとでは③権限がトップに集中し、命令－服従の関係で動く機械的な組織が有効である。逆に変化が激しく不安定な環境のもとでは、④権限が分散し、水平方向のコミュニケーションで動く有機的な組織が有効とされている（Burns and Stalker, 1961）。

今日のように、業種を問わず企業を取り巻く環境の変化が激しく、不安定になると、上下関係が(b)ゲンカクで命令－服従の関係で動くピラミッド型の組織はますます非効率になってくる。現場から離れたトップが常に、現場の状況を把握できているとはかぎらないし、現場から情報が届くのを待って判断を下していたらとても間に合わない。

現場、すなわち顧客や取引先などに近いところにいる人が自分たちで判断し、即座に対応するほうが効率的だし、顧客の多様なニーズにも的確に応えられる。また、みんなが一緒に顔を合わせていなくても、ノー

2020年度

共立女子第二高等学校入試問題（２回）

【数　学】（50分）　＜満点：100点＞

Ⅰ． 次の各問いに答えなさい。

① $(2x-3)^2-(x-1)(x-2)$ を計算しなさい。

② $\dfrac{5x+2y}{8}-\dfrac{4x-3y}{12}$ を計算しなさい。

③ $x=12,\ y=18$ のとき，$3x^4y^5\times(2xy^2)^2\div 6x^7y^8$ の値を求めなさい。

④ $\sqrt{12}\left(\sqrt{75}-\dfrac{18}{\sqrt{27}}\right)$ を計算しなさい。

⑤ 連立方程式 $\begin{cases} 7x+3y-2=x-2y+5 \\ 0.75x+0.5y=1 \end{cases}$ を解きなさい。

⑥ ２次方程式 $\dfrac{x^2}{2}-4=\dfrac{x^2-x}{3}$ を解きなさい。

⑦ $x=\sqrt{3}+1,\ y=\dfrac{\sqrt{3}-1}{3}$ のとき，x^2-9y^2 の値を求めなさい。

⑧ $a<0$ とする。１次関数 $y=ax+6$ の x の変域が $-4\leqq x\leqq 6$ で，y の変域が $b\leqq y\leqq 12$ のとき，a と b の値を求めなさい。

⑨ 1，2，3，4，5 の数を１つずつ書いた５枚のカードから，もとにもどさずに続けて２枚を取り出し，１枚目のカードを十の位の数，２枚目のカードを一の位の数として２けたの数を作るとき，偶数となる確率を求めなさい。

⑩ n を自然数とする。$\sqrt{756n}$ が４の倍数となるような最小の n の値を求めなさい。

Ⅱ． 図のように，放物線 $y=\dfrac{1}{2}x^2$ のグラフと直線ＡＢが交わっている。点Ａの x 座標は－４，点Ｂの x 座標は点Ａの x 座標より10大きい。線分ＡＢ上に x 座標が正となる点Ｐをとる。このとき，次の各問いに答えなさい。

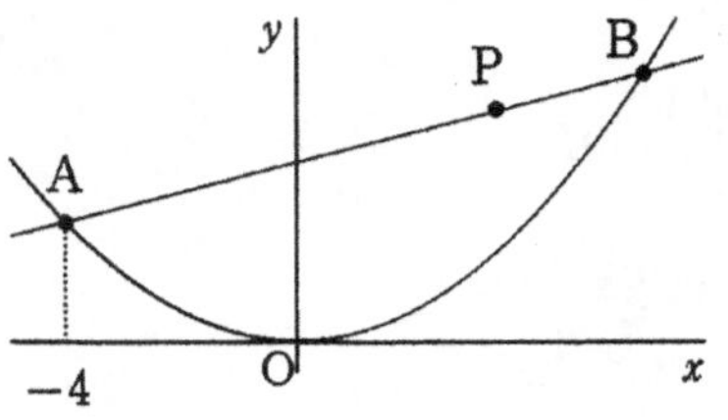

① 直線ABの式を求めなさい。

② △AOBの面積を求めなさい。

③ △OBPの面積が12になるとき，点Ｐの座標を求めなさい。

Ⅲ．右の図のように，ACを直径とする円の周上に２点B，Dがあり，∠BAD＝100°，$\overset{\frown}{BC}$：$\overset{\frown}{CD}$＝２：３ である。このとき，∠x，∠yの大きさを求めなさい。

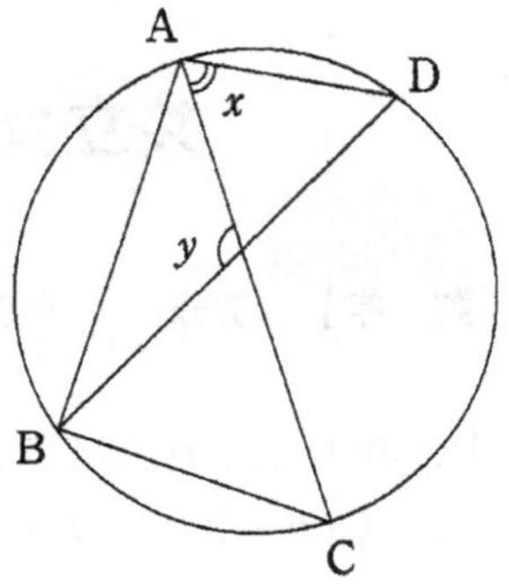

Ⅳ．右の図において，EG//DC，AF：FC＝BF：FD＝２：３，DC＝７㎝ である。このとき，次の各問いに答えなさい。

① EFの長さを求めなさい。

② ABの長さを求めなさい。

③ △ABF：△AFE を求めなさい。

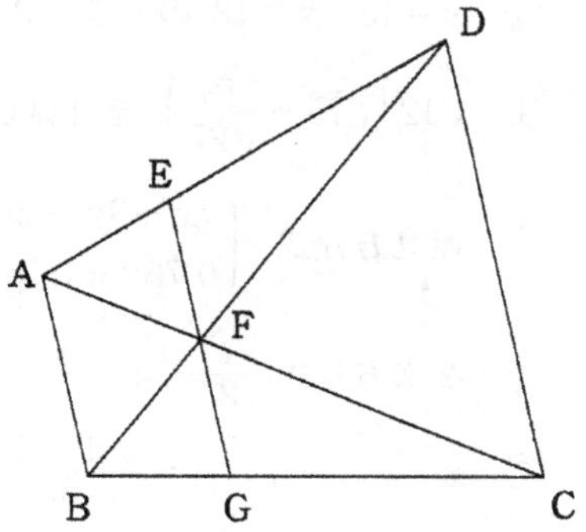

Ⅴ．右の図のように，１辺が$3\sqrt{2}$㎝の立方体ABCD－EFGHがある。BC，DCを ２：１ に分ける点をそれぞれM，Nとする。このとき，次の各問いに答えなさい。

① MNの長さを求めなさい。

② 四角形MNHFの面積を求めなさい。

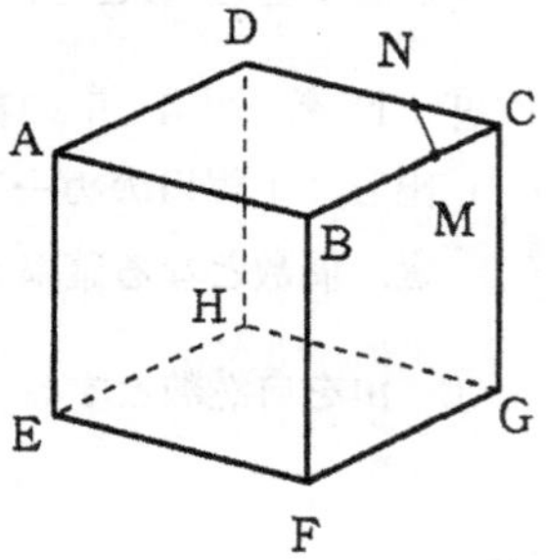

【英　語】（50分）　＜満点：100点＞

Ⅰ．〔リスニング問題〕 放送を聞いて各設問に答えなさい。

［A］ 次に対話と質問が流れます。その質問に対する答えとして適切なものを１つずつ選び，番号で答えなさい。英文と質問は２回読まれます。

(1)　１．At 7:30.　　２．At 8:00.　　３．At 8:30.　　４．At 9:00.

(2)　１．To Miki's house.　　２．To Ryo's house.
　　３．To the library.　　４．To book store.

(3)　１．She won a bus ticket.　　２．Her son can ride the bus for free.
　　３．There is a bus to Nagoya.　　４．The bus ticket was cheap.

(4)　１．He did not cook the dinner.
　　２．He didn't use the frying pan when he cooked breakfast.
　　３．He forgot to turn off the stove.
　　４．He burned down the house.

［B］ 次にまとまった英文と質問が流れます。その質問に対する答えとして適切なものを１つずつ選び，番号で答えなさい。英文と質問は２回読まれます。

(1)　１．At a school.　　２．At a theater.
　　３．At a supermarket.　　４．At a library.

(2)　１．The concert was a success.
　　２．There will be a concert next month.
　　３．They don't have a practice tomorrow.
　　４．He forgot about the music festival.

(3)　１．Where to stay in Nagano.　　２．When to go to Nagano.
　　３．How to get to Nagano.　　４．What to do in Nagano.

※リスニングテストの放送台本は非公表です。

Ⅱ．英文を読み，各設問に答えなさい。(*の語には注釈がある。)

Ann Hill works for airport security. One morning at work, she speaks into her radio. "Look at the woman in the black coat," she says. Her partner answers, "Right. Let's go ask her some questions."

The woman in the black coat is in line at the checkpoint for airport security. This is the place where people stop for a check of their *possessions. The woman looks like all the other passengers, (①) Ann Hill *notices some small differences in the looks on the woman's face. Her *eyebrows go up and move together. Her *eyelids rise. Her lips pull toward her ears. All this happens quickly, but it's enough for Ann Hill. The looks on the faces tell Hill that ②the woman is hiding something.

[A]

Like many other security workers, Hill has special training in reading faces.

She looks for microexpressions. These are very small changes on a person's face. They show the person's thoughts or feelings. Microexpressions can often tell you more about people's feelings than their action can.

[B]

Everyone can read some *emotions on people's faces. We can see surprise when eyebrows go up. We can see happiness when the mouth and eyes change. A *psychology professor named Paul Ekman asked himself a question : Do people from different cultures read faces in the same way? Ekman did research in different parts of the world to find the answer. He found that everyone reads many faces in the same way. He also found that, with the 43 face *muscles, people can make 10,000 different microexpressions. These expressions can show emotions, such as (③).

Ekman wanted to know something else. Can a face show that a person is not telling the truth? Ekman did some *experiments. In one experiment, he used a group of nurses. He asked them to watch a movie. Then he put the nurses into two groups. He asked the first group to tell the story of the movie *accurately. Then he asked the second group to lie about the movie. Ekman filmed both groups.

[C]

In the next part of the experiment, Ekman asked other people to watch his films. He asked them, "Which nurses are lying?" "Which nurses are telling the truth?" Most people did badly on the test, but a few people did well. These people did not listen to the nurses' words. They *paid attention to the looks on their faces.

[D]

Hill and her partner asked the woman in the black coat about the purpose of her trip. When she answered, her eyes were full of tears. Was Hill right about her? Yes, the woman was hiding something. Her mother was very sick, and she was going to visit her. The emotion she was hiding was sadness.

READ THIS 1 Face Reading (CAMBRIDGE UNIVERSITY PRESS 一部改)

（注） possession 持ち物　notice ～に気付く　eyebrow まゆげ　eyelid まぶた
emotion 感情　psychology 心理学　muscle 筋肉　experiment 実験
accurately 正確に　pay attention to ～ ～に注意を払う

問１ （①）に入れるのにふさわしい語を，次のア～エの中から１つ選び，記号で答えなさい。

ア．so　イ．then　ウ．but　エ．and

問２ 下線部②に関して，女性が隠していたことを日本語で説明しなさい。

問３ （③）に入れるのにふさわしくない語を，次のア～エの中から１つ選び，記号で答えなさい。

ア．anger　イ．beauty　ウ．surprise　エ．happiness

問４ 次のパラグラフ（段落）を本文中に入れるとすると，ふさわしい場所はどこか。[A]～[D]

の中から１つ選んで記号で答えなさい。

After many years of studying microexpressions, Ekman could tell when a person was lying. He could also tell when someone was hiding something. Then he trained other people to see microexpressions clearly. Ann Hill had this kind of training, and she became an expert.

問５　次のア～エの英文のうち，本文の内容に合っているものにはTを，合っていないものにはFを記入しなさい。

ア. When Ann Hill saw the woman in the black coat, she found something in the expressions on the woman's face.

イ. Many security workers have special training in reading faces.

ウ. Human action can often tell you more about people's feelings than microexpressions.

エ. Ekman's research shows that people from different cultures read faces in the same way.

問６　次の質問に英語で答える場合，（ア）～（エ）にあてはまる単語を書きなさい。

Why did a few people do well on the test when they were asked which nurses were lying or telling the truth?

Because they didn't （　ア　）（　イ　） the nurses' words, but they paid attention to the expressions on （　ウ　）（　エ　）.

問７　２つの看護師グループの実験について，以下の表を完成させなさい。

第１のグループ	第２のグループ
（　　　　　　　　　　　　）	映画についてうそをついてもらう

Ⅲ. *Kana* は日本に短期留学に来ている *Mary* と東京観光をしています。対話文を読み，各設問に答えなさい。(*の語には注釈がある。)

Mary: What a great view!

Kana: Yes! You can look out over the whole city of Tokyo from here because the Tokyo Skytree is the tallest tower in Japan and the second tallest in the world. It's 634 meters tall. And here's a little fun-fact: 634 can be read as "Musashi" in Japanese, which is a historic name for Tokyo.

Mary: I see. [　A　]. I live in the countryside in the U.S., so there are a lot of farms and very few people. I've never seen so many buildings and people. I am surprised!

Kana: Can you see that stadium? That is New National Stadium. It is going to be the main stadium for the 2020 Tokyo Olympics and Paralympics.

Mary: Nice looking stadium! So, are you looking forward to the Olympics?

Kana: Of course!

Mary: Are you going to go to any of the games?

Kana: I want to... but it is very difficult to get tickets. It's so expensive, too.

Mary: [　B　], but at least you can watch the games on TV.

Kana: Yes, that's true, and I will. Many Japanese people are excited about the Olympics and Japan is working hard to prepare for it.

Mary: Really? What kind of things is Japan doing?

Kana: Well, for example, to come here, we took the train, didn't we? Did you *notice that at the station, there were many pictograms, or pictures, on signboards and walls? They were designed to be easy to understand even if you don't understand Japanese.

Mary: Ah, yes, I've seen many pictograms in Tokyo. Yesterday, I was able to find a toilet easily because of one. It was very useful.

Kana: *In addition to the pictograms, all around Tokyo the number of signboards written in English is increasing, and Japanese people are studying English harder than before in order to be able to communicate with foreign people. However, it is not enough. People from all over the world will come to Tokyo, so we have to prepare things written in many languages, not only English.

Mary: That's right: Chinese, Korean, Thai, European languages... A lot of languages are needed.

Kana: Restaurants are also working hard to make their menus more *accessible. For example, some people may be vegetarians, others may not eat pork or beef because of their *religions. There are some people who have allergies. Restaurant owners are translating Japanese menus into many different languages, and even listing *ingredients.

Mary: That's very kind! They can choose their food easily. I am glad to know that Japanese people are being so *considerate of foreigners.

Kana: That's "*omotenashi*," the sense of hospitality for visitors. We think this way of thinking important.

Mary: [　C　]. That's why you are so kind to me!

Kana: Ha-ha! Where do you want to go next? Shall we go to Asakusa? It's near here!

（注） notice ～に気づく　in addition to ～に加えて　accessible 分かりやすい　religion 宗教
ingredient 材料　considerate 思いやりのある

問１ (1)～(5)までの英文が本文の内容と一致するように，適切なものを１つずつ選び，記号で答えなさい。

(1) Kana and Mary are talking ＿＿＿＿＿＿＿＿.

ア．at the bottom of the Tokyo Skytree

イ．on a higher floor of the Tokyo Skytree

ウ. near the Tokyo Skytree

エ. in New National Stadium

(2) Kana ________________.

ア. taught an interesting fact about the Tokyo Skytree to Mary

イ. was surprised to see so many buildings and people in Tokyo

ウ. could get a ticket for the Olympics, so she is looking forward to it

エ. is trying to make many pictograms in Tokyo for foreign people

(3) Mary ________________.

ア. is from a big city in the U.S. so she wasn't surprised by the view

イ. will come to Tokyo next year to watch the Olympic games

ウ. found a pictogram in Tokyo and thought it was helpful

エ. has some allergies so she needs to look at menus carefully in restaurants in Japan

(4) In Japan, ________________.

ア. vegetarians cannot eat anything at restaurants

イ. Japanese people are studying English harder to talk with foreigners

ウ. many foreigners may get lost because they cannot understand Japanese

エ. foreigners can enjoy delicious pork and beef

(5) "*Omotenashi*" ________________.

ア. is a word which Kana likes the best

イ. is a word which is used by people from all over the world

ウ. is a word which is important to Japanese people

エ. is a word which was made by foreigners

問2　文中の空所 A ～ C に入れるのに最も適当なものをそれぞれ下から1つずつ選び，番号で答えなさい。

(1) I don't think so

(2) That's too bad

(3) I hope so

(4) That's interesting

(5) I like that

問3　以下は2人の会話の内容をまとめたものである。（1）～（5）にあてはまる単語を書きなさい。

Kana and Mary are enjoying the (1) of the whole city of Tokyo. They find New National Stadium, the stadium in which Olympics and Paralympics will be held in 2020. Kana teaches Japanese people are doing some things for people who will visit Japan. For example, they use (2) for foreigners who don't understand Japanese. At some (3), they write menus in many languages for foreigners so that they can (4) what they eat. These are called "*omotenashi*", or the sense of (5).

Ⅳ. 次の日本文に合う英文になるように，（　）内の語句を並べかえなさい。ただし，文頭にくる単語も小文字になっている。

⑴　彼が部屋で何をしているか知っていますか。
Do (he / is / know / doing / what / you) in his room?

⑵　私達は知り合ってから５年になる。
We (years / for / each / known / five / have / other).

⑶　私たちは300年以上前に建てられたお寺を訪問しました。
We (built / visited / than / 300 years / a temple / more) ago.

⑷　これが今若い人たちに人気のＣＤです。
This (young people / is / is / the CD / among / which / popular).

Ⅴ. 次は *Emi* が夏休みにロンドンを訪れた時のことを述べるために作ったメモです。メモの内容に合うように，４つの英文でスピーチの原稿を作りなさい。

> 滞在期間：５日間
> 感想：人々はとても親切
> 楽しんだこと：家族と買い物
> 訪れた所：最終日に妹と一緒に英国博物館(British Museum)

Hello, I'm Emi.
⑴ I ______________ .
⑵ People ______________ .
⑶ I ______________ .
⑷ I ______________ on the last day.
Thank you for listening to my speech.

④ 「さめざらましを」
ア　夢だと知らせてほしかったのに
イ　覚めないでいることはないのに
ウ　目を覚まさないままでいたのに
エ　覚めてしまったらよかったのに

⑤ 「何か常なる」
ア　すべてが不変なものである
イ　すべて不変なものなどない
ウ　何が異常であるというのか
エ　何かが普通であるといえる

問四　次の鑑賞文はＡ～Ｇのどの和歌について述べたものか。最も適当な和歌を選び、それぞれ記号で答えなさい。
⑴　美しい花のために心動かされ、落ち着いた気持ちでその季節を過ごせないことを嘆いている。
⑵　季節の移り変わりを、目に見えたことからではなくて、耳に聞こえたことからとらえている。
⑶　昔と変わることのなく咲いている花と、変わってしまった人の心とを対比させて詠んでいる。

問五　Ａ～Ｇの和歌はすべて日本で最初の勅撰和歌集（天皇の命令によって作られた和歌集）に収められている。その作品名を漢字で答えなさい。

で答えなさい。

ア　どうやら　　イ　やっぱり

ウ　とにかく　　エ　たぶん

問十　傍線部⑧「『試合はますますわからなくなってきました』声に出していってみる」とあるが、この時の心情として最も適当なものを次から選び、記号で答えなさい。

ア　あきらめかけていたことが、まだ実現できるかもしれないと思いはじめ、期待でワクワクしている。

イ　一度失ったものでも、形をかえて取り戻せる可能性に気づき、何かを見つけた気持ちになっている。

ウ　一回きりの人生を悔いなく生きることが大事だと気づいて、もう一度同じことに挑もうとしている。

エ　様々な人々とともに生きていかなくてはならない世の中を、どう渡っていこうか悩みはじめている。

三、次の古文を読んで、後の問いに答えなさい。

A　人はいさ心も知らず※1ふるさとは
　　花ぞ昔の香に①にほひける　　紀貫之

B　夏と秋と②行きかふ空のかよひぢは
　　かたへすずしき風やふくらむ　　凡河内躬恒

C　秋来ぬと目にはさやかに見えねども
　　風の音にぞおどかれぬる　　藤原敏行

D　世の中にたえて桜のなかりせば
　　春の心はのどけからまし　　在原業平

E　[　③　]光のどけき春の日に
　　しづ心なく花の散るらむ　　紀友則

F　思ひつつ寝ればや※2人の見えつらむ
　　夢と知りせば④さめざらましを　　小野小町

G　世の中は⑤何か常なる※3あすか川
　　昨日の淵ぞ今日は瀬になる　　よみ人知らず

〔注〕※1　ふるさと＝昔なじみの土地。

※2　人の見えつらむ＝恋しいあの人が夢に見えたのであろうか。

※3　あすか川＝奈良県明日香村を流れる川。流れの変わりやすい川として有名で、よどんで深い「淵」と浅い「瀬」とが日によって絶えず変わるとされている。

問一　傍線部①「にほひける」、②「行きかふ」の本文中での読みをそれぞれ現代仮名づかいに直して答えなさい。

問二　空欄[③]にあてはまる枕詞として最も適当なものを次から選び、記号で答えなさい。

ア　ちはやぶる　　イ　あしびきの

ウ　ひさかたの　　エ　たらちねの

オ　しろたへの

問三　傍線部④「さめざらましを」、⑤「何か常なる」の解釈として最も適当なものを選び、それぞれ記号で答えなさい。

「中溝、また寄ってくれ」

ボーズが大声を出す。

校門を出て坂道を下りながら、なんだかいろんなところでぐるぐるしているな、と思った。

⑧「試合はますますわからなくなってきました」

声に出していってみる。

投げ続けることができれば、それでよかったんだろうか。もしも中学で肩を壊さなかったとしても、いつかは投げられなくなるときが来る。遅かれ早かれ、投げられなくなったら余生だ。そうだ、という気もするし、そんなわけはない、とも思う。Ｎｏ．１ってそんなに儚《はかな》いものなのか。

（宮下奈都『よろこびの歌』による）

問一　二重傍線部(a)「弾（む）」、(b)「流暢」、(c)「誘（う）」、(d)「遮（った）」の漢字の読みをひらがなで書きなさい。

問二　傍線部①「余生」について、本文中では「余生」という言葉が何度か使われているが、これと反対の意味で使われている語を漢字二字で抜き出して答えなさい。

問三　傍線部②「あきれているはずなのに、胸がじんとしている」とはどういう心情か。最も適当なものを次から選び、記号で答えなさい。

ア　千夏の掲げた目標があまりにも小さいので、高校終盤で決意することならもっと大きなことであってほしいと応援している。

イ　練習すれば必ず上達するものと信じきっている千夏に対し、自分のこれまでの経験をふり返り無理なことだと同情している。

ウ　ろくに歌のことなどわからないのに目標などと言い出している千夏に疑問を感じながらも、そのひたむきさに感心している。

エ　無理をしてでも自分がこの高校にいた証を残そうとしている千夏に対して反発心を抱きながら、うらやましくも感じている。

問四　傍線部③「□々□々」の□に漢数字を入れて、本文の流れに合った四字熟語を完成させなさい。

問五　空欄 ④ ・ ⑤ にあてはまる語の組み合わせとして最も適当なものを次から選び、記号で答えなさい。

ア　④試練　⑤娯楽　　イ　④目的　⑤手段

ウ　④目標　⑤理想　　エ　④道楽　⑤目的

問六　傍線部⑥「歩み寄りかけた御木元玲が、また遠ざかっていくのを感じた」とはどういうことか。最も適当なものを次から選び、記号で答えなさい。

ア　御木元玲がピアノから自分の方へ近寄ってくる気配がしたが、やはりここは自分の居場所ではないと立ち去ろうとしている。

イ　一度は親しみを感じるように思えた御木元玲だったが、合唱コンクール以来完全には心開いてくれないと悲しく思っている。

ウ　自分にはまったく関係ないと思っていた歌が一瞬身近に感じられたが、所詮縁遠いものなのだと気づかされてしまっている。

エ　一旦は理解しかけたように思えた御木元玲だったが、やはり今の自分とは考え方が根本的に異なると改めて思い直している。

問七　傍線部⑦「悪いけど、歌わないと思う」のはなぜか。本文中の言葉を使って四十字以内で説明しなさい。

問八　波線部**ア**～**キ**の「ない」のうち、形容詞はどれか。すべて選び、記号で答えなさい。

問九　空欄 A ～ D にあてはまる語を次から選び、それぞれ記号

明日も失礼します、だ。明後日も、明明後日《しあさって》も、ここでソフトボールをするつもりはウない。

だけど、視界の隅にちょっと気になる子がいた。あのピッチャー、肘《ひじ》が悪いんじゃないだろうか。それで肩に負荷のかかる投げ方になる。ボーズなんかじゃなくて、ちゃんとしたコーチはいエないんだろうか。

正門を向いて出しかけていた足を、グラウンドのほうへ戻す。歩いていって、いちばん近くにいた子にフェンスのこちら側から声をかけた。

「コーチとか、トレーナーとか、いないの？」

ユニフォームを着た子が振り返って、不審そうな顔になる。

「ボ……谷中《やなか》先生が顧問ですけど、特にコーチとかトレーナーとかは」

「なんだなんだあ、中溝、[A]打ちたくなったか。一球打ってみろよ。悩みなんかスカッと吹き飛ぶぞ」

ボーズがベンチから大股《おおまた》で歩いてくる。

「いえ、けっこうです」

そう断ってから、声を落とした。

「先生、あのピッチャーの子の肘、診《み》てもらったほうがいいです」

ボーズも小声になる。

「米村《よねむら》の肘？　悪いのか？」

「[B]本人も気づいているはずです。一刻も早く診てもらうよう勧めてください」

ボーズは、おお、とうなずいて、私をじっと見、それからマウンド上のピッチャーを見た。

「おーい、しばらく自主練にしてくれー。それから、米村」

呼んでから、こちらを振り向いて、

「どこかいい病院知ってるか？」

真剣な声で聞いた。早速これから医者に連れて行くのだろうか。

ちょっと遠いけれど、と断って、評判のいいスポーツドクターを教えた。予約制だから、今日これから行くわけにはいかオないが。

「おまえも通ったのか」

ボーズに聞かれてうなずいた。

「あたしは手遅れでした」

ちゃんと見ていてくれる監督やコーチがいればよかった。アドバイスをくれる人がいれば、私の肩は助かったかもしれない。何度も繰り返した後悔を、思い切って振り払う。わかっていた。私は自分で投げた。練習でも、試合でも、無理が来ているのを知っていて自分で投げたのだ。

ボーズはちょっと頼りないけれど、[C]生徒のことをけっこう大切に思っているらしい。それだけでもずいぶん違うだろう。この米村さんという子はきっとまだ間に合う。

「ソフト、やってたんですか」

「中学の頃、エースだった。肩を壊して今はもう投げられカない」

自分からいってしまうと楽だった。米村さんは俯いた。

「がんばってください」

何を、と聞き返そうとして見ると彼女は俯いたまま、うっすらと目に涙をためている。何をがんばれというのか、彼女にもわからキない。わからないけれど、[D]がんばってほしいと切実に願ったのだろう。たぶん、身につまされて。

がんばれといわれた反発はなかった。黙って会釈《えしゃく》を返し、その場を離れた。

⑥歩み寄りかけた御木元玲が、また遠ざかっていくのを感じた。

楽しく生きるって、今の私には思いもつかない。やりたいことも、やるべきことも、もう手に入らない場合はどうしたらいいんだろう。

一呼吸置いてから、床の鞄《かばん》を手に持った。

「帰るの？」

うん、と笑って軽く右手を挙げた。

「よかったら、またおいでよ。一緒に歌っていかない？」

ドアのところまで千夏がついてくる。⑦悪いけど、歌わないと思う。ほんとうにやりたかったことは、私にはもうできない。だからといって歌うわけにはいかない。千夏にとっては、歌を歌うことがほんとうにやりたいことなのだろうと思うから。なんとなく片手間で歌ってみるなんてこと、できないじゃないか。

御木元玲は、この子の真剣さをわかっているのだろうか。だとしたら、えらい。誰かの真剣をちゃんと受けとめるのはものすごく大変なことだ。

「じゃあね、ありがとう」

私は千夏と、奥にいる御木元玲にも聞こえるようにそういって、音楽室を後にした。

千夏の真剣を支えているのが御木元玲なのか、いつも不機嫌で冷めているように見えた御木元玲の真剣を引き出せるのが千夏なのか。

頭に、紗理奈の顔が浮かんでいた。いつまでも私のことを気にかけている紗理奈のことをお節介だと思ってきたけれど、もしかして、紗理奈にとっても私が必要だったんだろうか。紗理奈がしつこく電話をかけ続けてくれるのは、私のためだけじゃなく、自分自身のためでもあったんだろうか。

廊下を歩きながら考える。少し前なら、誰かのために、誰かの期待にこたえるために、と考えるだけで気分が悪くなった。私は誰かをよろこばせるためにソフトボールをしてたんじゃない。がんばってまた投げてください、と書かれたカードをお見舞いにもらい、それを破り捨てたこともあった。でも。自分のためにやるソフトボールはもういい。紗理奈のために何かできるんじゃないか。たとえば紗理奈が誰か他の人のためにマネジャーをやるように、そしてそれがきっと紗理奈のためでもあるように。

靴を履き替え、校舎の外に出る。すでに日はかなり翳《かげ》っていた。

おーい、と野太い声がする。私を呼んでいるとは思わずに顔を向けると、グラウンドのフェンスの向こう、ベンチのあたりからボーズが手招きしているのが見えた。

「遅いぞお、中溝ぉ」

遅いもなにも、行くなんて一言もいっていない。

「一球、打ってみるかぁ？」

私は黙って首を振る。

「うちのエースからヒットを打てたら、次の試験、五点プラスだぞぉ」

しかたがアないので、グラウンドには近寄らイないまま声を張り上げた。

「すいませーん、今日は失礼しまーす」

「今日は、だなあ？」

ボーズの声が返ってくる。

「明日は来るんだなあ？」

「でもそれだけですっごく歌いやすくなるんだ」

千夏が熱っぽく語るのを、質問で(d)遮った。

「あとは自分でなんとか、どうするつもりなの」

「だからさ、自分でも練習して、もしちゃんと歌えるようになったら、合唱部に入ろうかなって」

照れくさそうに千夏はちょっと俯《うつむ》いた。おいおい。声に出しそうになって危うく言葉を飲み込む。ずいぶん小さい目標じゃないの。しかももう二年の冬だっていうのに今から入部するつもりなのか、このおめでたい同級生は。

②あきれているはずなのに、胸がじんとしている。千夏の素直なパワーはどこから来るんだろう。もしかして、この子にはぐるぐるはないんだろうか。いや、と私はブレーキを踏む。たぶん、ぐるぐるのない人なんていない。それを忘れちゃいけない。ぐるぐるぐるぐる、きっと悩んでいる。楽譜が読めないというのがほんとうだとしたら、ずいぶん勇気が要ったことだろう。同級生に初歩から歌を習うなんて。これから合唱部に入ろうなんて。そういう気持ち、すごいと思う。余生じゃないんだ。

今も現役でぐるぐるどろどろがつがつしている人が、なんだか光って見える。自分は降りてしまったはずなのに、そういう人の匂いを嗅《か》ぎ分けてはむかついていた。

認めなくてはいけない。余生ではない、本道を生きている人に嫉妬していたことを。

「歌ってくれてありがとう」

ピアノの前にすわったまま、不意に御木元玲がいった。

「あ、ごめん、歌ってなかった。聴いてた」

「違う、マラソン大会のとき。ゴール前で、クラスの人たちが私を励ますために歌ってくれたでしょう」

そうだった。そんなことがあった。七キロ弱のマラソンにあまりにも苦戦する御木元玲を励まそうと、トラックを走る彼女の脇でたぶん千夏か誰かが合唱コンクールの曲を歌い始めた。そこに③□々□々、声が集まった。とっくに走り終えて芝生にすわっていた私も、史香とコリエが立つのにつられて立ち上がった。しかたがないな、まあ歌ってやってもいいかな、くらいの気持ちだった。積極的に歌ったわけではない。たまたま居合わせただけだ。

「あの合唱団の中に中溝さんがいるのを見つけて、なんだか目の前が開けた感じがした。やらなくちゃいけないことっていうか、やりたいことっていうか、そういうのが見えてきた気がした」

それって、誤解だ。ろくに練習にも参加せず、偉そうなことばかりいっていた私が急に応援する側にまわったものだから、この子は素直にうれしかったのだろう。案外かわいいのかもしれない。

「それで、何だったの、御木元さんのやりたいことって」

黒い瞳が一瞬、揺れた。それからほのかな笑みが浮かぶ。まさか、歌でみんなの心をひとつにするのが夢だとかはいわないでほしい。返答に困るから。

「楽しく生きること」

「は？」

「そのために、音楽があるんだ。ええと、音楽は ④ じゃなくて ⑤ だったってこと、かな」

ふうん、と私はいった。

さい。

問九　本文と内容が合致するものとして最も適当なものを次から選び、記号で答えなさい。

ア「恰好が良い」かを判断できるのは批評家だけであり、職人や通人は自分の主観を述べているにすぎない。

イ「恰好が良い」は「カッコいい」という言葉から生まれ、メディアを通じて多くの人に共有されていった。

ウ「カッコいい」という言葉が広まった背景として、日本人の劣等感や嫉妬心が強かったことが考えられる。

エ「カッコいい」とは個人主義に基づく多様性が反映された言葉であるために、幅広い概念が含まれている。

二、次の文章を読んで、後の問いに答えなさい。（本文には一部改めたところがある）

「練習、見ていってもいい？」

千夏《ちなつ》はピアノのほうを振り返った。そこで私は千夏以外にも人がいたのかと初めて気がついたふうに顔を向けた。御木元玲《みきもとれい》はピアノの前の椅子にすわっていた。彼女は立ち上がり、そのまままっすぐ私の前まで歩いてきた。

「見ていくだけじゃなくて、一緒に歌っていけばいいのに」

べ、と私は口籠《くちご》もった。べつに、歌いたいわけじゃない。でも、べ、しかいえずに口を噤《つぐ》んだ。御木元玲の口調はあまりにも自然だった。

何もいえずに立っていると、彼女はまたピアノのところへ戻っていく。千夏が(a)弾むような足取りで後を追った。どうしようかと思っているうちに、ピアノが鳴り始めた。これが、コールユーなんとかだろうか。ドアを閉め、ゆっくりとピアノのほうへ近づいた。聞いたことのある曲だと耳を傾けていると、やがて千夏が歌い出した。のびのびと楽しそうに。どんな名曲かと思えば、うちの校歌じゃないか。へえ、と思う。退屈な歌だと思っていたけど、こうして聴くと案外いい。

校歌を歌うことがどんな勉強になるのか知らない。御木元玲は千夏の歌いたいように歌わせて、自分は(b)流暢にピアノを弾いているだけだ。それなのに、ちょっと楽しそうだった。千夏のあんまりうまくない歌が私を(c)誘う。なんとなく私まで歌い出したくなる感じなのだ。

やがて歌が終わると御木元玲のピアノも鳴りやんだ。校歌の余韻が音楽室に残っている。

「私、歌を歌おうにも楽譜も読めないから。声の出し方も知らないし。そしたら御木元さんが、まずは好きな歌を歌おうって」

千夏が小声で説明してくれる。

「それで校歌？」

「うん。この学校に来てよかったな、って思うから」

そうか。そんな人もいるのか。この特に取り柄のないような学校に来てよかったと愛着を感じる人を間近に見て、驚くと同時にちょっと恥ずかしくなった。成り行きで入っただけだから、もう①余生だから、学校は適当に出ておけばいいと思っていた。

「週に一度、御木元さんに教えてもらって、あとは自分でなんとか――」

「教えてないよ」

御木元玲がきっぱりという。

「伴奏するだけ。ときどき一緒に歌うだけ」

な趣味の多様化が反映されたため、と言うことが出来るだろう。

（平野啓一郎『「カッコいい」とは何か』による）

※ヒューム＝イギリスの哲学者。

※ディレッタント的な通人＝芸術や学問を趣味として愛好し、物事を詳しく知っている人。

※見巧者＝芝居などを見なれていて、見方の上手な人。

※讃歎＝深く感心してほめること。

問一　二重傍線部(a)「ミキワメ」、(b)「シントウ」、(c)「コウフン」、(d)「モホウ」のカタカナを漢字にしなさい。ただし、必要に応じて送り仮名も付すこと。

問二　空欄［Ａ］・［Ｂ］にあてはまる語を次から選び、それぞれ記号で答えなさい。

ア　だから　　イ　しかし　　ウ　または　　エ　つまり

オ　なぜなら

問三　傍線部①「『恰好』の理想像は、社会的なものだ」とあるが、なぜそのように言えるのか。「～から」につながるように、本文中から二十五字以内で抜き出し、その最初と最後の五字を答えなさい。（句読点や「」などの記号も一字とし、以下の問いも同様とする）

問四　傍線部②「その判断力」とあるが、何を判断する力か。本文中から十字以内で抜き出して答えなさい。

問五　傍線部③「『恰好が良い』と『カッコいい』との違い」とあるが、(1)「恰好が良い」と(2)「カッコいい」はそれぞれどのような意味を持っているか。本文中から(1)は十字以内、(2)三十字以内でそれぞれ抜き出して答えなさい。

問六　傍線部④「『恰好が良い』ものの理想は、理想的な『恰好が良い』ものによって教えられる」とは、どのようなことか。最も適当なものを選び、記号で答えなさい。

ア　「恰好が良い」ものを熟知している師匠も、密かに弟子から「恰好が良い」ものの理想形を学んでいるということ。

イ　「恰好が良い」和菓子が他の分野にも影響を与え、同じように「恰好が良い」ものが作り出されているということ。

ウ　実際に「恰好が良い」ものに触れてきたことで、何が「恰好が良い」のか判断する力が身に付いているということ。

エ　メディアから広まる「恰好が良い」ものによって、世間が考える「恰好が良い」の基準を理解しているということ。

問七　空欄［Ⅰ］～［Ⅳ］にあてはまる語句の組み合わせとして最も適当なものを次から選び、記号で答えなさい。

ア　Ⅰ　恰好が良い　　Ⅱ　カッコいい
　　Ⅲ　恰好が良い　　Ⅳ　カッコいい

イ　Ⅰ　カッコいい　　Ⅱ　恰好が良い
　　Ⅲ　カッコいい　　Ⅳ　恰好が良い

ウ　Ⅰ　恰好が良い　　Ⅱ　カッコいい
　　Ⅲ　カッコいい　　Ⅳ　恰好が良い

エ　Ⅰ　カッコいい　　Ⅱ　恰好が良い
　　Ⅲ　恰好が良い　　Ⅳ　カッコいい

問八　傍線部⑤「『カッコいい』は、画一的な上からの押しつけではあり得ない」とあるが、戦後の日本人はどのような経緯で「カッコいい」という言葉を獲得したのか。本文中の言葉を使って具体的に説明しなさい。

ディアを通じて、ある程度、どういう和菓子が「恰好が良い」かを知っているのである。

「恰好が良い」が、直接的な対人関係の中で、具体的な事物に接して発せられる言葉だったのに対し、「カッコいい」は、マスメディアによって、その理想像の共有を匿名の人々の間にまで(b)シントウさせ、全国規模に拡大した。和菓子の理想像は、なるほど、メディアを通じて、多くの人に共有されることになったであろう。従って、「カッコいい」という言葉の中には、「恰好が良い」という意味も残存している。

しかし、他方で、更に国内ばかりか外国との情報交換まで盛んになり、一般の参入者も増え、「カッコいい」は多様化し、同時に競争を激化させていった。伝統ある和菓子職人の洗練された「恰好が良い」という趣味は、ビジネス的には、新時代の職人の「カッコいい」という感覚に敗北することもあり得るのである。

「恰好が良い」は、飽くまでジャンル毎の理想像だが、「カッコいい」はジャンルを横断する、あるいはジャンルを超越した理想像である。

子供たちに、何を「Ⅰ」と思うか、と訊《たず》ねるアンケートは、特に違和感がない。しかし、何が「Ⅱ」かという問いは、ナンセンスである。なぜなら、「恰好が良い」は、目の前の和菓子が理想に合致しているかどうか、という判断であり、スポーツカーと和菓子、どっちが「恰好が良い」か、といった、まったく異ジャンルに属するもの同士の比較は、不可能だからである。勿論、数あるスポーツカーの中で、どれがより「恰好が良い」か、と判断することは可能である。

だからこそ、子供たちは、自由な「Ⅲ」和菓子は作ることが出来ても、「Ⅳ」和菓子は作れないのである。

〔中略〕

「恰好が良い」から「カッコいい」へと変化する間に起きた最も大きな出来事と言えば、当然に第二次世界大戦である。この総動員体制の経験の影響は、非常に複雑である。

とりあえず、こういう見当はつくだろう。

ヨーロッパは市民社会の成立によって、ブルジョワたちの個人主義とそれに基づく趣味判断の多様性を是認した。その時、問題とされたのは、芸術の「美」であった。他方、戦後は、その個人主義が、ロックに象徴される新しい文化を中心に、労働者階級の若者たちを主役として再燃することとなる。それが、大西洋を横断しながら爆発的なブームを巻き起こしていく。敗戦によって、天皇に一元化された総動員体制から解放された日本人は、その潮流に巻き込まれながら、彼らの価値観を導入しつつ、「恰好が良い」を「カッコいい」へと更新し、自分たちの理想としたのである。

だからこそ、⑤「カッコいい」は、画一的な上からの押しつけではあり得ない。

「カッコいい」人は、新鮮な非日常的体験で生理的(c)コウフンをもたらし、生に強烈な実感を与え、同化・(d)モホウ願望を掻《か》き立てて、人生に指針を与えてくれる。それは、憧憬による※讃歎《さんたん》の念であり、尊敬する気持ちであり、肯定的で創造的な感情であって、決して劣等感と嫉妬《しっと》の否定的な認識ではない。

なぜ「カッコいい」という概念は、かくも多様なのか？

結論としては、そもそも、異なるジャンル毎の理想像であった「恰好が良い」が、「カッコいい」という言葉に吸収されたため、個人主義的

【国　語】（五〇分）〈満点：一〇〇点〉

一、次の文章を読んで、後の問いに答えなさい。（本文には一部改めたところがある）

「恰好《かっこう》が良い」の使用例を見ていると、まず気がつくのは、それが自然に対しては用いられておらず、基本的に人間のすること、作ったものに対して使用されている、ということである（但し、庭木やペットなどのように、一度《ひとたび》、人間の生活に入った動植物は、その評価の対象になる）。つまり、自然美という人間には手出しの出来ない世界が基準とされているわけではなく、①「恰好」の理想像は、社会的なものだ、ということである。

そうなると、その人為的な理想は誰が作っているのか？　そして、その適合具合は誰が判断するのか？

美に関して、※ヒュームはそれを「批評家」だと言った。江戸時代や明治時代の「恰好が良い」は、果たしてどうだったろうか？

和菓子職人の例で言うと、師匠は勿論《もちろん》、批評家ではないが、知識と経験から、②その判断力を体得している。しかし、新米の弟子にはまだ難しいだろう。菓子職人ではないが、茶人には当然、「恰好が良い」和菓子がわかるはずである。あるいは、※ディレッタント的な通人《つうじん》の中にも、「恰好の良し／悪《あ》し」がわかる人がいただろう。

通りすがりの若い女性の髪型はどうか？　こちらは、その「恰好が良い」の趣味が、より一般に開かれている。それでも、誰でも判断できるわけではなく、やはり髪型についての一定の知識が必要で、基本的には子供よりも大人の方が、より的確に「恰好が良い」かどうかを(a)ミキワメられるはずである。

[A]、それぞれのジャンル毎《ごと》に理想があり、それと対象との合致具合には程度があり、それを判断する人にも序列がある、ということである。決して、どんな人間にも共通した、自然な趣味がある、というわけではない。

では、その理想は、どのようにして共有されていたのだろうか？

ここで、考えるべきはメディアの存在である。同時に、③「恰好が良い」と「カッコいい」との違いについても、そろそろ考えていこう。

「恰好が良い」という言葉は、江戸時代に生まれて、そのまま今日にまで至っているが、一九六〇年代に「カッコいい」が爆発的に流行したほど、日常会話で多用されていたわけではなかった。

なぜか？

一つには、何が「恰好が良い」のか、それを社会的に共有するメディアが限定されていたからである。

和菓子職人の師匠は、代々受け継がれてきた「恰好が良い」和菓子を目にする機会があるからこそ、その理想形を知っている。また、常連の顧客のみならず、茶人や通人、目利き、※見巧者《みごうしゃ》と呼ばれる人たちも、基本的には、自分の目で見て、手で触り、味を確かめることで、その趣味を洗練させていったのだろう。

つまり、④「恰好が良い」ものの理想は、理想的な「恰好が良い」ものによって教えられる、というわけである。従って、江戸の菓子職人の理想が、北海道から九州まで全国津々浦々に共有される、ということはまず以《もっ》て不可能だった。

[B]、今日私たちは、テレビや雑誌、インターネットといったメ

1回

2020年度

解答と解説

《2020年度の配点は解答欄に掲載してあります。》

＜数学解答＞

Ⅰ　①　$-8x^2+4x+8$　②　$\frac{5}{12}x$　③　24　④　$5\sqrt{15}$　⑤　$x=0$，$y=\frac{1}{3}$

⑥　$x=1$，-7　⑦　15　⑧　$a=-\frac{2}{3}$，$b=-6$　⑨　$\frac{4}{7}$　⑩　$n=3$

Ⅱ　①　$y=-2x+8$　②　$(-2,\ 4)$　③　$(-2,\ 12)$

Ⅲ　$\angle x=70^\circ$　$\angle y=40^\circ$

Ⅳ　①　4：5　②　20cm^2　③　81cm^2

Ⅴ　①　$6\sqrt{3}$ cm　②　$27\sqrt{2}\ \text{cm}^2$

○推定配点○

各5点×20(Ⅰ⑧完答)　計100点

＜数学解説＞

Ⅰ　(文字式の計算，式の値，平方根，連立方程式，2次方程式，因数分解，2次関数の変域，確率)

基本　①　$(x+2)^2-(3x-2)(3x+2)=(x^2+4x+4)-(9x^2-4)=x^2+4x+4-9x^2+4=-8x^2+4x+8$

②　$\frac{3x-2y}{4}-\frac{2x-3y}{6}=\frac{3(3x-2y)-2(2x-3y)}{12}=\frac{9x-6y-4x+6y}{12}=\frac{5}{12}x$

③　式をまとめてから$x=4$，$y=\frac{2}{3}$を代入する。$(3x^2y)^2\div 4x^3y^2\times xy=\frac{9x^4y^2\times xy}{4x^3y^2}=\frac{9x^5y^3}{4x^3y^2}=\frac{9x^2y}{4}$ $=\frac{9\times 4^2\times 2}{4\times 3}=3\times 4\times 2=24$

④　$\sqrt{60}+\frac{30}{\sqrt{20}}-\sqrt{3}(\sqrt{15}-\sqrt{45})=2\sqrt{15}+\frac{6\times 5}{2\sqrt{5}}-\sqrt{3}(\sqrt{15}-3\sqrt{5})=2\sqrt{15}+3\sqrt{5}-3\sqrt{5}+3\sqrt{15}$ $=5\sqrt{15}$

⑤　$\frac{4x-2}{3}=\frac{5x-3}{2}$の両辺を6倍して，$2(4x-2)=3(5y-3)$　$8x-4=15y-9$　$8x-15y=-5$…①　$5x+3y=1$の両辺を5倍して，$25x+15y=5$…②　①+②より，$33x=0$　$x=0$　これを②に代入すると，$15y=5$　$y=\frac{1}{3}$

⑥　$\frac{x^2-3}{4}=-\frac{3}{2}x+1$の両辺を4倍して，$x^2-3=-6x+4$　$x^2+6x-7=0$　$(x-1)(x+7)=0$　$x=1$，-7

⑦　$x=\frac{2-\sqrt{3}}{2}$，$y=\frac{2+\sqrt{3}}{2}$より，$x-y=\frac{2-\sqrt{3}-2-\sqrt{3}}{2}=-\frac{2\sqrt{3}}{2}=-\sqrt{3}$　$5x^2-10xy+5y^2=5(x-y)^2=5\times(-\sqrt{3})^2=15$

重要　⑧　$y=ax^2$のグラフは，原点を通る放物線である。$-24\leqq y\leqq b$と$y<0$の値をとることから，下に開いた放物線であり，$a<0$であることがわかる。$3\leqq x\leqq 6$の範囲ではxが大きくなるにつれてyが小さくなる。したがって，A$(3,\ b)$，B$(6,\ -24)$を通るグラフになることがわかる。Bを通ることから$a\times 6^2=-24$　$a=-\frac{2}{3}$　$y=-\frac{2}{3}x^2$となり，Aを通ることから，$b=-\frac{2}{3}\times 3^2=-6$

⑨　7個の玉のうち，赤玉に1～3番，白玉にア～エと名前をつける。2個の玉の取り出し方は(1，2)，(1，3)，(1，ア)，(1，イ)，(1，ウ)，(1，エ)，(2，3)，(2，ア)，(2，イ)，(2，ウ)，(2，

エ), (3, ア), (3, イ), (3, ウ), (3, エ), (ア, イ), (ア, ウ), (ア, エ), (イ, ウ), (イ, エ), (ウ, エ)の21通り。その中で1個が赤玉，1個が白玉である場合が12通りあるので，その確率は $\frac{12}{21}=\frac{4}{7}$

⑩ $\sqrt{378-18n}=3\sqrt{42-2n}=3\sqrt{2(21-n)}$　これが自然数となるためには，根号の中が自然数の2乗になればよい。$21-n=2k^2$(kは自然数)であればよいので，$n=21-2k^2$　$k=1,\ 2,\ 3$　$\sqrt{378-18n}$を最も大きくするのは，nが最も小さいとき，したがって，$k=3$のときであり，このとき，$n=21-2\times3^2=3$

Ⅱ (図形と関数・グラフの融合問題)

基本 ① Aは$y=x^2$上の点で$x=-4$なので，$y=(-4)^2=16$　A$(-4,\ 16)$　Bは$y=x^2$上の点で$x=2$なので，$y=2^2=4$　B$(2,\ 4)$　直線ABの式を$y=ax+b$とおくと，Aを通ることから，$-4a+b=16$…①　Bを通ることから，$2a+b=4$…②　②−①は　$6a=-12$　$a=-2$　これを②に代入すると，$-4+b=4$　$b=8$　直線ABの式は，$y=-2x+8$

② 四角形APOBが台形になるためには，AB//POであればよい。直線OPは原点を通り傾きが直線ABと同じなのでその式は　$y=-2x$　Pは　$y=x^2$と$y=-2x$の交点なので，$x^2=-2x$　$x^2+2x=0$　$x(x+2)=0$　$x=0,\ -2$となるが，Pは原点ではないので，P$(-2,\ 4)$

やや難 ③ 直線OAは原点を通る直線なので$y=cx$とおけるが，Aを通ることから，$-4c=16$　$c=-4$　$y=-4x$である。この直線上に点Pとx座標が同じ点R$(-2,\ 8)$をとると，$\mathrm{RP}=8-4=4$　$\triangle\mathrm{AOP}=\triangle\mathrm{APR}+\triangle\mathrm{OPR}=\frac{1}{2}\times4\times(-2+4)+\frac{1}{2}\times4\times(0+2)=4+4=8$　四角形APOQ＝△APO＋△AOQ＝16となるためには，△AOQ＝16−8＝8となればよい。Qは直線AB上の点なので$(q,\ -2q+8)$とおける。直線OA上に，Qとx座標が同じ点Sをとると$\mathrm{S}(q,\ -4q)$　$\mathrm{QS}=-2q+8-(-4q)=2q+8$　$\triangle\mathrm{AOQ}=\triangle\mathrm{AQS}+\triangle\mathrm{OQS}=\frac{1}{2}\times(2q+8)\times(q+4)+\frac{1}{2}\times(2q+8)\times(0-q)=8$　$(2q+8)(q+4)-q(2q+8)=16$　$2q^2+16q+32-2q^2-8q=16$　$8q=-16$　$q=-2$　Q$(-2,\ 12)$

やや難 Ⅲ (円周角)

右図のように頂点に名前をつける。∠ACE＝∠ADEなので，A，C，D，Eは同一円周上の点である。よって，円周角の定理より，$\angle x$＝∠CED＝∠CAD＝70°　△CDEの内角の和が180°であることから，∠DCE＝180−(70＋70)＝40　∠CBD＝∠CEDよりB，C，D，Eは同一円周上の点である。よって，円周角の定理より，$\angle y$＝∠DCE＝40°

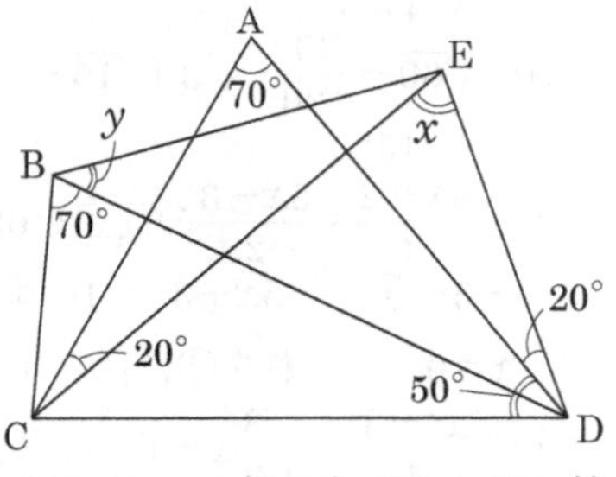

Ⅳ (相似)

① AB//DCより錯角は等しいので，∠EAB＝∠ECD，∠EBA＝∠EDC　2組の角がそれぞれ等しいので，△ABE∽△CDE　面積の比が$16:25=4^2:5^2$なので，辺の比AB：DC＝4：5

② △ABE∽△CDEより，BE：DE＝AE：CE＝4：5でもある。△ABEと△AEDは高さが共通な三角形なので，△ABE：△AED＝BE：DE　16：△AED＝4：5　△AED＝20(cm^2)

③ ②同様，高さが共通な三角形の面積の比は底辺の比に等しいことから，△ABE：△CBE＝AE：CE　16：△CBE＝4：5　△CBE＝20　△AED：△CED＝AE：CE　20：△CED＝4：5　△CED＝25　四角形ABCD＝△ABE＋△CBE＋△CED＋△AED＝16＋20＋25＋20＝81(cm^2)

Ⅴ (三平方の定理)

① △FGHは直角二等辺三角形なので，$\mathrm{FH}=9\sqrt{2}$　△BFHは直角三角形なので，三平方の定

理より，$BH^2=BF^2+FH^2=9^2+(9\sqrt{2})^2=81+162=243$　$BH=\sqrt{243}=9\sqrt{3}$　BHを1：2に分けるのが点Pなので，$PH=9\sqrt{3}\div(1+2)\times2=6\sqrt{3}$ (cm)

重要　② △BFGは直角二等辺三角形なので，$BG=9\sqrt{2}$　$\triangle BGH=\frac{1}{2}\times GH\times BG=\frac{1}{2}\times9\times9\sqrt{2}=\frac{81}{2}\sqrt{2}$　△PGHと△BGHは高さが共通な三角形なので，面積の比は底辺の比に等しく，△PGH：△BGH＝PH：BH　$\triangle PGH:\frac{81}{2}\sqrt{2}=2:3$　$\triangle PGH=27\sqrt{2}$ (cm^2)

★ワンポイントアドバイス★

標準的な問題が20題，後半の図形の問題の中には少し解きにくい問題も出題されるので，前半の計算問題でどれだけ確実に得点できるかが重要。自分の得意な分野の問題から，じっくり取り組み，1つ1つ正確に処理していこう。

＜英語解答＞

Ⅰ．［A］（1） 2　（2） 3　（3） 4　（4） 1　［B］（1） 4　（2） 2　（3） 3

Ⅱ．問1 エ　問2 イ→ア→ウ　問3 California　問4 （最初） Candy （最後） days　問5 イ　問6 ア F　イ T　ウ F　エ T　オ T　問7 ア No, they didn't.　イ He started a special school.

Ⅲ．問1 1 ウ　2 イ　3 ウ　4 ウ　5 イ　問2 A 2　B 4　C 1　問3 1 easy　2 beautiful[wonderful]　3 easiest　4 free　5 pictures[photos]

Ⅳ．1 It is a lot of fun for us to eat under the trees(.)　2 How many times have you seen the movie(?)　3 The picture taken by him is beautiful(.)　4 (Go) straight and turn left at that (traffic light.)

Ⅴ．1 (Before) breakfast, I cleaned my room(.)　2 (I) did my homework in the afternoon(.)　3 Chinese food was delicious(.)　4 (I) watched soccer game on TV (with my father and brother after dinner.)

○推定配点○

Ⅰ．各2点×7　Ⅱ．問1～問5 各2点×5(問4完答)　問6・問7 各3点×7
Ⅲ．問1 各3点×5　問2・問3 各2点×8　Ⅳ.，Ⅴ．各3点×8　計100点

＜英語解説＞

Ⅰ．リスニング問題解説省略。

Ⅱ．**（長文読解・説明文：指示語，語句補充，語句解釈，要旨把握，内容吟味）**

（全訳） ある日，ウォルトディズニーという男性が娘を遊園地に連れていった。遊園地では，乗り物に乗ったり，ゲームをしたり，動物を見たりした。しかし，公園は$_A$ワクワクするものではなかった。$_B$汚れていた。「子どもたちをもっといいところに連れて行きたい。家族で一緒に楽しんでもらいたい」と振り返って言った。

ウォルトディズニーは彼の映画で有名だった。$_C$彼はまた彼の漫画で有名だった。今ディズニー

は新しい遊園地について考え始めた。彼は特別な名前の異なる部分を持つ遊園地を望んでいた。ひとつは「ファンタジーランド」，もうひとつは「アドベンチャーランド」だ。彼はまた，自分の映画や漫画のアイデアを使用したいと考えていた。彼の最も人気のある漫画はミッキーマウスだ。ディズニーはミッキーマウスや他の漫画の人々が遊園地を歩き回り，ゲストと話したいと思っていた。

ディズニーの特別な遊園地の夢は，実現するのに何年もかかった。人々は彼の考えを理解しなかった。誰も彼にお金をあげたくなかった。だから，ディズニーは自分のお金をすべて使って公園を建設した。1955年7月17日，カリフォルニア州アナハイムにディズニーランドがオープンした。初年度，約500万人がディズニーランドに行った。人々は米国そして世界中から来た。

ウォルト・ディズニーはディズニーランドが完璧であることを望んでいた。毎晩，労働者は通りを掃除した。彼らは通りがきれいであることを確かめた。彼らはまた，地面にチューインガムがないことを確認した。キャンディーも当時子供たちの間で人気があった。彼らは夜に再び看板を描いた。彼らは看板が新しく見えるようにしたかった。

ディズニーランドにはいつもたくさんの植物や花があった。しかし，ディズニーは「植物の上を歩かないでください」というような標識を望んでいなかった。したがって，毎年，労働者は800000の植物を交換し，新しい植物を植えた。

ディズニーは，労働者がいつも幸せで清潔になってほしいと願っていた。彼はディズニーランド大学と呼ばれる彼の労働者のための特別な学校を始めた。労働者たちはゲストに幸せで礼儀正しいことを学んだ。彼らは香水，宝石，または明るいマニキュアをつけることができなかった。彼らは服の着方と髪の伸ばし方の規則に従わなければならなかった。

ウォルトディズニーは非常に豊かになった。彼は億万長者だった。彼は1966年に亡くなったが，ディズニーランドを増やすという彼の夢は実現した。1971年，ウォルトディズニーワールドはフロリダ州オーランドにオープンした。今日，東京とパリにディズニーランドがある。

問1 「子どもたちをもっといいところに連れて行きたい」と言っているところから判断できる。

問2 イ also があることから，前の文はイと同じような英文であることがわかる。 ア この後，新しい遊園地について書かれているので，次に「考え始めた」とあるアがくる。 ウ 次に，具体的に異なる名前がある遊園地について書かれているので，ウがくる。

問3 初年度500万人来たことが，大きなヒットであることから判断できる。

問4 キャンディーが人気があったことは，ディズニーランドを完璧にした内容には当てはまらない。

問5 毎年植物を変えていることから，植物の上を歩かないようにという標識がなかったことが分かる。

重要 問6 ア 「ウォルトディズニーは，『ファンタジーランド』『アドベンチャーランド』『ディズニーランド』と3つの異なる部分の遊園地が欲しかった」 第2段落参照。ファンタジーランドやアドベンチャーランドはディズニーランドの一部分の名前であるため不適切。 イ 「ウォルトディズニーは新たな遊園地に，彼のキャラクターにいてほしいと思った」 第2段落最終文参照。ミッキーマウスなどが遊園地を歩き，ゲストと話しているので適切。 ウ 「1955年にディズニーランドに来た人々はみんなカリフォルニア州からだった。」 第3段落最終文参照。アメリカ中，世界中から来たので不適切。 エ 「ディズニーランドで働く人々は，自由に髪型を選ぶことができない」 第6段落最終文参照。洋服や髪型はルールに従わないとならないので適切。 オ 「東京ディズニーランドは，ウォルトディズニーが亡くなった後オープンした」 最終段落最終文参照。1966年に亡くなったが，より多くのディズニーランドを持つという夢はかなったので適切。

基本 問7 ア 「ウォルトディズニーの周りの人々は，新しい遊園地を作るために彼を手助けしたか」 第3段落第3文参照。誰もディズニーを助けなかった。 イ 「ディズニーランドで働く人々にルールを教えるために，ウォルトディズニーは何をしたか」 第6段落第2文参照。労働者のための学校を作ったのである。

Ⅲ．(会話文：内容把握，語句解釈，語句補充)

(全訳) ミ　キ：おはようございます，ブラウン先生。

ブラウン：やぁ，ミキ。夏休みはいかがでしたか？

ミ　キ：すばらしかったです。両親と兄と一緒に富士山に行きました。

ブラウン：富士山に登った？日本で一番高い山ですね。それはいつか日本でやりたいことのひとつです！旅行について詳しく教えてください。登るのは大変でしたか？

ミ　キ：はい。技術的には，富士山は登るのが難しい山ではありませんが，問題は標高です。空気が薄かったので、母は頭痛がひどく，7合目の山小屋で待っていました。

ブラウン：だからお母さんは上に行けなかった...残念だね。あなたは大丈夫でしたか？

ミ　キ：はい。登山は少し大変でしたが，父と弟と私はとても楽しかったです。きれいな「御来光」を見ることができました。

ブラウン：「御来光」？それは何ですか？

ミ　キ：山から見た日の出の景色です。7合目の小屋に泊まったので，小屋の前に日の出が見えました。山頂からではありませんでしたが，それでも素晴らしかったです！私の母は気分がよくなかったのですが，一緒にそれを見ることができました。

ブラウン：きれいだと思います。私もいつか見られるといいなぁ。

ミ　キ：「御来光」は幸運だと日本人は思っています。

ブラウン：富士山は日本人にとって特別ですよね？

ミ　キ：そうです。富士山は日本の美の象徴であり，多くの芸術作品に見られると言われています。千枚札の裏にも印刷されています。

ブラウン：なるほど。ちなみに，そこに行った時に外国人登山者はいましたか？

ミ　キ：はい、たくさんいました！カナダの家族に会い，友達になりました。楽しかったです。

ブラウン：楽しそうですね！富士山に登るには何が必要ですか？

ミ　キ：そうですね…富士山に登るには4つのルートがあります。吉田ルートは最も簡単なルートなので，最も人気があります。ルートは舗装されており，休憩する小屋がたくさんあります。

ブラウン：吉田ルートで行ったの？

ミ　キ：はい。山の5合目に行くいくつかのバスがあります。ただ，吉田ルートは繁忙期は混み合うので，平日に行くことをお勧めします。

ブラウン：なるほど。五合目から山頂までの所要時間は？

ミ　キ：平均登山時間は5～8時間だそうです。

ブラウン：なるほど。持っていくものはありますか？

ミ　キ：いい靴を履いたほうがいいと思います。だんだん上がるとルートが岩になって登りにくくなります。雨が降るかもしれないので防水ジャケットが必要です。頂上の周りは冷えますので、暖かいものを持参しましょう。

ブラウン：うわー，準備がたくさんあります。これを書き留める必要があると思います...

ミ　キ：あともう一つ。百円玉をたくさん持ってきてください。

ブラウン：何のため？

ミ　キ：ルート沿いのトイレを使うにはお金が必要で，通常200～300円くらいかかります。
ブラウン：ミキさん，アドバイスありがとうございます。ところで，旅行の写真はありますか？
ミ　キ：あります！父はたくさん写真を撮ったので，明日持ってきます。
ブラウン：ありがとう。見るのを楽しみにしています！

問1　(1)　母は体調が悪くなったので，ミキは富士山に父と兄と登ったのである。　(2)　ミキは御来光を7合目の小屋の前から見たとある。　(3)　吉田ルートは最も簡単で，休む場所があるため，人気である。　(4)　準備するべきものとして，いい靴，防水ジャケット，百円玉が挙げられている。　(5)　富士山は日本の美の象徴であると考えられている。

問2　(A)　That's too bad.「お気の毒ですね」　(B)　この後，御来光の意味を答えていることからわかる。　(C)「いつか見たい」と言っていることから，「美しいに違いない」と言っていると判断できる。

重要　問3　(1)　登るのは大変だったと言っているので「簡単ではない」と表現できる。　(2)　ミキが美しい御来光を見ることができたと言っている。　(3)　吉田ルートは最も簡単なルートなのでお勧めである。　(4)　トイレは200円～300円かかるため，「無料」ではない。　(5)　ブラウン先生は，ミキに写真を見せるようにお願いしている。

重要　Ⅳ.　(語句整序問題：不定詞，現在完了，分詞，接続詞)

(1)　<It is ~ for 人 to …>「人が…することは～だ」
(2)　How many times で回数をたずねる文になる。
(3)　taken by him は前の名詞を修飾する分詞の形容詞的用法である。
(4)　<命令文 , and～>「…しなさい，そうすれば～」

基本　Ⅴ.　(和文英訳)

(1)「部屋を掃除する」 clean my room
(2)「宿題をする」 do one's homework
(3)「美味しい」 delicious (good)
(4)「サッカーの試合を見る」 watch a soccer game 「テレビで」on TV

★ワンポイントアドバイス★

長文読解や文法問題など幅広い知識が問われている。過去問を繰り返し解いて，傾向をつかむようにしよう。また，教科書に出てくる基本文はきちんと書けるように身につけておきたい。

<国語解答>

一　問一　(a)　盛衰　(b)　厳格　(c)　詳しい　(d)　潜在　問二　A　イ　B　ウ
問三　1　単独行動　2　リーダー　問四　自分の意思と判断で主体的に行動できる(人間)　問五　現場から離　問六　エ　問七　危機の種類　～　対処できる(から)
問八　(例)　相手の主体性(意思)を尊重しながら(よい関係をつくり)，優れた能力を引き出す力。　問九　(例)　自分が主人になる　問十　Ⅱ

二　問一　(a)　だじゃれ　(b)　がっぺい　(c)　まぬが(れて)　(d)　たくわ(え)
問二　A　腰　B　目　問三　(お)ばあちゃん　問四　(例)　家の中に光来の居場所

を作ってあげたいということ。　問五　ウ　問六　居場所　問七　ア　問八　エ
問九　(例)　光来が悪いグループとのつき合いから距離をとり，勉強もちゃんとやって，頑張れることを見つけようとしているということ。　問十　イ
三　問一　三(月)　問二　エ　問三　③　よいよりつどいて　④　なおすすまず
問四　ウ　問五　おくのほそ道

○推定配点○
一　問一・問二　各1点×6　問三　各2点×2　問八　6点　他　各4点×6
二　問一・問二　各1点×6　問三　3点　問四　5点　問九　6点　他　各4点×5
三　問三　各2点×2　他　各4点×4　計100点

＜国語解説＞

一　**(論説文－大意・要旨，内容吟味，文脈把握，接続語，脱文・脱語補充，漢字の書き取り)**

基本　問一　(a)は，盛んになることとおとろえること。(b)は，規律などに厳しく，不正などを少しも許さないさま。(c)の音読みは「ショウ」。熟語は「詳細」など。(d)は，表面に現れず，内にひそんでいること。

問二　Aは直前の内容とは相反する内容が続いているのでイ，Bは直前までの内容の要旨をまとめている内容が続いているのでウ，がそれぞれあてはまる。

問三　冒頭の段落でネコの習性として，「単独行動」をし，固定した「リーダー」がいるわけでもない，ということを述べている。

問四　「そこに参加するのは……」で始まる段落で，「ネコ型」の人間のことを，「自分の意思と判断で主体的に行動できる」と述べている。

重要　問五　傍線部③のある段落と直後の段落で，変化が少ない安定した環境のもとでは，③が有効だが，企業を取り巻く環境の変化が激しく，不安定になると，③のような組織は「現場から離れたトップが常に，現場の状況を把握できているとはかぎらないし，現場から情報が届くのを待って判断を下していたらとても間に合わない。」ということを述べている。

重要　問六　傍線部④は，変化が激しく不安定な環境のもとで有効な組織で，「現場，すなわち……」で始まる段落で，企業を取り巻く環境の変化が激しく不安定な環境では，顧客や取引先など現場に近いところにいる人が自分たちで判断し，即座に対応するほうが効率的で，顧客の多様なニーズにも的確に応えられ，一緒に顔を合わせていなくても，ツールを使ってコミュニケーションがとれる，と述べているので，エが適当。上司との上下関係だけを説明している他の選択肢は不適当。

問七　傍線部⑤は「多様で個性的なメンバーからなる組織」のことで，「人間の組織でも……」で始まる段落で，多様な個性を持つメンバーがいると，「危機の種類や度合いに応じて効率的に対処できる(22字)」と述べているので，この部分が⑤の理由になる。

やや難　問八　傍線部⑥のある段落で，相手の主体性を尊重しながらよい関係をつくるという姿勢は，私たちだけでなく，組織のリーダーにも大切であり，これからの時代は，自立して主体的に行動できる「ネコ型」の人間でなければ通用せず，優れたアイデアや独創性が勝負を決めるような時代には，⑥である，ということを述べている。これらの内容を踏まえ，相手の主体性を尊重しながらよい関係をつくるという姿勢，優れたアイデアなどの能力を引き出せることを，これからのリーダーに求められる力として説明する。

問九　空欄⑦は，「上下ではなく対等な関係」のことなので，「主人に仕えるという意識が弱い」こ

とともに，「自分が主人になる」ことも望んでいない，というような内容になる。

重要 問十　設問の一文の内容から，直前で，イヌとネコ両方の特徴を述べていることが読み取れる。Ⅱ直前で，主に服従する本能があるイヌは人が思うように育てることができるが，ネコは飼い主の思うようには動かないことを述べているので，Ⅱが適当。

二　(小説－情景・心情，内容吟味，文脈把握，指示語，脱語補充，漢字の読み，慣用句)

基本 問一　(a)は，つまらなくて，へたなしゃれ。(b)は，二つ以上の組織などが一つに合わさること。(c)は，好ましくない事態などからのがれること。音読みは「メン」。熟語は「免税」など。(d)の音読みは「チョ」。熟語は「貯蓄」など。

問二　Aの「喧嘩腰(けんかごし)」は，今にもけんかをしかけそうな，くってかかる態度。Bの「目を細めて」は，顔中にほほえみを浮かべること。

問三　冒頭の段落で，リキの散歩をサボって深夜に帰宅した光来に，リキは光来がいないのを心配してときどき悲しそうな声で鳴いていた，とばあちゃんが作り話をしていたことが描かれている。このことを踏まえて，空欄①のある場面で，光来がうそを使っているのは「(お)ばあちゃん」の遺伝子を引き継いでいるせいかもしれない，と光一は思っている。

問四　傍線部②は直前で描かれているように，リキの面倒をみる役目は，家の中で居場所がないと感じているかもしれない光来にとって重大な意味があったのではないか，ということを指している。家の中に光来の居場所を作ってあげたい，というばあちゃんの光来に対する思いを説明していく。

重要 問五　傍線部③後で，離婚した母親に八つ当たりをして，母親に作ってもらったお弁当をわざと食べないでいた「あの子」は，心が入っているばあちゃんの料理を食べてこらえきれなくなって泣き出したこと(＝イ)，母親と一緒に住まなくなって，もう手作り弁当を食べる機会がなくなったことを実感して後悔している(＝ア，エ)，という「あの子」の気持ちを光一と光来が話している。「母親との別居」は，「新しい父親からがみがみ言われるのが嫌になって，実の父親のところに移った」ので，ウは適当でない。

問六　空欄④は，母親が再婚して，自分のことを構ってくれなくなり，「なくなりそうな気がして」不安が大きくなった，というものなので，「光来がずっと…」で始まる段落で，ばあちゃんが光来が感じているのではないかと心配していた「居場所」があてはまる。

問七　傍線部⑤後で，お父さんの「事情」によって，「私の高校進学も，なしっていう可能性を考えといた方がいいかもね」と言う光来に，多少は貯えもあるし，ばあちゃんと母ちゃんの総菜屋も確実に利益を出しているみたいだから，そこまでの心配はしなくていい，ということを光一が話していることから，二人はお父さんが稼いでいるお金の心配をしていることが読み取れる。お父さんが「会社を経営」しているか，「会社」に勤めているのかは読み取れないので，アが適当。エの「重い病気で働けなくなる」は読み取れないので，不適当。

重要 問八　傍線部⑥直後の段落で，「深刻な話をしていたはずなのに，何だか未来が開けてる，みたいになってたのが何だかおかしかった」という光一の心情が描かれているので，エが適当。直後の段落の心情を説明していない他の選択肢は不適当。

重要 問九　「ある夜……」で始まる段落で，誰かとスマホで話している光来の話を聞いていた光一は，光来が光来なりの方法で，悪いグループとのつき合いから，距離をとろうとしているらしい，ということがわかったことが描かれており，傍線部⑦の「何か憑き物でも落とそうとするかのように」は，このことを表している。また，光来は「あの子」と，何か頑張れることを見つけようと誓い合ったことを，光一に話している。これらの内容を踏まえ，光来がこれからどのように進もうとしているかを，具体的に説明する。

やや難 問十　リキの世話や，リキをなでることが兄妹の会話のきっかけとなっているので，アは適当。光一が主人公だが，「私」「僕」などを用いて描かれていないので，「私」「僕」などを用いる「一人称小説」とあるイは適当でない。光一と光来の会話でテンポよく展開しているので，ウは適当。頑張れることを見つけようと誓い合ったと言う光来に対する「……」や，「そうか……」などで光一の心情を描いているので，エも適当。

三　(古文－仮名遣い，口語訳，表現技法，文学史)

〈口語訳〉　三月の下旬の二十七日，夜明けの空はぼんやりかすんで，月は夜が明けても空に残っている月で(月の)光はもう消え失せているけれども，富士の峰がかすかに見えて，上野や谷中の桜の梢をこんどはいつ見られることかと(思うと)心細い。親しい人たちは前の晩から集まって，舟に乗って見送ってくれる。千住というところで舟をおりると，前途は三千里(もあろうかという旅に出るのか)という思いで胸がいっぱいになり，幻のようにはかない世の別れて行く道に離別の涙を流す。

もう春は過ぎようとしている。そしてわれわれも旅立とうとしている。その別れを思い鳥は悲しげに鳴き，魚の目には涙が浮かんでいるようだ

これを旅の記録の書きはじめとして(出発したが)，行く道はやはり(足が)進まない。(見送ってくれている)人たちは途中まで一緒に立ち並んで，(私たちの)後姿が見えている限りはと見送ってくれるのだろう。

問一　「弥生(やよい)」は三月のこと。漢数字で答えることに注意。

やや難 問二　傍線部②の後には「見ん」などの言葉が省略されており，「かは」は疑問を表す係助詞なので，エが適当。

問三　歴史的仮名遣いの語頭以外の「は行」は現代仮名遣いでは「わ行」になるので，③「よひよりつどひて」→「よいよりつどいて」，④「なほすすまず」→「なおすすまず」となる。

重要 問四　本文中の俳句の季語は「行く春」，ウの季語は「すみれ草」で，いずれも季節は春。アの季語は「名月」で季節は秋。イの季語は「枯野」で季節は冬。エの季語は「せみ」で季節は夏。

基本 問五　本文は『おくのほそ道』である。松尾芭蕉の他の作品は『野ざらし紀行』『笈の小文』などがある。

★ワンポイントアドバイス★

古文は，授業などで扱った基本的な古語や文法をしっかりおさえておくことが，内容読解の大きな助けとなる。着実に積み上げておこう。

2回

2020年度

解答と解説

《2020年度の配点は解答欄に掲載してあります。》

<数学解答>

Ⅰ ① $3x^2-9x+7$　② $\frac{7x+12y}{24}$　③ 3　④ 18　⑤ $x=2,\ y=-1$

⑥ $x=4,\ -6$　⑦ $4\sqrt{3}$　⑧ $a=-\frac{3}{2},\ b=-3$　⑨ $\frac{2}{5}$　⑩ n=84

Ⅱ ① $y=x+12$　② 60　③ (4, 16)

Ⅲ $\angle x=60°$　$\angle y=110°$

Ⅳ ① $\frac{14}{5}$cm　② $\frac{14}{3}$cm　③ 5：3

Ⅴ ① 2　② $4\sqrt{22}$cm^2

○推定配点○

各5点×20(Ⅰ⑤・⑥・⑧各完答)　計100点

<数学解説>

Ⅰ (文字式の計算，平方根，連立方程式，2次方程式，式の値，1次関数の変域，確率)

基本 ① $(2x-3)^2-(x-1)(x-2)=(4x^2-12x+9)-(x^2-3x+2)=4x^2-12x+9-x^2+3x-2=3x^2-9x+7$

② $\frac{5x+2y}{8}-\frac{4x-3y}{12}=\frac{3(5x+2y)-2(4x-3y)}{24}=\frac{15x+6y-8x+6y}{24}=\frac{7x+12y}{24}$

③ 式をまとめてから$x=12$，$y=18$を代入する。$3x^4y^5\times(2xy^2)^2\div6x^7y^8=\frac{3x^4y^5\times4x^2y^4}{6x^7y^8}=\frac{2y}{x}=\frac{2\times18}{12}=3$

④ $\sqrt{12}\left(\sqrt{75}-\frac{18}{\sqrt{27}}\right)=2\sqrt{3}\left(5\sqrt{3}-\frac{18}{3\sqrt{3}}\right)=2\sqrt{3}(5\sqrt{3}-2\sqrt{3})=2\sqrt{3}\times3\sqrt{3}=18$

⑤ $7x+3y-2=x-2y+5$より，$6x+5y=7$…①　$0.75x+0.5y=1$より，$\frac{3}{4}x+\frac{1}{2}y=1$　$3x+2y=4$…②　①−②×2より，$y=-1$　これを②に代入して，$3x-2=4$　$x=2$

⑥ $\frac{x^2}{2}-4=3\frac{x^2-x}{3}$の両辺を6倍すると，$3x^2-24=2x^2-2x$　$x^2+2x-24=0$　$(x-4)(x+6)=0$　$x=4,\ -6$

⑦ $x=\sqrt{3}+1$，$y=\frac{\sqrt{3}-1}{3}$の両辺を3倍して，$3y=\sqrt{3}-1$　$x^2-9y^2=(x+3y)(x-3y)=(\sqrt{3}+1+\sqrt{3}-1)(\sqrt{3}+1-\sqrt{3}+1)=2\sqrt{3}\times2=4\sqrt{3}$

重要 ⑧ $a<0$より，1次関数$y=ax+6$を表すグラフは右下がりの直線になる。$-4\leqq x\leqq6$，$b\leqq y\leqq12$より，$y=ax+6$はA$(-4,\ 12)$，B$(6,\ b)$の2点を通る。Aを通ることから，$-4a+6=12$…①　Bを通ることから$6a+6=b$…②　①より，$-4a=6$　$a=-\frac{3}{2}$　これを②に代入して，$6\times\left(-\frac{3}{2}\right)+6=b$　$b=-3$

⑨ 2枚のカードのひき方は(1枚目，2枚目)＝(1, 2)，(1, 3)，(1, 4)，(1, 5)，(2, 1)，(2, 3)，(2, 4)，(2, 5)，(3, 1)，(3, 2)，(3, 4)，(3, 5)，(4, 1)，(4, 2)，(4, 3)，(4, 5)，(5, 1)，(5, 2)，(5, 3)，(5, 4)の20通り。その中でカードを並べてできる整数が偶数になるのは(1, 2)，

(1, 4)，(2, 4)，(3, 2)，(3, 4)，(4, 2)，(5, 2)，(5, 4)の8通り。よって，その確率は，$\frac{8}{20}=\frac{2}{5}$

⑩　$756=4\times9\times21$より，$\sqrt{756n}=6\sqrt{21n}$　$n=21k^2$(kは自然数)であれば$\sqrt{756n}$が自然数になるが，4の倍数となる最小のnは，$n=21\times2^2=84$

Ⅱ　(図形と関数・グラフの融合問題)

基本　①　Aは放物線$y=\frac{1}{2}x^2$上の点で$x=-4$なので，$y=\frac{1}{2}\times(-4)^2=8$　A$(-4,\ 8)$　Bは$y=\frac{1}{2}x^2$上の点で，$x=-4+10=6$で$y=\frac{1}{2}\times6^2=18$　B$(6,\ 18)$　直線ABの式を$y=ax+b$とおくと，Aを通ることから，$-4a+b=8$…①　Bを通ることから，$6a+b=18$…②　②−①より，$10a=10$　$a=1$　これを②に代入すると　$6+b=18$　$b=12$　よって，$y=x+12$

重要　②　ABとy軸の交点をCとすると，C$(0,\ 12)$　△AOB＝△AOC＋△BOC＝$\frac{1}{2}\times12\times4+\frac{1}{2}\times12\times6=24+36=60$

③　Pのx座標をpとおく。△OBP＝△OBC−△OPC＝$\frac{1}{2}\times12\times6-\frac{1}{2}\times12\times p=36-6p$　$36-6p=12$　$-6p=-24$　$p=4$　pはAB上の点なので，$y=4+12=16$　よって，P$(4,\ 16)$

やや難　Ⅲ　(円，角度)

$\overset{\frown}{BC}:\overset{\frown}{CD}=2:3$より，円周角の大きさも$2:3$となり，∠BAC＝$2a$，∠CBD＝∠CAD＝$3a$とおくことができる。∠BAD＝∠BAC＋∠CAD＝$2a+3a=100$より，$a=20$　$\angle x=3a=60$　ACが直径なので∠ABCは直角。∠ABD＝$90-3a=90-60=30$　$\angle y=180-$(∠BAC＋∠ABD)＝$180-(40+30)=110$

Ⅳ　(相似，長さ，面積比)

①　∠AFB＝∠CFD，AF：FC＝BF：FD(＝2：3)より，2組の辺の比とその間の角がそれぞれ等しいので，△AFB∽△CFD　∠FAB＝∠FCD　錯角が等しいのでAB//DC　これとEG//DCより，EF//DCでもある。∠AEF＝∠ADC，∠AFE＝∠ACDより，2組の角がそれぞれ等しいので，△AEF∽△ADC　EF：DC＝EA：DA＝2：5　EF：7＝2：5　EF＝$\frac{14}{5}$(cm)

②　EF//DCより，AF：FC＝AE：ED＝2：3　これと△AFB∽△CFDよりAB：CD＝AF：CF　AB：7＝2：3　AB＝$\frac{14}{3}$(cm)

③　AB//EFより，△ABFと△AFEは高さが等しい三角形になる。△ABF：△AFE＝AB：EF＝$\frac{14}{3}:\frac{14}{5}=5:3$

Ⅴ　(空間図形，三平方の定理，面積)

①　CN＝CM＝$3\sqrt{2}\times\frac{1}{3}=\sqrt{2}$　△CNMは直角二等辺三角形なので，NM＝$\sqrt{2}\times\sqrt{2}=2$(cm)

やや難　②　△GHFは直角二等辺三角形で，HF＝$3\sqrt{2}\times\sqrt{2}=6$　△MBFは直角三角形なので，三平方の定理より，$BF^2+BM^2=MF^2$　$MF^2=(3\sqrt{2})^2+(2\sqrt{2})^2=18+8=26$　NからHFに垂線をおろし，交点をPとする。MからHFに垂線をおろし，交点をQとする。四角形NPQMは長方形になるので，PQ＝NM＝2，HP＝PQ＝QF＝2になる。△MQFについて三平方の定理より，$MF^2=MQ^2+QF^2$　$26=MQ^2+4$　MQ＝$\sqrt{22}$　よって，四角形MNHFの面積は，$(2+6)\times\sqrt{22}\times\frac{1}{2}=4\sqrt{22}$(cm²)

★ワンポイントアドバイス★

典型的な問題が多く，標準的な問題演習で力をつけておけば，対応できない問題はなくなるだろう。しかし，その分，解けるはずの問題を確実に解く力は必要になる。過去問演習を通して，問題のレベルを知っておこう。

＜英語解答＞

Ⅰ．〔A〕 (1) 1　(2) 3　(3) 2　(4) 3　〔B〕 (1) 1　(2) 1　(3) 3

Ⅱ．問1 ウ　問2 母親が重い病気である，という悲しみ　問3 イ　問4 D
問5 ア T　イ T　ウ F　エ T　問6 ア listen　イ to
ウ their　エ faces　問7 映画を見て，正確に描写してもらう

Ⅲ．問1 1 イ　2 ア　3 ウ　4 イ　5 ウ　問2 A 4　B 2　C 5
問3 1 view　2 pictograms　3 restaurants　4 choose
5 hospitality

Ⅳ．1 (Do) you know what he is doing (in his room?)
2 (We) have known each other for five years(.)
3 (We) visited a temple built more than 300 years(ago.)
4 (This) is the CD which is popular among young people(.)

Ⅴ．1 (I) stayed in London for 5 days(.)　2 (People) were very kind(.)
3 (I) enjoyed (going) shopping with my family(.)
4 (I) visited British Museum with my sister (on the last day.)

○推定配点○

Ⅰ．各2点×7　Ⅱ．問1～問4・問7 各3点×5　問5・問6 各2点×8
Ⅲ．問1 各3点×5　問2・問3 各2点×8　Ⅳ.～Ⅴ．各3点×8　計100点

＜英語解説＞

Ⅰ．リスニング問題解説省略。

Ⅱ．**(長文読解・説明文：語句補充，語句解釈，要旨把握，内容吟味)**

(全訳) アン・ヒルは空港警備で働いている。彼女は，無線で「黒いコートを着た女性を見るように」と言った。

その女性は，空港警備のチェックポイントで列に並んでいた。警備員は検査のために人を止めていた。女性は他の人と同じに見えた①が，アンは表情の小さな違いに気付いた。これはすばやく起こったが，アン・ヒルには十分だった。表情は，②女性が何か隠していることをアンに伝えたのである。

他の警備員のように，ヒルは特別な訓練を受けていた。微表情を見つけた。ほんのわずかな変化で，考えや感情を示している。微表情は行動以上に感情を伝える。

皆，表情から感情を読むことができる。ポールエクマンという心理学者は自問した。違う文化の人は同じように表情を読み取るのか？彼は皆同じように多くの表情を理解するとわかった。また，43の筋肉で10000の微表情を作るとわかった。これらの表情は，③感情を示すことができる。

エクマンは，表情は人が真実を言っていないことを示すのか知りたいと思った。エクマンは，看護師のグループに実験をした。看護師を2グループに分け，最初のグループに映画を正確に述べるように言い，もう一つのグループに嘘をつくように言い，両方とも撮影をした。

次の実験では，エクマンは他の人に映像を見せ，どちらの看護師が嘘をつき，真実を述べているか尋ねた。ほとんどの人が間違えたが，数人が正解した。その人たちは，看護師の言葉を聞かず，表情に注意を払っていた。

微表情の研究の数年後，エクマンは人がいつ嘘をつき，いつ何かを隠すのかが分かった。そし

て，彼は微表情を認識するために他の人を訓練し，アン・ヒルもこの種の訓練で専門家になった。

ヒル達は黒いコートの女性に旅の目的をたずねた。答えたとき，涙でいっぱいだった。ヒルは正しかったのか？そう，彼女は隠していたのである。彼女は病気の母親を訪れようとしていた。彼女が隠していた感情は悲しみである。

問1　女性はほかの乗客と同じように見えたが，アン・ヒルは違いに気づいたのである。

やや難　問2　最終文参照。この女性は，悲しみを隠していたのである。

問3　感情の例があてはまるので，beauty が不適切である。

問4　エクマンが人がいつ嘘をつくのかわかったのは，実験の後であるため，D が適切。

重要　問5　ア 「アン・ヒルは黒いコートを着た女性を見たとき，彼女は表情の中に何かを見つけた」第2段落第3文参照。アン・ヒルは表情に小さな違いを見つけたので適切。　イ 「多くの警備員は表情を読む特別な訓練を受けている」 第3段落第1文参照。多くの警備員はヒルのように，特別な訓練を受けているので適切。　ウ 「人の行動は，微表情以上に多くの感情を教える」 第3段落最終文参照。微表情は行動以上に感情を伝えるので不適切。　エ 「エクマンの研究は異なる文化の人々が同じように表情を読み取ることができることを示している」 第4段落第7文参照。あらゆる人が同じように表情を読み取れるので適切。

問6　第6段落参照。正解した人は，看護師の言葉を聞かずに，表情に注意を払っていたからである。

問7　看護師を，正確に映画の内容を描写するグループと，嘘をつくグループとに分けて実験をおこなったのである。

Ⅲ．(会話文：内容把握，語句補充)

(全訳)　メアリー：なんて素晴らしい景色でしょう！

か　　な：はい！東京スカイツリーは日本一，世界で2番目に高いタワーなので，東京の街並みを一望できます。高さは634メートルです。そして，ちょっとおもしろい事実があります。634は，東京の歴史的な名前である日本語で「武蔵」と読むことができます。

メアリー：なるほど。A それは興味深いです。私はアメリカの田舎に住んでいるので，農場はたくさんあり，人はほとんどいません。こんなにたくさんの建物や人を見たことがない。びっくり！

か　　な：あのスタジアムを見ることができますか？それが新国立競技場です。2020年東京オリンピック・パラリンピックのメインスタジアムとなります。

メアリー：素敵なスタジアム！それで，あなたはオリンピックを楽しみにしていますか？

か　　な：もちろんです！

メアリー：競技に行くの？

か　　な：行きたいです...チケットを取得することは非常に困難です。それもとても高いです。

メアリー：B 残念ですが，少なくともテレビで競技を見ることができます。

か　　な：はい，そうします。多くの日本人がオリンピックに興奮しており，日本はオリンピックに備えるために一生懸命働いています。

メアリー：本当に？日本はどんなことをしているのですか？

か　　な：ええと，例えば，ここに来るために，私たちは電車に乗りましたね？駅の看板や壁に絵文字や絵がたくさんあるのに気づきましたか？日本語がわからなくても，理解できるように作られています。

メアリー：ああ，そうです。東京でたくさんの絵文字を見てきました。昨日，トイレがあったので簡単に見つけることができました。重宝しました。

か　　な：絵文字だけでなく，東京のいたる所で英語で書かれた看板が増えており，日本人は外国人とコミュニケーションが取れるように，今まで以上に英語を勉強しています。しかし，それだけでは十分ではありません。東京には世界中から人が来るので，英語だけでなく，多言語で書かれたものを用意しなければなりません。

メアリー：そうです。中国語，韓国語，タイ語，ヨーロッパの言語...多くの言語が必要です。

か　　な：レストランも一生懸命働いており，メニューをより身近なものにしています。たとえば，一部の人々はベジタリアンであり，他の人々は彼らの宗教のために豚肉や牛肉を食べないかもしれません。アレルギーのある人もいます。レストランのオーナーは，日本語のメニューをさまざまな言語に翻訳し，さらに食材をリストアップしています。

メアリー：それはとても親切です！簡単に食べ物を選ぶことができます。日本人が外国人に対してとても思いやりを持っていることを知ってうれしいです。

か　　な：それが「おもてなし」という訪問者のためのおもてなしの感覚です。 私たちはこの考え方が重要だと考えています。

メアリー：C私はそれが好きです。そういうわけであなたが私にとても親切なんだね！

か　　な：ハハ！次にどこに行きたいですか？浅草に行きませんか？ここから近いです！

重要　問1　(1)　2人がスカイツリーにのぼって，景色を見ながら話している場面である。　(2)　かなはスカイツリーの634メートルが「武蔵」を表しているとメアリーに教えている。　(3)　メアリーは絵文字を見つけ，トイレを見つけやすかったと言っている。　(4)　日本では，絵文字だけではなく，外国人とコミュニケーションを取るために今まで以上に英語を勉強していると言っている。　(5)　日本人は「おもてなし」の感覚が重要だと思っている。

問2　A　634を武蔵と読むことを興味深いと感じている。　B　チケットを手に入れにくく，また高価なため，見られなくて残念だと言っている。　C　メアリーは日本人の「おもてなし」の考え方を気に入ったのである。

問3　(1)　かなとメアリーは東京の「景色」を見ている。　(2)　日本語を読めない外国人のために「絵文字」を使っている。　(3)　「レストラン」では多言語でメニューが書かれている。
(4)　多言語でメニューが書かれていることで，外国人は食べたいものを「選ぶ」ことができる。
(5)　「おもてなし」とは「親切にもてなす」感覚である。

基本　Ⅳ．(語句整序問題：間接疑問文，現在完了，分詞，関係代名詞)

(1)　間接疑問文は<what + 主語 + 動詞>の語順になる。
(2)　<have + 過去分詞>で現在完了の文になる。　each other「お互い」
(3)　built more than 300 years ago は名詞を修飾する分詞の形容詞的用法である。
(4)　which は主格の関係代名詞である。

重要　Ⅴ．(和文英訳)

(1)　「5日間」は for five days と表現する。
(2)　「親切だ」 be kind
(3)　「～して楽しむ」 enjoy ~ing
(4)　「妹と一緒に」 with my sister

★ワンポイントアドバイス★

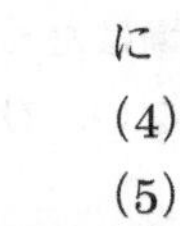

語句整序問題や和文英訳問題は比較的平易な出題であるため，教科書に出てくる英文をきちんと書けるようにし，正確な文法力を身につけたい。

＜国語解答＞

一　問一　(a)　見極め　(b)　浸透　(c)　興奮　(d)　模倣　問二　A　エ　B　イ
問三　人間のする　～　されている(から)　問四　「恰好が良い」和菓子
問五　(1)　ジャンル毎の理想像　(2)　ジャンルを横断する，あるいはジャンルを超越した理想像　問六　ウ　問七　イ　問八　(例)　外国の個人主義による新しい文化や価値観を導入しつつ，理想を表す言葉として，日本にあった「恰好が良い」から「カッコいい」という言葉を生み出したという経緯。　問九　エ

二　問一　(a)　はず(む)　(b)　りゅうちょう　(c)　いざな[さそ](う)　(d)　さえぎ(った)　問二　現役[本道]　問三　ウ　問四　三(々)五(々)　問五　イ
問六　エ　問七　(例)　他人がほんとうにやりたいと思うことをなんとなく片手間でなんてできないと思うから。　問八　ア・ウ　問九　A　イ　B　エ　C　ア　D　ウ
問十　イ

三　問一　①　においける　②　いきこう　問二　ウ　問三　④　ウ　⑤　イ
問四　(1)　D　(2)　C　(3)　A　問五　古今和歌集

○推定配点○

一　問一・問二　各1点×6　問八　6点　他　各4点×7
二　問一・問九　各1点×8　問四　2点　問七　6点　他　各4点×6
三　問一・問二　各1点×3　問五　2点　他　各3点×5　計　100点

＜国語解説＞

一　(論説文－大意・要旨，内容吟味，文脈把握，指示語，接続語，脱語補充，漢字の書き取り)

基本　問一　(a)は，物事の本質を十分検討して判断すること。(b)の「浸」は「氵(さんずい)」であることに注意。(c)は，刺激を受けて感情が高ぶること。(d)は，他をまねること。

問二　Aは，直前の内容を言い換えた内容が続いているのでエ，Bは，直前の内容とは相反する内容が続いているのでイ，がそれぞれあてはまる。

問三　傍線部①のある段落で，「恰好が良い」は基本的に「人間のすること，作ったものに対して使用されている(24字)」ということを根拠に，人間には手出しの出来ない世界である自然美が基準とされているわけではなく，①ということである，と述べている。

問四　傍線部②前後で，和菓子職人の師匠は知識と経験から，②を体得しているが，新米の弟子にはまだ難しく，菓子職人ではないが，茶人には当然「『恰好が良い』和菓子」がわかるはずである，と述べているので，②は「『恰好が良い』和菓子」を判断する力のことである。

重要　問五　傍線部③直後から，「恰好が良い」と「カッコいい」という言葉が生まれた経緯について述べ，「『恰好が良い』は，飽くまで……」で始まる段落で，二つの言葉の意味について，「恰好が良い」は「ジャンル毎の理想像」だが，「カッコいい」は「ジャンルを横断する，あるいはジャンルを超越した理想像」であることを述べている。

問六　傍線部④直前の段落で，和菓子の職人の師匠や常連の客だけでなく，茶人や通人，見巧者と呼ばれる人たちも，自分の目で見て，手で触り，味を確かめることで，理想形を知り，洗練させていったと述べており，このことを④のように述べているので，実際に「恰好が良い」ものに触れてきたことを説明しているウが適当。

重要　問七　空欄Ⅰ～Ⅳのある段落を前後から整理する。「恰好が良い」はジャンル毎の理想像だが，

「カッコいい」はジャンルを横断する，あるいはジャンルを超越した理想像である→子供たちに何を「カッコいい」と思うか，と訊ねるアンケートは違和感がない→しかし，何が「恰好が良い」かという問いはナンセンス→なぜなら，「恰好が良い」は目の前の和菓子が理想に合致しているかどうかという判断であり，まったく異ジャンル同士の比較は不可能だから→だからこそ，子供たちは，自由な「カッコいい」和菓子は作ることが出来ても，「恰好が良い」和菓子は作れない，という流れになる。

やや難 問八　傍線部⑤直前の段落で，敗戦によって総動員体制から解放された日本人は，新しい文化を中心に再燃したヨーロッパの個人主義や価値観を導入しつつ，「恰好が良い」を「カッコいい」へと更新し，自分たちの理想としたことを述べている。このことを踏まえて，日本人が「カッコいい」という言葉を獲得した経緯を説明していく。

重要 問九　美に関する「恰好」の理想像を判断するのは，「批評家」だとヒュームが言ったことは述べられているが，アとは述べていない。「『格好が良い』は『カッコいい』という言葉から生まれ」とは述べていないので，イも合致しない。「カッコいい」はマスメディアによって全国規模に拡大した，と述べているので，ウも合致しない。エは最後の2段落で述べているので，合致する。

二　(小説－情景・心情，内容吟味，文脈把握，脱語補充，漢字の読み，四字熟語，品詞・用法)

基本 問一　(a)の音読みは「ダン」。熟語は「糾弾」など。(b)は，なめらかでよどみがないさま。(c)の音読みは「ユウ」。熟語は「誘致」など。(d)の音読みは「シャ」。熟語は「遮断」など。

問二　「余生(よせい)」は盛りの時期を過ぎた残りの人生，という意味。学校は「余生」だから適当に出ておけばいいと「私」は思っていたが，「あきれているはず…」から続く3段落で，これから合唱部に入部しようとしている千夏にとって学校は余生ではなく「現役」であり，自分が「本道」を生きている人に嫉妬していたことを認めなくてはいけない，という「私」の心情が描かれている。

重要 問三　傍線部②前後で，高校二年の冬の今から合唱部に入ろうとする千夏に，あきれながらも，素直なパワーをもつ千夏をすごいと思っていることから，ウが適当。アの「あまりに小さい」「もっと大きいことであってほしい」，イの「無理なことだと同情している」，エの「無理をしてでも」「反発心を抱き」はいずれも読み取れないので，不適当。

問四　「三々五々(さんさんごご)」は，三人，五人ずつというように，小人数がまとまって行動するさま。

問五　御木元玲は，楽しく生きることのために音楽がある，と話しているので，音楽を「手段」とするイが適当。

重要 問六　傍線部⑥前で，マラソン大会のとき，御木元玲を励ますために千夏たちにつられて合唱コンクールの歌を歌ったことを，誤解とはいえ，御木元玲が素直に喜んでいることを「案外かわいいのかもしれない」と「私」は思ったが，⑥後で，御木元玲のやりたいことが今の「私」には思いもつかないことだったことが描かれているので，エが適当。⑥前後の「私」の心情を踏まえていない他の選択肢は不適当。

重要 問七　傍線部⑦後で，千夏にとって歌を歌うことがほんとうにやりたいことであり，「なんとなく片手間で歌ってみるなんてこと，できないじゃないか」という「私」の心情が描かれているので，この部分を理由として説明していく。

問八　ア，ウは形容詞。イ，エは打消しの助動詞。「ない」を「ぬ」に置き換えられれば助動詞，置き換えられなければ形容詞，と判断する。

問九　Aは，結局は打ちたくなったか，ということなのでイがあてはまる。Bは，可能性が高いという意味でエがあてはまる。Cは，確実ではないが，という意味でアがあてはまる。Dは，他の事情は別問題として，何はともあれ，という意味でウがあてはまる。

やや難 問十　傍線部⑧直後で，「遅かれ早かれ投げられなくなったら余生だ。そうだ，という気もするし，そんなわけはない」という思いと，「NO.1ってそんなに儚いものなのか」と疑問にも思っていることが描かれている。投げられなくなったことで余生になるのではなく，自分を励ましてくれた米村さんの肘が悪いことに気づいたように，違う形で自分を生かせる可能性に気づき，この先の自分がどうなるかわからないという意味で⑧のようになっているので，イが適当。アの「あきらめかけていたこと」＝投げること，が「まだ実現できるかもしれないと思いはじめ」，ウの「もう一度同じことに挑もう」，エの「どう渡っていこうか悩みはじめている」は読み取れないので，いずれも不適当。

三　**(古文－内容吟味，脱語補充，仮名遣い，口語訳，文学史)**

〈口語訳〉　A……人の心は，さあどうだかわかりません。(でも)慣れ親しんだこの土地では，梅の花が昔と変わらずにすばらしい香になって匂っていることだ

B……(去りゆく)夏と(やってくる)秋とがすれ違う空の道は，片方だけに涼しい風が吹いているだろうか

C……秋がやって来たと，はっきりと目には見えないけれど，風の音で(秋の到来に)はっと気づいたことだよ

D……この世に，全く桜というものがなかったなら，春を過ごす人の心はどんなにのどかであることでしょう

E……日の光がのどかに照らす(この)春の日に，どうして桜の花は落ち着いた心もなく散っているのだろう

F……(あの人のことを)思いながら眠りについたので，恋しいあの人が夢に見えたのであろうか。夢とわかっていたなら，目を覚まさないでいたのに

G……この世の中では，すべて不変なものなどない。(明日という名の)飛鳥川も，昨日は淵であった所が，今日は瀬にかわっているようだ

基本 問一　歴史的仮名づかいの語頭以外の「は行」は現代仮名づかいでは「わ行」，「ア段＋う」は「オ段＋う」になるので，①「にほひける」→「におい ける」，②「行きかふ」→「いきこう」となる。

問二　「光」の枕詞は，ウである。アは「神」など，イは「山」など，エは「母」など，オは「衣」などにかかる枕詞。

やや難 問三　傍線部④の「まし」は，「～せば～まし」の形で，実際にはそうなっていないことを「もしそうだったら，～だろうに」と想像して述べる反実仮想の助動詞なので，ウが適当。⑤の「何か」の「か」は，反語の係助詞で「何が不変であるのか，いや，不変なものなどない」という意味になるので，イが適当。

重要 問四　(1)は，この世に桜の花がなかったら，春を過ごす人の心はどんなにのどかであることでしょう，という意味のDが適当。(2)は，秋の到来は目には見えないが，風の音で気づいた，という意味のCが適当。(3)は，人の心と，変わらずに咲く梅の花を対比させているAが適当。

問五　「日本で最初の勅撰和歌集」なので，『古今和歌集』である。

★ワンポイントアドバイス★

小説では，登場人物同士がどのような関係であるかをしっかり読み取っていこう。

MEMO

大切なことはメモしておこうネ！

解答用紙集

○月×日　△曜日　天気（合格日和）

◆ご利用のみなさまへ

＊解答用紙の公表を行っていない学校につきましては、弊社の責任において、解答用紙を制作いたしました。

＊編集上の理由により一部縮小掲載した解答用紙がございます。

＊編集上の理由により一部実物と異なる形式の解答用紙がございます。

人間の最も偉大な力とは、その一番の弱点を克服したところから生まれてくるものである。——カール・ヒルティ——

東京学参株式会社

共立女子第二高等学校(1回)　2024年度

◇数学◇

※ 125%に拡大していただくと，解答欄は実物大になります。

《 余白は計算に使用してもよい 》

I

①	
②	
③	
④	
⑤	$x =$ 　　　, $y =$
⑥	$x =$
⑦	
⑧	$a =$
⑨	
⑩	

II

①	(　　　,　　　)
②	(　　　,　　　)
③	$a =$

III

$\angle x =$
$\angle y =$

IV

①	:
②	
③	倍

V

①	:
②	cm

共立女子第二高等学校(1回)　2024年度　　◇英語◇

※ 139％に拡大していただくと，解答欄は実物大になります。

Ⅰ.

〔A〕	1		2		3		4	
〔B〕	1		2		3			

Ⅱ.

問1								
問2		問3	1		2			
問4		問5						
問6		問7						
問8	ア		イ		ウ		エ	
問9	ア							
	イ							

Ⅲ.

問1	1		2		3		4		5	
問2										
問3	1		2		3					
	4		5		6					

Ⅳ.

1	morning.
2	like this.
3	.
4	today.

Ⅴ.

1	I .
2	I .
3	.
4	Now .

◇国語◇

共立女子第二高等学校（1回）　２０２４年度

※１２３%に拡大していただくと、解答欄は実物大になります。

一、

問一　ⓐ　びる　ⓑ　ⓒ　ⓓ

問二

問三

問四

問五

問六

問七

問八　⑥　⑦

問九

問十

二、

問一　ⓐ　ら　ⓑ　しい　ⓒ　ⓓ

問二

問三

問四

問五

問六

問七

問八

問九

問十

三、

問一　ⓐ　ⓑ

問二

問三　②　③

問四

問五　時代

◇数学◇

※ 125%に拡大していただくと，解答欄は実物大になります。

《 余白は計算に使用してもよい 》

I

①
②
③
④
⑤ $x=$ 　　, $y=$
⑥ $x=$
⑦
⑧ $a=$
⑨ 　　　　通り
⑩

II

① (　　, 　　)
②
③ $a=$

III

$\angle x=$
$\angle y=$

IV

① 　　:
② 　　:
③ 　　　　倍

V

① 　　　　cm
② 　　　　cm^3

共立女子第二高等学校（2回）　2024年度

◇英語◇

※ 139％に拡大していただくと，解答欄は実物大になります。

Ⅰ.

〔A〕	1		2		3		4	
〔B〕	1		2		3			

Ⅱ.

問1		問2		問3		問4	
問5		問6	1		2		

問7								
問8	ア		イ		ウ		エ	

問9	ア	.
	イ	.

Ⅲ.

問1	1		2		3		4		5	
問2										

問3	1		2		3	
	4		5		6	

Ⅳ.

1	.
2	times.
3	.
4	tomorrow?

Ⅴ.

1	We .
2	We .
3	We .
4	.

◇国語◇

共立女子第二高等学校（２回）　２０２４年度

※１２５％に拡大していただくと、解答欄は実物大になります。

一、

問一　ⓐ　　った　ⓑ　ⓒ　ⓓ

問二　問三

問四

問五　問六

問七

問八　問九

問十

二、

問一　ⓐ　　る　ⓑ　ⓒ　ⓓ　　く

問二　A　B　C　D

問三　問四　問五

問六

問七　問八

問九

三、

問一　ⓐ　ⓑ

問二　問三

問四　問五　　時代

共立女子第二高等学校(1回)　2023年度　◇数学◇

※ 125%に拡大していただくと，解答欄は実物大になります。

《 余白は計算に使用してもよい 》

I	
①	
②	
③	
④	
⑤	$x=$　　, $y=$
⑥	$x=$
⑦	
⑧	$a=$
⑨	
⑩	個

II	
①	(　　,　　)
②	
③	(　　,　　)

III
$\angle x=$
$\angle y=$

IV	
①	cm
②	:
③	:

V	
①	cm
②	cm

◇英語◇

※ 139%に拡大していただくと，解答欄は実物大になります。

I.

〔A〕

1		2		3		4	

〔B〕

1		2		3	

II.

問1　問2

問3

問4

1		2	

問5　問6　問7

問8

ア		イ		ウ		エ	

問9

III.

問1

1		2		3		4		5	

問2

問3

1		2		3	
4		5		6	

IV.

1	Who　?
2	They　.
3	I　.
4	?

V.

1	She　.
2	She　.
3	We　.
4	She　.

◇国語◇

共立女子第二高等学校(1回)　２０２３年度

※ 123%に拡大していただくと，解答欄は実物大になります。

問一 (a) (b) (c) (d)

問二

問三

問四　問五　問六　問七

問八　問九

問十

問一 (a) って (b) (c) (d) やか

問二　問三

問四

問五

問六　問七　問八

問九　問十

問一 (a) (b)

問二

問三

問四　問五

共立女子第二高等学校(2回)　2023年度　　◇数学◇

※ 125%に拡大していただくと，解答欄は実物大になります。

《 余白は計算に使用してもよい 》

I

①	
②	
③	
④	
⑤	$x=$ 　　　， $y=$
⑥	$x=$
⑦	
⑧	$a=$
⑨	
⑩	個

II

①	(　　， 　　)
②	
③	(　　， 　　)

III

$\angle x=$
$\angle y=$

IV

①	:
②	:
③	:

V

①	cm
②	cm

共立女子第二高等学校(2回)　2023年度　◇英語◇

※ 139%に拡大していただくと，解答欄は実物大になります。

Ⅰ.

〔A〕	1		2		3		4	
〔B〕	1		2		3			

Ⅱ.

問1			問2							
問3	1		2		3					
問4										
問5			問6							
問7	ア		イ		ウ		エ		オ	
問8	ア	did.								
	イ	were.								

Ⅲ.

問1	1		2		3		4		5	
問2										
問3	1		2		3					
	4		5		6					

Ⅳ.

1	We	on Sunday.
2		Italy.
3	We	.
4	The book	a day.

Ⅴ.

1		in the family.
2	My host father	.
3	My host mother	.
4	My host sister, Lisa,	.

◇国語◇

共立女子第二高等学校(2回)　2023年度

※125%に拡大していただくと、解答欄は実物大になります。

一、

問一 (a) (b) (c) (d)

問二 A B C D

問三 具体例 / 理由

問四　問五

問六　問七

問八　問九

二、

問一 (a) ます (b) えて (c) (d)

問二

問三

問四　問五

問六

問七　問八

問九 ア イ ウ エ

三、

問一

問二

問三 ③ ④　問四　問五

◇数学◇

※ 125%に拡大していただくと，解答欄は実物大になります。

《 余白は計算に使用してもよい 》

Ⅰ

①	
②	
③	
④	
⑤	$x=$　　，$y=$
⑥	$x=$
⑦	
⑧	$a=$　　，$b=$
⑨	
⑩	個

Ⅱ

①	
②	$a=$
③	

Ⅲ

$\angle x=$
$\angle y=$

Ⅳ

①	：
②	：
③	：

Ⅴ

①	cm^2
②	cm

共立女子第二高等学校(1回)　2022年度

◇英語◇

※ 139％に拡大していただくと，解答欄は実物大になります。

Ⅰ.

〔A〕	1		2		3		4	
〔B〕	1		2		3			

Ⅱ.

問1								
問2								
問3								
問4	ア		イ		ウ		エ	
問5	ア		イ					
問6	1		2		3			
問7	1		2		3			

Ⅲ.

問1	1		2		3		4		5	
問2	A		B							
問3	1		2		3					
	4		5							

Ⅳ.

1	Please .
2	.
3	before?
4	The book .

Ⅴ.

1	I worked at a kindergarten .
2	I in the morning.
3	We in the afternoon.
4	but I enjoyed it.

◇国語◇

共立女子第二高等学校（１回）　２０２２年度

※１２３％に拡大していただくと、解答欄は実物大になります。

一、

問一　(a)　(b)　(c)　(d)

問二　A　B　C　D

問三

問四

問五　〜　こと。

問六

問七

問八

問九

二、

問一　(a) お　い　(b) われる　(c)　(d)

問二　A　B

問三

問四

問五　③　④

問六

問七　⑥　⑦　⑧　⑨

問八　〜

問九

三、

問一　(a)　(b)

問二

問三

問四

問五

共立女子第二高等学校(2回)　2022年度

◇数学◇

※ 125％に拡大していただくと，解答欄は実物大になります。

《余白は計算に使用してもよい》

Ⅰ

①
②
③
④
⑤ $x=$ 　　, $y=$
⑥ $x=$
⑦
⑧ $a=$ 　　, $b=$
⑨
⑩ $n=$

Ⅱ

①
② $t=$
③

Ⅲ

$\angle x=$
$\angle y=$

Ⅳ

①　　：
②　　：
③　　：

Ⅴ

①　　cm^2
②　　cm

共立女子第二高等学校(2回)　2022年度　◇英語◇

※139%に拡大していただくと，解答欄は実物大になります。

I.

〔A〕

1		2		3		4	

〔B〕

1		2		3	

II.

問1　　問2

問3

1		2	

問4

問5

⑤		⑥	

問6　　問7

問8

ア		イ		ウ		エ	

問9

1	
2	

III.

問1

1		2		3		4		5	

問2

A	

問3

1		2		3	
4		5		6	

IV.

1	his homework.
2	the world.
3	.
4	.

V.

1	before.
2	Kamakura .
3	Kamakura .
4	I .

◇国語◇

共立女子第二高等学校（2回）　2022年度

※120%に拡大していただくと、解答欄は実物大になります。

一、

問一 (a) (b) (c) (d)

問二 A B C D

問三

問四

問五　問六

問七　問八

問九

二、

問一 (a) んだ (b) (c) (d) う

問二　問三 ② ④ ⑤

問四 A B C　問五

問六

問七　問八

問九

三、

問一 (a) (b)

問二

問三　問四　問五

※ 130%に拡大していただくと，解答欄は実物大になります。

《余白は計算に使用してもよい》

I	①
	②
	③
	④
	⑤ $x=$　　，$y=$
	⑥ $x=$
	⑦
	⑧ $a=$　　，$b=$
	⑨
	⑩
II	① $a=$
	②
	③
III	$\angle x=$
	$\angle y=$
IV	①　　：
	②　　：
	③　　：
V	①　　cm^3
	②　　cm^3

共立女子第二高等学校(1回)　2021年度

◇英語◇

※ 152%に拡大していただくと，解答欄は実物大になります。

I.

〔A〕

1		2		3		4	

〔B〕

1		2		3	

II.

問1 　➡　➡　➡

問2

問3

問4

ア		イ	
ウ		エ	

問5

ア		イ		ウ		エ	

問6

ア	
イ	
ウ	

III.

問1

1		2		3		4		5	

問2

A		B	

問3

1		2	
3		4	

問4

IV.

1	.
2	morning.
3	My parents　six years.
4	the computer.

V.

1	I'm sorry but　.
2	Can　at three in the afternoon?
3	The movie　.
4	Let's　.

2021年度 共立女子第二高等学校（1回）

※132%に拡大していただくと、解答欄は実物大になります。

◇国語◇

一、

問一 (a) (b) (c) (d)

問二 A B C

問三 ① ⑥ ⑧

問四 問五 問六

問七 (1) という読み方

(2) という読み方

問八 ～ から

二、

問一 (a) って (b) (c) え (d)

問二 A B C D

問三 問四 問五 問六

問七

問八 問九 ように

問十

三、

問一

問二

問三

問四 歳 問五

共立女子第二高等学校(2回)　2021年度

◇数学◇

※ 130%に拡大していただくと，解答欄は実物大になります。

《 余白は計算に使用してもよい 》

Ⅰ

①
②
③
④
⑤ $x =$ 　　， $y =$
⑥ $x =$
⑦
⑧ $a =$ 　　， $b =$
⑨
⑩

Ⅱ

①
②
③ $x =$

Ⅲ

$\angle x =$
$\angle y =$

Ⅳ

① 　　：
② 　　：
③ 　　：

Ⅴ

① 　　cm^3
② 　　：

共立女子第二高等学校(2回)　2021年度

◇英語◇

※ 149%に拡大していただくと，解答欄は実物大になります。

I.

〔A〕 | 1 | | 2 | | 3 | | 4 | |

〔B〕 | 1 | | 2 | | 3 | |

II.

問1

問2 | 1 | | 2 | |

問3　　問4

問5　　問6

問7 | ア | | イ | | ウ | | エ | | オ | |

問8 | ア | |
| イ | |

III.

問1 | 1 | | 2 | | 3 | | 4 | | 5 | |

問2 | A | | B | |

問3 | 1 | | 2 | | 3 | |
| 4 | | 5 | |

IV.

1	next birthday?
2	like this.
3	.
4	today.

V.

1	.
2	I hear that .
3	I by Monet.
4	On the last day, I .

◇国語◇

共立女子第二高等学校(2回)　２０２１年度

※１２５％に拡大していただくと、解答欄は実物大になります。

一、

問一 (a) (b) (c) (d)

問二 A B C

問三　問四　問五

問六 ∫ から

問七　問八

問九

問十

二、

問一 (a) (b) (c) ねる (d) って

問二　問三　問四

問五　問六 ④ ⑧　問七

問八

問九

問十

三、

問一

問二 ∫

問三

問四　問五

共立女子第二高等学校(1回)　2020年度　◇数学◇

※ 137%に拡大していただくと，解答欄は実物大になります。

《余白は計算に使用してもよい》

I

①	
②	
③	
④	
⑤	$x=$　　　，$y=$
⑥	$x=$
⑦	
⑧	$a=$　　　，$b=$
⑨	
⑩	$n=$

II

①	
②	(　　　,　　　)
③	(　　　,　　　)

III

$\angle x=$
$\angle y=$

IV

①	:
②	cm^2
③	cm^2

V

①	cm
②	cm^2

共立女子第二高等学校（1回）　2020年度

◇英語◇

※134%に拡大していただくと，解答欄は実物大になります。

Ⅰ.

〔A〕

1		2		3		4	

〔B〕

1		2		3	

Ⅱ.

問1

問2　➡　➡

問3

問4	最初		最後	

問5

問6	ア		イ		ウ		エ		オ	

問7	
ア	
イ	

Ⅲ.

問1	1		2		3		4		5	

問2	A		B		C	

問3						
1		2		3		
4		5				

Ⅳ.

1	.
2	?
3	.
4	Go　traffic light.

Ⅴ.

1	Before　.
2	I　.
3	.
4	I　with my father and brother after dinner.

2020年度 共立女子第二高等学校(1回)

◇国語◇

※125%に拡大していただくと、解答欄は実物大になります。

一、

問一 (a) (b) (c) (d)

問二 A B

問三 1 2

問四 人間

問五

問六

問七 〜 から

問八

問九

問十

二、

問一 (a) (b) (c) れて (d) え

問二 A B

問三

問四

問五

問六

問七

問八

問九

問十

三、

問一 月

問二

問三 ③ ④

問四

問五

共立女子第二高等学校(2回)　2020年度　◇数学◇

※137%に拡大していただくと，解答欄は実物大になります。

《余白は計算に使用してもよい》

I	①
	②
	③
	④
	⑤ $x=$　　，$y=$
	⑥ $x=$
	⑦
	⑧ $a=$　　，$b=$
	⑨
	⑩ $n=$

II	①
	②
	③ (　　，　　)

III	$\angle x=$
	$\angle y=$

IV	①　　cm
	②　　cm
	③　　：

V	①　　cm
	②　　cm^2

共立女子第二高等学校(2回)　2020年度

◇英語◇

※135%に拡大していただくと，解答欄は実物大になります。

Ⅰ.

〔A〕

1		2		3		4	

〔B〕

1		2		3	

Ⅱ.

問1

問2

問3　　問4

問5

ア		イ		ウ		エ	

問6

ア		イ	
ウ		エ	

問7

Ⅲ.

問1

1		2		3		4		5	

問2

A		B		C	

問3

1		2		3	
4		5			

Ⅳ.

1	Do	in his room?
2	We	.
3	We	ago.
4	This	.

Ⅴ.

1	I	.
2	People	.
3	I	.
4	I	on the last day.

2020年度

共立女子第二高等学校（2回）

※126%に拡大していただくと、解答欄は実物大になります。

◇国語◇

一、

問一 (a)　(b)　(c)　(d)

問二 A　B

問三 〜 から

問四

問五 (1)　(2)

問六

問七

問八

問九

二、

問一 (a) む　(b)　(c) う　(d) った

問二

問三

問四 々 々

問五

問六

問七

問八

問九 A　B　C　D

問十

三、

問一 ①　②

問二

問三 ④　⑤

問四 (1)　(2)　(3)

問五

高校入試実戦シリーズ

実力判定テスト10

全11タイトル
定価：
各1,100円（税込）

志望校の過去問を解く前に 入試本番の直前対策にも

準難関校（偏差値58～63）を目指す方

『偏差値60』

3教科
英語 / 国語 / 数学

難関校（偏差値63～68）を目指す方

『偏差値65』

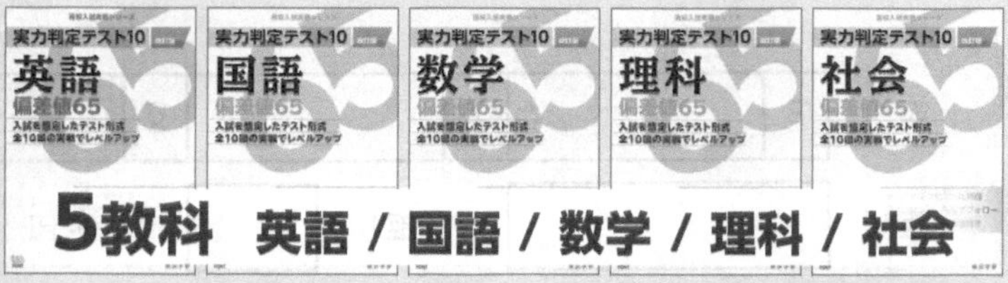

5教科 英語 / 国語 / 数学 / 理科 / 社会

最難関校（偏差値68以上）を目指す方

『偏差値70』

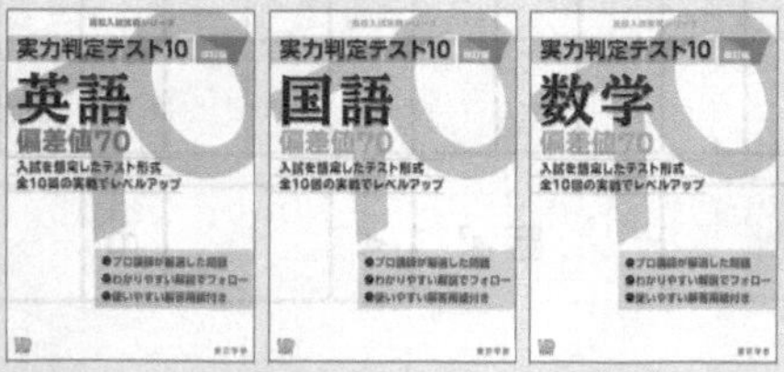

3教科
英語 / 国語 / 数学

POINT

◇入試を想定したテスト形式（全10回）
▶プロ講師が近年の入試問題から厳選
▶回を重ねるごとに難度が上がり着実にレベルアップ

◇良問演習で実力アップ
▶入試の出題形式に慣れる
▶苦手分野をあぶり出す

東京学参
gakusan.co.jp

全国の書店、またはECサイトでご購入ください。

書籍の詳細はこちらから

～公立高校志望の皆様に愛されるロングセラーシリーズ～

公立高校入試シリーズ

・全国の都道府県公立高校入試問題から良問を厳選
※実力錬成編には独自問題も！
・見やすい紙面、わかりやすい解説

数学

合格のために必要な点数をゲット

目標得点別・公立入試の数学 基礎編

- 効率的に対策できる！　30・50・70点の目標得点別の章立て
- web解説には豊富な例題167問！
- 実力確認用の総まとめテストつき

定価：1,210 円（本体 1,100 円＋税 10%）／ ISBN：978-4-8141-2558-6

応用問題の頻出パターンをつかんで80点の壁を破る！

実戦問題演習・公立入試の数学 実力錬成編

- 応用問題の頻出パターンを網羅
- 難問にはweb解説で追加解説を掲載
- 実力確認用の総まとめテストつき

定価：1,540 円（本体 1,400 円＋税 10%）／ ISBN：978-4-8141-2560-9

英語

「なんとなく」ではなく確実に長文読解・英作文が解ける

実戦問題演習・公立入試の英語 基礎編

- 解き方がわかる！　問題内にヒント入り
- ステップアップ式で確かな実力がつく

定価：1,100 円（本体 1,000 円＋税 10%）／ ISBN：978-4-8141-2123-6

公立難関・上位校合格のためのゆるがぬ実戦力を身につける

実戦問題演習・公立入試の英語 実力錬成編

- 総合読解・英作文問題へのアプローチ手法がつかめる
- 文法、構文、表現を一つひとつ詳しく解説

定価：1,320 円（本体 1,200 円＋税 10%）／ ISBN：978-4-8141-2169-4

理科

短期間で弱点補強・総仕上げ

実戦問題演習・公立入試の理科

- 解き方のコツがつかめる！　豊富なヒント入り
- 基礎～思考・表現を問う問題まで重要項目を網羅

定価：1,045 円（本体 950 円＋税 10%）
ISBN：978-4-8141-0454-3

社会

弱点補強・総合力で社会が武器になる

実戦問題演習・公立入試の社会

- 基礎から学び弱点を克服！　豊富なヒント入り
- 分野別総合・分野複合の融合などあらゆる問題形式を網羅
※時事用語集を弊社HPで無料配信

定価：1,045 円（本体 950 円＋税 10%）
ISBN：978-4-8141-0455-0

国語

最後まで解ききれる力をつける

形式別演習・公立入試の国語

- 解き方がわかる！　問題内にヒント入り
- 基礎～標準レベルの問題で確かな基礎力を築く
- 実力確認用の総合テストつき

定価：1,045 円（本体 950 円＋税 10%）
ISBN：978-4-8141-0453-6

東京学参の

中学校別入試過去問題シリーズ

＊出版校は一部変更することがあります。一覧にない学校はお問い合わせください。

東京ラインナップ

あ　青山学院中等部(L04)
麻布中学(K01)
桜蔭中学(K02)
お茶の水女子大附属中学(K07)
か　海城中学(K09)
開成中学(M01)
学習院中等科(M03)
慶應義塾中等部(K04)
啓明学園中学(N29)
晃華学園中学(N13)
攻玉社中学(L11)
国学院大久我山中学
（一般・CC）(N22)
（ＳＴ）(N23)
駒場東邦中学(L01)
さ　芝中学(K16)
芝浦工業大附属中学(M06)
城北中学(M05)
女子学院中学(K03)
巣鴨中学(M02)
成蹊中学(N06)
成城中学(K28)
成城学園中学(L05)
青稜中学(K23)
創価中学(N14)★
た　玉川学園中学部(N17)
中央大附属中学(N08)
筑波大附属中学(K06)
筑波大附属駒場中学(L02)
帝京大中学(N16)
東海大菅生高中等部(N27)
東京学芸大附属竹早中学(K08)
東京都市大付属中学(L13)
桐朋中学(N03)
東洋英和女学院中学部(K15)
豊島岡女子学園中学(M12)
な　日本大第一中学(M14)
日本大第三中学(N19)
日本大第二中学(N10)
は　雙葉中学(K05)
法政大学中学(N11)
本郷中学(M08)
ま　武蔵中学(N01)
明治大付属中野中学(N05)
明治大付属八王子中学(N07)
明治大付属明治中学(K13)
ら　立教池袋中学(M04)
わ　和光中学(N21)
早稲田中学(K10)
早稲田実業学校中等部(K11)
早稲田大高等学院中学部(N12)

神奈川ラインナップ

あ　浅野中学(O04)
栄光学園中学(O06)
か　神奈川大附属中学(O08)
鎌倉女学院中学(O27)
関東学院六浦中学(O31)
慶應義塾湘南藤沢中等部(O07)
慶應義塾普通部(O01)
さ　相模女子大中学部(O32)
サレジオ学院中学(O17)
逗子開成中学(O22)
聖光学院中学(O11)
清泉女学院中学(O20)
洗足学園中学(O18)
捜真女学校中学部(O29)
た　桐蔭学園中等教育学校(O02)
東海大付属相模高中等部(O24)
桐光学園中学(O16)
な　日本大中学(O09)
は　フェリス女学院中学(O03)
法政大第二中学(O19)
や　山手学院中学(O15)
横浜隼人中学(O26)

千・埼・茨・他ラインナップ

あ　市川中学(P01)
浦和明の星女子中学(Q06)
か　海陽中等教育学校
（入試Ⅰ・Ⅱ）(T01)
（特別給費生選抜）(T02)
久留米大附設中学(Y04)
さ　栄東中学（東大・難関大）(Q09)
栄東中学（東大特待）(Q10)
狭山ヶ丘高校付属中学(Q01)
芝浦工業大柏中学(P14)
渋谷教育学園幕張中学(P09)
城北埼玉中学(Q07)
昭和学院秀英中学(P05)
清真学園中学(S01)
西南学院中学(Y02)
西武学園文理中学(Q03)
西武台新座中学(Q02)
専修大松戸中学(P13)
た　筑紫女学園中学(Y03)
千葉日本大第一中学(P07)
千葉明徳中学(P12)
東海大付属浦安高中等部(P06)
東邦大付属東邦中学(P08)
東洋大附属牛久中学(S02)
獨協埼玉中学(Q08)
な　長崎日本大中学(Y01)
成田高校付属中学(P15)
は　函館ラ・サール中学(X01)
日出学園中学(P03)
福岡大附属大濠中学(Y05)
北嶺中学(X03)
細田学園中学(Q04)
や　八千代松陰中学(P10)
ら　ラ・サール中学(Y07)
立命館慶祥中学(X02)
立教新座中学(Q05)
わ　早稲田佐賀中学(Y06)

公立中高一貫校ラインナップ

北海道　市立札幌開成中等教育学校(J22)
宮　城　宮城県仙台二華・古川黎明中学校(J17)
市立仙台青陵中等教育学校(J33)
山　形　県立東桜学館・致道館中学校(J27)
茨　城　茨城県立中学・中等教育学校(J09)
栃　木　県立宇都宮東・佐野・矢板東高校附属中学校(J11)
群　馬　県立中央・市立四ツ葉学園中等教育学校・
市立太田中学校(J10)
埼　玉　市立浦和中学校(J06)
県立伊奈学園中学校(J31)
さいたま市立大宮国際中等教育学校(J32)
川口市立高等学校附属中学校(J35)
千　葉　県立千葉・東葛飾中学校(J07)
市立稲毛国際中等教育学校(J25)
東　京　区立九段中等教育学校(J21)
都立大泉高等学校附属中学校(J28)
都立両国高等学校附属中学校(J01)
都立白鷗高等学校附属中学校(J02)
都立富士高等学校附属中学校(J03)
都立三鷹中等教育学校(J29)
都立南多摩中等教育学校(J30)
都立武蔵高等学校附属中学校(J04)
都立立川国際中等教育学校(J05)
都立小石川中等教育学校(J23)
都立桜修館中等教育学校(J24)
神奈川　川崎市立川崎高等学校附属中学校(J26)
県立平塚・相模原中等教育学校(J08)
横浜市立南高等学校附属中学校(J20)
横浜サイエンスフロンティア高校附属中学校(J34)
広　島　県立広島中学校(J16)
県立三次中学校(J37)
徳　島　県立城ノ内中等教育学校・富岡東・川島中学校(J18)
愛　媛　県立今治東・松山西中等教育学校(J19)
福　岡　福岡県立中学校・中等教育学校(J12)
佐　賀　県立香楠・致遠館・唐津東・武雄青陵中学校(J13)
宮　崎　県立五ヶ瀬中等教育学校・宮崎西・都城泉ヶ丘高校附属中学校(J15)
長　崎　県立長崎東・佐世保北・諫早高校附属中学校(J14)

公立中高一貫校「適性検査対策」問題集シリーズ

総合編　作文問題編　資料問題編　数と図形編　生活と科学編　実力確認テスト編

私立中・高スクールガイド

THE《ザ》 私立

私立中学＆高校の学校生活がわかる！

東京学参の

高校別入試過去問題シリーズ

＊出版校は一部変更することがあります。一覧にない学校はお問い合わせください。

東京ラインナップ

あ 愛国高校(A59)
青山学院高等部(A16)★
桜美林高校(A37)
お茶の水女子大附属高校(A04)
か 開成高校(A05)★
共立女子第二高校(A40)★
慶應義塾女子高校(A13)
啓明学園高校(A68)★
国学院高校(A30)
国学院大久我山高校(A31)
国際基督教大高校(A06)
小平錦城高校(A61)★
駒澤大高校(A32)
さ 芝浦工業大附属高校(A35)
修徳高校(A52)
城北高校(A21)
専修大附属高校(A28)
創価高校(A66)★
た 拓殖大第一高校(A53)
立川女子高校(A41)
玉川学園高等部(A56)
中央大高校(A19)
中央大杉並高校(A18)★
中央大附属高校(A17)
筑波大附属高校(A01)
筑波大附属駒場高校(A02)
帝京大高校(A60)
東海大菅生高校(A42)
東京学芸大附属高校(A03)
東京農業大第一高校(A39)
桐朋高校(A15)
都立青山高校(A73)★
都立国立高校(A76)★
都立国際高校(A80)★
都立国分寺高校(A78)★
都立新宿高校(A77)★
都立墨田川高校(A81)★
都立立川高校(A75)★
都立戸山高校(A72)★
都立西高校(A71)★
都立八王子東高校(A74)★
都立日比谷高校(A70)★
な 日本大櫻丘高校(A25)
日本大第一高校(A50)
日本大第三高校(A48)
日本大第二高校(A27)
日本大鶴ヶ丘高校(A26)
日本大豊山高校(A23)
は 八王子学園八王子高校(A64)
法政大高校(A29)
ま 明治学院高校(A38)
明治学院東村山高校(A49)
明治大付属中野高校(A33)
明治大付属八王子高校(A67)
明治大付属明治高校(A34)★
明法高校(A63)
わ 早稲田実業学校高等部(A09)
早稲田大高等学院(A07)

神奈川ラインナップ

あ 麻布大附属高校(B04)
アレセイア湘南高校(B24)
か 慶應義塾高校(A11)
神奈川県公立高校特色検査(B00)
さ 相洋高校(B18)
た 立花学園高校(B23)
桐蔭学園高校(B01)
東海大付属相模高校(B03)★
桐光学園高校(B11)
な 日本大高校(B06)
日本大藤沢高校(B07)
は 平塚学園高校(B22)
藤沢翔陵高校(B08)
法政大国際高校(B17)
法政大第二高校(B02)★
や 山手学院高校(B09)
横須賀学院高校(B20)
横浜商科大高校(B05)
横浜市立横浜サイエンスフロンティア高校(B70)
横浜翠陵高校(B14)
横浜清風高校(B10)
横浜創英高校(B21)
横浜隼人高校(B16)
横浜富士見丘学園高校(B25)

千葉ラインナップ

あ 愛国学園大附属四街道高校(C26)
我孫子二階堂高校(C17)
市川高校(C01)★
か 敬愛学園高校(C15)
さ 芝浦工業大柏高校(C09)
渋谷教育学園幕張高校(C16)★
翔凜高校(C34)
昭和学院秀英高校(C23)
専修大松戸高校(C02)
た 千葉英和高校(C18)
千葉敬愛高校(C05)
千葉経済大附属高校(C27)
千葉日本大第一高校(C06)★
千葉明徳高校(C20)
千葉黎明高校(C24)
東海大付属浦安高校(C03)
東京学館高校(C14)
東京学館浦安高校(C31)
な 日本体育大柏高校(C30)
日本大習志野高校(C07)
は 日出学園高校(C08)
や 八千代松陰高校(C12)
ら 流通経済大付属柏高校(C19)★

埼玉ラインナップ

あ 浦和学院高校(D21)
大妻嵐山高校(D04)★
か 開智高校(D08)
開智未来高校(D13)★
春日部共栄高校(D07)
川越東高校(D12)
慶應義塾志木高校(A12)
さ 埼玉栄高校(D09)
栄東高校(D14)
狭山ヶ丘高校(D24)
昌平高校(D23)
西武学園文理高校(D10)
西武台高校(D06)
た 東京農業大第三高校(D18)
は 武南高校(D05)
本庄東高校(D20)
や 山村国際高校(D19)
ら 立教新座高校(A14)
わ 早稲田大本庄高等学院(A10)

北関東・甲信越ラインナップ

あ 愛国学園大附属龍ヶ崎高校(E07)
宇都宮短大附属高校(E24)
か 鹿島学園高校(E08)
霞ヶ浦高校(E03)
共愛学園高校(E31)
甲陵高校(E43)
国立高等専門学校(A00)
さ 作新学院高校
(トップ英進・英進部)(E21)
(情報科学・総合進学部)(E22)
常総学院高校(E04)
た 中越高校(R03)＊
土浦日本大高校(E01)
東洋大附属牛久高校(E02)
な 新潟青陵高校(R02)
新潟明訓高校(R04)
日本文理高校(R01)
は 白鷗大足利高校(E25)
ま 前橋育英高校(E32)
や 山梨学院高校(E41)

中京圏ラインナップ

あ 愛知高校(F02)
愛知啓成高校(F09)
愛知工業大名電高校(F06)
愛知みずほ大瑞穂高校(F25)
暁高校(3年制)(F50)
鶯谷高校(F60)
栄徳高校(F29)
桜花学園高校(F14)
岡崎城西高校(F34)
か 岐阜聖徳学園高校(F62)
岐阜東高校(F61)
享栄高校(F18)
さ 桜丘高校(F36)
至学館高校(F19)
椙山女学園高校(F10)
鈴鹿高校(F53)
星城高校(F27)★
誠信高校(F33)
清林館高校(F16)★
た 大成高校(F28)
大同大大同高校(F30)
高田高校(F51)
滝高校(F03)★
中京高校(F63)
中京大附属中京高校(F11)★
中部大春日丘高校(F26)★
中部大第一高校(F32)
津田学園高校(F54)
東海高校(F04)★
東海学園高校(F20)
東邦高校(F12)
同朋高校(F22)
豊田大谷高校(F35)
な 名古屋高校(F13)
名古屋大谷高校(F23)
名古屋経済大市邨高校(F08)
名古屋経済大高蔵高校(F05)
名古屋女子大高校(F24)
名古屋たちばな高校(F21)
日本福祉大付属高校(F17)
人間環境大附属岡崎高校(F37)
は 光ヶ丘女子高校(F38)
誉高校(F31)
ま 三重高校(F52)
名城大附属高校(F15)

宮城ラインナップ

さ 尚絅学院高校(G02)
聖ウルスラ学院英智高校(G01)★
聖和学園高校(G05)
仙台育英学園高校(G04)
仙台城南高校(G06)
仙台白百合学園高校(G12)
た 東北学院高校(G03)★
東北学院榴ヶ岡高校(G08)
東北高校(G11)
東北生活文化大高校(G10)
常盤木学園高校(G07)
は 古川学園高校(G13)
ま 宮城学院高校(G09)★

北海道ラインナップ

さ 札幌光星高校(H06)
札幌静修高校(H09)
札幌第一高校(H01)
札幌北斗高校(H04)
札幌龍谷学園高校(H08)
は 北海高校(H03)
北海学園札幌高校(H07)
北海道科学大高校(H05)
ら 立命館慶祥高校(H02)

★はリスニング音声データのダウンロード付き。

都道府県別 公立高校入試過去問 シリーズ

- 全国47都道府県別に出版
- 最近数年間の検査問題収録
- リスニングテスト音声対応

公立高校入試対策問題集シリーズ

- 目標得点別・公立入試の数学(基礎編)
- 実戦問題演習・公立入試の数学(実力錬成編)
- 実戦問題演習・公立入試の英語(基礎編・実力錬成編)
- 形式別演習・公立入試の国語
- 実戦問題演習・公立入試の理科
- 実戦問題演習・公立入試の社会

高校入試特訓問題集 シリーズ

- 英語長文難関攻略33選(改訂版)
- 英語長文テーマ別難関攻略30選
- 英文法難関攻略20選
- 英語難関徹底攻略33選
- 古文完全攻略63選(改訂版)
- 国語融合問題完全攻略30選
- 国語長文難関徹底攻略30選
- 国語知識問題完全攻略13選
- 数学の図形と関数・グラフの融合問題完全攻略272選
- 数学難関徹底攻略700選
- 数学の難問80選
- 数学 思考力―規則性とデータの分析と活用―

2404A

〈ダウンロードコンテンツについて〉

本問題集のダウンロードコンテンツ、弊社ホームページで配信しております。現在ご利用いただけるのは「2025年度受験用」に対応したもので、**2025年3月末日**までダウンロード可能です。弊社ホームページにアクセスの上、ご利用ください。

※配信期間が終了いたしますと、ご利用いただけませんのでご了承ください。

高校別入試過去問題シリーズ

共立女子第二高等学校　2025年度

ISBN978-4-8141-2931-7

[発行所] 東京学参株式会社

〒153-0043　東京都目黒区東山2-6-4

書籍の内容についてのお問い合わせは右のQRコードから　⇒

※書籍の内容についてのお電話でのお問い合わせ、本書の内容を超えたご質問には対応できませんのでご了承ください。

※本書のコピー、スキャン、デジタル化等の無断複製は著作権法上での例外を除き禁じています。本書を代行業者等の第三者に依頼してスキャンやデジタル化することは、　たとえ個人や家庭内での利用であっても著作権法上認められておりません。

2024年5月13日　初版